Der Autor

Prof. Dr. Theodor Schieder, geb. 1908 in Oettingen/Bayern, habilitierte sich an der Universität Königsberg, wo er von 1942 bis 1945 lehrte. Seit 1948 war er Ordinarius für mittlere und neuere Geschichte an der Universität Köln, 1962 bis 1964 deren Rektor, 1976 wurde er emeritiert und starb 1984. Er war Mitglied der Akademien in Düsseldorf, München, Mainz und Kopenhagen und Präsident der Historischen Kommission bei der Bayerischen Akademie der Wissenschaften; von 1967 bis 1972 war er Vorsitzender des Verbands der Historiker Deutschlands; 1971 wurde er Mitglied des Ordens Pour le Mérite für Wissenschaften und Künste, 1978 Präsident der Rheinisch-Westfälischen Akademie der Wissenschaften.
Veröffentlichungen u. a.: ›Die Probleme des Rapallo-Vertrages‹ (1956); ›Staat und Gesellschaft im Wandel unserer Zeit‹ (2. Aufl. 1970); ›Das Deutsche Kaiserreich von 1871 als Nationalstaat‹ (1961); ›Begegnungen mit der Geschichte‹ (1963); ›Geschichte als Wissenschaft‹ (2. Aufl. 1968); ›Zum Problem des Staatspluralismus in der modernen Welt‹ (1969); ›Hermann Rauschnings *Gespräche mit Hitler*‹ (1971); ›Staatensystem als Vormacht der Welt 1948–1918‹ (1977). Prof. Schieder war Herausgeber der ›Historischen Zeitschrift‹, des sechsbändigen ›Handbuchs der Europäischen Geschichte‹, dessen Band 6 er selbst bearbeitete, Mitherausgeber der historisch-kritischen Ranke-Ausgabe und des Werkes ›Reichsgründung 1870/71‹ (1970).

Gebhardt
Handbuch der deutschen Geschichte

Neunte, neu bearbeitete Auflage,
herausgegeben von
Herbert Grundmann

Band 15

Theodor Schieder:
Vom Deutschen Bund zum Deutschen Reich
1815–1871

Deutscher
Taschenbuch
Verlag

dtv

Band 15 der Tachenbuchausgabe enthält den ungekürzten, vom Autor durchgesehenen Text des HANDBUCHS DER DEUTSCHEN GESCHICHTE, Band 3: Von der Französischen Revolution bis zum Ersten Weltkrieg, Teil II. Unsere Zählung Kapitel 1–15 entspricht den §§ 22–36 im Band 3 des Originalwerkes.

1. Auflage März 1975
14. Auflage Juni 1992: 88. bis 91. Tausend
Deutscher Taschenbuch Verlag GmbH & Co. KG, München
© 1970 Ernst Klett Verlag, Stuttgart
Umschlaggestaltung: Celestino Piatti
Gesamtherstellung: C. H. Beck'sche Buchdruckerei, Nördlingen
Printed in Germany · ISBN 3-423-04215-X

Inhalt

Abkürzungsverzeichnis 6
Allgemeine Bibliographie 9

Kapitel 1: Das System des Deutschen Bundes 11
Kapitel 2: Die Kräfte der Bewegung 26
Kapitel 3: Das europäische Staatensystem im Zeichen der Restauration 37
Kapitel 4: Die Juli-Revolution und ihre Wirkungen auf Deutschland 42
Kapitel 5: Die großen Mächte zwischen den Revolutionen von 1830 und 1848 60
Kapitel 6: Deutschland vor der Revolution 1840–1848 . 67
Kapitel 7: Die deutsche Revolution von 1848/49 und ihre Nachwirkungen 79
Kapitel 8: Deutsche Verhältnisse und europäische Politik in der »Reaktionszeit« (1850–1858) . . 113
Kapitel 9: Innere Entwicklung 1852–1862: Belebung des Liberalismus, Neue Ära in Preußen, Verfassungspolitik in Österreich 123
Kapitel 10: Die Anfänge Bismarcks 139
Kapitel 11: Die Schleswig-Holstein-Krise und der deutsch-dänische Krieg 1863/64 151
Kapitel 12: Vorgeschichte und Verlauf des Deutschen Krieges von 1866 158
Kapitel 13: Die Neuordnung Deutschlands nach dem Kriege von 1866 176
Kapitel 14: Preußen, Deutschland und die europäischen Mächte 1867–1870. Der Ausbruch des Deutsch-Französischen Krieges 191
Kapitel 15: Der Deutsch-Französische Krieg von 1870/71 und die Gründung des Deutschen Reiches . 200

Übersicht der Taschenbuchausgabe des GEBHARDT . . . 213
Namen- und Sachregister 214

Abkürzungsverzeichnis

Abh. Ak.	Abhandlung(en) der Akademie der Wissenschaften..., phil.-hist. Klasse (wenn nicht anders angegeben)
ADB	Allgemeine Deutsche Biographie (56 Bde. München 1875–1912)
AHR	The American Historical Review (New York 1895 ff.)
AKG	Archiv für Kulturgeschichte (1903 ff.)
AÖG	Archiv für österreichische Geschichte (Wien 1848 ff.)
APP	Die auswärtige Politik Preußens, hg. v. d. Histor. Reichskommission (1933 ff.)
B.	Bischof; Bt. = Bistum
DALVF	Deutsches Archiv für Landes- und Volksforschung (1937–1943)
Diss.	Dissertation; Diss. Ms. = ungedruckte Dissertation in Maschinenschrift
Dt., dt.	deutsch; Dtld. = Deutschland
DVLG	Deutsche Vierteljahrsschrift für Literaturwissenschaft und Geistesgeschichte (1923 ff.)
DW[9]	Dahlmann-Waitz, Quellenkunde der deutschen Geschichte, 9. Aufl., hg. v. H. Haering (1931, Registerband 1932)
DW[10]	dasselbe, 10. Aufl., hg. v. H. Heimpel u. H. Geuss (seit 1965 im Erscheinen)
Ehg.	Erzherzog
EHR	The English Historical Review (London 1886 ff.)
FBPG	Forschungen zur brandenburgischen und preußischen Geschichte (1888–1944)
FM	Feldmarschall
GV	Geschichtsverein
GWU	Geschichte in Wissenschaft und Unterricht, Zeitschrift des Verbandes der Geschichtslehrer Deutschlands (1950 ff.)
hg. v.	herausgegeben von; (Hg.) = Herausgeber
Hg.	Herzog; Hgt. = Herzogtum
HJb	Historisches Jahrbuch der Görresgesellschaft (1880 ff.)
HZ	Historische Zeitschrift (1859 ff.)
Jb.	Jahrbuch
Kf.	Kurfürst; Kft. = Kurfürstentum
Kg.	König; Kgr. = Königreich
MA	Mittelalter; mal. = mittelalterlich
MIÖG	Mitteilungen des Instituts für österreichische Geschichtsforschung (Wien 1880 ff.); Bd. 39–55 (1923–1944) als Mitteilungen d. österr. Inst. f. Geschichtsforschung (MÖIG)
MÖStA	Mitteilungen des Österreichischen Staatsarchivs (Wien 1948 ff.)
NA	Neues Archiv der Gesellschaft für ältere deutsche Geschichtskunde (50 Bde. 1876–1935; Zeitschrift der MGH, fortgesetzt im DA = Deutsches Archiv für Erforschung des Mittelalters)
Ndr.	Neudruck, Nachdruck
NF	Neue Folge
NZ	Neuzeit
RH	Revue historique (Paris 1876 ff.)
RH Dipl	Revue d'histoire diplomatique (Paris 1887 ff.)
Rhein. Vjbll.	Rheinische Vierteljahrsblätter, Mitteilungen des Instituts für geschichtl. Landeskunde der Rheinlande (1931 ff.)

Abkürzungsverzeichnis

Sachsen u. Anh.	Sachsen und Anhalt, Jahrbuch der landesgeschichtlichen Forschungsstelle für die Provinz Sachsen und für Anhalt (1925–1943)
SB	Sitzungsberichte der Akad. d. Wiss. ..., phil.-hist. Klasse
Tb.	Taschenbuch
VSWG	Vierteljahrsschrift für Sozial- und Wirtschaftsgeschichte (1903 ff.)
V.u.G.	Vergangenheit und Gegenwart, Zeitschrift für den Geschichtsunterricht und für staatsbürgerliche Erziehung (Leipzig 1911 bis 1944)
WaG	Die Welt als Geschichte, Zeitschrift für universalgeschichtliche Forschung (1935–1963)
ZA	Zeitalter
ZGORh	Zeitschrift für die Geschichte des Oberrheins (1850 ff., NF seit 1886)
ZRG GA	Zeitschrift der Savigny-Stiftung für Rechtsgeschichte, Germanistische Abteilung (1880 ff.)
ZRG KA	dasselbe, Kanonistische Abteilung (bei Sonderzählung ihrer Bände entspricht Bd. 1 [1911] dem Jahrgang 32 der gesamten Zeitschrift)
Zs.	Zeitschrift

Quellen- und Literaturverweise innerhalb des Handbuchs wurden auf die neue Einteilung in Taschenbücher umgestellt. So entspricht z. B. Bd. 8, Kap. 4 dem § 4 im Band 2 der Originalausgabe.

Bei Verweisen innerhalb eines Bandes wurde auf die Angabe des Bandes verzichtet und nur das Kapitel angegeben.

Allgemeine Bibliographie

Quellen: Die Erschließung des Zeitraums von 1815 bis 1871 durch Quelleneditionen ist sehr ungleichmäßig: für die im Zeichen der nationalstaatlichen Bewegung stehenden Jahre seit 1848 sind große Quellenwerke veröffentlicht, für die Zeit der Restauration und des Vormärz ist nur weniges publiziert. Zu nennen sind: Deutsche Geschichtsquellen des 19. u. 20. Jh., hg.v.d. Histor. Kommission bei d. Bayer. Akad. d. Wiss. (wichtigste Slg. von Einzelquellen, bish. 50 Bde., 1919–73, Ndr. Bd. 1–36, 1966/67). Quellen u. Darst. z. Gesch. d. Burschenschaft u. d. dt. Einheitsbewegung, hg. v. H. HAUPT, 17 Bde. (1910–40). Darst. u. Quellen z. Gesch. d. dt. Einheitsbew. im 19. u. 20. Jh., hg. v. P. WENTZCKE, W. KLÖTZER, K. STEPHENSON u. A. SCHARFF, bish. 8 Bde. (1957–70). Dokumente z. dt. Politik u. Gesch. von 1848 bis z. Gegenw., hg. v. J. HOHLFELD, Bd. 1 (1951). Europäischer Geschichtskalender, hg. v. H. SCHULTHESS, 25 Bde. (1860–84).

Zur außenpol. Geschichte: Die auswärtige Politik Preußens 1858–1871 (APP). Diplomat. Aktenstücke, hg. v. d. Histor. Reichskommission, 10 Bde. (1933–39; Lücken: 1866, 1869–1871). OTTO FÜRST v. BISMARCK, Die gesammelten Werke (GW), 15 Bde. (1924–35, Friedrichsruher Ausg.; vgl. Kap. 10). Quellen z. dt. Politik Österreichs 1859 bis 1866, hg. v. H. v. SRBIK, 5 Bde. (Dt. Gesch.qu. d. 19. u. 20. Jh., Bd. 29–33, 1934–38, Ndr. 1967). I documenti diplomatici italiani, Ser. 1: 1861–1870, bish. Bd. 1, 2, 3, 13 (1952–63). Gesandtschaftsberichte aus München 1814–1848, hg. v. A. CHROUST, 3 Abt.: 1. Ber. frz. Ges. (6 Bde., 1935–37); 2. Ber. österr. Ges. (4 Bde., 1939–42); 3. Ber. preuß. Ges. (5 Bde., 1949–51). Europ. Quellen z. schl.–holst. Gesch. im 19. Jh., Bd. 1: Wiener Akten 1818–1852, hg. v. J. A. v. RANTZAU (1934). F. W. GHILLANY, Dipl. Handbuch. Slg. d. wichtigsten europ. Friedensschlüsse, Kongreßakten u. sonstigen Staatsurkunden vom Westf. Frieden bis auf die Neueste Zeit, 3 Bde. (1855–68). G. F. v. MARTENS, Nouveau Recueil des traités, d'alliances, de paix, de trèves, de neutralités, de commerce, de limites etc. 1808–1839 (16 Bde., 1817–42). Nouveau Recueil général..., 1. Ser. 1720–1874 (20 Bde., 1843–76); 2. Ser. 1776–1907 (35 Bde., 1876 bis 1908). Das Staatsarchiv. Slg. d. offiz. Aktenstücke z. Gesch. d. Gegenw., begr. v. K. L. AEGIDI u. A. KLAUHOLD, 86 Bde. (1861–1919). Corpus pacificationum. Systemat. Zus.stellg. d. Texte d. Friedensverträge 1792–1913 (1916).

Zur inneren Geschichte seit 1815: Protokolle d. dt. Bundesversammlung (vgl. Kap. 1), d. Ständeversammlungen u. Landtage (Kap. 2, 9), d. Frankfurter u. Berliner Nationalvers. (Kap. 7), d. Norddt. Reichstags u. d. Dt Zollvereins (Kap. 14). Zur *Publizistik* vor allem: P. WENTZCKE, Krit. Bibliogr. d. Flugschr. z. dt. Verfassungsfrage 1848 bis 1851 (1911). H. ROSENBERG, Die nationalpolit. Publizistik Dtlds. vom Eintritt d. Neuen Ära in Preußen bis z. Ausbruch d. Dt. Krieges. Eine krit. Bibliogr. 2 Bde. (1935); Forts.: K. G. FABER, Die nationalpolit. Publ. Dtlds. 1866–1871, 2 Bde. (1963). Krit. Gesamtausgaben großer Publizisten der Zeit: J. GÖRRES, Ges. Schriften, hg. v. W. SCHELLBERG (Bd. 1–13, 15, 16, 1926ff.). K. MARX u. F. ENGELS, Gesamtausg. (MEGA), hg. v. Marx-Engels-Inst. Moskau, I. Abt., Bd. 1–7 (1927–35); K. MARX F. ENGELS, Werke (MEW), hg. v. Inst. f. Marxismus-Leninismus beim ZK d. SED, 39 Bde., 2 Erg.-Bde. (1956–68). F. LIST, Schriften, Reden, Briefe, hg. v. d. List-Gesellschaft, 10 Bde. (1927–36). Für die polit. Entwicklung einer dt. Landschaft die wichtige (nicht abgeschlossene) Publikation von J. HANSEN, Rhein. Briefe u. Akten z. Gesch. d. polit. Bewegung 1830–1850 (Bd. I u. II 1, 1919–42). Ein gleiches Werk für Ostpreußen war geplant, ist nicht mehr erschienen. Zur *Parteigeschichte:* F. SALOMON, W. MOMMSEN u. G. FRANZ, Die dt. Parteiprogramme bis 1871, Bd. 1 (³1931/32). Dt. Parteiprogramme, hg. v. W. MOMMSEN (²1964, Dt. Hdb. d. Pol., Bd. 1). Dt. Partei-

Allgemeine Bibliographie

programme seit 1861, hg. v. W. TREUE (⁴1968, Qu.slg. z. Kulturgesch., Bd. 3). Dt. Liberalismus im Zeitalter Bismarcks. Eine polit. Briefslg., hg. v. J. HEYDERHOFF u. P. WENTZCKE, 2 Bde. (Dt. Gesch.qu. d. 19. u. 20. Jh., Bd. 18, 1925 u. 24, 1927, Ndr. 1967). Zur *Verfassungsgeschichte:* Quellen-Sg. z. d. Öffentl. Recht d. Teutschen Bundes, hg. v. J. L. KLÜBER (³1830, Ndr. 1970). Wichtige Urkunden über d. Rechtszustand d. dt. Nation, hg. v. J. L. KLÜBER u. C. WELCKER (²1845). W. ALTMANN (Hg.), Ausgew. Urkunden z. dt. Verfassungsgesch. seit 1806, 2 Tle. (1898). DERS. (Hg.), Ausgew. Urk. z. Brandenburg.-Preuß. Verfassungs- u. Verwaltungsgesch., II. Tl. 1 (1915, bis 1849 reichend). E. R. HUBER (Hg.), Dokumente z. Dt. Verf.gesch., Bd. 1: 1803–1850 (1961), Bd. 2: 1851–1918 (1964). Zur *Wirtsch.- u. Sozialgeschichte:* Vorgesch. u. Begründung d. Dt. Zollvereins 1815–1834. Akten d. Staaten d. Dt. Bundes u. d. europ. Mächte, hg. v. W. v. EISENHARDT-ROTHE u. A. RITTALER, Einl. v. H. Oncken, 3 Bde. (1934). Vgl. im übrigen W. TREUE, Gesellschaft, Wirtschaft und Technik Deutschlands im 19. Jahrhundert (Bd. 17 dieser Reihe).

Handbücher und Sammelbände: Geschichte d. dt. Länder (Territorien-Ploetz), hg. v. G. W. SANTE, Bd. 2 (1971). K. KOSZYK, Dt. Presse im 19. Jh. (1968). L. BERGSTRÄSSER, Gesch. d. polit. Parteien in Dtld., 11. Aufl. hg. b. W. MOMMSEN (1965, Dt. Hdb. d. Pol., Bd. 2). W. TORMIN, Gesch. d. dt. Parteien seit 1848 (²1967). Die bürgerl. Parteien in Dtld. Handbuch .., hg. v. D. FRICKE, 2 Bde. (1968–70). B. VOGEL, D. NOHLEN, R.-O. SCHULTZE, Wahlen in Dtld. Theorie, Gesch., Dokumente 1848–1970 (1971). E. R. HUBER, Dt. Verfassungsgesch. seit 1789, Bd. 1: 1789–1830 (²1967), Bd. 2: 1830–1850 (²1968), Bismarck u. d. Reich (³1970). F.-W. BÖCKENFÖRDE (Hg.), Mod. dt. Verf.gesch. (1815–1918) (1972, Neue Wiss. Bibl. = NWB, Bd. 51). F. LÜTGE Dt. Sozial- u. Wirtschaftsgesch. Ein Überblick (³1966). W. G. HOFFMANN, Das Wachstum d. dt. Wirtschaft seit der Mitte d. 19. Jh. (1965). H.-U. WEHLER (Hg.), Mod. dt. Sozialgesch. (³1970, NWB, Bd. 10). K. E. BORN (Hg.), Mod. dt. Wirtschaftsgesch. (1966, NWB, Bd. 12). H. Böhme (Hg.), Probleme d. Reichsgründungszeit 1848–1879 (1968, NWB, Bd. 26). TH. SCHIEDER u. E. DEUERLEIN (Hgg.), Reichsgründung 1870/71 (1970). H. BARTEL-E. ENGELBERG (Hgg.), Die großpreuß.-militarist. Reichsgründung 1871, 2 Bde. (1971; marxistisch).

Darstellungen: Die Darstellungen des Zeitraums von 1815–1871 in der dt. Geschichtsschreibung stehen im allgemeinen im Zeichen der Gesch. der dt. Nationalstaatsgründung, während erst in neuerer Zeit die Frage einer geschichtl. Wesensbestimmung des 19. Jh. in den Vordergrund tritt. Am Eingang der ersten Gruppe das großartige, wenn auch in seinen Wertungen parteiische Werk von H. v. TREITSCHKE, Dt. Gesch. im 19. Jh. (5 Bde. bis 1847, 1879–1894, hier nach d. Ausgabe v. 1928 im F. W. Hendel-Verlag zitiert), das in der Verbindung von preuß. Überlieferung u. liberaler Nationalstaatsidee charakteristisch für seine Zeit ist. H. v. SYBEL, Die Begründung des Dt. Reiches durch Wilhelm I. (7 Bde. 1889–1894), hat offiziösen Charakter und ist einseitiger auf polit.-diplomat. Gesch. gerichtet. Im Standpunkt u. in der Form verwandt: E. BRANDENBURG, Die Reichsgründung (2 Bde. 1916, ²1922). E. MARCKS, Der Aufstieg des Reiches. Dt. Gesch. von 1807–1871/78 (2 Bde. 1936), faßt die Ergebnisse vor allem der Forschung zwischen den Weltkriegen in großer Darstellung zusammen. H. v. SRBIK, Dt. Einheit. Idee u. Wirklichkeit vom Heiligen Reich bis Königgrätz (4 Bde. 1935–1942), gibt vom österr. Standpunkt eine gesamtdt. Deutung. J. ZIEKURSCH, Polit. Gesch. des neuen dt. Kaiserreiches (3 Bde. 1925–1930), behandelt im 1. Bd. die Reichsgründung kritischer als die ältere nationalliberale Geschichtsschreibung und ist in vielen Partien nicht veraltet. Neueste Darstellung: G. MANN, Dt. Gesch. d. 19. u. 20. Jh. (1966). TH. S. HAMEROW, Restoration, Revolution, Reaction. Economics and Politics in Germany 1815–1871 (1958). H. HOLBORN, Dt. Gesch. in der Neuzeit, Bd. 2: 1790–1871 (1970). E. ZECHLIN, Die dt. Einheitsbewegung, u. DERS., Die Reichsgründung (1967, Dt. Gesch., hg. v. W. Hubatsch, Bd. 3, 1 u. 2). TH. S. HAMEROW, The Social Foundations of German Unification 1858–1871, 2 Bde. (1969–72). Marxist. bestimmt: K. OBERMANN, Deutschland 1815–1849 (³1967). E. ENGELBERG, Dtld. 1849–1871 (²1967).

Zur geschichtl. Erfassung des 19. Jh. zuerst E. TROELTSCH, Neunzehntes Jahrhundert. (Ges. Schriften 4, 1913). — Mit starkem geschichtsphilos. Gehalt: B. CROCE, Gesch. Europas im 19. Jh. (dt. 1950, Neuaufl. 1968). – Zum ganzen Problem: R. NÜRNBERGER, Die Gesch. des 19. Jh. als Thema unserer Gegenwart. Mitteilungen aus d. Max-Planck-Gesellschaft (1958, Heft 1, S. 34ff.). Am stärksten getragen von den neuen Anschauungen vom 19. Jh. ist das unvollendete Werk von F. SCHNABEL, Dt. Gesch. im 19. Jh. (4 Bde., 1929–1937 und öfter), das nicht Ereignisgeschichte gibt, sondern systematisch-strukturgeschichtl. gegliedert ist: Bd. 1: Die Grundlagen; 2: Monarchie u. Volkssouveränität; 3: Erfahrungswissenschaften u. Technik; 4: Die religiösen Kräfte.

Die großen Gesamtdarstellungen des 19. Jh. gehen zwar auf eine Erfassung der Gesch. der europ. Staatenwelt aus, behandeln aber in diesem Rahmen Dtld. mit. So die materialreiche, stofflich umfassende Gesamtdarstellung von A. STERN, Gesch. Europas seit d. Verträgen von 1815 bis z. Frankfurter Frieden von 1871 (10 Bde. 1899 bis 1924, Bd. 1–4 ²1913–1921). – Neueste Grundrisse: H. HERZFELD, Die moderne Welt 1789–1945, 1. Bd.: 1789–1890 (⁶1969). A. J. GRANT u. H. W. TEMPERLEY, Europe in the 19th and 20th Cent. (⁶1952). – Unter den großen dt. u. ausländ. Reihenwerken sind folgende Bände wichtig: Propyl.weltgesch., hg. v. W. GOETZ, Bd. 8: Liberalismus u. Nationalismus (1930), Propyl.weltgesch., hg v. G. MANN, Bd. 8: Das 19. Jh. (1960). Peuples et civilisations. Hist. générale, hg. v. L. HALPHEN u. PH. SAGNAC (1928 ff., ²1960), Bd. 15. Clio, Introduction aux études hist., hg. v. J. CALMETTE (1934–1954), Bd. IX 1. Histoire des relations internationales, hg. v. P. RENOUVIN (1953/54), Bd. 5: Histoire générale des civilisations, hg. v. M. CROUZET (1953ff.), Bd. 6: R. SCHNERB, Le XIXe Siècle; L'apogée de l'expansion européenne 1815–1914. The Oxford History of Modern Europe, hg. v. A. BULLOCK u. F. W. D. DEAKIN (1954ff., 1965). A. J. P. TAYLOR, The Struggle for Mastery in Europe. 1848–1918 (1954). The New Cambridge Modern History, Bd. 9 u. 10 (1965 u. 1960). The Rise of Modern Europe, hg. v. W. L. LANGER (1928ff.), Bd. 14: FR. F. ARTZ, Reaction and Revolution 1814–1832 (1934). W. L. LANGER, Political and Social Upheaval 1832 to 1852 (1969). R. C. BINKLEY, Realism and Nationalism 1852–1871 (1935, interess. Versuch). Historia Mundi, Bd. 10 (1961). J. DROZ, L. GENET u. J. LUCIEN-VIDALENCE, L'époque contemporaine, Bd. 1: Restaurations et révolutions 1815–1871 (1953). M. BELOFF, P. RENOUVIN, F. SCHNABEL u. F. VALSECCHI, L'Europe du XIXᵉ et du XXᵉ s. 1815–1870. Problèmes et interprétations historiques (2 Bde. 1959).

Kapitel 1
Das System des Deutschen Bundes

Der Wiener Kongreß hatte für Deutschlands politische Gesamtform keine Wiederherstellung der vorrevolutionären Ordnung, keine Erneuerung von Kaiser und Reich, aber auch nicht die Neuschöpfung eines nationalen Bundesstaates gebracht: Mit der Errichtung des Deutschen Bundes wurde der Schluß-

1. Das System des Deutschen Bundes

strich unter die Auflösung des Hl. Römischen Reiches in souveräne Einzelstaaten gezogen und das staatenbündische System fortgesetzt, wie es zuletzt im Rheinbund hervorgetreten war. Entscheidend für die Zukunft war, daß Preußen mit einem nach Westen verlagerten Schwerpunkt wieder als stärkste norddeutsche Macht erschien, Österreich trotz seines territorialen Rückzugs aus dem deutschen Südwesten seinen dominierenden Einfluß auf die Mittel- und Kleinstaaten behielt und damit der im 18. Jh. entstandene *Dualismus zweier deutscher Großmächte* erneuert wurde. »Das ganze Heil des Bundes« war damit auf das nicht verfassungsrechtlich zu regelnde Einverständnis Preußens und Österreichs gestellt (W. v. Humboldt). Anfängliche Versuche Preußens, eine gleichberechtigte Stellung neben Österreich mit geteilten Einflußsphären zu gewinnen, scheiterten sehr bald. So blieb als das »unausgesprochene Geheimnis der neuen Schöpfung« (H. Oncken) die Stillegung der dualistischen Politik, für die Wilhelm von Humboldt in seiner Denkschrift vom 30. 9. 1816 ›Über die Behandlung der Angelegenheiten des Deutschen Bundes durch Preußen‹ die Grundsätze formulierte. Humboldt hielt die Übereinstimmung der von Wien und Berlin ausgehenden Instruktionen für den einzigen Lebenshauch, welchen man »dem einzigartigen, um nicht zu sagen monströsen Körper« des Bundestags einhauchen könne. Die hier geforderte Vorverständigung der beiden Mächte über die wesentlichen politischen Probleme, bevor man sie in Frankfurt vorlegte, wurde dann bis 1848 die Regel. Sie war möglich, weil beide Mächte mit ihrer Bundespolitik nur begrenzte Ziele verfolgten: Österreich die Sicherung gegen die liberale und nationale Bewegung und die Festigung seines Einflusses auf die Mittel- und Kleinstaaten; Preußen die vorsichtige Eindämmung des österreichischen Primats bei gleichzeitigem Verzicht darauf, den Bund zu stärken und zu aktivieren, während es durch unmittelbare Verhandlungen mit einzelnen deutschen Staaten Vorteile suchte und sie in der Zollvereinspolitik erreichte.

//Als die Bundesversammlung, später *Bundestag* genannt, am 5. 11. 1816 in Frankfurt eröffnet wurde, war ihr »erstes Geschäft« »die Abfassung der *Grundgesetze* des Bundes und dessen organische Einrichtung in Rücksicht auf seine auswärtigen, militärischen und inneren Verhältnisse« (Bundesakte Art. 10), d. h. die Ausfüllung des Rahmens, den die Bundesakte geschaffen hatte. Dieser Aufgabe ist der Bund nur zum geringen Teil Herr geworden, wenn auch die *Wiener Schluß-Akte* (WSA)

1. Das System des Deutschen Bundes

vom 15. 5. 1820 den Versuch einer verfassungsähnlichen Kodifizierung des Bundesrechts machte. Als schwierig erwies es sich schon, die Stellung des Bundes nach außen zu fixieren. Die beiden Großmächte hatten wenig Interesse daran, ihm die Rechte zuzuerkennen, die ihm als einer »in seinen äußeren Verhältnissen ... in politischer Einheit verbundenen Gesamtmacht« (WSA Art. 2) zukamen; so waren zwar fremde Mächte in Frankfurt diplomatisch vertreten, das aktive Gesandtschaftsrecht wurde aber vom Bund bis auf einzelne Ausnahmen nicht ausgeübt[2]. Auch das durch die WSA (Art. 35) ausdrücklich dem Bunde als Gesamtmacht garantierte Recht, Krieg zu erklären, Frieden und Bündnisse zu schließen, ist nicht im Sinne der Stärkung der Bundesmacht wirksam geworden. Die Großmächte, insbesondere Österreich, haben vielmehr stets versucht, den Bund insgesamt für ihre eigenen außen- und kriegspolitischen Interessen zu mobilisieren. Doch ist nicht zu leugnen, daß die Schwerfälligkeit der Bundespolitik die freie Entbindung machtstaatlicher Außenpolitik hemmte und der Bund damit tatsächlich in der Richtung defensiver Friedenspolitik als »Friedensstaat von Europa« wirkte, die ihm führende Publizisten der Zeit von A. L. Heeren bis Constantin Frantz als wesensgemäß unterlegten[3].

Die *militärischen Verhältnisse des Bundes* wurden durch die Grundzüge der Kriegsverfassung des Deutschen Bundes vom 9. 4. 1821 und die Näheren Bestimmungen vom 12. 4. 1821 und 11. 7. 1822 geregelt[4]. Nach ihnen wurde ein in 10 Armeekorps gegliedertes *Bundesheer* aus den Kontingenten der Bundesstaaten gebildet, zu dem Österreich und Preußen je drei Korps stellten, Bayern eines, während die übrigen drei Korps aus gemischten Verbänden bestanden. Der Oberbefehlshaber sollte im Kriegsfall vom Engeren Rat der Bundesversammlung gewählt werden. In diesem System, das seine geschichtliche Bewährungsprobe nicht abgelegt hat, wirkte sich der Dualismus der deutschen Hauptmächte und das Souveränitätsbedürfnis der kleineren Staaten, das jede Kontrolle über die kleineren Kontingente verhinderte, lähmend aus. Tatsächlich beruhte die Sicherheit auch der kleineren deutschen Staaten auf der militärischen Eintracht der beiden Hauptmächte; sobald diese (wie in den Jahren nach der Juli-Revolution) beeinträchtigt war, trat eine unmittelbare Bedrohung für den territorialen Bestand Deutschlands ein.

Die stärkste Aktivität entfaltete der Deutsche Bund auf dem

1. Das System des Deutschen Bundes

Gebiet der *inneren Politik*, während er die Möglichkeiten der Handels- und Verkehrspolitik (Art. 19 der Bundesakte) fast ungenützt ließ. Es hat das geschichtliche Urteil über ihn fast ausschließlich bestimmt, daß er zum *Vollstrecker der Restaurationsideen* geworden ist und seine Energien hauptsächlich in der Unterdrückung der liberalen und nationaldeutschen Bewegung entfaltet hat. Trotz der tiefen Enttäuschung, die die heimkehrenden Offiziere und Freiwilligen der Befreiungskriege über den Fehlschlag ihrer nationalen Hoffnungen empfanden, und der leidenschaftlichen Anklage nationaldeutsch denkender Publizisten wie Görres und Arndt gegen Deutschlands »jämmerliche, unförmliche, mißgeborene, ungestaltete Verfassung«[5] hätte der Bund sich Sympathien erwerben können, wenn er die liberalen Verfassungsbewegungen in den Einzelstaaten gefördert hätte. Der Artikel 13 der Bundesakte[5a] gab ihm dazu sogar ein wenn auch schwach begründetes Recht. Aber gerade hier trieben die Dinge unter Metternichs Einfluß in die entgegengesetzte Richtung: Seit 1819 entwickelte sich der Bund zur Schutzmacht gegen die liberale, konstitutionelle Bewegung und scheute dabei auch nicht vor Eingriffen in die behütete Souveränität der Einzelstaaten zurück. Die Wiener Schluß-Akte grenzte die Rechte landständischer Organe ausdrücklich ein (Art. 57, 58, 59) und legte die Verfassung der Bundesglieder auf die fürstliche Souveränität fest, bei der »die gesamte Staatsgewalt in dem Oberhaupt des Staats vereinigt bleiben« müsse (Art. 57).

Die *Verfassungsideen* der früheren Restaurationszeit hatten verschiedenen Ursprung. Ihre Verfechter setzten entweder wie Karl von Rotteck (Ideen über Landstände, 1819) im ganzen recht gemäßigt die Überlieferung der französischen Aufklärung fort, oder sie orientierten sich an England (F. C. Dahlmann, Ein Wort über Verfassung, 1815), das nun immer stärker auf den vormärzlichen Liberalismus zu wirken begann, oder sie standen wie ein Teil der preußischen Liberalen im Bann der deutschen idealistischen Philosophie. Nicht in erster Linie ideologische Wurzeln hatte die *Gewährung von Verfassungen* durch süd- und mitteldeutsche Fürsten: z. B. in Nassau – unter Mitwirkung des Freiherrn vom Stein – im September 1814; in Sachsen-Weimar im Mai 1816; in Bayern im Mai 1818; in Baden im August 1818; in Hessen-Darmstadt im Dezember 1820[6]. Ihrer aller Antrieb war neben dem Bestreben, einer Initiative des Bundes zuvorzukommen, das Bedürfnis, die

1. Das System des Deutschen Bundes

neuen, aus vielen Stücken zusammengefügten Staatswesen zu festigen, ihnen einen Mittelpunkt zu geben; sie standen im Dienst der partikularen Staatssouveränität und Staatseinheit. Als Vorbild diente die französische Charte von 1814, doch wurde der Trennungsstrich zwischen landständischer und repräsentativer Verfassung in der Zusammensetzung der Landtage noch nicht so scharf gezogen wie von Friedrich Gentz in seiner zu der Karlsbader Konferenz von 1819 verfaßten Schrift ›Über den Unterschied zwischen den landständischen und Repräsentativverfassungen‹[7]. Einen Sonderfall bildete die *württembergische Verfassung* (September 1819), die formell als Vertrag zustande kam und auch rechtlich an die altständische Verfassung anknüpfte[8]. Die kleinstaatlichen mitteldeutschen Verfassungen von 1814–1816 (am bekanntesten die weimarische vom Mai 1816) suchten das vorrevolutionäre dualistische, ständisch-patrimoniale Staatsrecht wiederherzustellen. Auch in den größeren Staaten wie Sachsen und Hannover blieben die älteren landständischen Verfassungen im wesentlichen erhalten. Am weitesten kam die *badische Verfassung* den neuen konstitutionellen Ideen entgegen: Sie kannte bereits ein Wahlrecht ohne ständische Gliederung und mit einem direkten Zensus nur für das passive Wahlrecht, während das aktive Wahlrecht allen Personen zustand, die das Bürgerrecht bekamen. Im badischen Landtag hat sich dann auch bereits parlamentarisches Leben mit politischer Diskussion und wenn auch rudimentärer Parteibildung entwickelt[9]. In *Bayern* hing die Verfassungspolitik in besonderem Maße mit der Gesamtstaatsbildung durch den liberalen Bürokratismus zusammen. Schon im Jahre 1808 war durch den König Max I. Josef eine vom Grafen Montgelas, dem Schöpfer des bürokratisch-zentralisierten neubayerischen Staates, entworfene Konstitution gegeben worden, deren repräsentative Organe allerdings nie zusammentraten. Montgelas wurde dann in den Jahren nach 1815 zum energischen Gegner einer Repräsentativverfassung, und erst sein Sturz im Februar 1817 gab den Anhängern der Verfassungspolitik, an ihrer Spitze Staatsrat von Zentner, den Weg frei, die dann am 26. 5. 1818 vom König gewährte Verfassung vorzubereiten[10].

Die Bedeutung dieser frühen konstitutionellen Einrichtungen liegt in erster Linie in ihrem Beitrag zur Bildung eines *einzelstaatlichen Staatsbewußtseins*, in der Ergänzung der »administrativen Integration« durch die »parlamentarisch-repräsentative Integration«[11]. Man kann dies nicht wie Treitschke

1. Das System des Deutschen Bundes

mit dem Vorwurf abtun, sie seien eine »Stütze des Partikularismus« gewesen; die Erziehung zu staatlichem Denken und Handeln war mindestens eine notwendige Zwischenstufe von der Reichswelt des 18. Jh. zum späteren Nationalstaat des 19., der frühkonstitutionelle, noch halbständische Parlamentarismus bildete den Übergang vom Ständewesen zum Repräsentativsystem.

Die geschichtliche Rolle der mittelstaatlichen Verfassungen und Parlamente ist um so bedeutsamer, weil sich die beiden deutschen Großstaaten vorerst nicht zu »Verfassungsstaaten« im modernen Sinne entwickelten. *Österreich* widerstrebte dieser Entwicklung mit Rücksicht auf seinen »alteuropäischen« Charakter als »monarchische Union von Ständestaaten« (O. Brunner)[12], aber doch auch bereits wegen der zu erwartenden nationalitätenpolitischen Folgen. Auch die einer liberalen Verfassungspolitik am ehesten geneigte, josefinisch gesinnte Bürokratie suchte die liberalen und gesamtstaatlichen Elemente im Bereich der Administration nicht durch eine Vertretungskörperschaft zu verstärken. Metternich, obschon persönlich ein scharfer Gegner der josefinischen Traditionen, war nicht so weit von ihnen entfernt, wenn er sich, schon seit 1811, um Reformen der gesamtösterreichischen Zentralverwaltung bemühte; die 1814 eingeführte Neuordnung des Staatsrats als lediglich beratendes Organ des Monarchen wurde wesentlich von ihm angeregt; die Bildung in ihren Kompetenzen klar getrennter Fachministerien ist ihm nur teilweise geglückt[13]. Entschieden war der Staatskanzler (seit 1821), der der Monarchie die geschichtliche Rolle einer Wahrerin des monarchischen Ordnungsprinzips zuerkannte, nicht nur gegen eine »allgemeine Repräsentation des Reiches«, sondern auch gegen eine Beteiligung der einzelnen ständischen Landtage, deren Wiederherstellung er mitveranlaßte, an der Gesetzgebung. Nach seinem Plan sollte sich ein gesamtstaatlicher Reichsrat als »Zentralpunkt« der Monarchie aus Delegierten der Landeskörperschaften aufbauen und wohl auch vom Kaiser ernannte Reichsräte umfassen. Aber selbst in dieser Form ist er an dem starren Eigensinn des Kaisers Franz gescheitert, wie denn das Österreich der Restaurationszeit im ganzen keine großen Energien entfaltete und in Entschlußlosigkeit und Stillstand verharrte. Das dunkle Bild von der Monarchie, wie es sich in der bürgerlichen Welt des 19. Jh. festsetzte, hat sich wesentlich in jenen Jahren des Vormärz gebildet.

1. Das System des Deutschen Bundes

Anders lagen die Voraussetzungen in *Preußen*[14]. Hier war der nach Jena und Tilsit eingeleitete politische und gesellschaftliche Umbau des Staates ein Torso geblieben. Er wurde in der größer gewordenen Monarchie unter wesentlich verschlechterten Bedingungen fortgeführt: Nicht nur, daß die Widerstände der altpreußischen junkerlich-feudalen Kräfte sich verstärkt hatten, auch der Kreis der Reformer selbst war geschwächt. Zwar stand ihm der leitende Staatsmann, der Staatskanzler Fürst *Hardenberg*, nahe, aber von dem Ethos und der revolutionären Energie des Freiherrn vom Stein besaß er wenig; er war liberaler Bürokrat, ein Meister der Taktik, dessen Talente vor allem in der auswärtigen Politik und in der reinen Administration zur Geltung kamen. Für diese sind von ihm allerdings noch starke Reformantriebe ausgegangen. Bei der Neuordnung der Verwaltung lagen daher auch die größten Erfolge seiner Regierung: so im Aufbau der Provinzen und Provinzialbehörden (im April 1815 10, später 8 Provinzen) und in der Ausgestaltung des Amtes des Oberpräsidenten[15], das verwaltungstechnisch zwar nicht den kollegial verfaßten Regierungen übergeordnet war, aber dem doch vor allem durch die Kompetenz für alle ständischen Angelegenheiten ein großer politischer Spielraum blieb und das deshalb den Wirkungskreis für ausgeprägte Persönlichkeiten des bürokratischen Liberalismus schuf (am bedeutendsten Theodor von Schön, seit 1816 Oberpräsident in Westpreußen, von 1824 bis 1842 im vereinigten Ost- und Westpreußen; Ludwig von Vincke in Westfalen, Joh. August von Sack in der Rheinprovinz, dann in Pommern, Friedrich Theodor von Merckel in Schlesien). Als Spitze des Systems der »inneradministrativen Konstitutionalisierung« (Koselleck) wurde 1817 die seit 1808 immer wieder verheißene höchste Behörde der Monarchie, der *Staatsrat*[16], als Beratungs-Körperschaft des Königs und der Regierung eingerichtet, eine Art »Beamtenparlament« (Otto Hintze), dem die Prinzen des königlichen Hauses, die Spitzen der Behörden, die Kommandierenden Generale sowie 34 durch das Vertrauen des Königs berufene Männer angehören sollten.

Ein Ersatz für die *mangelnde »Nationalrepräsentation«*, die Stein als Krönung der nationalen Neuordnung, des Systems der Mitgestaltung und Mitverantwortung vorgesehen hatte, konnte und sollte darin nicht gesehen werden. Ihre Einrichtung wird nun zum politischen Hauptproblem der nächsten Jahre. König Friedrich Wilhelm III. hatte, von Hardenberg

1. Das System des Deutschen Bundes

gedrängt, noch während der letzten Feldzüge im Mai 1815 eine Verordnung erlassen, in der die Bildung einer »Repräsentation des Volkes« in Aussicht gestellt wurde, die allerdings aus den neu zu formierenden Provinzialständen hervorgehen sollte[17]. Jedoch wurde sehr bald auch die Erfüllung dieser eingeschränkten Zusage verschleppt und erst im Juli 1817 eine vorbereitende Verfassungskommission aus Mitgliedern des Staatsrats einberufen, die sich zunächst mit einer Enquête der Stimmungen, Wünsche und noch vorhandenen ständischen Einrichtungen in den Provinzen begnügte. Die Verhandlungen gingen daher auch weiterhin zögernd voran: Es regten sich überall die altständischen Kräfte, für die es weniger um eine National- oder Provinzialrepräsentation als um die Sicherung ständischer Privilegien des grundbesitzenden Adels ging. Auf der anderen Seite geriet die preußische Politik mehr und mehr ins Schlepptau von Metternichs Restaurationspolitik, seitdem durch die Tat Sands gegen Kotzebue die gegenrevolutionäre Aktivität des Bundes sich verschärft hatte. Diese Abhängigkeit Preußens von Österreich führte bei einer Zusammenkunft in Teplitz am 1. 8. 1819 zu einem Abkommen zwischen Hardenberg und Metternich, zur sogen. *Teplitzer Punktation*[18]: In ihr band sich Preußen die Hände, »zur Repräsentation der Nation keine allgemeine, mit der geographischen und inneren Gestaltung seines Reiches unverträgliche Volksvertretung einzuführen, sondern seinen Provinzen landständische Verfassungen zu erteilen und aus diesen einen Zentralausschuß von Landesrepräsentanten zu bilden«. Daß Hardenberg diese Bindung nicht allzu engherzig auffaßte, läßt sich aus seiner Denkschrift vom Oktober 1819 ›Ideen zu einer landständischen Verfassung in Preußen‹[19] entnehmen, die trotz ihrer taktischen Bedingtheit doch noch einmal den großen Zug der Reformzeit zeigte und den organischen Aufbau der Verfassung von unten, d. h. von den Kreistagen über die Provinziallandtage zu einem Allgemeinen Landtag im Sinne Steins empfahl. Diese Denkschrift stand den Entwürfen Wilhelm von Humboldts nicht allzu fern, die dieser im gleichen Jahre 1819 mit umfassenderer Begründung und Beweisführung ausgearbeitet hat[20].

Das Schicksal des preußischen Verfassungsplans verknüpfte sich jetzt unheilvoll mit dem persönlichen Kampf um die Macht zwischen diesen beiden Männern: Humboldt wurde im Januar 1819 erneut in die Regierung berufen und an die Spitze eines »Ministeriums für ständische und Kommunalangelegenheiten« gestellt. Er versäumte es bei seiner Bestallung, seine Aufgaben gegenüber dem Staatskanzler genügend scharf abzugrenzen. So kam es sehr bald dazu, daß ihn Hardenberg bei der Vorbereitung der Verfassungspläne völlig überging. Die beiden einzigen Persönlichkeiten, die noch willens waren, überhaupt eine Verfassung zu schaffen, haben sich im Kampfe gegeneinander aufgerieben. Humboldt mußte zuerst weichen, von Hardenberg gestürzt (31. 12. 1819). Als sich 1820 infolge der südeuropäischen Revolutionen die Voraussetzungen für konstitutionelle Reformen immer mehr verschlechterten, verlor auch Hardenberg das Vertrauen des Königs. Noch konnte er in die Verordnung »wegen der künftigen Behandlung des gesamten Staatsschuldenwesens« vom 17. 1. 1820[21] die Versicherung des Königs einschließen, die bestehende Staatsschuld nur mit »Zuziehung und unter Mitgarantie der künftigen reichsständischen Versammlung« zu vermehren, was in der Öffentlichkeit als ein erneutes Verfassungsversprechen aufgefaßt wurde und später noch eine wichtige politische Rolle spielen sollte. Als aber eine aus Gegnern Hardenbergs gebildete Kommission zur Beratung der Kommunalverfassung beim König mit Erfolg beantragte, sich fürs erste mit der Einrichtung von Provinzialständen zu begnügen und von der Bildung einer allgemeinen Landesrepräsentation abzusehen, war praktisch die Verfassungsfrage auf Eis gelegt und *Hardenbergs Niederlage* vollständig. Fast um jeden politischen Einfluß gebracht, ist er im November 1822 verstorben. Das im Juni 1823 erlassene Gesetz über die Anordnung von Provinzialständen[22] bildete das magere Ergebnis der vorhergehenden bewegten Jahre preußischer Verfassungspolitik; es legte den überwiegenden Einfluß des Großgrundbesitzes und Adels in den Provinziallandtagen fest, war aber schon dadurch, daß es die neuen Provinzen, nicht die alten historischen Landschaftseinheiten zugrunde legte, nur in seiner Terminologie eine Restauration altständischer Einrichtungen. Ihrem Wesen nach aber waren die Provinziallandtage »durchaus rationale Neuschöpfungen der absoluten Bürokratie, denen man einen altertümlichen Anstrich gegeben hatte – echte Erzeugnisse dieses Zeitalters der Restauration und der Neugotik« (F. Schnabel)[23].

Man muß diese Vorgänge auch auf dem Hintergrund des Schicksals der anderen – gesellschafts-, militär- und wirtschaftspolitischen – Reformen sehen, die in den Jahren der Restauration ins Stocken gerieten oder abgeschwächt wurden. Über-

1. Das System des Deutschen Bundes

all war ein Zurückweichen hinter die ursprünglich weitergesteckten Ziele der Reform, ein stärkerer Einfluß des Adels und der Träger der monarchischen Staatsmacht und ein Versacken des Reformwillens zu verspüren. So geriet die unter dem Freiherrn vom Stein eingeleitete *Agrarreform* und Bauernbefreiung aus den Schwierigkeiten ihrer Durchführung nicht heraus, seitdem der Widerstand der adligen Gutsherrn sich versteifte: Das Regulierungsedikt vom 14. 9. 1811[24] versuchte die Ablösung der bäuerlichen Lasten zu regeln und legte den freigewordenen Bauern im Normalfall eine erhebliche Landabtretung auf. Da zu diesem Verfahren nur die »spannfähigen« Mittel- und Großbauern in der Lage zu sein schienen und auch diese oft nur um den Preis der Unrentabilität ihrer Resthöfe, beschränkte die Deklaration vom 29. 5. 1816[25] die Regulierung auf die »spannfähigen« Höfe und nahm die »nicht-spannfähigen« Bauern aus. Zusammen mit der Preisgabe des Bauernschutzes führte dies alles zu einer rapiden Verminderung des Bauernbesitzes, der in die Hand der Gutsbesitzer überging. Die wirtschaftliche Stellung der Gutsherren wurde dadurch enorm gestärkt, die Umwandlung der Agrarstruktur in den Ostprovinzen in das System der auf der Arbeit von Landarbeitern beruhenden Gutsbetriebe kam in vollen Gang[26]. Auch in den anderen deutschen Staaten ging der Prozeß der Bauernbefreiung vorerst nicht weiter und erhielt erst nach 1830 wieder Auftrieb, so vor allem in Hannover.

Im zweiten wichtigsten Bereich der Steinschen Reformpolitik, der Reform *kommunaler Selbstverwaltung*, waren die Rückschritte und Abstriche nicht so deutlich, aber sie fehlten keineswegs: Die revidierte Städteordnung vom 17. 3. 1831[27] war ihrer Intention nach dafür gedacht, für die gesamte, seit 1808 wesentlich vergrößerte Monarchie ein gemeinsames städtisches Kommunalrecht zu schaffen, doch verbarg sich dahinter auch die Tendenz, die Staatsaufsicht und damit den Einfluß der staatlichen Bürokratie auf die Stadtgemeinden zu verstärken, so durch ein Recht der Auflösung der Stadtverordnetenversammlungen und zur kommissarischen Besetzung von Magistratsämtern. Das Ziel eines einheitlichen städtischen Verfassungsrechts wurde im übrigen nicht erreicht, schon deshalb nicht, weil den Städten in den vier Provinzen, die 1808 zu Preußen gehörten, die Wahl zwischen der alten und der revidierten Städteordnung gelassen wurde. Von den neuen Provinzen (Sachsen, Posen, Westfalen, Rheinprovinz) behielt die

1. Das System des Deutschen Bundes

Rheinprovinz ihr eigenes, französisch beeinflußtes Stadtrecht, das auch noch nach der relativen Vereinheitlichung des Städterechts nach 1853 in Kraft blieb. Im ganzen gesehen ist aber das preußische Städterecht in Verbindung mit der Gewerbefreiheit für die wirtschaftliche Entfaltung der Städte in der Ära der industriellen Revolution günstig gewesen. Preußen behielt hier immer noch einen gewissen Vorsprung vor den meisten anderen deutschen Staaten, wenn in diesen auch zur gleichen Zeit fast überall liberalere Städteverfassungen eingeführt wurden, so in Bayern 1818 und 1834, in Sachsen 1832 und 1837, in Württemberg 1818 und 1822, in Baden 1831, im Großherzogtum Hessen 1821.[28] Österreich, Hannover, Mecklenburg und mehrere kleinere thüringische Staaten hatten Stadtordnungen für einzelne Städte, aber keine allgemeinen Städteordnungen. In den süddeutschen Staaten war nach französischem Muster der Kompetenzbereich der städtischen Selbstverwaltung zugunsten des Staates sehr eingeschränkt, die demokratischen Elemente dagegen stärker als im Norden entwickelt, wo das preußische Stadtrecht im allgemeinen das Modell für die Übernahme staatlicher Funktionen durch die kommunalen Verwaltungen war. Für den Süden ist auch, wiederum nach französischem Vorbild, die allgemeine, Stadt und Land umfassende Gemeindeordnung charakteristisch, während im Norden die Trennung städtischer und ländlicher Gemeindeordnungen dominierte. So ist es in der preußischen Reform- und Nachreformzeit nicht gelungen, die Selbstverwaltung der Landgemeinden gegen den beherrschenden Einfluß des Adels gesetzlich zu sichern.

Eine zentrale Stellung in der Reformpolitik hatte die *Wehrorganisation* eingenommen; sie beruhte seit Boyens Wehrgesetz vom 3. 9. 1814 auf dem Prinzip der allgemeinen Wehrpflicht und versuchte, einen Kompromiß zwischen altpreußisch-militärstaatlicher Tradition und bürgerlich-nationalen Kräften durch die gleichberechtigte Stellung der Landwehr neben der Linie herzustellen. Wenn die Landwehr für das Bürgertum als ein Stück des Volks in Waffen, als »Volksheer«, erschien, so traten in der Zeit der abgeschwächten Reformkräfte immer stärker die altpreußischen Gegner der Wehrordnung von 1814 hervor, die in der Bewaffnung der Nation die Organisierung des Aufruhrs fürchteten. Sie suchten im Jahre 1817 das Wehrgesetz gegen seinen Schöpfer Boyen zu beseitigen, der in einer großen Denkschrift seinen Widersachern entgegentrat. Als der

1. Das System des Deutschen Bundes

König sich dafür entschied, die Selbständigkeit der Landwehr zu beschränken, indem Offizieren der Linie das Inspektionsrecht und die Befehlsgewalt in den oberen Rängen übertragen wurde (Kabinettsordre vom 22. 12. 1819)[29], trat Boyen zurück, im gleichen Jahr, in dem auch Humboldt stürzte. Über 40 Jahre später erst, in der Roonschen Heeresreform, wird dann die Sonderstellung der Landwehr vollständig beseitigt. Aber die im Jahre 1814 eingeführte allgemeine Wehrpflicht, die ein demokratisches Prinzip in den monarchischen Staat hineintrug, blieb auch dann noch erhalten, wenn sie auch von ihrer demokratischen Wurzel abgeschnitten und zu einem Stabilisierungsfaktor der monarchischen Autorität gemacht wurde. Von hier aus gesehen erscheint das preußische System militaristischer als die Militärsysteme der deutschen Mittelstaaten, die sich in der Regel an dem französischen Konskriptionsverfahren orientierten. Dieses ließ die allgemeine Wehrpflicht nur als unverbindlichen Grundsatz bestehen und ging von Formen der Aushebung aus, die auch Stellvertretung, ja sogar in manchen Fällen Auslosung kannten[30].

Überblickt man die großen Anstöße, die von der preußischen Reform ausgingen, und das Ergebnis, das sie gehabt haben, so wird man zu der Feststellung kommen müssen, daß nur auf einem einzigen Gebiet die Hürden übersprungen werden konnten, die sich überall einer Vollendung entgegenstellten: Nur auf dem Felde der *Wirtschaftspolitik* hat die liberale preußische Bürokratie die erstrebten Ziele erreicht. Das preußische Zollgesetz vom 26. 8. 1818[30a], das die Monarchie zu einem einheitlichen Wirtschaftsgebiet zusammenschloß und damit erst die Voraussetzungen für eine moderne Großstaatsbildung schuf, war zugleich der Ausgangspunkt für eine allgemeinere, über Preußen hinausgehende deutsche Wirtschaftspolitik. Sie trat an die Stelle des Deutschen Bundes, der hier seine einzige Chance versäumte, um sich der bürgerlichen Bewegung zu nähern, und bereitete die zollpolitische Zusammenfassung des außerösterreichischen Deutschland vor, wie sie der Deutsche Zollverein seit seiner Begründung am 30. 3. 1833 und seinem Beginn am 1. 3. 1834 herstellte. Mit ihm stellte sich Preußen an die Spitze der liberalen wirtschaftlichen Bewegung in Deutschland und durchbrach an dieser einzigen Stelle die Grenzen und Hindernisse, die das System von 1815 aufgerichtet hatte (vgl. Bd. 14, Kap. 20)[31].

Das *Scheitern der preußischen Verfassungspolitik* ist zweifellos

1. Das System des Deutschen Bundes

eines der folgenschwersten Ereignisse der neueren deutschen Geschichte: Mit ihm verlor die liberale Bewegung für die Zukunft einen möglichen Rückhalt am stärksten deutschen Staat, und Preußen büßte einen großen Teil der ideellen politischen Autorität ein, die ihm die Reformen gegeben hatten. Die Entfaltung der bürgerlichen liberalen und nationalen Bewegung in einem Großstaat wurde verhindert und der Kontakt des Bürgertums mit der politischen Wirklichkeit, sein Hineinwachsen in politische Verantwortung, dadurch für lange Zeit unmöglich gemacht. Die Antriebe der Reformzeit gingen nicht ganz unter, aber sie blieben auf den administrativen Bereich beschränkt: Preußen erhielt keine Verfassung und kein Parlament, verfügte aber vorerst immer noch über eine aus liberalen und Reformantrieben handelnde Verwaltung und Bürokratie. Sie hat der Wirtschafts- und Zollpolitik neue Impulse gegeben, die bäuerlichen Reformen fortgeführt, überhaupt den gesellschaftlichen Emanzipationsprozeß vorangetrieben, viel weiter als in den »Verfassungsstaaten« Süddeutschlands, allerdings ohne dafür eine konstitutionelle Form zu finden[32]. Von diesem Preußen hat Hegel in seiner Berliner Antrittsrede von 1818[33] als von dem Staate gesprochen, »der auf die Intelligenz gegründet ist, der Macht und Bildung verbindet«.

Protokolle der Dt. Bundesversammlung 1816–1866, Ausgabe für amtl. Gebrauch (bis 1866), für Öffentlichkeit (bis 1828). J. L. KLÜBER, Quellen-Slg. zu d. Öffentl. Recht des Teutschen Bundes ([4]1840). E. R. HUBER, Dokumente zur dt. Verfassungsgesch., Bd. 1: Dt. Verfassungsdokumente 1803–1850 (1961). J. L. KLÜBER, Öffentliches Recht des Teutschen Bundes und der Bundesstaaten ([3]1831). F. HARTUNG, Dt. Verfassungsgesch. vom 15. Jh. bis z. Gegenwart ([9]1969), S. 128 ff. H. E. FEINE, Das Werden des dt. Staates seit dem Ausgang des Hl. Röm. Reiches 1800–1933 (1936), S. 73 ff. E. R. HUBER, Dt. Verfassungsgesch. seit 1789, Bd. 1: Reform und Restauration 1789 bis 1830 ([2]1967), S. 583 ff. (umfassendste Darstellung mit Ausbreitung des gesamten Stoffes und seiner Probleme). F. MEINECKE, Weltbürgertum und Nationalstaat. Studien zur Genesis d. dt. Nationalstaates (1907, Werke Bd. 5, hg. v. H. HERZFELD, [2]1969). H. HEFFTER, Die dt. Selbstverwaltung im 19. Jh. Gesch. der Ideen u. Institutionen ([2]1969). Staat und Gesellschaft im dt. Vormärz 1815–1848, hg. v. W. CONZE ([2]1970).

[1] W. v. HUMBOLDT, Gesammelte Schriften, Bd. 11, S. 95 ff., auszugsweise bei W. v. H., Eine Auswahl aus seinen polit. Schriften, hg. v. S. KAEHLER, Klassiker d. Pol., Bd. 6 (1922), S. 104 ff. (Neuausgabe v. W. BUSSMANN 1966). Das folgende Zitat aus dem Brief Humboldts an Hardenberg vom 6. 10. 1816, in: W. v. H., Polit. Briefe, Bd. 2 (1936), S. 163.

[2] E. R. HUBER, Dt. Verf.gesch., Bd. 1, S. 605 ff.

[3] A. L. HEEREN, Der Dt. Bund in s. Verhältnis zu dem europ. Staatensystem, 1816, Hist. Werke, Bd. 2, S. 423 ff.; darüber F. MEINECKE, Weltbürgertum u. Nationalstaat, S. 180 f. C. FRANTZ, Drei und dreißig Sätze vom Deutschen Bunde (1861).

1. Das System des Deutschen Bundes

[4] E. R. Huber, Dokumente, Bd. 1, Nr. 38 u. 39.

[5] Über Stimmen gegen Dt. Bund: Schnabel, Dt. Gesch., Bd. 2, S. 218 ff. E. R. Huber, Dt. Verf.gesch., Bd. 1, S. 561 ff.

[5a] Zur Entstehung d. Art. 13: W. Mager, Das Problem d. landständ. Verfassungen auf dem Wiener Kongreß, HZ 217 (1973), 296 ff.

[6] Liste sämtlicher Verfassungen 1814 bis 1848: E. R. Huber, Verf.gesch., Bd. 1, S. 656 f., ebd., S. 640: Zusammenstellung des zeitgenöss. Schrifttums über landständ. Verfassungen.

[7] Gedruckt in: Wichtige Urkunden f. d. Rechtszustand d. dt. Nation. Eigenhänd. Anmerkungen v. J. L. Klüber, mitget. v. C. Welcker (1844), S. 213 ff. Zur Sache: E. R. Huber, Verf.gesch., Bd. 1, S. 643 ff. H. Brandt, Landständische Repräsentation im dt. Vormärz. Polit. Denken im Einflußfeld des monarch. Prinzips (1968).

[8] Zur Entstehungsgesch. der württ. Verfassung: E. Hölzle, Württemberg im Zeitalter Napoleons und der dt. Erhebung (1937), S. 186 ff. Text der Verfassung: Huber, Dokumente, Bd. 1, Nr. 54/55.

[9] Darüber vor allem die verschiedenen Arbeiten von F. Schnabel, Ludwig v. Liebenstein (1927); Sigismund Frhr. v. Reitzenstein (1927), u. Dt. Gesch., Bd. 2, S. 226 ff. W. v. Hippel, Frd. L. K. v. Blittersdorf, 1792–1861. Ein Beitr. z. bad. Landtags- u. Bundespolitik im Vormärz (1967). Zuletzt auch die einleit. Abschnitte der umfass. Monographie von L. Gall, Der Liberalismus als regierende Partei. Das Großhgt. Baden zwischen Restauration u. Reichsgründung (1968). Text der Verfassung: Huber, Dokumente, Bd. 1, Nr. 52/53.

[10] M. Doeberl, Entwicklungsgesch. Bayerns, Bd. 2 (³1928), S. 574 ff. (mit Lit.). Gegen die These von Montgelas' Gegnerschaft gegen die Verfassung: K. O. Frhr. v. Aretin, Der Sturz des Gf. Montgelas, Zs. f. bayer. Landesgesch. 20 (1957). Text d. Verfassung: Huber, Dok., Bd. 1, Nr. 51.

[11] E. R. Huber, Verf.gesch., Bd. 1, S. 317. Th. Schieder, Partikularismus und Nationalbewußtsein im Denken des dt. Vormärz, in: Staat und Gesellschaft im dt. Vormärz, S. 9 ff.

[12] O. Brunner, Das Haus Österreich und die Donaumonarchie, Südostforschungen 14 (1955), S. 122 ff.

[13] Die österr. Zentralverwaltung, II. Abt., 1. Bd., 2. Halbbd.: Die Gesch. der österr. Zentralverwaltung 1780 bis 1848, Teil 2: Die Zeit Franz II. (I.) und Ferdinands I. 1792–1848, bearb. v. F. Walter (1956). Die neuere Metternich-Lit. behandelt diese Fragen nur nebenbei, so A. G. Haas, Metternich, Reorganization and Nationality 1813 to 1818 (1963). Den bedeutendsten Beitrag zur inneren Gesch. Österreichs im Vormärz gibt noch immer H. v. Srbik, Metternich. Der Staatsmann und der Mensch (2 Bde. 1925, Bd. 3 1954), vor allem Bd. 1, S. 424 ff., Bd. 3, S. 101 ff. Eine Gegenposition zeigt auf V. Bibl, Metternich, der Dämon Österreichs (1936). Die neueren Darst. des Josefinismus v. F. Valjavec, Der Josefinismus (1944), u. E. Winter, Der J. und seine Gesch. (1943), behandeln diese Periode nur am Rande.

[14] Die Grundlagen für unsere Kenntnis der späteren Reformzeit und des Verfassungskampfes in Preußen bildet im wesentlichen noch die breite Schilderung bei Treitschke, Dt. Gesch., Bd. 2 u. 3. F. Schnabel, Dt. Gesch., Bd. 2, S. 272 ff., vertieft die Darstellung, vor allem in sozial- u. kulturgesch. Richtung. Die letzte große, ideen- und sozialgesch. Methoden verbindende Darstellung: R. Koselleck, Preußen zwischen Reform und Revolution (1967). Daneben das Werk des Amerikaners W. M. Simon, The Failure of the Prussian Reform Movement 1807–1819 (1955). Die Stellung Hardenbergs zur Reformpolitik arbeitet heraus E. Klein, Von der Reform zur Restauration (1965). Von der neueren Hardenberg-Lit. ist die Biogr. v. H. Haussherr (vgl. Bd. 14, Kap. 5) nicht vollendet worden und ihre beiden erschienenen Bände (1963,

1965) behandeln die Zeit nach 1815 nicht mehr. P. G. THIELEN, K. A. v. Hardenberg (1967), geht auf knappem Raum (S. 324 ff.) auf diese Zeit ein. – Quelleneditionen fehlen. Vgl. auch H. HEFFTER, Die dt. Selbstverwaltung im 19. Jh., S. 109 ff.

[15] F. HARTUNG, Der Oberpräsident, in: ders., Staatsbildende Kräfte d. Neuzeit (1961), S. 275 ff.

[16] H. SCHNEIDER, Der preuß. Staatsrat 1817–1918 (1952). P. HAAKE, Die Errichtung des preuß. Staatsrats im März 1817, FBPG 27 (1914).

[17] Text: HUBER, Dokumente, Bd. 1, Nr. 19. Vgl. auch HUBER, Verf.gesch., Bd. 1, S. 302 ff.

[18] Text: TREITSCHKE, Dt. Gesch., Bd. 2 S. 622 ff., vgl. auch Kap. 2.

[19] Text ebd., dazu auch HUBER, Verf.gesch., Bd. 1, S. 307 ff.

[20] Text: W. v. HUMBOLDT, Ges. Schr., Bd. 12, S. 196 ff. Auch in W. v. H., Auswahl aus pol. Schriften, Klassiker d. Pol., Bd. 6, S. 168 ff.

[21] Text: HUBER, Dokumente, Bd. 1, Nr. 23.

[22] Text: W. ALTMANN, Ausgew. Urkunden z. brand.-preuß. Verfassungs- u. Verwaltungsgesch., Bd. II 1, S. 268 f.

[23] Dt. Gesch., Bd. 2, S. 289.

[24] Text: G. FRANZ (Hg.), Quellen z. Gesch. d. dt. Bauernstandes in der Neuzeit (1963), Nr. 178, S. 360 ff.

[25] Ebd., Nr. 185, S. 381 ff.

[26] G. F. KNAPP, Die Bauernbefreiung u. d. Ursprung der Landarbeiter in d. älteren Teilen Preußens (1887). F.-W. HENNING, Art. Bauernbefreiung, in: Sowjetsystem u. demokr. Gesellsch., I (1966), Sp. 600 ff. G. IPSEN, Die preuß. Bauernbefreiung als Landesausbau, in: BÖCKENFÖRDE, Mod. dt. Verfassungsgesch., S. 356 ff.

[27] HUBER, Verf.gesch., Bd. 1, S. 176 ff. Die preuß. Städteordnung von 1808, hg. v. A. KREBSBACH (1957), enthält die Änderungen von 1831.

[28] Gemeindeordnungen: Bayern: Verordnung über die Verfassung u. Verwaltung der Gemeinden vom 17. V. 1818, mit Änderung vom 1. VII. 1834; Sachsen: Allg. Städteordnung vom 2. II. 1832, mit Änderung vom 9. XII. 1837; Württemberg: Edikt über die Gemeindeverfassung vom 31. XII. 1818 und Verwaltungsedikt für die Gemeinden, Oberämter u. Stiftungen vom 7. III. 1822; Baden: Gesetz über d. Verfassung u. Verwaltung der Gemeinden vom 31. XII. 1831; Großhgt. Hessen: Gemeindeordnung vom 30. VI. 1821. Ein Verzeichnis aller Stadtrechte in der Zeit vor 1848 findet sich bei H. G. REICHARD, Statistik u. Vergleichung der jetzt geltenden städt. Verfassungen in den monarch. Staaten Dtlds. (1844). Für d. spätere Zeit: J. KLABOUCH, Die Gemeindeselbstverwaltung in Österreich 1848–1918 (1968).

[29] HUBER, Verf.gesch., Bd. 1, S. 255 f.

[30] Über die entsprech. Gesetze in Bayern, Baden, Großhgt. Hessen, Württemberg, Hannover, Sachsen, vgl. HUBER, Verf.gesch., Bd. 1, S. 249.

[30a] Ebd., S. 215.

[31] Einzelheiten über die Entstehung des Zollvereins vgl. Bd. 17, Kap. 5, dort auch die entsprech. Lit.

[32] W. CONZE, Staat u. Gesellschaft in der frührevolut. Epoche Dtlds., HZ 186 (1958), S. 1 ff.

[33] E. METZKE (Hg.), Hegels Vorreden (1949), S. 109 ff.

Kapitel 2
Die Kräfte der Bewegung

Der Ausgang der Befreiungskriege mit seinem Fehlschlag nationaler und liberaler Hoffnungen konnte wohl das politische Bewußtsein in Deutschland tief beeindrucken, aber es entwickelte sich daraus nicht unmittelbar eine allgemeine, die breiten Volksmassen erfassende Bewegung der Opposition gegen das System der Restauration. Nicht nur, daß »in dem Gedränge der wirtschaftlichen Sorgen« der Nachkriegszeit weithin Gleichgültigkeit gegenüber politischen Fragen sich einstellte (Treitschke); weite Kreise fanden sich mit der neuen Ordnung der Dinge ab und schlossen sich innerlich den neuen mittel- und kleinstaatlichen Monarchien an, in denen die alten Reichsstädte, geistlichen Stifter und Standesherrschaften aufgegangen waren. Unstreitig haben die jahrhundertelange Gewöhnung an territorial- und dynastiestaatliche Verhältnisse, in einigen Fällen auch die Tradition des aufgeklärten Absolutismus, die sich teilweise im Wirken liberaler Bürokraten fortsetzte und zu großen Verwaltungsleistungen wie der des Grafen Montgelas in Bayern führte, die Loyalitätsgesinnung gegenüber den Dynastien erleichtert. Eine solche bildete sich sogar in neuerworbenen Gebietsteilen: in den preußischen Rheinlanden, im bayerischen Franken, im hannoverschen Osnabrück, wenn auch hier die Gegenkräfte immer lebendig blieben und politische Bedeutung in der Zukunft erlangten. Im Prinzip der »Staatssouveränität«, das aus dem Napoleonischen System überkommen war, gab sich der Partikularstaat eine neue Begründung[1]. Die Staats- und Verwaltungsordnung des Grafen Montgelas in Bayern ist die konsequenteste Verwirklichung dieses Prinzips in den neuen Mittelstaaten[2]. Tiefe geistige Strömungen wie die Romantik kamen der Restauration entgegen[3]; Hegel, der seit 1818 in Berlin lehrte, schien zuletzt in seiner Rechtsphilosophie eine Rechtfertigung des preußischen Systems der ausklingenden Reformzeit zu geben.

Und doch schritt der *geistige, politische und soziale Gärungsprozeß* weiter, der seit den verschiedenartigen Einwirkungen der Französischen Revolution, seit den preußischen Reformen und der Erhebung gegen Napoleon in der deutschen Nation im Gange war. In ihm erscheinen schon früh nebeneinander und oft miteinander verbunden ein nationaler deutscher Idealismus, der sich während der Napoleonischen Fremdherrschaft vor

2. Die Kräfte der Bewegung

allem in der akademischen Jugend von 1813 unter dem Einfluß von Professoren und Publizisten wie J. G. Fichte, E. M. Arndt, J. Görres, Henrik Steffens, J. Fr. Fries, H. Luden und Fr. L. Jahn gebildet hatte, und liberal freiheitliche Verfassungsideen. Diese sind das Ergebnis verschiedenartiger geistiger und politischer Anregungen: Die Staats- und Verfassungsideale der Französischen Revolution wirken in ihnen vor allem im Südwesten und im Rheinland ebenso nach wie im Nordwesten das englische Verfassungsvorbild, in Österreich josefinische Traditionen und schließlich in Preußen die besondere deutsche Tradition des Idealismus und Neuhumanismus und seiner rechtsstaatlichen Forderungen im Sinne Kants. So bildete sich allmählich ein idealistischer Nationalismus mit teilweise völkischen Zügen und ohne Beziehung zur politischen Wirklichkeit und auf der anderen Seite, keineswegs immer identisch damit, ein *deutscher Liberalismus* mit einzelnen landschaftlichen Schwerpunkten und voneinander abweichender Nuancierung: am Oberrhein, in Baden, wo Karl von Rotteck wirkte, in den preußischen Rheinlanden (J. F. Benzenberg) und in Ostpreußen, wo der unmittelbare Einfluß Kants am stärksten war (Th. von Schön)[4]. Schon machten sich wirtschaftliche Interessen des aufstrebenden Bürgertums oder des freihändlerisch orientierten ostpreußischen Adels geltend und wirkten mit ideellen Absichten der akademischen Bildungsschichten zusammen, die keine politische Macht darstellten, aber starken Einfluß innerhalb der reformfreudigen Beamtenschaft ausübten. In den süddeutschen Landtagen erhielt die liberale Bewegung fast überall, am stärksten in den neueingegliederten Gebieten, ein erstes Ventil, ohne daß sich hier schon feste parteipolitische Formen entwickelten. Männer wie Ludwig von Liebenstein im badischen Landtag von 1819 oder Ignaz von Rudhart, der »Demosthenes der zweiten bayerischen Kammer«, vertraten zuerst einen entschiedenen parlamentarischen Liberalismus und forderten Pressefreiheit und Gewerbefreiheit[5]. Es kam zu ersten Verfassungskämpfen. Jedoch standen diese Kräfte noch nicht in einem großen einheitlichen Zusammenhang, geschweige denn, daß sie sich auf Verschwörungen geheimer Gesellschaften gründeten, wie Metternich meinte.

Das gilt im Grunde auch nicht für die Bewegung, die am hellsten in das Licht der Geschichte gerückt ist: die *deutsche Burschenschaft*[6]. In ihr fand die deutsche Unruhe nach dem Ende der Freiheitskriege ihren Mittelpunkt. Die studentische

2. Die Kräfte der Bewegung

Jugend war aus den Freikorps und freiwilligen Jägerkorps in die Hörsäle zurückgekehrt und sah sich durch die politische Entwicklung grenzenlos enttäuscht. Diese Enttäuschung war das Grunderlebnis, das zur Politisierung des Studententums führte; fürs erste wirkte es aber auf die studentischen Gemeinschaftsformen umgestaltend. Weder die älteren »Landsmannschaften«, studentische Vereinigungen auf landsmannschaftlich-territorialer Grundlage, noch die stärker freimaurerisch-humanitär bestimmten »Orden« genügten der Generation der Freiheitskriege mehr. Anregungen führender nationaler Publizisten bereiteten den Weg zu neuen Formen: Schon 1811 hatte Jahn den Plan einer »Ordnung und Einrichtung der Burschenschaften« entwickelt. Seine Saat ging nach dem Kriege auf: Im November 1814 entstand in Halle die Burschenschaft Teutonia, aber das entscheidende Ereignis war die Auflösung des Seniorenkonvents der fünf Jenaer Landsmannschaften und die Begründung der Jenaer Burschenschaft im Juni 1815. Sie stand im Zeichen der Idee von der Gemeinsamkeit des Vaterlandes, die es erfordere, daß nur *eine* Verbindung bestehe und daß alle Studenten Mitglieder *einer* Burschenschaft werden. Ihre Farben Schwarz-Rot-Gold gehen auf die Uniformfarben der Lützower zurück (schwarzer Rock mit roten Aufschlägen und gelben Knöpfen), die man in romantischer Ausdeutung als die Farben des alten deutschen Reichs auffaßte (schwarzer Adler mit roten Fängen auf goldenem Grund). Von Jena ausgehend, breitete sich die Burschenschaft an den meisten süd- und mitteldeutschen Universitäten aus, weniger in Norddeutschland. Bei der Begründung der »Allgemeinen deutschen Burschenschaft« im Oktober 1818 in Jena waren 14 Universitäten vertreten. Über einen allgemeinen nationalen Idealismus hinaus verfolgten die Burschen anfänglich noch wenig konkrete politische Ziele, nur daß sie den »deutschen Studentenstaat« (Arndt) der Burschenschaften als eine Art Vorform des Nationalstaats verstanden. Radikalere Pläne im Sinne revolutionärer Geheimbündelei und revolutionärer Aktionen vertrat nur die Richtung der »Unbedingten« oder »Schwarzen«, die in Gießen ihr Zentrum und in dem Privatdozenten Karl Follen, erst in Gießen, dann in Jena, einen fanatischen Führer besaß, der wohl auch Verbindung zu den radikalen Geheimbünden in Frankreich hatte[7]. In seiner Forderung der »ethischen Republik« wirkte sowohl das stoisch-antike als auch das jakobinische Vorbild nach. Doch war sein Einfluß auf die allgemeine burschenschaftliche Entwicklung anfangs sicher gering und ist erst in der Zeit der Unterdrückung gestiegen: Die erste gemeinsame Kundgebung der Burschenschaften, das *Wartburgfest* am 18. 10. 1817, hatte keine konspirativen Ziele, sondern stand im Zeichen der Erinnerung sowohl an den Beginn der Reformation wie an die Leipziger Völkerschlacht als »doppeltes Fest der Wiedergeburt des freien Gedankens und der Befreiung des Vaterlandes«[8]. Die aufsehenerregende Verbrennung »undeutscher« Schriften, die Luthers Verbrennung der Bannbulle nachgeahmt war, als provokatorischer politischer Akt stand aber nicht im Mittelpunkt der Feier, sondern war vielmehr ein wohl von Jahn angeregtes, von seinen radikalen Anhängern ausgeführtes Nachspiel. Sicher ist aber, daß die Wartburgfeier die Diskussion über das nationalpolitische Programm der Burschenschaft in Gang gebracht hat.

War dadurch aber schon Metternich auf die Studenten aufmerksam gemacht und in seiner Auffassung von dem revolutionären Treiben der Geheimbünde bestärkt worden, so hat ein anderes Ereignis: die *Ermordung* des russischen Staatsrats und Dichters August von *Kotzebue* am 23. 3. 1819 in Mannheim, das Gewitter über der studentischen Bewegung zum Entladen gebracht. Der Mörder, Karl Ludwig Sand, ein Jenaer Theologiestudent aus Wunsiedel, Freiwilliger von 1815, stand ganz unter dem Einfluß Follens, dessen Ideen von der exemplarischen Ermordung einiger Verräter und dem Opfertod für die Freiheit er mit einem engen und krankhaften Fanatismus vertrat[9]. Die Wirkung seiner Mordtat wurde dadurch erhöht, daß sich bald noch einmal etwas Ähnliches ereignete: Auf den nassauischen Staatsrat von Ibell wurde am 1. 7. ebenfalls von einem Anhänger der radikalen burschenschaftlichen Richtung ein Mordanschlag verübt, der allerdings fehlging.

Wieweit diese Anschläge Teilaktionen einer politischen Verschwörung gewesen sind, ist nicht sicher auszumachen, aber für Metternich bestand darüber kein Zweifel[10]. Er sah jetzt die große Gelegenheit gekommen, die liberale und nationale Bewegung, an deren gemeinsamen Aktionsplan durch Studenten, Professoren und die eben in Süddeutschland eröffneten Landtage er glaubte, mit einem Schlag niederzuwerfen. Er wollte den »Ultraliberalismus« ausrotten dank dem »Beispiele, wie der vortreffliche Sand es mir auf Kosten des armen Kotzebue lieferte«[11]. Die allgemeine Revolutionsfurcht der Höfe erleichterte dieses Vorgehen, vor allem in Preußen, wo die reaktio-

2. Die Kräfte der Bewegung

näre Wendung der Politik, die nachher in der Entlassung Humboldts und Boyens gipfelte, schon im Gange war. Metternich konnte also Zustimmung erwarten für jede Maßnahme gegen die hinter den Attentaten stehende oder vermutete Bewegung. Bevor er jedoch den Bundestag damit befaßte, einigte er sich über die nächsten Schritte mit Preußen in der *Teplitzer Punktation*, die das Restaurationssystem in Deutschland erst eigentlich begründet hat (1. 8. 1819)[12]. Der Art. 2 der Bundesakte, der die Erhaltung der äußeren und *inneren* Sicherheit Deutschlands und der Unabhängigkeit und Unverletzbarkeit der einzelnen deutschen Staaten als Ziel aufstellte, wurde hier ganz im Sinne der Restauration interpretiert: Die beiden deutschen Hauptmächte einigten sich darüber, daß im Innern des Bundes keine mit seiner Existenz unvereinbaren Grundsätze angewendet werden dürften. Presse, Universitäten, Landtage sollten überwacht, der Art. 13 nur in einem sehr eingeschränkten Sinne ausgeführt werden – was entscheidend für die preußische Verfassungspolitik geworden ist. Diese Vereinbarungen bildeten die Grundlage für die sogen. *Karlsbader Beschlüsse*, wie sie im August 1819 von den Regierungen der für Metternich vertrauenswürdigsten Staaten gefaßt wurden (außer Preußen und Österreich Hannover, Sachsen, die beiden Mecklenburg, Nassau, Bayern, Baden, Württemberg)[13]. Am 20. 9. 1819 hat der Bundestag dieses ungewöhnliche Verfahren einstimmig sanktioniert und folgende Beschlüsse gefaßt[14]:

1. An den *Universitäten* sollten alle Lehrer aus dem Amt verschwinden, die »durch Mißbrauch ihres rechtmäßigen Einflußes auf die Gemüter der Jugend, durch Verbreitung verderblicher, der öffentlichen Ordnung und Ruhe feindseliger oder die Grundlagen der bestehenden Staatseinrichtungen untergrabender Lehren ihre Unfähigkeit zur Verwaltung des ihnen anvertrauten wichtigen Amtes unverkennbar an den Tag gelegt haben«. Wurde dies die Grundlage für die Einleitung von Verfahren gegen Männer wie Arndt, Schleiermacher oder den Theologen de Wette, der der Mutter Sands einen Trostbrief geschrieben hatte, so entsprach dem auf der anderen Seite das Verbot der Burschenschaft, da »diesem Verein die schlechterdings unzulässige Voraussetzung einer fortdauernden Gemeinschaft und Korrespondenz zwischen den verschiedenen Universitäten zugrunde liegt«. Die Überwachung und Lenkung der Universitäten wurde in die Hand eines »außerordentlichen landesherrlichen Bevollmächtigten« gelegt.

2. Anstatt der in Art. 18 der Bundesakte in Aussicht gestellten Verfügungen über die Pressefreiheit[14a] wurde eine präventive *Zensur* für Zeitungen, Zeitschriften und alle Druckschriften unter 20 Bogen eingeführt.

3. Eine außerordentliche Zentral-Untersuchungskommission des Bundes wurde in Mainz errichtet, der die Untersuchung der »revolutionären Umtriebe und demagogischen Verbindungen« obliegen sollte. Sie hatte der Bundesversammlung Bericht zu erstatten, die dann die weiteren Beschlüsse zur Einleitung des gerichtlichen Verfah-

2. Die Kräfte der Bewegung

rens fassen sollte. Urteile fällen konnte sie selbst nicht; der preußische Vorschlag eines vom Bunde bestellten Ausnahmegerichts ist schon am Widerspruch des österreichischen Kaisers gescheitert.

4. Eine Exekutionsordnung vom 3. 7. 1820 vollendete das Karlsbader System insofern, als sie die Voraussetzungen für die Vollziehung der Beschlüsse des Bundestags durch alle Bundesglieder schaffen sollte[14b].

Die Karlsbader Beschlüsse waren der Höhepunkt des Metternichschen und zugleich der Höhepunkt des österreichischen Einflusses im Deutschen Bund; der österreichische Staatskanzler hat sie politisch durchgesetzt, sein Berater Friedrich Gentz gab ihnen die geistigen Begründungen. Ihre Ausführung stieß auf keinen Widerstand, sondern wurde »überall mit einer Pünktlichkeit vollzogen, wie seit unvordenklichen Zeiten kein Reichs- oder Bundesgesetz« (Treitschke)[15]. Am stärksten ist durch sie die Entwicklung in Preußen beeinflußt worden, das in den »*Demagogenverfolgungen*« vorranging und den Plan der Reichsstände begrub. Die süddeutschen Landtage blieben, wenn auch mit eingeschränkter Bewegungsfreiheit, erhalten, nachdem die von Metternich beabsichtigte Interpretation des Art. 13 der Bundesakte im Sinne altständischer Einrichtungen nicht durchgedrungen war. Entscheidend für den Fortgang der deutschen Frage wurde es, daß der Deutsche Bund seit 1819 endgültig zum Instrument der Unterdrückung der liberalen und nationalen Bewegung geworden ist und sich die Stärkung der Bundesgewalt in diesem Zeichen vollzog. Die Wiener Schluß-Akte vom 15. 5. 1820[16] bedeutet einen gewissen verfassungspolitischen Abschluß dieser Entwicklung: Sie bringt gegenüber dem Stand von Karlsbad schon wieder ein Vordringen der einzelstaatlichen Souveränitätsinteressen und bestimmt den Bund »in seinem Innern als eine Gemeinschaft selbständiger, unter sich unabhängiger Staaten mit wechselseitigen gleichen Vertragsrechten und Vertragsobliegenheiten, in seinen äußeren Verhältnissen aber als eine in politischer Einheit verbundene Gesamtmacht« (Art. 2). Das monarchische Prinzip wird als Vereinigung der »gesamten Staatsgewalt in dem Oberhaupte des Staats« definiert (Art. 57), wobei »der Souverän durch eine landständische Verfassung nur in der Ausübung bestimmter Rechte an die Mitwirkung der Stände gebunden werden« kann. Das war zwar nicht der volle Sieg der Restauration, aber doch immerhin eine wirksame Eindämmung einer von den süddeutschen Landtagen ausgehenden Bewegung.

Das System der Karlsbader Beschlüsse hat die Bewegungskräfte für zwei Jahrzehnte lahmgelegt und schon gleich dazu

2. Die Kräfte der Bewegung

geführt, daß in den 20er Jahren, in denen Südeuropa von Spanien bis Griechenland von einer ersten Revolutionswelle erfaßt wurde, Deutschland ruhig blieb. Diese Jahre waren indessen in der Geschichte des deutschen Geistes und der deutschen Kultur keine unproduktive, sondern eine auf allen Gebieten von starken schöpferischen Impulsen bewegte Zeit[17]. Überall tritt das *Bürgertum als kulturtragende Schicht* in den Vordergrund und macht dem Fürstentum und dem Adel in dessen Rolle als Mäzen, als Auftraggeber und Veranstalter Konkurrenz. Die großen Bauten und die Gestaltung der Städte wurden allerdings noch von regierenden Fürsten bestimmt und vergeben: so unter Ludwig I. der Ausbau Münchens, für den Leo von Klenze (1784–1864) die stärksten Akzente setzte (Königsplatz 1816, Glyptothek 1816–1830, Pinakothek 1826 bis 1836), die Bautätigkeit Friedrich Schinkels (1781–1841) in Berlin (Neue Wache 1817/18, Schauspielhaus 1818–1824) und die Ausgestaltung Karlsruhes durch Friedrich Weinbrenner (1766–1826). Das Selbstgefühl der erneuerten Dynastiestaaten kam in diesen Bauten der Residenzstädte ebenso zum Ausdruck wie schon der Beginn moderner Stadtplanungen, die jetzt einsetzen und denen ein Großteil der mittelalterlichen Stadtbilder zum Opfer fällt.

In der *Musikkultur* ist der Übergang von adligen zu bürgerlichen Formen weit deutlicher. Wohl bleibt die Oper, die mit Karl Maria von Weber (1786–1826) und seinem ›Freischütz‹ (1821) eine besondere deutsche Tradition begründet, an die fürstlichen Theater der Residenzen gebunden, aber in der Gründung von Singvereinen und Konzertgesellschaften vollzieht sich die Ablösung des Musikbetriebs vom adligen Mäzenatentum. Die epochemachende Aufführung von J. S. Bachs ›Matthäuspassion‹ im Jahre 1829 durch Felix Mendelssohn in Berlin liegt in der Hand der Berliner Singakademie. Auch in der Fortentwicklung der musikalischen Formen zeigt sich der Wandel an: Die letzten großen Symphonien Beethovens (1824: 9. Symphonie) benötigen zu ihrer Aufführung die großen Konzertsäle und sind selbst Ausdruck eines die alten Überlieferungen der Musik sprengenden Subjektivismus, der sich an die freien, ungebundenen Menschen wendet. Die Kunstform des Liedes, wie sie Franz Schubert (1797–1828) (1823: ›Die schöne Müllerin‹, 1826: ›Winterreise‹) und nach ihm Robert Schumann (1810–1856) zu höchster Vollendung entwickeln, ist ein anderer Ausdruck eines lyrisch-romantischen Ichbewußtseins und fügt

2. Die Kräfte der Bewegung

sich in die auf bescheidene äußere Maße zugeschnittene Kultur des Biedermeier.

Auch in der deutschen *Literatur der Restaurationsperiode* spiegelt sich das zwiespältige Wesen der Zeit. Diese ist auf der einen Seite Ausklang der Klassik, wie sie im Spätwerk Goethes erscheint, der in seiner einsamen Größe die Zeit überschattet, ohne sie noch zu prägen. Die ›Wanderjahre‹ (1821–1829) sowohl wie der zweite Teil des ›Faust‹ bringen die späte Vollendung nicht nur des Lebenswerks des Dichters, sondern einer ganzen Epoche, für die das Menschenbild der Klassik bestimmend gewesen war; im ›West-Östlichen Diwan‹ hingegen (1819), der größten Altersdichtung Goethes, ist in eigenartiger Weise Altes und Neues, Klassisches und Romantisches verwoben. Die äußere Stellung Goethes, seine Verbindung mit dem Hof und mit der liberalen Regierung des Großherzogs Carl August in Weimar weist in ähnlicher Weise auf den Ausgleich alter und neuer Tendenzen, von Restauration und Liberalismus, im ganzen auf die Rechtfertigung des Liberalismus von oben, wie ihn die deutsche Geschichte seit dem aufgeklärten Absolutismus ausgebildet hatte. Sonst steht die Zeit bis zum »romantischen Schlußjahr« 1826 im Zeichen der sich entfaltenden *romantischen Dichtung,* von der einige ihrer größten Schöpfungen (A. von Arnim, ›Die Kronenwächter‹ 1817, E. Th. A. Hoffmann, ›Serapionsbrüder‹ 1819–1821, J. Frhr. v. Eichendorff, ›Aus dem Leben eines Taugenichts‹ 1826) in diese Jahre fallen. Mit seiner Verklärung des Mittelalters, seinem gegen das aufklärerische Vernunftdenken gerichteten Irrationalismus, aber auch durch den vergleichsweise starken Anteil des Adels an seinen Repräsentanten stand der romantische Geist der Restauration näher als etwa in Frankreich, jedenfalls hat er sich im ganzen nicht gegen die bestehende Ordnung gestellt. Die Anfänge einer oppositionellen Literatur haben sich außerhalb der Romantik im Zeichen liberal-demokratischer Kritik unter dem Einfluß französischer Vorbilder entwickelt und wurden durch Ludwig Börne (1786–1837, Zeitschrift ›Die Waage‹ 1818–1821) und Heinrich Heine (1797–1856) repräsentiert, dessen ›Reisebilder‹ (1826–1831) eine Satire der bestehenden deutschen Zustände enthalten. Dieser deutsche Radikalismus, dessen volle Entfaltung erst in die 30er Jahre fällt, als nach der Juli-Revolution von 1830 der Abstand zwischen der französischen und deutschen politischen Wirklichkeit sich erheblich vergrößert hatte, nährte sich an dem Bewußtsein von der

2. Die Kräfte der Bewegung

Rückständigkeit des deutschen politischen Lebens als Folge der Restauration und der Karlsbader Beschlüsse.

Das Bild vom geistigen Leben der Zeit wäre unvollständig, wenn man den überragenden Einfluß des Mannes außer acht ließe, der in seiner Gegenwart eine absolut dominierende Stellung einnahm und für die Zukunft den Einfluß des deutschen Geistes in der Welt verbreitete wie kein anderer Zeitgenosse, Goethe eingeschlossen: Georg Wilhelm Friedrich *Hegel* (1770 bis 1831); seine Rechtsphilosophie erschien 1821 und wurde das Werk, an dem sich in naher Zukunft die Geister schieden und das sowohl für die konservative Staatsidee wie für den nationalen Liberalismus und die Begründer der sozialistischen Lehre die Grundlage für die Herausbildung ihrer Positionen wurde.

Gegenüber Hegels Einfluß schien es bis zu seinem Tode (1831) keine Einschränkungen zu geben, er beherrschte die Lehrstühle der Philosophie ebenso wie die Organe der Kritik. Jedoch haben sich unabhängig von ihm und teilweise im offenen Gegensatz zu ihm die *Fachwissenschaften* der Historie in allen ihren Verzweigungen und der Philologien entfaltet und die deutsche Wissenschaft in eine große Blütezeit geführt. Die Grundlagen des großen Jahrhunderts der deutschen Wissenschaft wurden in seinem ersten Drittel gelegt, nicht zuletzt durch neue Organisationsformen der Hochschulen und wissenschaftlichen Körperschaften. Die vorrevolutionäre Universität war in der Napoleonischen Periode untergegangen, etwa die Hälfte der alten Hochschulen gingen ein oder wurden von den neuen Territorialherren aufgelöst. Von den im 19. Jahrhundert bleibenden Universitäten konnten nur Göttingen, Halle, Leipzig ihren Einfluß einigermaßen aufrechterhalten. Aber die Norm setzten sie nicht, diese wurde durch neue Gründungen gegeben, in erster Linie durch die *Universität Berlin* (1809), die eine Frucht der Reformzeit war und dem neuen Wissenschaftsbegriff zum erstenmal die institutionelle Sicherung gab: Die neue Hochschule sollte ein Ort der Forschung sein und die Lehre an der Forschung orientieren. Darum wurde die Universität mit der Akademie in engere Verbindung gebracht, wie auch in Göttingen oder in München. Sie stellte einen Kompromiß dar zwischen den Bedürfnissen des Staates an gebildetem Nachwuchs in den Staatsämtern und der Freiheit von Forschung und Lehre, zwischen »Staatsanstalt« und Gelehrtenrepublik. Seit den Karlsbader Beschlüssen in ihrer freien Ent-

2. Die Kräfte der Bewegung

faltung beschnitten und mehr und mehr in die Rolle der Staatsanstalt gedrängt, ist die Humboldtsche Universität das Modell für das 19. Jahrhundert geworden. Das gilt für die preußischen Um- und Neugründungen von Breslau (1811) und Bonn (1818), die aus den politischen Bedürfnissen des Staates in seinen alten und neuen Provinzen erwuchsen, ebenso wie für die Neuformungen des akademisch-wissenschaftlichen Betriebs in den anderen deutschen Ländern, so etwa bei der Verlegung der bayerischen Landesuniversität nach München (1826). Hier war überall die Initiative des nachrevolutionären Fürstenstaats am Werk, aber er blieb angewiesen auf die bürgerlichen Schichten, vor allem den gebildeten Mittelstand, der den Nachwuchs für die Gelehrten der Hochschulen stellte. In dem immer noch ständisch geprägten gesellschaftlichen System der Zeit wurde die akademische Bildung gleichsam die Form einer bürgerlichen Nobilitierung und gab den Nichtadligen die Möglichkeit, in die Ämter des Staates einzurücken[18]. Die Basis dafür bildete das Gymnasium, das unter dem Einfluß des Neuhumanismus sich für längere Zeit als die einzige zum Universitätsstudium berechtigende Schulform mit ihrem an der Verbindung klassisch-antiker, christlicher und nationaler Ideen orientierten Bildungsideal durchsetzte (preuß. Verfügung von 1812).

[1] Zu der Entstehung eines »Partikularismus« als politische Gesinnung: Th. Schieder, Partikularismus u. Nationalbewußtsein im Denken des Vormärz, in: Staat u. Gesellschaft im dt. Vormärz. 1815-1848 ([2]1970), S. 9 ff. Für Bayern: F. Seibt, Die bayerische »Reichshistoriographie« und die Ideologie des dt. Nationalstaats 1806-1918, Zs. f. bayer. Landesgesch. 28 (1965).

[2] Über ihn ist eine umfass. Monographie v. E. Weis in Vorbereitung, bisher ersch.: Montgelas. 1759-1799 (1971).

[3] J. Droz, Le Romantisme Allemand et l'État (1966).

[4] Die Gesch. des dt. Frühliberalismus ist im ganzen wenig durchforscht. Knappe Gesamtdarstellung im Rahmen der europ. Entwicklung bei G. de Ruggiero, Gesch. des Liberalismus in Europa (dt. [2]1964), S. 202 ff. Vgl. auch Srbik, Dt. Einheit, Bd. 1, S. 236 ff. Schnabel, Dt. Gesch., Bd. 2, S. 90 ff. F. C. Sell, Die Tragödie d. dt. Lib. (1953), stellt das Verhältnis von Lib. u. Nationalismus in den Mittelpunkt. F. Federici, Der dt. Lib., Die Entwicklung einer polit. Idee von I. Kant bis Th. Mann (1946), berücksichtigt als Textsammlung den Frühlib. nur teilweise, ist zudem in der Begriffsbestimmung des Lib. sehr unpräzis. – Wichtig: Th. Wilhelm, Die engl. Verf. u. der vormärzl. dt. Lib. (1928). Ferner die älteren Aufsätze von H. Rosenberg, in: ders., Polit. Denkströmungen im dt. Vormärz (1972). F. G. Eyck, Engl. and French Influences in German Liberalism before 1848, Journ. of the Hist. of Ideas, 18 (1957), 313 ff. Für einzelne Gebiete ist mehr geleistet, u. a.: J. Heyderhoff, Benzenberg, der Rheinländer u. Preuße 1815-1823 (1928). Ders., Der junge Benzenberg (Briefslg. 1927) J. Droz, Le Libéralisme Rhénan 1815 à

2. Die Kräfte der Bewegung

1848 (1940), auf breiter Quellengrundlage, unterstreicht den Gegensatz der Rheinländer zu Preußen. K.-G. FABER, Die Rheinlande zwischen Restauration u. Revolution. Probleme der Rhein. Gesch. von 1814 bis 1848 im Spiegel der zeitgen. Publizistik (1966), mit ertragreicher Auswertung aller publizist. Quellen. G. FRANZ, Liberalismus. Die dt.-lib. Bewegung in der habsburg. Monarchie (1955). L. ESAU, K. Rosenkranz als Politiker (1935). Über Th. v. SCHÖN vgl. das ›Vorwort zum Forschungsstand‹ in H. ROTHFELS, Th. v. Schön, Friedr. Wilh. IV. u. d. Revolution von 1848 (1937). – Dt. Liberalismus im Vormärz: H. GAGERN, Briefe u. Reden 1815–1848, bearb. v. P. WENTZCKE u. W. KLÖTZER (1958).

[5] F. SCHNABEL, L. v. Liebenstein (1927). F. KOEPPEL, I. v. Rudhart (1933). M. DOEBERL, Ein Jh. bayer. Verfassungslebens (1918). E. FRANZ, Bayer. Verfassungskämpfe 1818–1848 (1926). A. E. ADAM, Ein Jh. württ. Verfassung (1919). W. GRUBE, Der Stuttg. Landtag 1457–1957 (1957). L. MÜLLER, Bad. Landtagsgesch. 1819–1840 (4 Bde. 1900 bis 1902). S. BÜTTNER, Die Anfänge des Parlamentarismus in Hessen-Darmstadt (1969).

[6] Vgl. P. WENTZCKE, Gesch. d. dt. Burschensch. Quellen u. Darstellungen zur Gesch. d. dt. Burschenschaft, Bd. 6 ([2]1966); Bd. 10, 11, 16: G. HEER, Gesch. d. dt. Burschensch., Bd. 1 = Bde. 2–4 (1927, 1929, 1939). Zusammenfassung bei SCHNABEL, Dt. Gesch., Bd. 2, S. 234ff., und bei E. R. HUBER, Verf.gesch., Bd. 1, § 40, S. 696ff. (mit Lit.).

[7] H. HAUPT, K. Follen u. d. Gießener Schwarzen (1907). J. WÜST, K. Follen, Mitt. oberhess. Gesch. 5 (1900), S. 33. E. R. HUBER, Verf.gesch., Bd. 1, S. 722ff., gibt eine histor. Einordnung des radikalen Flügels der Burschenschaft. Neuerdings wird der polit. Gehalt der burschenschaftl. Bewegung wieder stärker betont; vgl. dazu K.-A. HELLFAIER, Die polit. Funktion d. Burschenschaft von ihren Anfängen bis z. Revolutionsjahr 1848 an d. Univ. Halle-Wittenberg, Jb. f. d. Gesch. Mittel- u. Ostdtlds. 12 (1963) S. 103ff. R. R. LUTZ, The German Revolutionary Student Movement 1819–1833, Centr. Eur. Hist. 4 (1971), S. 215ff.

[8] Wartburgfest: F. SCHNABEL, Dt. Gesch., Bd. 2, S. 245ff. TREITSCHKE, Dt. Gesch., Bd. 1, S. 419. E. R. HUBER, Verf.gesch., Bd. 1, § 41, S. 717ff. G. STEIGER, Die Teilnehmerliste d. Wartburgfestes von 1817, Darst. u. Quell. z. Gesch. d. dt. Einheitsbewegung, Bd. 4 (1963). H. TÜMMLER, Wartburg, Weimar u. Wien HZ 215 (1972), S. 49ff.

[9] K. A. v. MÜLLER, L. Sand (1925, hier weitere Lit.).

[10] Für eine Verschwörung unter Mitwirkung von Follen s. dessen Freund MÜNCH, Erinnerungen aus Dtlds. trübster Zeit (1873), und H. LEO, Aus meiner Jugendzeit (1880). Gegen Mitwisser Sands: H. SCHNEIDER, Das Attentat des Apothekers K. Löning, Darst. u. Quell. z. Gesch. d. dt. Einheitsbewegung im 19. u. 20. Jh., Bd. 5 (1965), S. 153ff. Vgl. auch E. R. HUBER, Verf.gesch., Bd. 1, S. 731f., der die Bedeutung der Follenschen Gruppe für die Gesch. des dt. Radikalismus sehr hoch einschätzt.

[11] Aus Metternichs nachgelass. Papieren (N. P.), hg. v. A. v. KLINKOWSTRÖM (1880–1884), Bd. 3, S. 235.

[12] Vgl. Kap. 1, Anm. 18.

[13] Protokolle: J. L. KLÜBER u. E. WELCKER, Wicht. Urk. ([2]1845), S. 113ff.

[14] Text: HUBER, Dokumente z. dt. Verf.gesch., Bd. 1, Nr. 31–33, dazu ders., Verf.gesch., Bd. 1, S. 732ff. [14a] U. EISENHARDT, Die Garantie der Pressefreiheit in der Bundesakte von 1815, Der Staat 10 (1971), S. 339ff. [14b] Text: HUBER, Dokumente, Bd. 1, Nr. 37

[15] TREITSCHKE, Dt. Gesch., Bd. 2, S. 566.

[16] Text: HUBER, Dokumente, Bd. 1, Nr. 30.

[17] Aus der unübersehbaren Lit. zur Geistes- u. Kulturgesch. des frühen 19. Jh. können nur einige zusammenfass. Arbeiten genannt werden. Die wichtigsten Beiträge aus der älteren Lit. gibt H. v. TREITSCHKE, Dt. Gesch., passim,

u. F. Schnabel, Dt. Gesch., hier vor allem Bd. 3: Erfahrungswissenschaften u. Technik. Vom Hdb. d. Kulturgesch. für die Epoche von 1815 bis 1830: F. Koch, Dt. Kultur des Idealismus (1935), und in der späteren Ausg.: W. H. Bruford, Dt. Kultur der Goethezeit (1965).
[18] Darüber L. O'Boyle, Klassische Bildung und soziale Struktur in Dtld. zwischen 1800 u. 1848, HZ 207 (1968), S. 584ff.

Kapitel 3
Das europäische Staatensystem im Zeichen der Restauration

Das wesentliche außenpolitische Ergebnis der Kriegspolitik gegen Napoleon war die Wiederherstellung des Staatensystems mit seiner Vorrangstellung der Großmächte und seiner Gleichgewichtsidee. Doch war auch hier nicht mehr einfach die Rückkehr zum Alten möglich: So stellte Metternichs Ordnung Mitteleuropas mit seinem durch Österreich verklammerten Deutschen Bund und der angestrebten »Lega Italica« ein neues Element dar. Aber auch die *Gleichgewichtsidee* hatte neben ihrer bisherigen staatenpolitischen Funktion noch eine neue, sozialkonservative Bedeutung erhalten: Gleichgewicht sollte jetzt auch durch Zusammenschluß aller konservativen und auf dem Legitimitätsprinzip beruhenden Mächte gegenüber den subversiven Kräften der Revolution gewahrt werden. Dieses System als System der *Heiligen Allianz* zu bezeichnen, trifft im wörtlichen Sinne nicht zu, weil dieser kaum mehr als deklaratorische Bedeutung zukam, aber man kann den Geist der auf das Prinzip der Solidarität und Legitimität gegründeten Außenpolitik der Restauration wohl unter ihren Namen fassen.

Den vertragsrechtlichen Kern der Mächtebeziehungen in der Restaurationszeit bildete immer noch der Kriegsbund der vier gegen Frankreich verbündeten Hauptmächte England, Rußland, Preußen und Österreich, die sogen. *Quadrupelallianz*, die am Tag der Unterzeichnung des 2. Pariser Friedens (20. 11. 1815) erneuert worden war. Diese Allianz war als dauernder Sicherheitsfaktor gegen die Revolution und ihr Ursprungsland gedacht und enthielt in ihrem Art. 6 die Verpflichtung, daß die Monarchen oder ihre Minister zu periodischen Konferenzen über die europäische Sicherheit zusammentreten sollten. Wenn auch der von Österreich und Rußland unterstützte Plan, das Konferenzsystem zu einer dauernden Einrichtung zu machen, ebensowenig ausgeführt wurde wie die Idee eines permanenten

3. Das europäische Staatensystem

Rats, einer europäischen Zentralstelle, zu der die Botschafterkonferenz in Paris ausgebaut werden sollte, so war doch mit den Kongressen im bescheidenen Umfang ein Rahmen für die Erfüllung der gemeinsamen europäischen Aufgaben der Großmächte im Dienste der Restauration geschaffen[1]. Die erste der *europäischen Konferenzen* trat im Herbst 1818 in *Aachen* zussammen: Sie brachte die Rückkehr Frankreichs, dessen Räumung durch die Alliierten beschlossen wurde, in das »diplomatische Konzert der fünf Höfe« und damit die Wiederherstellung der Pentarchie, neben der der fortbestehende Vierbund von 1815 an Bedeutung verlor.

In Aachen erreichte die europäische Solidaritätspolitik ihre Kulmination, wenn sich auch über die Fortentwicklung und Ausgestaltung der internationalen Prinzipien und Einrichtungen keine Einigkeit erzielen ließ. Die »Ruhe der Welt« (»le repos du Monde«, *Deklaration von Aachen* vom 15. 11. 1818)[2], die das Ziel des Zusammenwirkens der fünf Großmächte sein sollte, wurde dann sehr bald in Frage gestellt durch die revolutionären Erschütterungen des Jahres 1820 in Südeuropa: in Spanien und Portugal, im bourbonischen Neapel-Sizilien und in Piemont-Sardinien. Durch diese Erhebungen war die Gesamtordnung der Restauration, im besonderen aber die europäische, vor allem italienische Politik Österreichs und Metternichs an empfindlichen neuralgischen Punkten getroffen, zugleich aber wurde die umfassendere Frage nach dem Funktionieren des politischen Systems der Restauration aufgeworfen. Sie beherrschte die im Oktober 1820 in *Troppau* in Österreich-Schlesien zusammentretende *Konferenz*, auf deren Tagesordnung die italienischen Probleme standen. Während Metternich bestrebt war, Österreich freie Hand für die Entscheidung über Italien zu wahren, nutzte die russische Politik den Anlaß, um die Anerkennung des Interventionsprinzips als eines allgemeinen Grundsatzes durchzusetzen. Sie erreichte damit die Unterzeichnung eines Protokolls nur durch die drei Ostmächte am 19. November, in dem die Verpflichtung der Mächte ausgesprochen wurde, Staaten, »welche eine durch Aufruhr bewirkte Regierungsänderung erlitten haben«, nötigenfalls mit Waffen, »in den Schoß der großen Allianz zurückzuführen«[3]. Durch diese Erklärung wurde die Eintracht der Mächte des großen Friedensbunds, die noch in Aachen nach außen hin ungefährdet erschienen war, offen gestört: Frankreich unterließ zwar einen Protest, nahm aber das Protokoll nicht an. Der

3. Das europäische Staatensystem

englische Außenminister Castlereagh erklärte in einer Zirkulardepesche vom 19. 1. 1821, die Politik der Intervention stehe im Widerspruch zu den Grundgesetzen Großbritanniens[4]. Auch der Beschluß der im Januar 1821 nach Laibach verlegten Konferenz, der Österreich mit der bewaffneten Intervention in Neapel beauftragte, wurde ohne die Westmächte und gegen ihren Protest gefaßt. Im begrenzteren Bereich der italienischen Frage war Metternich der Sieger, sowohl auf dem diplomatischen Felde der Kongresse wie auf dem der militärischen Interventionen: Nicht nur die Rebellion in Neapel, auch der während der Laibacher Konferenz ausgebrochene Aufstand in Piemont-Sardinien, der auf das lombardo-venetianische Königreich überzugreifen drohte und viel deutlicher nationalitalienische Tendenzen zeigte als die süditalienische Bewegung, wurde von österreichischen Truppen niedergeworfen. Italien war im Frühjahr 1821 in der Hand Österreichs.

Doch das außenpolitische System der Restauration als ganzes war seither in der Schwebe. Der letzte der Kongresse (in Verona, Oktober-Dezember 1822)[5] war ein Schritt weiter auf dem Wege der sich auflösenden Solidarität; zwar gelang es den Ostmächten, Frankreich noch einmal auf die Seite der *Interventionspolitik* herüberzuziehen und ihm einen europäischen Auftrag zum Eingreifen in Spanien zugunsten der Bourbonen und gegen die Revolution zu erteilen, aber mit dem Tode Castlereaghs kurz vor Beginn des Kongresses wurde die Trennung Englands von der Politik der Solidarität und Intervention endgültig. Sein Nachfolger George Canning führte mit Entschlossenheit die schon vor ihm eingeleitete *Abkehr vom System der Heiligen Allianz* weiter. Er erklärte nach Verona, die »Zeit der Areopage und dergleichen« sei beendet. Er, von dem Metternich als der »Weltgeißel« sprach, wurde der Erwecker und Anwalt der nationalen Kräfte im Völkerdasein[6] und begann damit eine neue Epoche der europäischen Politik.

Man kann jedoch Cannings Entscheidungen nicht in erster Linie aus kontinental-europäischen Überlegungen verstehen, sie stehen vielmehr im großen Zusammenhang der englischen Weltpolitik. Als Frankreich vom Kongreß in Verona mit der Niederwerfung der liberalen Revolution in Spanien beauftragt wurde, schien die Möglichkeit nicht ferne, daß das wiederhergestellte bourbonisch-spanische Königtum, von Frankreich gestützt und militärisch ausgerüstet, den Versuch wagen könnte, die Autorität der spanischen Krone in Lateinamerika

3. Das europäische Staatensystem

wiederherzustellen. Dies vor allem erklärt den Widerstand Englands gegen die Interventionspolitik in Verona; denn auch eine mittelbare Festsetzung Frankreichs im Süden des amerikanischen Kontinents hätte das englische Seeherrschafts- und Handelsmonopol empfindlich bedroht. So war es die englische Politik, die in dieser Frage Verbindung mit der jungen transozeanischen Macht der USA suchte und den Anstoß zu jener amerikanischen Erklärung gab, die unter dem Namen der Monroe-Doktrin (2. 12. 1823) auf den Interventionsanspruch der Mächte der Alten Welt mit der Nichtinterventionsforderung der Neuen Welt antwortete[7]. England unterstrich seine Zustimmung zu dieser Forderung, als es im Jahre 1825 die Unabhängigkeit der lateinamerikanischen Staaten anerkannte.

So stand auch die begrenzte Politik der Heiligen Allianz in weltweiten Zusammenhängen, wenn diese auch bei den Zeitgenossen in den deutschen Staaten wenig bemerkt wurden. Nicht zuletzt diese weltpolitischen Auswirkungen waren es, die entscheidend zum Einsturz des außenpolitischen Systems der Restauration beitrugen. Sein Zusammenbruch wurde indessen unmittelbar durch ein europäisches Ereignis, den griechischen Unabhängigkeitskrieg, ausgelöst. Die *Erhebung der Griechen* gegen die Herrschaft der Pforte war die erste der nationalstaatlichen Bewegungen, von denen das 19. Jahrhundert erschüttert wurde; sie teilte mit den späteren auch die Verstrickung in die gesamteuropäische Staatenpolitik. Rußlands machtpolitisches Interesse an den Meerengen und an der Schwächung der Türkei kam in Konflikt mit dem legitimistisch begründeten Kampf gegen Revolutionäre und Rebellen. Canning rückte von der traditionellen englischen Politik der Erhaltung des Osmanischen Reiches immer entschiedener auf die Seite der Griechen, die die Sympathie des europäischen Philhellenismus genossen. Er gab damit das erste Beispiel einer liberalen Interventionspolitik zugunsten nationaler Bestrebungen, die zugleich den englischen Interessen diente, indem sie dem russischen Vordringen an die Meerengen durch rechtzeitiges Eingreifen einen Riegel vorzuschieben suchte. Metternich sah die griechische Frage unter dem Aspekt seiner antirevolutionären Erhaltungspolitik und der Gefährdung der europäischen Ordnung, aber auch des österreichischen Interesses an der Integrität der Türkei[8]. Er wich nie von der These ab, daß das Dasein des schwachen türkischen Reiches Österreich im Südosten soviel Sicherheit gewähre wie ein Meer. Von den Ostmächten war es allein Preußen, das keine unmittelbaren Ziele in der orientalischen Frage verfolgte.

In dem Widerstreit zwischen Ideologien und Interessenpolitik setze sich diese immer beherrschender durch: Über die Köpfe der anderen europäischen Staaten hinweg einigten sich im April 1826 England und Rußland im geheimen Petersburger Protokoll auf die Forderung nach einem halbsouveränen griechischen Staat unter der Schutzherrschaft der Pforte. Als sich Frankreich im Juli 1827 diesem Programm anschloß, war Metternichs europäischer Einfluß und seine Politik der Prinzipien entscheidend geschwächt. Preußen, das in der letzten Phase der Ereignisse sich ebenfalls von Wien unabhängig gemacht hatte, war als einzige Macht in der Lage, in dem im April 1828 zwischen Rußland und der Türkei losgebrochenen Kriege zu vermitteln und durch die Sendung des Generals Müffling als unbeteiligten Makler zum Abschluß des Friedens von Adrianopel (14. 9. 1829) beizutragen. Dieser Friede, der Rußland erhebliche Vorteile und eine überragende Stellung gegenüber der Türkei verschaffte und die Anerkennung eines unabhängigen griechischen Staates (ohne Kreta und Thessalien) durch die Pforte durchsetzte, beendete die Epoche »der vertragsmäßig gesicherten machtpolitischen Solidarität der fünf Großmächte ..., mit ihr war die gesamteuropäische Führerschaft Metternichs für immer verloren«[9].

Zur Geschichte des europ. Staatensystems in der Restaurationszeit stehen kaum Quellenpublikationen ähnlich denen der dt. Einigungsperiode oder der Vorgesch. des I. Weltkriegs zur Verfügung. Vgl. oben Lit. vor Kap. 1. Von Darstellungen neben TREITSCHKE die epochemachende Metternich-Biographie SRBIKS, die vor allem den europ. Charakter des Systems Metternich herausarbeitet; wichtig auch Bd. 3 (1954) mit krit. Lit.-Übersicht für 1925–1952. Ergänzungen nach der Seite der engl. Europapolitik bei SIR CHARLES WEBSTER, The Foreign Policy of Castlereagh 1812–1822 (1931, ²1934). Ders., The Foreign Policy of Palmerston, 1830–1841 (2 Bde. 1951). H. W. V. TEMPERLEY, The Foreign Policy of George Canning 1822–1827 (²1966). Von franz. Seite: P. DE LA GORCE, La Restauration 1: Louis XVIII (1926). Nach neuen Quellen: G. DE BERTIER DE SAUVIGNY, Metternich et son temps (1959). Zur Revision des Metternich-Bildes vor allem in USA: R. A. KANN, Metternich: A Reappraisal of his Impact on International Relations, Journ. of Mod. Hist. 32 (1960). H. A. KISSINGER, A World Restored: Metternich, Castlereagh and the Problem of Peace 1812–1822 (1957, dt. 1962). Zuletzt als knappe Einführung: W. BAUMGART, Vom Europ. Konzert zum Völkerbund (1974), Kap. 1.

[1] Darüber, die Thesen SRBIKS weiterführend: W. NÄF, Versuche gesamteurop. Organisation und Politik in d. ersten Jahrzehnten des 19. Jh., in: Staat u. Staatsgedanke (1935). H. W. SCHMALZ, Versuche einer gesamten Organisation 1815–1820 (1940). H. RIEBEN, Prinzipiengrundlage und Diplomatie in Metternichs Europapolitik 1815–1848 (1942) Weniger europ. als »kleinösterreichisch«

wird Metternich bei W. Schwarz, Die Hl. Allianz. Tragik eines europ. Friedensbundes (1935), beurteilt. In ähnlicher Richtung geht P. W. Schroeder, Metternich's Diplomacy at Its Zenith 1820–1823 (1962). Wichtig auch der Aufsatz von W. Markert, Mett u. Alex. I. Die Rivalität der Mächte in der europ. Allianz, in: Osteuropa und die abendländische Welt (1966).

[2] Text: Ghillany, Dipl. Hdb., Bd. 1, S. 408 ff.

[3] Text: ebd., Bd. 2, S. 427 ff.

[4] Text: ebd., Bd. 2, S. 429 ff.

[5] Über Verona: Srbik, Metternich, Bd. 3, S. 126. J. C. Nichols, The European Pentarchy and the Congress of Verona (1971). P. W. Schroeder, Metternich's Diplomacy (s. Anm. 1), S. 195 ff.

[6] Srbik, Metternich, Bd. 1, S. 621.

[7] Aus der zahlreichen Lit. über die Monroe-Doktrin sei nur D. Perkins, A History of the Monroe Doctrine (1955), genannt. Über den Vorschlag Cannings, eine »joint declaration« Großbritanniens und der USA zu der Frage einer Intervention in Lateinamerika abzugeben, vgl. The Cambridge History of British Foreign Policy, Bd. 2 (1923), S. 69.

[8] Gegensätzliche Deutung der Politik Metternichs in der oriental. Frage: Treitschke, Dt. Gesch., Bd. 3, S. 349 ff. u. 705 ff., und Srbik, Metternich, Bd. 1, S. 620 ff., Bd. 3, S. 130 ff.

[9] Srbik, Metternich, Bd. 1, S. 638 f.

Kapital 4
Die Juli-Revolution und ihre Wirkungen auf Deutschland

Die Juli-Revolution ist die erste gesamteuropäische Erschütterung des Systems von 1815; in Frankreich entspringend, greift sie auf die deutsche Staatenwelt und auf Italien über und erfaßt mit Belgien und Polen zwei Gebiete, deren Ordnung dem Wiener Kongreß besondere Schwierigkeiten bereitet hatte. Sie zerstört endgültig das außenpolitische System der Restauration, indem sie an die Stelle des einheitlichen Mächtekonzerts der Pentarchie den *Dualismus* der beiden Gruppen der *liberalen Westmächte* und der *konservativen Ostmächte* setzt. Wenn dies alles zusammen der Juli-Revolution epochalen Charakter verleiht, so war doch, wie Jacob Burckhardt hervorgehoben hat, ihre »allgemeine Bedeutung als europäische Erschütterung viel größer als die speziell politische«, das will sagen, daß seit 1830 die Revolution als politische und Ideenmacht wieder lebendig war. Gegner wie Anhänger verstanden sie als eine Wiedergeburt und als Vollendung der Ereignisse von 1789. Der trügerische Glaube, daß die Restauration für immer die untergründigen Kräfte der Bewegung und Anarchie gebändigt habe, machte der Sorge und Angst Platz, eine neue Epoche sozialer und politischer Krisen, von Weltkriegen und Kulturzerstörung habe begonnen, Befürchtungen, wie sie von Goethe und Niebuhr ausgesprochen wurden[1].

4. Die Juli-Revolution und ihre Wirkungen

Der Funke der Revolution sprang im Frankreich Karls X. auf[2], des zweiten Bourbonenkönigs der Restauration, der als Parteigänger der reaktionären Ultras von dem Weg des Ausgleichs zwischen Restauration und konstitutioneller Bewegung abgewichen war, wie ihn sein Vorgänger und Bruder eingeschlagen hatte. Mit den Ordonnanzen vom 25. 7., durch die die Pressefreiheit aufgehoben, die Kammer aufgelöst, das Wahlgesetz geändert wurde, verließ der König selbst die Basis der Charte von 1814 und machte die Revolution unvermeidlich. Diese selbst, obwohl von den besitzenden Schichten eigentlich ungewollt, konnte sich auf eine alte revolutionäre Tradition wie in keinem anderen Lande stützen, ebenso auf umsturzbereite großstädtische Unterschichten und eine in liberalen Überzeugungen denkende Jugend. In der Pariser »großen Woche« blieben die revolutionären Ziele zunächst unklar und verworren: Die Massen neigten der Republik zu, schließlich siegte dank dem geschickten Eingreifen des Herzogs Louis Philippe von Orléans[3] eine neue Form des Königtums. Die Monarchie Louis Philippes ist des Glanzes der Legitimität entkleidet, sie repräsentiert nicht mehr die Restauration neben der Charte, sondern gibt sich als »Bürgerkönigtum«. Die Verfassung wird im Sinne der konstitutionellen Bewegung modifiziert, das Wahlrecht durch Herabsetzung des Zensus erweitert, die Kammern erhalten das Recht der Gesetzesinitiative. Das Großbürgertum, vor allem die Großfinanz, tritt in die Rolle der Aristokratie des neuen Regimes. Vor den Augen der Zeitgenossen entfaltet sich das Bild einer bürgerlichen Klassengesellschaft, das in dem Lande der großen revolutionären Überlieferung sofort das Gegenbild radikaler Kritik hervorruft. Wie das gleichzeitige England des Frühkapitalismus den Stoff liefert für die Theorien von Pauperismus und der Ausbeutung der arbeitenden Klassen, so gibt das Frankreich von 1830 bis 1840 den Anschauungsunterricht für die Theorie von bürgerlicher Klassenherrschaft und Klassenkampf. Die Jahre nach 1831 sind die Zeit der Ausbreitung sozialistischer und kommunistischer Theorien in Frankreich. Der erste Geschichtsschreiber der Zeit des Bürgerkönigtums, Louis Blanc, schrieb seine Geschichte der »Dix ans« von 1830 bis 1840 vom Standpunkt des »peuple« gegen die »bourgeoisie« und deren Klassenherrschaft.

Die *Wirkungen der Juli-Revolution* auf das übrige Europa waren sehr verschiedenartig. Sie reichten von mittelbaren Im-

4. Die Juli-Revolution und ihre Wirkungen

pulsen auf die große Wahlreformbill in England bis zu politischen Umschichtungen in den Kantonen der Schweiz. An zwei großen Herden hat sich das revolutionäre Feuer besonders ausgebreitet: in *Belgien* und *Polen*. Dazwischen liegen die Ausstrahlungen auf die Staaten des Deutschen Bundes und auf den Fortgang der 1819 zum Erlahmen gekommenen konstitutionellen Bewegung in Deutschland. Die Vorstellung von der *einen* umfassenden Revolution, wie sie unter den Zeitgenossen spukte, die Hoffnung der liberalen Bewegung auf eine allgemeine Erhebung der europäischen Völker gegen die Fürsten wird durch den Verlauf der revolutionären Ereignisse, ihre weite Zerstreuung und Zersplitterung in zum Teil lokale Erhebungen widerlegt. Dennoch bildet die Revolution über ganz Europa ein einheitliches Spannungsfeld und steht in einem sowohl ideellen wie staatenpolitischen Wirkungszusammenhang[4]; sie wird auch überall von denselben bürgerlichen Schichten getragen. Deutschland wurde von ihr in mehrfacher Weise in Mitleidenschaft gezogen: einmal durch die Verwicklungen, die die belgische und in höherem Grade die polnische Revolution für die Außenpolitik der deutschen Staaten brachte. Das Auseinanderbrechen des Königreichs der Vereinigten Niederlande, dieser Schöpfung des Wiener Kongresses und seiner europäischen Gleichgewichtspolitik, und die *Entstehung des Königreichs Belgien*[5] war ein Ereignis, das die gesamten Mächtebeziehungen, vor allem das Verhältnis zwischen Frankreich und Großbritannien, aber auch das Legitimitätsprinzip berührte. Von hier aus konnte, wenn das revolutionäre Frankreich Louis Philippes sich in Belgien festsetzte oder wenn von Rußland mit dem Interventionsprinzip Ernst gemacht wurde, ein allgemeiner Krieg entspringen. Dieser Gefahr wurde durch die Einberufung einer Konferenz in London im November 1830 vorgebeugt: Sie hat sowohl Rußlands Interventionswillen gegen das revolutionäre Frankreich wie Frankreichs Verlangen nach Belgien Zügel angelegt und zur Einigung der Mächte über die Unabhängigkeit des neuen belgischen Staates geführt. Von dem Vertreter Preußens, dem Londoner Gesandten Heinrich von Bülow, stammte der in den Vertrag vom 15. 11. 1831 eingegangene Vorschlag, Belgien nach Schweizer Vorbild den Status der dauernden Neutralität unter Garantie der Großmächte zu gewähren (Art. VII); dahinter stand das Ziel, Frankreich für immer am Zugriff gegen den neuen Staat zu hindern[6]. Unmittelbar berührte es die Rechte des Deutschen

4. Die Juli-Revolution und ihre Wirkungen

Bundes, daß die neue Territorialregelung zwischen Belgien und den Niederlanden die Abtretung des größeren westlichen Teils des zum Bunde gehörenden Großherzogtums *Luxemburg* an Belgien bestimmte und nur ein kleinerer Teil durch Metternichs Eingreifen dem Bunde erhalten werden konnte. Diese Entscheidung der Mächte blieb bis zur endgültigen Bereinigung der Beziehungen zwischen Belgien und den Niederlanden im April 1839 umstritten und wurde von der Bundesversammlung erst akzeptiert, als der König der Niederlande formell mit dem neugebildeten Herzogtum Limburg in den Deutschen Bund eintrat[7].

Nicht so sehr die durch diese peripheren Grenzfragen ausgelöste Spannung als die Lage der deutschen Bundesstaaten zwischen der französischen und belgischen und der im November 1830 ausgebrochenen polnischen Revolution barg die größten Gefahren für die »Gesamtexistenz« Deutschlands in sich[8]. Der *polnische Aufstand* von 1830/31 war auf der einen Seite ein Fanal für die Entstehung einer liberalen Solidarität in den europäischen Völkern, auf der andern wurde er vom preußischen Staatsinteresse und seinen Sachwaltern zum erstenmal nach 1815 als eine Bedrohung der territorialen Integrität des preußischen Staates durch eine revolutionäre Bewegung jenseits seiner Grenzen empfunden. Preußen mußte im Verlaufe des russisch-polnischen Revolutionskrieges eine große Observationsarmee (unter dem Oberbefehl Gneisenaus) an seinen östlichen Grenzen aufstellen, um das Überspringen des Funkens vor allem ins Großherzogtum Posen zu verhindern, zugleich aber um Rußland Hilfestellung zu geben. Als eine erhebliche Anzahl von Posener Polen aus der preußischen Armee zur aufständischen polnischen Nationalarmee desertierte und sich an die 200 Edelleute aus preußischen Gebieten dem Aufstand anschlossen, war für Preußen die polnische Frage als innen- und außenpolitisches Problem gestellt. In den äußeren Beziehungen wurden durch die polnische Krise die Teilungsmächte, vor allem Preußen und Rußland, aufs engste aneinandergedrängt[9]; das Zusammenwirken der Ostmächte, der Mächte der Heiligen Allianz im engeren Sinne, wie es sich seit der Juli-Revolution wieder entwickelte, hatte hier seine Basis.

Auch für die *Polenfrage* innerhalb des preußischen Staates bedeutete das Jahr 1830/31 eine Wende[10]. Die preußische Monarchie, in deren Staatsidee manche übernationalen Über-

4. Die Juli-Revolution und ihre Wirkungen

lieferungen eingeschlossen waren, hatte dem durch den Wiener Kongreß ihr zugesprochenen »Großherzogtum Posen« eine Sonderstellung unter einem Statthalter (Fürst Radziwill) und mit starker Berücksichtigung des polnischen Elements in der Verwaltung und Sprachpolitik gewährt. Dies hing mit den besonderen außenpolitischen Voraussetzungen der Besitzergreifung Posens zusammen, ergab sich aber auch aus den noch in der preußischen Bürokratie fortwirkenden idealistischen und Herderschen Volksideen, wie sie sich vor allem in dem Reskript Altensteins an die Posener Regierung vom 13. 12. 1823 niedergeschlagen haben[11]. Dieser den fortdauernden Staatswillen des Polentums unterschätzenden Politik wurde durch die Ereignisse von 1830/31 ein Ende gesetzt; unter dem Oberpräsidenten E. H. v. Flottwell (1786–1865) begann eine Wendung zu einer mit dem preußischen Staatsinteresse begründeten Germanisierungspolitik: Flottwell suchte die »innige Verbindung der Provinz mit dem preußischen Staat« durch die allmähliche Beseitigung »der ihren polnischen Einwohnern eigentümlichen Richtungen, Gewohnheiten und Neigungen« zu schaffen und sah in der gänzlichen Vereinigung beider Nationalitäten, das hieß aber der Assimilation der polnischen an die deutsche Nation, »den Schluß dieser Aufgabe«[12]. Immer mehr geriet von jetzt an die polnische Frage in Preußen, die sich bald von Posen auf Schlesien und Westpreußen auszubreiten begann, in den Widerstreit zwischen preußischer Staatsräson, deutschem Nationalstaatswillen, liberalen Freiheitsideen und polnischer Nationalbewegung. Die preußische Staatspolitik und die liberale öffentliche Meinung in Deutschland reagierten auf die Ereignisse des polnischen Aufstands in entgegengesetzter Weise: Die Polenfreundschaft[13] des deutschen Liberalismus seit 1831 wird ein Element beginnender liberaler Opposition in Preußen und ein Symptom der Entfremdung, die zwischen dem Staat, der den Weg der Reform verlassen hatte, und den Kräften der bürgerlichen Bewegung eingetreten war.

Das führt hinüber zu den *Einwirkungen der Juli-Revolution auf die innere Lage Deutschlands*. Der Deutsche Bund und seine Staaten standen seit 1819 im Zeichen polizeistaatlicher Unterdrückung aller liberalen und nationalen Bewegungskräfte, wenn auch die Verwaltung teilweise noch vom Geiste einer liberalen Bürokratie geprägt war. Eine zusammenhängende, einheitliche liberale Gegenbewegung in ganz Deutschland konnte sich aber unter den politischen und verfassungsrecht-

4. Die Juli-Revolution und ihre Wirkungen

lichen Bedingungen des Restaurationssystems nicht herausbilden. Dem starken Zug zum Partikularismus wußte sich auch die frühliberale Bewegung nicht ganz zu entziehen. Die nationalen Ideale von 1813 traten jetzt oft zurück hinter dem Programm der Verwirklichung freiheitlich-konstitutioneller Ideen in den Einzelstaaten. Von dem badischen liberalen Politiker und Staatsdenker Karl von Rotteck stammt das Wort: »Ich will lieber Freiheit ohne Einheit als Einheit ohne Freiheit[14].« Diese Tendenz drang allerdings nicht überall gleichmäßig durch, wie überhaupt die liberalen Gruppen und liberalen Gedanken in den einzelnen deutschen Landschaften ihr verschiedenes Gesicht behielten.

Die Juli-Revolution führte überall in Deutschland den Bewegungstendenzen neue Kräfte zu. In den süddeutschen Landtagen meldete sich die liberale Opposition kräftig zu Wort[15]: In Baden erzwang sie ein liberales Preßgesetz; der Abgeordnete K. Th. Welcker, der zusammen mit K. v. Rotteck die liberale Fraktion im Landtag führte, brachte dort einen Antrag ein, der die »organische Entwicklung des Deutschen Bundes zur bestmöglichen Förderung deutscher Nationaleinheit und deutscher staatsbürgerlicher Freiheit« forderte. In Bayern mußte König Ludwig I. den Innenminister Eduard von Schenk entlassen, gegen den in der Kammer scharfe Angriffe erhoben worden waren. Kann man hier überall davon sprechen, daß die revolutionären Ereignisse in Frankreich den Oppositionsgeist der Kammern anfeuerten, so kam es zu *revolutionären Entladungen* zumeist nur da, wo die verfassungspolitischen Verhältnisse am altertümlichsten gewesen sind. Es handelt sich hier überwiegend um Unruhen mit begrenzten Zielen und aus persönlichen Anlässen, im Stile kleinstädtischer Lokalzwiste, aber auf ihre Wirkung hin gesehen haben sie die zweite Welle der konstitutionellen Bewegung in den deutschen Staaten zwischen der ersten um 1818/19 und der Revolution von 1848 gebracht[16].

In *Braunschweig* regierte Herzog Karl II. wie ein absoluter Kleinfürst des 18. Jahrhunderts in »voller fürstlicher Unverantwortlichkeit« (Treitschke) über die Landschaftsordnung von 1820 hinweg. Sein Fall war, zuerst von Hannover vor den Bundestag gebracht, dort schon seit langem anhängig und bildete den Streitpunkt zwischen der von England und Preußen unterstützten gesamtwelfischen Hauspolitik und Metternichs bundesrechtlichem Dogmatismus, als der Sturm des Jahres 1830 hereinbrach. Weniger eine Volkserhebung als eine planmäßige

4. Die Juli-Revolution und ihre Wirkungen

Verschwörung, die sich fremder Protektion erfreute, jagte den Herzog weg, sein Schloß ging in Flammen auf. Die Landstände riefen seinen Bruder Herzog Wilhelm von Braunschweig-Öls herbei, über dessen Rechtsstellung als Statthalter oder Nachfolger lange Verhandlungen geführt wurden. Sie endeten mit dem Siege des auf revolutionärem Wege berufenen Herzogs und mit der Gewährung einer neuen Verfassung im Jahre 1832, durch die die Repräsentation der bürgerlichen und bäuerlichen Gruppen gegenüber dem Adel verstärkt wurde[17].

In *Kurhessen* verliefen die Ereignisse weniger turbulent. Hier wurde dem Kurfürsten Wilhelm II. eine Verfassung abgerungen, die dieser ausdrücklich »in vollem Einverständnisse mit den Ständen« erteilte und an deren Fassung der Landtag durch den Marburger Professor Silvester Jordan, einen Anhänger des Liberalismus Rottecks, entscheidend mitgewirkt hatte. Sie bildete das Höchstmaß dessen, was der deutsche Konstitutionalismus im Vormärz erreicht hat: Die in einer einzigen Kammer zusammengefaßten Stände erhielten nach ihr neben dem Recht der Steuerbewilligung und der Gesetzesbeistimmung sogar das Recht zur Gesetzesinitiative, was bis dahin noch kein deutscher Landtag unbeschränkt besaß. Im Falle eines Verfassungsbruchs durch einen Minister hatten die Stände das Recht und die Pflicht, die Schuldigen vor dem obersten Gericht des Landes anzuklagen[18]. Das wirkliche Funktionieren dieser Verfassung war indessen von Anfang an in Frage gestellt durch den Widerstand des Kurfürsten und seines Sohnes, des Mitregenten Friedrich Wilhelm. So ist in Kurhessen das politische Ergebnis des Jahres 1830 weniger eine Verfassung als eine Verfassungsfrage gewesen, die die deutsche Öffentlichkeit und den Bundestag noch lange beschäftigen sollte.

Im Königreich *Sachsen* wurde die Bewegung nicht durch persönliche Mißstände in der regierenden Dynastie ausgelöst, sondern durch den Zusammenstoß einer kleinbürgerlichen Volksbewegung in einem sozial und wirtschaftlich fortgeschrittenen Lande mit den Repräsentanten einer veralteten Verwaltung in den beiden größten Städten des Landes[19]. Die Bewegung erhielt hier erst einen größeren Zug und höhere Ziele, als sich das hohe Beamtentum ihrer annahm. Die Regierung fing die revolutionären Kräfte ab, indem sie konstitutionelle Reformen von oben her vornahm, teilweise sogar gegen den hartnäckigen Widerstand der um ihre Privilegien besorgten Stände. Die neue Verfassung vom 4. 9. 1831[20] erreichte ungefähr den süddeutschen Stand: An der ständischen Gliederung der Ständekammer wurde festgehalten; die 1. Kammer blieb fast unverändert eine Domäne des Adels, auch in der 2. überwog trotz des starken Einflusses städtischen Gewerbes und städtischer Industrie noch der ländliche, adlige und bäuerliche Grundbesitz (45 ländliche gegen 30 städtische Abgeordnete).

Wenn man hier von einer sehr bescheidenen Fortentwicklung des geltenden Verfassungsrechts sprechen muß, so gilt das im ganzen auch für *Hannover*. Auch hier entstanden nur örtlich begrenzte Unruhen (z. B. in Göttingen) und wurde die Reform der aus dem Jahre 1819 stammenden Verfassung unter dem Druck einer liberalen Bürokratie vollzogen. Das vom König erst 1833 unterzeichnete Grundgesetz war das Werk vor allem des altliberalen Politikers Carl Bertram Stüve (1798 bis 1872), der einen gemäßigten, vom Geist der historischen Rechtsschule durchdrungenen, auf korporative Freiheit gerichteten Liberalismus vertrat[21]. Diese Verfassung beließ zwar die 1. Kammer als fast reine Adelsvertretung, gab aber in der 2. Kammer dem bürgerlichen und bäuerlichen Element überwiegenden Einfluß und erweiterte ihre Kompetenzen auf Gesetzgebung und Budgetrecht.

Wenn sich auch die unmittelbare Wirkung der Juli-Revolution in Deutschland auf das Fortschreiten der Verfassungsbewegung von altständischen zu modernen konstitutionellen Formen beschränkte und das politische System der Restauration als ganzes unerschüttert blieb, so sind doch die tieferen Schichten des politischen und geistigen Lebens eindringlicher und nachhaltiger angerührt worden. So ist das Jahrzehnt von 1830–1840 um vieles bewegter als das vorausgehende, von wachsender geistiger Unruhe durchzogen, die auch durch eine nach vorübergehenden Lockerungen (z. B. durch ein freieres Preßgesetz in Baden) verschärfte Zensurpolitik nicht gedämpft werden konnte. An vielen Stellen erscheinen – meist kurzlebige – *liberale Blätter*[22], auch bereits eine Reihe bedeutender *publizistischer Organe* verschiedenster Richtungen, im ganzen noch mehr mit philosophisch-theoretischem als unmittelbar politischem Gehalt: so seit 1831 das ›Berliner Politische Wochenblatt‹, als »konservatives Kampforgan« unter dem Eindruck der Juli-Revolution von dem Kreise der Anhänger Karl Ludwig von Hallers um den Kronprinzen Friedrich Wilhelm (IV.) mit der Absicht, einer Revolution in Deutschland mit ideologischen Mitteln vorzubeugen, begründet[23]; dann die

4. Die Juli-Revolution und ihre Wirkungen

mit Hilfe der preußischen Regierung ins Leben gerufene und der Leitung Leopold Rankes anvertraute ›Historisch-Politische Zeitschrift‹ (1832–1836), die zwischen den Extremen von Rechts und Links die Grundlagen für einen historisch gestimmten Konservativismus legen sollte[24]; schließlich auf der Gegenseite mit breiterer Wirkung die ›Hallischen Jahrbücher für deutsche Wissenschaft und Kunst‹ (1838–1843), in denen sich der revolutionäre Radikalismus der Zukunft in der Ausdehnung der »Kritik« von der Theologie auf die Philosophie und Politik vorbereitete und in der die Vertreter der Hegelschen »Linken«, unter ihnen Arnold Ruge, Ludwig Feuerbach, Bruno Bauer, sich ein Organ von größter »geistespolitischer Wirksamkeit« schufen[25]. Diese erstreckte sich vor allem auf das Bewußtsein einer revolutionären Intelligenzschicht, hinter der noch keine gesellschaftliche Macht stand, die aber selbst eine gesellschaftliche Macht werden wollte und von der Überzeugung erfüllt war, daß der Schritt von der Philosophie zur politischen Revolution ein notwendiger und unausweichlicher Schritt innerhalb des historischen Prozesses ist: »Mich dünkt, ein methodisches Volk wie wir mußte mit der Reformation beginnen, konnte erst hierauf sich mit der Philosophie beschäftigen und durfte nur nach deren Vollendung zur politischen Revolution übergehen.« So schrieb Heine im Jahre 1834, und der junge Karl Marx sprach in seiner Doktordissertation von 1840 von der Philosophie, die zur Welt sich erweitert habe und sich jetzt gegen die erscheinende Welt wende. Im gleichen Jahrzehnt, in dem die Schriftsteller des »Jungen Deutschland« – wie Heine und Börne von Paris aus – begannen, die deutschen Zustände an den Pranger zu stellen, und revolutionäre Schriften wie der ›Hessische Landbote‹ Georg Büchners erschienen (1834), wurden der politischen Literatur des deutschen Liberalismus ihre ersten Standardwerke geschenkt: Seit 1834 kamen die Bände des bald im liberalen Bürgertum weitverbreiteten *Staatslexikons von Rotteck und Welcker* heraus[26], in denen die Kodifizierung der staats- und rechtspolitischen Anschauungen des vormärzlichen südwestdeutschen Liberalismus mit seinem vernunft- und naturrechtlichen Einschlag unternommen wurde. Der Württemberger Robert von Mohl veröffentlichte wichtige Beiträge zum konstitutionellen Staatsrecht und zur Lehre vom Rechtsstaat[26a]. Zur gleichen Zeit schrieb Fr. C. Dahlmann den ersten und einzigen Teil seines Werks ›Die Politik auf den Grund und das Maß der gegebenen

4. Die Juli-Revolution und ihre Wirkungen

Zustände zurückgeführt‹ (1835)[27] und entwickelte darin, sich vom Naturrecht Rottecks distanzierend, die Grundsätze eines auf den Staat gerichteten, vom historischen Recht herkommenden liberalen Denkens, das auf die deutsche Geschichte der nächsten Jahrzehnte entscheidenden Einfluß gewinnen sollte.

Die in Deutschland seit der Juli-Revolution wachsende Unruhe machte sich vor allem im Südwesten auch schon in einzelnen *Volksbewegungen* Luft, an denen nicht mehr nur die akademische Jugend, sondern schon breitere Kreise des Kleinbürgertums und der Handwerkerschaft beteiligt waren. Das gilt für das sogen. *Hambacher Fest*[28], eine Volksversammlung von einigen Zehntausend Teilnehmern auf dem Hambacher Schloß (bei Neustadt a. d. Haardt) vom 27. bis 30. 5. 1832, von deren Rednern und Veranstaltern – darunter Jacob Siebenpfeiffer, ein Schüler Rottecks, und J. G. Aug. Wirth – Ideen einer revolutionären, nationaldeutschen Demokratie proklamiert wurden. Doch stand hinter solchen Unternehmungen, die Treitschke als »revolutionäres Philistertum« abtun wollte, kaum schon ein klare Ziele verfolgender revolutionärer Wille, wenn auch die Anfänge eines deutschen demokratischen Radikalismus die Hoffnungen der allenthalben in Europa sich konstituierenden *revolutionären Geheimbünde* aufflammen ließen. Die Entstehung einer ganz Europa überziehenden revolutionären Untergrundbewegung – das Schreckgespenst der Metternichschen Politik seit 1815 –, für die die politischen Flüchtlinge, vor allem aus Polen, seit der »großen Emigration« 1831 die gegebenen Vermittler waren, gehört zu den wesentlichen Ergebnissen der Juli-Revolution. Giuseppe Mazzini versuchte aus den Elementen der nationalrevolutionären Demokratie sein »Junges Europa« aufzubauen, dem sich 1834 ein namentlich aus deutschen Handwerksgesellen in der Schweiz gebildetes »Junges Deutschland« anschloß[29]. In Deutschland selbst konnte er nur wenige Anhänger gewinnen. Ein örtlicher Putsch, wie der Sturm auf die Frankfurter Hauptwache am 3. 4. 1833, der einen Schlag gegen den Bundestag einleiten sollte, war weniger das Werk solcher Gruppen als das der wiedererstandenen Burschenschaften, in denen sich unter dem Einfluß der Zeitideen die radikaleren Kräfte durchsetzten.

Vor allem die Vorgänge in Hambach und Frankfurt bestärkten Metternich in der Überzeugung, daß die Pest der Revolution von neuem sich in Deutschland auszubreiten drohe. Er machte dagegen noch einmal, wie 1819, den Deutschen Bund

4. Die Juli-Revolution und ihre Wirkungen

mobil. Die 6 Artikel vom 28. 6. 1832[30] legten die Bundesglieder erneut auf den Art. 57 der Wiener Schluß-Akte fest, nach dem die gesamte Staatsgewalt in dem Oberhaupt des Staates vereinigt bleiben müsse, und traten den gestiegenen Ansprüchen der Ständevertretungen entgegen. Eine Kommission zur Kontrolle der ständischen Verhandlungen wird auf 6 Jahre eingerichtet, »deren Bestimmung sein wird, insbesondere auch von den ständischen Verhandlungen in den Deutschen Bundesstaaten fortdauernd Kenntnis zu nehmen, die mit den Verpflichtungen gegen den Bund oder mit den durch die Bundesverträge garantierten Regierungsrechten in Widerspruch stehenden Anträge und Beschlüsse zum Gegenstand ihrer Aufmerksamkeit zu machen und der Bundesversammlung davon Anzeige zu tun...« Aufgrund dieser Beschlüsse ist dann eine *neue Welle von Verboten* über die deutschen Staaten gegangen: Der württembergische Landtag, in dem Paul Pfizer, der Verfasser des ›Briefwechsels zweier Deutscher‹ (1831), einen Antrag gegen die 6 Artikel eingebracht hatte, wurde aufgelöst, das badische Preßgesetz von 1830 aufgehoben. Die meisten Oppositionsblätter verbot der Bundestag aufgrund des Karlsbader Preßgesetzes. Jedoch war die Reaktion auf diese Maßnahmen schon weit heftiger als nach den Karlsbader Beschlüssen: In Baden machte sich Rotteck zum Sprecher der Empörung. Sein Auftreten verleitete die badische Regierung zur Schließung der Universität Freiburg und zur Änderung ihrer Verfassung; Rotteck und Welcker wurden entlassen. Zu ernsteren Zwischenfällen kam es jedoch zunächst nirgends. Eine unerwartete Stütze bekam die deutsche Opposition gegen die 6 Artikel vom Ausland: Am 7. 9. 1832 ließ Palmerston in einer Zirkulardepesche[31] erklären, daß England als Mitunterzeichner der Wiener Verträge ein Mitspracherecht in den Fragen des Deutschen Bundes beanspruche und deshalb die deutschen Regierungen bitte, »dem unbedachten Eifer des Bundestages einen Zügel anzulegen und eine Annahme von Maßregeln zu verhindern, welche nur allzu wahrscheinlich zu Erschütterungen und zum Kriege führen müßten«. Frankreich schloß sich dieser Demarche an. Damit war der unerwartete Fall eingetreten, daß fremde Mächte ihr umstrittenes Garantierecht[32] für die deutsche Bundesverfassung im Sinne einer Unterstützung der liberal-demokratischen Bewegung gebrauchten. Als sich 1834 diese Intervention wiederholte, raffte sich der Bundestag zu einer Abweisung des Anspruchs der Westmächte auf. In diesen

4. Die Juli-Revolution und ihre Wirkungen

Vorgängen spiegelten sich die Veränderungen im Mächtesystem Europas wider, wie sie sich gegenüber 1815 endgültig seit der Juli-Revolution entwickelt hatten: Dem konservativen Interventionsprinzip trat jetzt ein liberales gegenüber, zu dem sich schon unter Canning und vollends unter Palmerston die englische Nichtinterventionsidee der Zeit von Troppau und Laibach gewandelt hatte.

Das Eingreifen der Westmächte im Jahre 1834 richtete sich gegen die letzten Maßnahmen, die der Deutsche Bund zur Abwehr der befürchteten revolutionären Bewegung unter dem Eindruck des Frankfurter Wachensturms getroffen hatte: gegen die geheimen, zunächst nur teilweise bekanntgegebenen *Beschlüsse der Wiener Ministerkonferenzen* vom Juni 1834[33], die sich nicht mehr mit der Einschärfung der grundsätzlichen Standpunkte wie der 6 Artikel begnügten, sondern die Überwachung, Zensur und Beschränkung der konstitutionellen Organe zu einem bis ins letzte ausgeführten System von Einzelmaßnahmen ausbauten. Hier war nicht nur die Vertagung und Auflösung unbotmäßiger Ständekammern vorgesehen, sondern auch eine lückenlose Zensur und eine in allen Bundesstaaten gleichmäßige Kontrolle der Universitäten, ihrer Dozenten und Studenten. Die seit 1819 zu verfolgende Ordnungspolitik im Geiste der Restauration erreichte hier ihren Gipfel, wenn es auch Metternich nicht mehr gelungen ist, die Anwendung dieser Artikel, durch die sich die Bundesglieder für ebenso gebunden erachten sollten, »als wenn dieselben zu förmlichen Bundesbeschlüssen erhoben worden wären« (Art. 60), überall gleichmäßig durchzusetzen. In dem Jahrzehnt der ersten Eisenbahnbauten, der Anfänge der Industrialisierung und der von Preußen herbeigeführten Begründung des Deutschen Zollvereins stand eine Politik, die darauf gerichtet war, die bürgerlichen Kräfte niederzuhalten und auszuschalten, in wachsendem Widerspruch zu den Tendenzen der Zeit.

Auf welch schwankendem Grund das Verfassungsrecht in den Einzelstaaten ruhte, zeigte ein Ereignis, das die Herausbildung einer allgemeinen liberalen öffentlichen Meinung in Deutschland außerordentlich förderte. Als im Juni 1837, nach dem Tod König Wilhelms IV., in England dessen Nichte Viktoria, in Hannover sein Bruder Ernst August auf den Thron kamen, begann dieser seine Regierung damit, daß er das Staatsgrundgesetz von 1833 als nicht bindend erklärte und es am 1. 11. aufhob. Dieser Rechtsbruch war nur auf dem Hinter-

4. Die Juli-Revolution und ihre Wirkungen

grund der verschärften antiliberalen Bundespolitik nach der Juli-Revolution denkbar, er stieß aber auf unerwartet heftigen Widerstand: Sieben Professoren der Georgia Augusta in Göttingen – Friedrich Christoph Dahlmann, der den Text aufsetze, der Jurist W. Albrecht, die Brüder Jacob und Wilhelm Grimm, der Physiker Wilhelm Weber, der Orientalist Heinrich Ewald und der Literarhistoriker G. G. Gervinus, alles Männer von höchstem wissenschaftlichen Rang – brachten in einer »untertänigsten Vorstellung einiger Mitglieder der Landes-Universität, das Kgl. Patent vom 1. November betreffend«, zum Ausdruck, daß »sie sich durch ihren auf das Staatsgesetz geleisteten Eid fortwährend verpflichtet halten müssen« und eine auf anderer Rechtsbasis stehende Ständeversammlung nicht als rechtmäßig bestehend anerkennen würden[34]. Der König antwortete auf diesen Schritt mit der *Amtsenthebung der Göttinger Sieben;* Dahlmann, Jacob Grimm und Gervinus mußten sich innerhalb von drei Tagen außer Landes begeben. Es trifft durchaus zu, wenn Dahlmann die Erklärung der sieben Professoren »eine Protestation des Gewissens, nur durch den Gegenstand einen politischen Protest« nannte. Ihre Wirkung war indessen eminent politisch: Für die liberale Opposition war der Schlag gegen die Verfassung in Hannover und gegen die Professoren in Göttingen ein Fanal. Zudem wurde, wie Treitschke zuerst bemerkt hat[35], durch das Göttinger Ereignis die politische Autorität des deutschen Professorentums begründet und damit eine wichtige Voraussetzung für die Bewegung von 1848 geschaffen.

Liberalismus und radikale Demokratie sind nicht die einzigen Kräfte, mit denen sich der restaurative Staat des Vormärz zu messen hatte: Aus den tiefgreifenden Umgestaltungen der Napoleonischen Ära, dem Zusammenbruch des Hl. Römischen Reiches, der Säkularisation der geistlichen Fürstentümer, dem Sieg der Aufklärungsphilosophie in Staat und Rechtsverfassung waren die *Kirchen* in erneuerter Form hervorgegangen[36]. In sie strömten nach den schweren Schlägen der Revolutionszeit die geistigen Kräfte der Romantik ein und gaben ihnen ein neues inneres Fundament. Während Repräsentanten des Katholizismus wie Josef de Maistre oder Konvertiten wie Karl Ludwig von Haller die wirksamsten Verfechter der Gegenrevolution und Restauration geworden sind, hat sich die preußische Erhebung und Reform aus einem vom Pietismus und Idealismus her erneuerten evangelischen Christentum begrün-

4. Die Juli-Revolution und ihre Wirkungen

det: Schleiermacher, »der zweite Reformator«, war zugleich ein Verkünder der nationalidealistischen Gedanken der Befreiung und Erhebung gewesen[37]. Im Kampf gegen die Revolution standen die verbündeten Souveräne der christlichen Konfessionen in der Heiligen Allianz zusammen: Romantik und Restauration trugen zur christlich-konservativen Solidarität bei. Seit Anfang der 20er Jahre schwenkte die Kurie offen auf eine Unterstützung der restaurativen Ordnung ein. So schienen die kirchlich-religiösen Kräfte im System der Restauration aufs beste aufgehoben und von ihnen keine Gefahr zu drohen. Große kirchenpolitische Entscheidungen wie die Schaffung der Union der reformierten und lutherischen Kirchen in der preußischen Monarchie (1817) waren ein Werk des monarchischen Staates.

Indessen wurde durch die Neuordnung von 1815 der Grund für neue Reibungsflächen zwischen Staaten und Kirchen gelegt. So gut wie alle größeren deutschen Staaten waren seit den Gebietsverschiebungen der Jahre 1803-1815 konfessionell gemischt. In dem Maße, in dem dessenungeachtet das alte Staatskirchentum der absolutistischen Zeit in seinen protestantischen und katholischen Formen fortlebte, erzeugte es Spannungen und Konflikte mit den kirchlichen Minderheiten. Da diese – wie die fränkischen Protestanten in Bayern oder die rheinischen Katholiken in Preußen – in den neuen Gebieten dominierten, wurde das Problem der Herstellung der Parität der verschiedenen Kirchen zugleich zu einem Problem der staatlichen Integration der neuen Gebiete. Kirchliches Minoritätsbewußtsein und landschaftliches Sonderbewußtsein vermischten sich. Das traf vor allem für das Gebiet zu, auf dem sich der erste große *Konflikt zwischen Staat und Kirche* seit 1815 ereignen sollte: für die zu Preußen gekommenen Rheinlande[38]. Der Anlaß des Streites war neben der Auseinandersetzung über die von der Kurie verurteilte Lehre des Bonner Theologen Georg Hermes die *Frage der gemischten Ehen*, die eine besondere Aktualität dadurch bekam, daß die meisten ins Rheinland versetzen preußischen Beamten evangelisch waren und dort vielfach in katholische Familien heirateten. Die katholische Kirche machte seit Trient die kirchliche Einsegnung gemischter Ehen von der Zusage der katholischen Taufe und katholischen Erziehung der Kinder abhängig; die staatliche Rechtsetzung und Praxis in vielen deutschen Ländern aber wich davon ab, ohne daß die Kirche offen widersprach. In Preußen war 1803 be-

4. Die Juli-Revolution und ihre Wirkungen

stimmt worden, daß eheliche Kinder grundsätzlich in der Religion des Vaters zu erziehen seien. Eine Kabinettsorder von 1825 übertrug diese Regelung auch auf die neuerworbenen westlichen Provinzen. Eine zwischen der preußischen Regierung und dem Erzbischof Graf Spiegel von Köln, einem in der Aufklärung des 18. Jh. verwurzelten Kirchenfürsten, im Jahre 1834 geheim geschlossene Konvention gab, aus unklaren Motiven, möglicherweise in der Meinung, damit den Absichten des in einzelnen Punkten entgegenkommenden päpstlichen Breve von 1830 zu folgen, den Weg frei, um die Kabinettsorder von 1825 auszuführen. Die kirchliche Einsegnung wurde nicht von dem förmlichen Versprechen der katholischen Kindererziehung, sondern von der »religiösen Gesinnung des katholischen Teils in Absicht auf Glaubenstreue und Pflichterfüllung bei der künftigen Kindererziehung« abhängig gemacht. Unter Spiegels Nachfolger, dem Erzbischof Clemens August von Droste-Vischering, kam es darüber zum Konflikt, als dieser die Berliner Konvention nur zu beachten zusagte, soweit sie dem Breve nicht widersprach. Droste wurde, als er nicht nachgab, am 20. 11. 1837 mit Gewalt und militärischem Aufgebot auf die Festung Minden abgeführt. Als auch der Erzbischof von Gnesen-Posen, Martin von Dunin, seinen Geistlichen die kirchliche Einsegnung gemischter Ehen ohne bindende Zusagen verbot, wurde er zunächst zu Zwangsaufenthalt in Berlin verurteilt, dann auf die Festung Kolberg gebracht.

Das »*Kölner Ereignis*« mit seinen Folgen hat in der Geschichte des deutschen Katholizismus Epoche gemacht; ähnlich wie die gleichzeitigen Göttinger Vorgänge für die Entstehung einer liberalen öffentlichen Meinung entscheidend wurden, ist durch die Vorgänge im Rheinland der deutsche Katholizismus zu einem gemeinsamen politischen Bewußtsein erwacht. Daran hatte nicht zuletzt ein großer deutscher Publizist des Vormärz, Joseph von Görres, mit seiner Kampfschrift ›Athanasius‹ (1838) bestimmenden Anteil. Im Jahre 1838 wurden auch die ›Historisch-politischen Blätter für das katholische Deutschland‹ in München begründet, die in ständiger Auseinandersetzung mit den politischen Ereignissen in den nächsten Jahrzehnten das System einer katholischen Staats- und Gesellschaftslehre ausbauten. So sind schon vor der Revolution von 1848, nicht ohne Einwirkungen von seiten des belgischen Katholizismus und seiner politischen Organisationen, die Grundlagen einer *katholischen Volksbewegung* neben einer liberalen gelegt worden[39].

4. Die Juli-Revolution und ihre Wirkungen

TREITSCHKE, Dt. Gesch., Bd. 4. VICOMTE DE GUICHEN, La Révolution de Juillet et l'Europe 1830 (1917). PH. VIGIER, La Monarchie de Juillet (1965). G. HUBER, Kriegsgefahr über Europa (1830–1832) im Urteil der Zeit u. hundert Jahre später (1936). SIR CH. WEBSTER, Palmerston, Metternich and the Europ. System 1830–1841 (1934). H. RÖSSLER, Zwischen Revolution und Reaktion. Ein Lebensbild d. Reichsfreiherrn H. CHR. V. GAGERN 1766–1852 (1958). E. R. HUBER, Dt. Verfassungsgesch., Bd. 2: Der Kampf um Einheit und Freiheit 1830–1850 (²1968).

[1] Th. SCHIEDER, Das Problem d. Revolution im 19. Jh., in: ders., Staat und Gesellschaft im Wandel unserer Zeit (³1974).

[2] P. DE LA GORCE, Charles X. (1928).

[3] P. DE LA GORCE, Louis de Philippe (1931). D. H. PINKNEY, The French Revolution of 1830 (1972).

[4] Dazu vor allem G. HUBER, Kriegsgefahr über Europa (1936).

[5] A. DE LANNOY, Hist. diplomatique de l'indépendance belge (1930). Ders., La conférence de Londres 1830/31 (1930). R. DEMOULIN, La révolution de 1830. (1950). J. A. BETLEY, Belgium and Poland in international Relations 1830/31 (1960). Über die Hindernisse, die der engl.-franz. Differenzen über Belgien für eine Intervention der Westmächte in Polen aufrichteten, vgl. das genannte Buch von BETLEY. Über die ideologischen und parteipolitischen Probleme der belgischen Staatsgründung: K. JÜRGENSEN, Lamennais u. d. Gestaltung des belg. Staates (1963).

[6] Text: GHILLANY, Diplomat. Hdb., Bd. 2, S. 546 ff. Endgültiger Vertrag mit Holland v. 19. 4. 1830, ebd., Bd. 2, S. 557 ff. Dazu jetzt H. LADEMACHER, Die belg. Neutralität als Problem der europ. Politik (1971).

[7] Quellenwerk: E. G. LAGEMANS, Recueil des traités et conventions, conclus par le Royaume des Pays-Bas avec les puissances étrangères, depuis 1813 jusqu'a nos jours (1858 ff.). Darstellungen zur belg.-luxemb. Frage in ihrem Verhältnis zum Dt. Bund: W. v. FRANQUÉ, Luxemburg, die belg. Revolution u. die Mächte (1935). J. CHR. BOOGMAN, Nederland en de Duitse Bond 1815–1851 (Diss. Groningen 1955). Für die Vorgesch.: E. M. KLINGENBURG, Die Entstehung der dt.-niederl. Grenze im Zusammenhang mit d. Neuordnung d. niederl.-niederrhein. Raumes 1813–1815 (1941). H. V. D. DUNK, Der dt. Vormärz und Belgien 1830–1848 (1966). Nachwirkungen: H. GROCHTMANN, Die niederländ. Provinz Limburg im Dt. Bund (Diss. Köln 1937). Allgemein: E. R. HUBER, Dt. Verf.gesch., Bd. 2, S. 115 ff.

[8] Dies hat Clausewitz in seinem bekannten Aufsatz von 1831 ›Zurückführung d. vielen polit. Fragen, welche Dtld. beschäftigen, auf die unserer Gesamtexistenz‹ im Auge, C. v. CLAUSEWITZ, Polit. Schr. u. Briefe, hg. v. H. ROTHFELS (1922).

[9] Unter den Zeitgenossen hat dies ebenfalls CLAUSEWITZ, ›Die Verhältnisse Europas seit der Teilung Polens‹, ebd., S. 92 ff., am klarsten ausgesprochen.

[10] M. LAUBERT, Die preuß. Polenpolitik von 1772–1914 (³1944, nur noch für das Faktische verwendbar). H. JABLONOWSKI, Die preuß. Polenpolitik von 1815–1914, in: Rußld., Polen u. Dtld. (1972), S. 262 ff. M. BROSZAT, Zweihundert Jahre dt. Polenpolitik (1963, Ndr. 1972). Zur Lit zwischen den Weltkriegen: A. HAHN, Die Polenfrage in Preußen, in: Dt. Ostforschung, Bd. 2 (1943), S. 335 ff. R. CRAEMER, Deutschtum im Völkerraum, Tl. 1 (1938), bes. 2. Buch, S. 133 ff.

[11] Text: L. BECKEDORFF, Jbb. d. preuß. Volksschulwesens 1826, 3, S. 20 ff. Auszug bei BROSZAT, a. a. O., S. 65 f.

[12] Text der entscheidenden Denkschrift Flottwells vom 15. III. 1841 bei M. LAUBERT, E. Flottwell (1919), S. 107 ff.

[13] J. MÜLLER, Die Polen u. die öff. Meinung Dtlds. 1830–1832 (1923). Für die späteren Phasen W. HALLGARTEN, Studien über d. dt. Polenfreundschaft in d. Periode der Märzrevolution (1928).

[14] Zitiert bei E. R. HUBER, Dt. Verf.-gesch., Bd. 1, S. 376, nach H. v. ROT-

teck, Das Leben K. v. Rottecks (1843).

[15] Darüber u. a. für Bayern: W. Lempfrid, Der bayer. Landtag 1831 und die öffentliche Meinung, Zs. f. bayer. Landesgesch. 24 (1961); für Sachsen: G. Schmidt, Die Staatsreform in Sachsen in d. ersten Hälfte d. 19. Jh. (1966), S. 94ff.; für die Rheinlande: K.-G. Faber, Die Rheinlande zwischen Restauration u. Revolution (1966); für Baden: L. Möller, Bad. Landtagsgesch., Bd. 3 (1902), S. 119ff. Sehr wichtig für die polit. Probleme im allg. F. Schneider, Pressefreiheit und polit. Öffentlichkeit. Studien zur polit Gesch. Dtlds. bis 1848, Politica, Bd. 24 (1966).

[16] Für die Darstellung des Gesamtvorgangs sind wir noch immer auf Treitschke, Dt. Gesch., Bd. 4, 2. Abschn., S. 96ff. angewiesen. Verfassungspolit. Ergebnisse bei E. R. Huber, Dt. Verf.gesch., Bd. 2, S. 30ff.

[17] O. Böse, Hg. Karl II. v. Braunschweig, Beiträge z. Metternich-Forschung (1956), S. 956. Ders., Die Entthronung Hg. Karls II. v. Braunschweig (Diss. Braunschw. 1935).

[18] Text: Huber, Dokumente 1, S. 201ff. Dazu jetzt M. Bullik, Staat u. Gesellschaft im hess. Vormärz (1972).

[19] P. Reinhardt, Die sächs. Unruhen d. J. 1830/31 (1916). G. Schmidt, Die Staatsreform in Sachsen in d. ersten Hälfte d. 19. Jh. (1966).

[20] Text: Huber, Dokumente 1, S. 223ff. Vgl. W. Näf, Staatsverfassungen u. Staatstypen 1830/31 in: Böckenförde, Mod. dt. Verf.gesch. 137ff.

[21] Text d. Grundgesetzes: Altmann, Ausgew. Urk. z. dt. Verf.gesch. seit 1806 (1898), Bd. 1, S. 141ff. Über Stüve: W. Vogel, Macht u. Recht in d. Politik C. B. Stüves, Niedersächs. Jb. f. Landesgesch. 21 (1949). Dazu Briefe J. C. B. Stüves, Bd. 1: 1817–1847, Bd. 2: 1848 bis 1872, hg. v. W. Vogel (1959/60). Von älterer Lit. G. Stüve, J. C. B. Stüve, nach Briefen u. persönl. Erinnerungen (2 Bde. 1900).

[22] Vgl. V. Eichstädt, Die dt. Publizistik von 1830 (1933).

[23] Über d. Herausgeber: F. Peters, C. E. Jarckes Staatsanschauung u. ihre geistigen Quellen (Diss. Bonn 1924). O. Weinberger, K. E. Jarcke, HJb 46 (1926). – Über die Zeitschrift: F. Meinecke, Weltbürgertum, Kapitel 10. W. Scheel, Das ›Berliner politische Wochenblatt‹ u. d. polit u. soz. Revolution in Frankreich u. England (1964).

[24] C. Varentrapp: Rankes Hist.-Polit. Zs. u. das Berliner Polit. Wochenblatt, HZ 99 (1907).

[25] W. Neher, A. Ruge als Politiker und polit. Schriftsteller (1933). F. Schlawe, Die junghegelsche Publizistik, WaG 20 (1960). Kritische Gesamtdeutung: K. Löwith, Von Hegel zu Nietzsche (1941, Ndr. 1969). Die Hegelsche Linke, Texte ausgewählt u. eingeleitet v. K. Löwith (1962). H. Lübbe, Polit. Philosophie in Dtld. (1963; 1974).

[26] Staatslexikon. Enzyklopädie der Staatswissenschaften (15 Bde. 1834–1843 u. 3 Erg.-Bde. 1846–1848), 2 spätere Auflagen, zuletzt 1856–1866. Darüber: H. Zehntner, Das Staatslexikon v. Rotteck u. Welcker, List-Studien 3 (1929). H. Jobst, Die Staatslehre K. v. Rottecks, ZGORh 103 (1955), S. 468ff., unterstreicht Einfluß der Rechtsphilosophie d. dt. Idealismus gegenüber d. westeurop. Naturrechtslehre. H. Ehmke, K. v. Rotteck, d. »polit.« Professor (1964).

[26a] E. Angermann, Robert v. Mohl 1799–1875 (1962). R. v. Mohl, Polit. Schriften, hg. v. K. v. Beyme (1966).

[27] Neuausgabe mit Einleitung von M. Riedel (1968). Über Dahlmann: von älterer Lit.: A. Springer, F. Ch. Dahlmann (2 Bde. 1870–1872). H. Heimpel, Fr. Chr. Dahlmann u. die moderne Gesch.wissenschaft, Jb. d. Max-Planck-Ges. (1957), S. 6off. Ders., F. C. Dahlmann, in: Die Großen Deutschen 5 ([2]1957, auch in: Zwei Historiker, 1962). K. D. Bracher, Altliberalismus, in: Das dt. Dilemma (1971), S. 41ff.

[28] Bibliogr.: J. A. Brein, Das Hamb. Fest, Pfälz. Mus./Pfälz. Heimatkde. (1932), S. 184ff. V. Valentin, Das Hamb. Nationalfest (1932). Das Hamb. Fest, Männer u. Ideen, hg. v. K. Bau-

4. Die Juli-Revolution und ihre Wirkungen

Mann (1957). F. Trautz, Das Hamb. Fest u. der südwestdt. Frühliberalismus, Heidelb. Jbb. 2 (1958).

[29] H. G. Keller, Das Junge Europa (1938), S. 66 ff. W. Schieder, Anfänge der dt. Arbeiterbewegung. Die Auslandsvereine im Jahrzehnt nach der Julirevolution von 1830 (1963), S. 29 ff. E. Schraepler, Geheimbündelei u. soz. Bewegung. Zur Gesch. des »Jungen Dtlds.« in d. Schweiz, Int. Rev. of Soc. Hist. 7 (1962).

[30] Text: Huber, Dokumente 1, Nr. 42. Vgl. H.-J. Schoeps, Metternichs Kampf gegen die Revolution, HZ 205 (1967), S. 529 ff.

[31] Treitschke, Dt. Gesch., Bd. 4, S. 280. Ch. Webster, The Foreign Policy of Palmerston 1830–1841, Bd. 1 (1951), S. 221 ff., gibt eine genauere Darstellung der diplomat. Zusammenhänge und weist auf die Unterhausrede Palmerstons vom 2. 7. 1832 hin, in der es hieß: »the constitutional states were the natural allies of Britain.«

[32] Dazu E. R. Huber, Verf.gesch., Bd. 1, S. 675 ff., der zwischen einer Integritätsgarantie und einer von ihm abgelehnten Verfassungsgarantie unterscheidet. Vgl. auch N. Dommermuth, Das angebl. europ. Garantierecht über den Dt. Bund von 1815 bis 1866 (Diss. Frankf. 1928).

[33] Text: Huber, Dokumente, Bd. 1, S. 123 ff. Nur die Art. 3–14 sind durch Beschluß der Bundesversammlung vom 31. 10. 1834 zum Bundesgesetz erhoben u. veröffentlicht worden.

[34] H. Kück, Die »Göttinger Sieben«, ihre Protestation u. ihre Entlassung (1934). Sehr kritisch gegenüber den Göttinger Professoren: G. M. Willis, Ernst August, Kg. v. Hannover (1961). R. Smend, Die Göttinger Sieben, in: Staatsrechtl. Abh. u. Aufs. (1955). W. Schoof, Der Protest der Göttinger Sieben, GWU 13 (1962). E. R. Huber Verf.gesch., Bd. 2, S. 96 ff.

[35] Dt. Gesch., Bd. 4, S. 653.

[36] Zum Gesamtproblem F. Schnabel, Dt. Gesch., Bd. 4; vorher Treitschke, Dt. Gesch., Bd. 4, S. 669 ff. – Zu den kirchenrechtl. Problemen E. R. Huber, Verf.gesch., Bd. 1, S. 387 ff., und Bd. 2, S. 185 ff. Dazu die Dokumentensammlung: Staat u. Kirche im 19. u. 20. Jh., hg. v. E. R. u. W. Huber, Bd. 1 (1973).

[37] R. Wittram, Das Nationale als europ. Problem (1954), S. 109 ff.: Kirche u. Nationalismus in d. Gesch. d. dt. Protestantismus im 19. Jh., vor allem S. 119 f.

[38] Die ältere Forschung zusammenfassend F. Schnabel, Dt. Gesch., Bd. 4, S. 106 ff.: »Die Kölner Wirren«. H. Schroers, Die Kölner Wirren (1927). Neuerdings die große Biographie von W. Lipgens, Ferdinand August Graf Spiegel u. das Verhältnis von Kirche und Staat 1789–1835 (2 Bde. 1965). R. Lill, Die Beilegung der Kölner Wirren 1840–1842. Vorwiegend nach Akten des Vatikanischen Geheimarchivs (1962).

[39] Dazu die Dok.slg. von E. Heinen, Staatl. Macht u. Katholizismus in Dtld., Bd. 1 (1969).

Kapitel 5
Die großen Mächte zwischen den Revolutionen von 1830 und 1848

Durch die Juli-Revolution und die von ihr bewirkten Veränderungen im Verhältnis der Mächte ist die Frage nach einer ideologisch bestimmten oder an der nackten »Staatsräson« orientierten Außenpolitik als ein Grundproblem der europäischen Staatenpolitik neu gestellt worden[1]. Die Restauration hatte die ganze Staatenwelt, an ihrer Spitze die Pentarchie, auf ihre Ideen zu verpflichten versucht. Dieser Versuch blieb auf die Dauer ohne Erfolg: England vor allem begann sich früh vom konservativen Interventionsprinzip zu distanzieren und wandelte langsam die Idee der Nicht-Intervention zu einer Interventionspolitik im Geiste liberaler Prinzipien. Dieser Wandel setzte unter Canning ein und wurde unter Palmerston (Außenminister 1830–1834, 1835–1841, 1846–1851) vollendet. Seit der Erneuerung der Politik der »Heiligen Allianz« nach 1830 durch die Ostmächte stehen sich damit *zwei Interventionsideen* gegenüber, vertreten durch *zwei Mächtegruppen*. Ihre Hauptrepräsentanten sind das Rußland des Zaren Nikolaus I. und das England Palmerstons, hinter denen das Österreich Metternichs als konservative Vormacht zurücktritt. Jedoch wird der ideologische Gegensatz zwischen liberalen Westmächten und konservativen Ostmächten ständig durchkreuzt und gestört durch eine vehemente staatliche Interessenpolitik. Der Staat tritt als die stärkste Macht in diesem Jahrhundert hervor: Je mehr er seine Macht im Innern zu stabilisieren vermag, desto mehr sucht er sich nach außen zu erweitern und in machtleere Räume einzudringen. So haben die ideologischen Prinzipien im Staatenverhältnis nur eine begrenzte Durchschlagskraft, sie wirken oft fast wie die ideologische Verbrämung vitaler Machttriebe, können aber in ihrer Realität so wenig bei Metternich wie bei Palmerston geleugnet werden. Ranke hat in seinem ›Politischen Gespräch‹[2], das auf diesem zeitgeschichtlichen Hintergrund zu sehen ist, davon gesprochen, es gebe keine so entschieden herrschende Tendenz der Meinung, daß die Interessen vor ihr zurücktreten; er wollte die »Politik wieder auf das Gebiet der Macht und der auswärtigen Verhältnisse« führen, »wohin sie gehört«. So ist die *Lehre vom Primat der Außenpolitik* als Rückgriff auf die vorrevolutionäre, unideologische Machtstaatspolitik in diesen Jahren der Aus-

5. Die großen Mächte zwischen den Revolutionen

einandersetzungen zwischen Ideen- und Interessenpolitik entstanden[3].

Unter den europäischen Mächten war England im vollen Ausbau seiner Weltstellung und der Umorganisation seines Weltreichs: In die Jahre 1840–1842 fällt der Opiumkrieg in China, dessen Ergebnis die Erwerbung Hongkongs und wichtiger kommerzieller Vorteile in China gewesen ist; in Südafrika stand die englische Kolonialpolitik in einem Prozeß ständiger Ausbreitung; in Kanada wurden die ersten grundsätzlichen Kämpfe um die Gleichstellung der Kolonisten geführt. Frankreich, das in den Napoleonischen Kriegen den größten Teil seines alten Kolonialbesitzes verloren hatte, legte fast unbeabsichtigt noch vor dem Ausbruch der Revolution von 1830 mit dem Eingreifen in Algier den Grund für seinen nordafrikanischen Kolonialbesitz. Rußland unter Nikolaus I. geht den Weg harter Machtpolitik auf dem Balkan, in Kaukasien und in Asien, während es in Europa als Sachwalter der Legitimität gegen das revolutionäre Frankreich auftritt. In dem neuen Spannungsfeld zwischen Ost und West wird für die deutschen Mächte, die gegenüber den anderen Staaten der Pentarchie begrenztere Interessen vertreten, das Problem der Mittellage sichtbar.

Die Dynamik der Mächtebeziehungen wird zunächst durch die revolutionären Ereignisse in Frankreich, Belgien und Polen bestimmt. Die *Annäherung der liberalen Westmächte*, von Talleyrand als Botschafter in London gefördert, stellt sich nach der Ausräumung der Gegensätze in Belgien über die gemeinsamen Interessen in Spanien und Portugal her, wo es 1832/33 zu einem Bürgerkrieg gekommen war, dem sogenannten Carlistenkrieg. Im April 1834 entstand die Quadrupelallianz England, Frankreich, Spanien und Portugal[4], eine Schöpfung Palmerstons und Talleyrands, als das Gegenstück zu den Interventionsprinzipien der Restauration und als die klassische Form liberaler Interventionspolitik zugunsten konstitutioneller Bewegungen, deren Funktionieren aber von Anfang an durch die Mächteeifersucht zwischen Frankreich und England in Frage gestellt war. Der Einigung der Westmächte in der »ersten Entente Cordiale« war im Herbst 1833 eine erneute *Bekräftigung des konservativen Interventionsprinzips* durch die Kaiser von Österreich und Rußland in Münchengrätz vorausgegangen[5], der ein formeller Vertrag der drei Ostmächte in Berlin (Oktober 1833) folgte. Ein starkes Bindemittel dieser Allianz wurde die gemeinsame Verteidigung des polnischen Besitzes.

5. Die großen Mächte zwischen den Revolutionen

Zuerst Rußland und Österreich, dann auch Preußen vereinbarten eine gemeinsame Bürgschaft für diesen und den Grundsatz gegenseitiger Hilfe im Falle von Aufständen und der Auslieferung der wegen Hochverrats verfolgten Polen.

Fielen hier machtpolitisches Interesse und Ideologie zusammen, so ging es bei der Behandlung der *orientalischen Frage* nur noch äußerlich um die Wahrung des Legitimitätsprinzips, als sich Metternich und Nikolaus I. in Münchengrätz auf die Erhaltung des Osmanischen Reiches unter seiner gegenwärtigen Dynastie einigten. Dies lag vielmehr im Zuge der schon vorher praktizierten Orientpolitik Metternichs, versuchte aber auch Rußlands dominierende Stellung am Bosporus einzudämmen[6]. Als der Vizekönig von Ägypten, Mohamed Ali, um den Lohn für seine Hilfe im griechischen Aufstand betrogen, in einem großen militärischen Anlauf das Osmanische Reich bedroht hatte, war der Zar der Türkei zur Seite getreten, hatte den Vizekönig zum Frieden gezwungen und im Bündnisvertrag von Hunkiar-Iskelessi (Juli 1833) seine Position zu einem Protektorat über die Pforte ausgebaut. Diese Schlappe der österreichischen Politik glaubte Metternich durch das Übereinkommen mit Rußland wettgemacht zu haben, doch sprang aus der orientalischen Frage der Funke einer allgemeinen europäischen Krisis auf. Mohamed Ali strebte über die ihm gewährte halbsouveräne Stellung hinaus zur vollen Unabhängigkeit seines ägyptischen Reiches. Frankreich, seit seiner Festsetzung in Algier an der Entwicklung in Nordafrika stärker als je, interessiert, erkannte in dem Ägypter einen wertvollen Bundesgenossen und militärischen Partner, vielleicht einen zukünftigen Vasallen. Umgekehrt sah England durch die unerwartete Machtbildung am Nil und im Vorderen Orient seine imperialen Verbindungslinien insbesondere nach Indien bedroht und trat Mohamed Ali entgegen, nachdem von ihm die türkische Armee bei Nisib völlig geschlagen worden war. In dem gemeinsamen Bestreben, eine ägyptische Machtbildung bis zu den Meerengen zu verhindern, fand sich Palmerston mit Rußland, aber auch mit den an der Erhaltung der Türkei interessierten deutschen Großmächten. So wurde am 15. 7. 1840 in London ein *Vertrag zur Befriedung der Levante*[7] geschlossen, in dem die vier Mächte England, Rußland, Preußen und Österreich übereinkamen, daß sie die Erhaltung des Osmanischen Reichs als ihre höchste Aufgabe betrachteten. Mohamed Ali sollte nur die erbliche Herrschaft über Ägypten und dazu das Paschalik

Akkon behalten dürfen. Dieser Londoner Vertrag, dem Preußen mit einem Neutralitätsvorbehalt für den Fall eines Krieges beitrat, wurde über Frankreichs Kopf hinweg geschlossen; er kam einer diplomatischen Ausschaltung der französischen Politik gleich und ist an der Seine auch so aufgefaßt worden. Am gefährlichsten erschien hier die Annäherung Englands und Rußlands, die das ganze außenpolitische Konzept der Juli-Monarchie verdarb.

Die *Reaktion in Paris* war ungeheuer: Eine außenpolitische Krise schlug um in eine nationale Stimmungskrise, durch das »diplomatische Waterloo«, den neuen »Vertrag von Chaumont«, fühlte sich das französische Selbstbewußtsein gedemütigt und machte aus einem außenpolitischen Problem ein Problem der nationalen Ehre. Ein bedeutender Schriftsteller wie Edgar Quinet (1803–1875) nahm Stellung gegen Deutschland (Broschüre ›1815 et 1840‹). Eine wachsende *Kriegsstimmung* in der Öffentlichkeit engte die Aktionsfreiheit der französischen Regierung, deren neuer Chef Adolphe Thiers wurde, mehr und mehr ein[8]. Er schien bereit, in den Kampf mit den Mächten des Londoner Vertrags treten zu wollen. Frankreich rüstete, und die französische Presse war durch drei Monate auf Krieg gegen die Verträge von 1815, auf Krieg vor allem gegen Deutschland, aber auch gegen England, gestimmt: An die Stelle der entschwindenden Ziele der orientalischen Frage trat als neues Ziel der Rhein[9]. Indessen ist aus der Gesamtkrise nicht der Gesamtkrieg hervorgegangen: Als die vereinigten Flotten Englands, Österreichs und der Türkei dem Feldherrn Mohameds, Ibrahim Pascha, die Zufuhr über die See abschnitten und im Spätherbst zur Einnahme Beiruts und Akkons schritten, war die Grundlage der Politik von Thiers zerstört. Im Oktober demissionierte er, und das neue Ministerium unter Guillaume Guizot verfolgte das ausdrückliche Ziel der »réconciliation avec l'Europe«. In der orientalischen Politik setzte sich der Grundsatz der Erhaltung der Integrität des Osmanischen Reiches durch. Mohamed Ali wurde auf Ägypten zurückgedrängt, und in der seit dem Frieden von Adrianopel umstrittenen Meerengenfrage wurde eine europäische Regelung getroffen: Der Meerengenvertrag vom 13. 7. 1841[10] bestätigte die Schließung der beiden Meerengen für Kriegsschiffe fremder Mächte im Frieden »comme ancienne règle de son Empire« (Art. I). Er drängte den russischen Einfluß zurück und war in erster Linie ein Erfolg der britischen Politik Palmerstons.

5. Die großen Mächte zwischen den Revolutionen

In der Geschichte des *deutschen Nationalbewußtseins* hat das Jahr 1840 eine nicht zu übersehende Bedeutung. Wenn für die Ursprünge des modernen deutschen Nationalgedankens im frühen 19. Jh. die Napoleonische Fremdherrschaft mitbestimmend gewesen ist, so ist der *Gegensatz zu Frankreich* in den zweieinhalb Jahrzehnten nach dem Wiener Kongreß nie mehr mit der gleichen Heftigkeit empfunden worden, wenn er auch nicht ganz verschwand. Während seit Madame de Staël ein starker kultureller Einfluß von Deutschland auf die französischen Bildungsschichten ausging[11], holte der frühe deutsche Liberalismus seine Verfassungsideen vor allem aus der französischen politischen Aufklärung. So trug die frühliberale Bewegung ebenso wie der jungdeutsche Radikalismus mit dazu bei, die Vorstellung eines säkularen deutsch-französischen Gegensatzes zu verdrängen. 1830 wird bei den deutschen Liberalen erst recht Frankreich als Vormacht der liberalen Weltideen gefeiert. Das ändert sich deutlich im Jahre 1840: In der Geburtsstunde von Nikolaus Beckers Rheinlied ›Sie sollen ihn nicht haben, den freien deutschen Rhein‹ und Schneckenburgers ›Wacht am Rhein‹ dringen die am Gegensatz gegen Frankreich orientierten nationalen Stimmungen auch in die liberalen Schichten ein und geben in ihnen für lange Zeit den Grundton an[12].

Deutschland bietet 1840 das Bild einer alle Staaten und Schichten umgreifenden Einmütigkeit. Unter dem Eindruck der patriotischen Stimmungen einigten sich die beiden Großstaaten in Wien auf eine militärische Punktation[13], in der sie einen gemeinsamen Operationsplan für den drohenden Krieg aufstellten. Friedrich Wilhelm IV. gab hierbei die Zusage, bei einem isolierten Angriff auf Österreichs oberitalienisches Königtum Lombardo-Venetien preußischen und Bundesschutz zu gewähren. So weit hat die nationale Erregung des Jahres 1840 auch die schwerfällige deutsche Politik in Bewegung zu bringen vermocht. Sie dringt sogar in die Beratungen des Bundestags über *die Reform der Bundeskriegsverfassung* ein. Während die Krise in Frankreich zur Befestigung von Paris geführt hat, werden in Deutschland zwei weitere Bundesfestungen: Ulm und Rastatt, errichtet.

Die Ereignisse von 1840 haben in Deutschland die *innere Gärung* beschleunigt, durch die die Revolution von 1848 vorbereitet wurde. Auf dem Felde der europäischen Politik ist durch den Ausgang der orientalischen Krise im Meerengenvertrag von 1841 eher die *Stagnation in den Mächtebeziehungen* geför-

5. Die großen Mächte zwischen den Revolutionen

dert worden. Das antagonistische System der beiden Mächtegruppen im Westen und Osten stellt sich im ganzen wieder her, aber es bleibt aufgelockert durch Querverbindungen zwischen den Mächten hüben und drüben, Englands und Rußlands sowohl wie Österreichs und Frankreichs, deren innere Systeme unter Metternich und Guizot sich anzunähern beginnen. Die Niederwerfung revolutionärer Bewegungen in den polnischen Gebieten der Teilungsmächte mit dem Mittelpunkt in der Republik Krakau drängt die Ostmächte 1846 wieder zusammen. Die Einverleibung Krakaus, des Herdes der polnischen Revolution, in die österreichische Monarchie wird von ihnen gemeinsam beschlossen (6. 11. 1846) und gegen den Protest Palmerstons und Guizots und der ganzen liberalen Bewegung in Europa durchgesetzt[14].

Daß alle außenpolitischen Ereignisse in diesem Jahrzehnt unmittelbar innere Bewegungen in den Völkern bewirkten, hatte die große Krisis von 1840 gezeigt; durch die Krakauer Annexion wurde es erneut erwiesen. Am offenkundigsten aber wurde der Zusammenhang äußerer und innerer Politik im *schweizerischen Sonderbundskrieg* von 1847[15]. Die Eidgenossenschaft in ihrer 1815 geschaffenen, von den Mächten garantierten staatenbündischen Verfassung war seit der Juli-Revolution in Bewegung: Die »radikale« Partei erstrebte einen straffer organisierten Bundesstaat. Mit der verfassungspolitischen vermengte sich die konfessionelle Frage: Gegen die Schmälerung kirchlicher Rechte schlossen sich die sieben katholischen Kantone unter Führung Luzerns Ende 1845 zu einem Sonderbund zusammen. Diese Notwehrmaßnahme war nicht eigentlich eine Verletzung des Bundesrechts von 1815; das innerschweizerische und das europäische Recht wurde eher durch das Vorgehen der Mehrheit der radikalen Kantone gefährdet, aber sie hatten die Kräfte der nationalen und staatlichen Idee des Jahrhunderts für sich. Metternich sah die Entwicklung in der Schweiz ganz im Lichte der Auseinandersetzung zwischen den Tendenzen der Erhaltung und der Revolution; er suchte die Solidarität der Mächte, ihre Intervention zugunsten des Sonderbunds zu erreichen, aber er scheiterte damit an der hinhaltenden Politik Guizots und am offenen Widerstand Palmerstons, der die Radikalen entschieden unterstützte. Der rasche militärische Sieg der Truppen der Mehrheitskantone unter dem fähigen General Dufour über den Sonderbund entzog jeder Intervention den Boden. Noch zuletzt vor dem großen Revolutionsjahr hatte das Met-

5. Die großen Mächte zwischen den Revolutionen

ternichsche europäische System eine offene Niederlage einstecken müssen. Der Sieg der eidgenössischen Tagsatzung wurde von den Bewegungskräften überall in Europa wie ein eigener Erfolg gefeiert. Unmittelbar von der Schweiz sprang der Funke der liberalen Erhebung in Österreichs oberitalienisches Königreich hinüber. Die Sonderbundskrise von 1847 steht damit im Vorhof zu den europäischen Revolutionen von 1848.

[1] Zum Grundsätzlichen der wichtige Aufsatz von H. GOLLWITZER, Ideologische Blockbildung als Bestandteil internat. Politik im 19. Jh., HZ 201 (1965), 306 ff. Allgemein: R. LÖWENTHAL, Intern. Konstellation u. innerstaatl. Systemwandel, HZ 212 (1971), S. 41 ff.

[2] Zuerst im letzten Heft der Hist.-Polit. Zs. 2 (1836), oft neu hg., u. a. v. F. MEINECKE (Inselbücherei), E. ROTHACKER, H. v. SRBIK, zuletzt v. TH. SCHIEDER (Kleine Vandenhoeck-Reihe 5).

[3] H. ROTHFELS, Sinn und Grenzen des Primats der Außenpolitik, und ders., Gesellschaftsordnung und Koexistenz, in: ders., Zeitgeschichtl. Betrachtungen (²1963).

[4] CH. WEBSTER, The Foreign Policy of Palmerston 1836–1841 (2 Bde. 1951); zu dieser Frage Bd. 1, S. 386 ff. R. GUYOT, La première Entente Cordiale (1926).

[5] TREITSCHKE, Dt. Gesch., Bd. 4, S. 316 ff. SRBIK, Metternich, Bd. 1, S. 683 ff.

[6] A. HASENCLEVER, Die orientale. Frage 1838–1841 (1914). G. H. BOLSOVER, Great Britain, Russia and the Eastern Question 1832–1841 (1933).

[7] Text: GHILLANY, Dipl. Hdb., Bd. 2, S. 302 ff.

[8] Ch.-H. POUTHAS, La politique de Thiers pendant la crise de 1840, RH 182 (1938), S. 72 ff. Vic. de GUICHEN, La crise d'Orient de 1839 à 1841 et l'Europe (1921).

[9] Die innere Entwicklung der Krise von 1840 in Frankreich ist noch nicht zusammenhängend untersucht; vgl. PH. SAGNAC, La Crise de l'Occident et la Question du Rhin, Rev. des Etudes Napoléoniennes 16/17 (1919/20); über Deutschland: I. VEIT-BRAUSE, Die dt.-franz. Krise von 1840. Studien zur dt. Einheitsbewegung (Diss. Köln 1967). O. HAMMEN, The Failure of an Attempted Franco-German Liberal Rapprochement 1830–1840, AHR 53 (1946/47).

[10] Text: GHILLANY, Dipl. Hdb., Bd. 2, S. 311 ff.

[11] Zu diesem wenig durchforschten Problem s. H.-O. SIEBURG, Dtld. u. Frankr. in d. Geschichtsschreibung d. 19. Jh., Bd. 1 (1954). Vgl. auch H. KOHN, France between Britain and Germany 1815–1848. X. Congr. Intern. di Scienze Stor. (1955), Communicazioni VII, S. 389 ff., Atti, S. 640 ff. Die Krise von 1840 wird von Kohn nicht behandelt.

[12] Das Deutschland-Lied Hoffmann von Fallerslebens vom August 1841 ist noch ein Nachklang dieser Stimmung; Texte in: H. LAMPRECHT (Hg.), Dtld., Dtld. (1969). Der franz. Dichter A. de Lamartine beantwortet Beckers Rheinlied mit der ›Marseillaise de la Paix‹.

[13] Text dieses Abkommens bei VEIT-BRAUSE, Die dt.-franz. Krise von 1840, S. 281; ff., vgl. SRBIK, Metternich, Bd. 1, S. 580, Anm. 76. Über die Verhandlungen: P. HASSEL, J. M. v. Radowitz, Bd. 1 (1905), S. 310 ff. W. DEUTSCH, Die Mission von Hess u. Radowitz 1840, in: Gesamtdt. Vergangenheit (Festschr. f. H. v. Srbik 1938).

[14] TREITSCHKE, Dt. Gesch., Bd. 5, S. 329 ff. SRBIK, Mett., Bd. 2, S. 149 ff.

[15] W. NÄF, Der schweizer Sonderbundskrieg als Vorspiel d. Rev. von 1848 (Diss. München 1919). E. BONJOUR, Die Gründung d. Schweizer. Bundesstaats (1948). A. WINKLER, Metternich u. die Schweiz, Zs. f. Schweiz. Gesch. 7 (1927). E. BUCHER, Die Gesch. des Sonderbundskriegs (1966). H. MÜLLER, Zur Gesch. d. Schweizer Sonderbundes, Zs. f. Schweiz. Gesch. 11 (1961).

Kapitel 6
Deutschland vor der Revolution 1840–1848

Deutschland stand in den Jahrzehnten vor dem Ausbruch der Revolution in einem Gärungsprozeß, der die verschiedensten Ursachen und Erscheinungsformen hatte. Die Anfänge der Industrialisierung, vor allem die Revolutionierung des Verkehrswesens durch Eisenbahn und Dampfschiff, wirtschaftlicher Aufschwung und wirtschaftliche Krisen verbunden mit sozialen Entladungen, eine sich immer stärker durchsetzende Radikalisierung der Literatur und Philosophie, außen- und innenpolitische Krisen mit ihrer eigenen Dynamik – all das ging nebeneinander her, vermischte und steigerte sich in den Wirkungen.

Die deutsche Bevölkerung stand in ihrer großen Expansionsphase und wuchs von 1816 bis 1850 um etwa 50% (1816: 23,5 Mill., 1855: 34,56 Mill. im Reichsgebiet von 1871 ohne Elsaß-Lothringen)[1]. Mit diesem gewaltigen Zuwachs trotz steigender Auswanderung konnte die beginnende Industrialisierung und der Ausbau des Gewerbes nur teilweise Schritt halten. Die Zuwanderung vom Land in die Städte nahm aber schon erheblich zu: 1800 gab es auf dem Gebiet des späteren Deutschen Bundes nur 3 Städte über 100000 Einwohner (Berlin, Wien, Hamburg), 1850 sind es 6, davon 4 auf dem späteren Reichsgebiet (Berlin, Hamburg, Breslau, München). Trotzdem war Deutschland im wesentlichen noch ein agrarisches Land mit einzelnen älteren und jüngeren Schwerpunkten des Gewerbes und beginnender Industrialisierung (Sachsen, Rhein-Main-Gebiet, Niederrhein mit Ruhrgebiet und Bergischem Land); die auf dem Lande lebende Bevölkerung in Preußen macht im Jahre 1845 noch 74% der Gesamtbevölkerung aus[2]. Die kleinen Städte dominieren; nur wenigen der alten reichsstädtischen Handelszentren, die jetzt alle außer den Hansestädten und Frankfurt in die neuen Staaten eingegliedert sind, gelingt der Übergang zur neuen Industrie und zu den neuen Handelsformen. Überall da, wo sich jüngeres und älteres Bürgertum findet, entstehen auch Zentren der liberalen Bewegung, die allerdings auch im ostpreußischen Adel ihre Anhängerschaft hat. Wirtschaftlich einflußreiches Großbürgertum tritt am frühesten im Rheinland in Erscheinung und wird durch Männer wie David Hansemann (1790–1864), Ludolf Camphausen (1803–1890), Gustav Mevissen (1815–1899), Friedrich Harkort (1793–1880) repräsentiert[3].

6. Deutschland vor der Revolution 1840-1848

Das Auftreten dieser Männer im Rheinischen oder Westfälischen Provinziallandtag und im Vereinigten Landtag ist schon ein deutliches Zeichen für wirtschaftliche und soziale Veränderungen, die jetzt allmählich in Gang kommen und durch die ersten Anfänge vor allem großer schwerindustrieller Unternehmungen markiert werden: Im Jahre 1838 produziert August Borsig (1804-1854) die erste selbstverfertigte Dampfmaschine, 1841 die erste Lokomotive; Alfred Krupp (1812-1887) legt den Grund für seine Stahlwerke. Man wird die Bedeutung dieser Vorgänge immer in den Maßstäben der Vormärzzeit sehen müssen; für Deutschland sind in dieser Epoche lange noch nicht seine technisch-industriellen Leistungen charakteristisch, sondern immer noch in erster Linie seine philosophisch-literarische Kultur, der ein bescheidener Lebenszuschnitt entspricht. Gemessen an England sind die Widerstände gegen die technischen Entwicklungen weit größer, das Tempo langsamer. Auch in den Naturwissenschaften tritt Deutschland nur mit einzelnen, wenn auch großen Namen hervor: Zwischen 1845 und 1858 erscheint der ›Kosmos‹ Alexander von Humboldts (1769 bis 1859)[4] als ein Versuch der Synthese des naturwissenschaftlichen Weltbilds, der aus populären Vorlesungen hervorgegangen ist. Durch A. v. Humboldts Verwendung kam der junge Justus Liebig 1824 nach Gießen und legte hier die Grundlagen der modernen Chemie.

Eine wahrhaft umwälzende Entwicklung der Lebensverhältnisse setzte schon im Vormärz auf dem Gebiet des Verkehrswesens ein, das durch Jahrtausende seine technischen Voraussetzungen kaum geändert hatte. Die Einführung der auf der Dampfkraft beruhenden Eisenbahnen war nicht nur ein epochales technisches Ereignis, es hatte auch für das menschliche Zusammenleben, für die sozialen und politischen Verhältnisse weitreichende Konsequenzen und wurde in Zustimmung und Abwehr auch so empfunden. In Deutschland sind es Männer wie Friedrich List und Friedrich Harkort, die die ungeheuren Möglichkeiten der Eisenbahn erkannten und publizistisch vertraten (Fr. List, ›Über ein sächsisches Eisenbahnsystem‹ 1833), etwas später trug Helmuth von Moltke strategisch-militärische Argumente bei (›Welche Rücksichten kommen bei der Wahl der Richtung von Eisenbahnen in Betracht?‹ 1843). Der Eisenbahnbau kam dann seit der Mitte der 30er Jahre in Gang (7. 12. 1835 Eröffnung der Linie Nürnberg-Fürth, 1838 Berlin-Potsdam, 1839 Leipzig-Dresden), dann wird das Netz in den 40er

6. Deutschland vor der Revolution 1840-1848

Jahren immer enger, und es bilden sich jetzt vier Netzsysteme heraus: Nord- und Mitteldeutschland mit dem Zentrum Berlin, das Niederrhein-Gebiet mit dem Mittelpunkt Köln, das Rhein-Main-Gebiet mit Frankfurt, Bayern mit München und Nürnberg[5]. Es beeinflußte schon unmittelbar die revolutionären Ereignisse, daß Deutschland im Jahre 1848 über ein nicht unbeträchtliches Eisenbahnnetz[6] verfügte, die Bahnhöfe erwiesen sich bereits als wichtige Orte für die Sammlung und das Weitergeben von Informationen[7]. Die ersten Vorzeichen kommender Entwicklungen, die sich aus der Beschleunigung und Erleichterung des Verkehrs ergaben, werden hier erkennbar; bald werden auch die Formen des Kriegs durch die neuen Eisenbahnen bestimmt.

Noch halten sich die sozialen Veränderungen in Grenzen und noch wird die gesellschaftliche Struktur Deutschlands nicht von der industriellen Revolution bestimmt. Wohl mehren sich die Anzeichen für das Vorhandensein von Notständen und Arbeiterelend, wie sie aus dem Frühkapitalismus Englands bekannt sind; an einzelnen Stellen kommt es zu Aufständen, wie bei den schlesischen Webern 1844 oder in Böhmen. Jedoch ist es nicht in erster Linie der Proletarier oder der »Proletair«, wie er in der zeitgenössischen Literatur über den Pauperismus erscheint[8], der im deutschen Vormärz die sozialen Probleme stellt, sondern der dem Handwerk zugehörige Geselle[9]. Seine Lage verschlechterte sich überall, sowohl in den Ländern mit Gewerbefreiheit wie Preußen wie in denen mit fortdauernder Zunftordnung. Bei wachsendem Bevölkerungsdruck von unten nahm die Zahl der Gesellen zu, während ihre Aufstiegschancen entweder durch die Überbesetzung der Handwerkszweige bei Gewerbefreiheit oder durch die starren Zunftschranken geringer wurden. So entstand hier ein Unruheelement in der Gesellschaft des Vormärz und gleichzeitig ein Reservoir für Lohnarbeiter in der Fabrik. Die besondere politische Gefährlichkeit dieser Gruppe für die bestehende Ordnung ergab sich aus der großen Mobilität der Gesellen, ihrer Gewohnheit des Wanderns, an der sie trotz manchen Behinderungen durch die Regierungen und die Gesetzgebung festhielten. So ist der Geselle »zum eigentlichen Träger der Revolution von der sozialen Komponente her«[10] geworden. Die Zahl der in handwerklichen Betrieben Beschäftigten liegt immer noch weit über der Zahl der Fabrikarbeiter, wobei eine genaue Unterscheidung zwischen diesen Betriebsformen schwierig ist. Nach

6. Deutschland vor der Revolution 1840–1848

einer Aufstellung für das Jahr 1846 stehen in Preußen 457 000 Meistern und 385 000 Gesellen etwa 550 000 Fabrikarbeiter gegenüber[11]. Die Zahl der Fabrikarbeiter für ganz Deutschland wird nach einer Statistik der Fabriken und Fabrikarbeiter für das gleiche Jahr 1846 im Gebiet des Deutschen Zollvereins auf 1 208 123 in 147 968 Fabrikanstalten errechnet, unter denen mit Sicherheit die Mehrzahl Kleinbetriebe gewesen sind. Das entspräche einem Prozentsatz von 4,44% der Gesamtbevölkerung des Zollvereinsgebietes[12].

Zu den sozial Unbefriedigten gehörte nun aber auch der zum Landarbeiter herabgesunkene, durch die »Regulierung« und ihre Folgen besitzlos gewordene oder vor dem Verlust seines Besitzes stehende Bauer. Er hat sich im preußischen Osten, wo die Folgen der Ablösung durch Besitzabtretung am auffallendsten gewesen sind, in seinem politischen Bewußtsein noch nicht aus der patriarchalischen Verfassung des Landes gelöst und tritt daher, abgesehen von den kleinbäuerlichen Verhältnissen Südwestdeutschlands, nicht als revolutionäres Element hervor[13]. In den revolutionären Versammlungen und Parlamenten ist das Fehlen bäuerlicher Vertreter auffällig. Allerdings führte das Übergewicht der agrarischen Gesellschaft im vormärzlichen Deutschland dazu, daß wirtschaftliche Krisen auf dem Lande zu einem besonderen Störungsfaktor für die Gesamtwirtschaft wurden, wie dies für die Mißerntejahre 1816/17 und unmittelbar vor der Revolution 1846/47, aber auch für den durch Überproduktion entstandenen Verfall der Agrarpreise in den Jahren 1818 bis 1825 zutraf.

Überall stößt man in den Jahren des Vormärz auf soziale Fragen einer Übergangszeit, auf Rückstände alter Sozialordnungen und unentwickelte Elemente neuer gesellschaftlicher Entwicklungen; die Wirtschafts- und Sozialordnung ist in manchen ihrer Schichten in Bewegung geraten, während bei vielen noch die Beharrung überwiegt. In diesem Sinne ist die soziale Frage in allen ihren Erscheinungsformen ein Hintergrund der Revolution, nicht ihre Ursache. Die bewegende Kraft der Revolution sind vielmehr die politischen Wünsche und Vorstellungen des in den Staat hineindrängenden Bürgertums. Durch politische Entscheidungen ist die Revolution vorbereitet und schließlich ausgelöst worden, unter denen zuerst diejenigen des Jahres 1840 zu nennen sind.

Dieses Jahr hat in der deutschen Geschichte nicht nur durch die Rhein-Krise, sondern nicht weniger durch den Thron-

6. Deutschland vor der Revolution 1840-1848

wechsel in Preußen nach dem Tod Friedrich Wilhelms III. Epoche gemacht. Sein ältester Sohn *Friedrich Wilhelm IV*.[14] ist in anderem Sinne als die großen Handelnden dieses Jahrhunderts – Stein, Metternich, Bismarck – »der Mann des Schicksals für Deutschland« geworden (Treitschke). Er wirkte in der spannungsgeladenen deutschen Welt der Vormärzzeit als Katalysator, der die Kräfte der Bewegung und der Beharrung schied und damit die Revolution vorbereitete. Gegenüber dem friderizianischen oder Hegelschen Preußentum mit seinen Machtideen, gegenüber dem konstitutionellen Liberalismus und seinen Verfassungsdoktrinen vertritt der »Romantiker« auf dem Thron historisch-patriarchalisches, christlich-germanisches und ständisches Denken, den gotischen Restaurationsversuchen dieser Zeit verwandt, gefährlich in der Vieldeutigkeit und Mißverständlichkeit seiner Begriffe, zum Praktischen und Realen, um dessen Bestimmung sich die revolutionären Denker zur gleichen Zeit besonders bemühten, ohne rechte Beziehung, fremd auch gegenüber den neu heraufziehenden gesellschaftlichen Kräften.

So wurde die Regierung Friedrich Wilhelms IV., zuerst mit größten Erwartungen begrüßt, schließlich »eine lange Kette von Mißverständnissen«[15]. Die Wiedergutmachung an den Opfern der Demagogenverfolgung: Arndt und Jahn, die Rückberufung Boyens, die Rede des Königs bei der Huldigung in Königsberg entzündeten die *Hoffnung auf ein liberales Regiment*, auf die Wiederaufnahme der seit 1819 ruhenden Verfassungspolitik. Ausgesprochen wurden diese Hoffnungen zuerst in einer Denkschrift der Stände der Provinz Preußen (Ost- und Westpreußen) mit der Bitte an den König, statt der bloßen Bestätigung provinzieller Privilegien die im Jahre 1815 verheißene Bildung einer »Versammlung von Landesrepräsentanten« zuzusichern. Hinter diesem Antrag stand der von Kant bestimmte Liberalismus des ostpreußischen Adels und seine markanteste Erscheinung, der Oberpräsident Theodor von Schön. Von diesem stammte die kurz nachher erschienene Flugschrift ›Woher und Wohin?‹, die die Forderung nach Generalständen noch einmal aufgriff, wie sie noch radikaler der Königsberger Johannes Jacoby in seinen ›Vier Fragen, beantwortet von einem Ostpreußen‹ stellte. Wenn hier aus verschiedenen Kreisen und mit verschiedenen Begründungen der Wunsch nach einer Verfassung angemeldet wurde, so lag dem König nichts ferner, als auf diesem Wege fortzuschreiten. Sein Stän-

6. Deutschland vor der Revolution 1840–1848

debegriff hatte nichts mit dem modernen Konstitutionalismus zu tun, sondern war romantisch-altdeutsch: Den Gegensatz zwischen einer geschriebenen Verfassungsurkunde wie der belgischen, die den Liberalen als Modell vorschwebte, und einer aus königlicher Machtfülle gewährten Ständeordnung empfand niemand stärker als Friedrich Wilhelm IV. selbst.

So vergrößerte sich Schritt für Schritt der Abstand des Königs von der liberalen öffentlichen Meinung in Preußen: Im Oktober 1842 berief er eine Vertreterversammlung aus den 8 Provinziallandtagen als »Vereinigte Ausschüsse« nach Berlin; es war die erste gesamtstaatliche ständische Vertretung Preußens, aber wie weit war sie von dem entfernt, was die Zeit unter Nationalrepräsentation verstand! Das gilt auch für den seit 1844 vom König betriebenen Plan eines »*Vereinigten Landtages*«, der aus allen Mitgliedern sämtlicher Provinziallandtage gebildet werden sollte; auch hier wollte der König Staatseinheit nicht im zentralistischen Sinne, sondern durch die Zusammenfassung der in den Provinzen und Landschaften gegenwärtigen Mannigfaltigkeit der Monarchie. Aber er setzte sich damit in Widerspruch zum konstitutionellen Gedanken der Zeit: Sein Verhängnis war es, daß er diesem durch seine ständischen Experimente immer weiter Auftrieb gab, ohne ihn je befriedigen zu können. Als schließlich nach wechselvollen Verhandlungen das Patent vom 3. 2. 1847[16] über die neuen ständischen Einrichtungen herauskam, wurde eine Saat der Unruhe gelegt: Was für den König das schlüssige Ergebnis seiner ständisch-patriarchalischen Staatsideen war, wirkte auf die Zeitgenossen als zögernde Halbheit. Dem Vereinigten Landtag, in dem eine Herrenkurie neben den drei übrigen Kurien eingerichtet wurde, gewährte der König das Recht der Steuerbewilligung und Genehmigung von Staatsanleihen in Friedenszeiten, nicht aber die Periodizität. Unklar war die Abgrenzung gegenüber den weiterbestehenden Vereinigten Ausschüssen und der Staatsschuldendeputation, unklar war vor allem, ob die neuen ständischen Einrichtungen als »Landesrepräsentation« angesehen werden durften im Sinne der Verordnung vom 22. 5. 1815, auf die sich das Patent absichtlich bezog. Hieran hat sich der Streit entzündet. Der Vereinigte Landtag, altertümlich und altertümelnd in seiner Zusammensetzung und den ihm zugedachten Funktionen, wurde sofort der Schauplatz von Auseinandersetzungen über höchst moderne Fragen: Der Landtag sollte

6. Deutschland vor der Revolution 1840-1848

eine Anleihe von 25 Millionen Talern für den Bau einer Ostbahn nach Königsberg garantieren; er lehnte es ab, da ihm die Rechte echter Reichsstände wie die periodische Einberufung beschnitten seien. Eine Konfliktsituation war geschaffen, wie sie ähnlich einige kleinere Landtage durchzukämpfen hatten; aber im fortgeschrittenen Stadium einer allgemeinen Gärung, im führenden norddeutschen Staat mußte dies alles eine ganz andere Wirkung tun. Die Beratungen des Vereinigten Landtags sind damit zum unmittelbaren Vorspiel der Revolution im Frühjahr 1848 geworden, ohne daß man sagen kann, daß selbst die Opposition – die rheinischen und ostpreußischen Liberalen – zu irgendeiner Stunde den revolutionären Weg beschreiten wollten.

Die Ausstrahlungen der Berliner Ereignisse, der erregten, im Wortlaut veröffentlichten Debatten des Vereinigten Landtags, beschränkten sich nicht auf Preußen, sondern vermehrten die *politische Gärung* in den meisten deutschen Staaten. Es waren die Jahre, in denen dem Staatskanzler Metternich die Zügel seines eigenen Systems entglitten und seine Erscheinung von Grillparzer als »antediluvianisch« gekennzeichnet wurde[17]; in denen der bayerische König Ludwig I. in den Wirren um Lola Montez sich von dem katholisch-konservativen Ministerium K. v. Abel trennte (Februar 1847), mit dessen Berufung (1837) er einst seine konservative Wendung eingeleitet hatte. Schon vor Abel war in Baden der konservative Minister Freiherr von Blittersdorf gestürzt worden (1843); seine liberalen Gegner triumphierten im badischen Landtag, in dem sich seit den Wahlen von 1842 die Oppositionsgruppen verstärkt hatten. Dies alles vollzog sich auf dem Hintergrund der schweren wirtschaftlichen Krisen und Hungerjahre, die zu dem ersten Aufbegehren proletarischer Kräfte (wie dem Weberaufstand in den schlesischen Gebirgen 1844) und zu Hungerepidemien (vor allem in Oberschlesien 1847) führten und zur Entstehung einer revolutionären Situation unmittelbar beitrugen[18]. Während aber weder die politische noch vor allem die sozial-ökonomische Lage eine revolutionsbewußte und -willige Arbeiterschaft ermöglichte, wurde in den herrschenden Klassen die Revolutionsangst gesteigert und das oppositionelle Bürgertum von revolutionärem Handeln eher abgeschreckt. Trotzdem ist es ein wesentliches Kennzeichen der Jahre seit 1840, daß sich in Deutschland über die partikularstaatlichen Grenzen hinweg eine *einheitliche politische Bewegung* zu bilden be-

6. Deutschland vor der Revolution 1840-1848

gann, in der sich die künftigen Parteirichtungen schon abzeichnen.

Aus der losen Begegnung einzelner Männer und ihren Bemühungen um die Grundlegung politischer Theorien, wie sie vor allem von den verschiedenen Gruppen der Hegelschen Schule vorgenommen werden, bilden sich einzelne Gruppen, die sich meist um *politisch-publizistische Organe* scharen, so um das ›Politische Wochenblatt‹ (gegr. 1831) und die ›Evangelische Kirchenzeitung‹ (gegr. 1827) bei den Konservativen, um die ›Historisch-Politischen Blätter‹ (gegr. 1838) bei den Katholisch-Konservativen, um die ›Deutsche Zeitung‹ (gegr. 1847) und die ›Zeitschrift für die gesamte Staatswissenschaft‹ (gegr. 1844) bei den Konstitutionell-Liberalen, die ›Rheinische Zeitung‹ (1842/43) und die ›Hallischen Jahrbücher für die deutsche Literatur und Kunst‹ (gegr. 1838) bei den radikalen Liberalen. Um das Jahr 1840 setzt eine zunächst nur theoretische Besinnung über den Begriff und das Wesen der Partei und die Notwendigkeit ihrer Bildung ein. Arnold Ruge spricht von dem notwendigen Übergang von der theoretischen Kritik »zur Praxis des Handelns, zur Partei«[19].

Praktische Konsequenzen konnten daraus allein schon wegen der politischen Hemmnisse nicht gezogen werden, die durch das Bundesgesetz vom 5. 8. 1832 aufgerichtet waren, das vor allem politische Vereine verbot. Allerdings mehrten sich die politischen Kontakte über die landschaftlichen und einzelstaatlichen Grenzen hinweg. In erster Linie gilt dies für die in ihrem geistigen und politischen Habitus verschiedenen Gruppen des Liberalismus im Südwesten, Westen und Nordosten. Zuerst haben die *Gelehrten gesamtdeutsche Begegnungen* veranstaltet, wie die Germanistentage von 1846 und 1847 in Frankfurt und Lübeck, »geistige Landtage« (Treitschke), auf denen die meisten der Göttinger Sieben hervortraten, politisch führend vor allem Fr. Chr. Dahlmann[20]. Bürgerlich war auch der Charakter und die Zusammensetzung der *Sänger- und Schützenfeste* mit ihrem gesamtdeutsch-nationalen Enthusiasmus wie das Allgemeine Deutsche Sängerfest vom Juni 1847 in Lübeck. Handelte es sich hier noch um Demonstrationen eines politisch ungeformten nationalen Willens, so traten daneben schon politisch akzentuierte *Versammlungen von liberalen Parlamentariern* aus verschiedenen Ländern, auf denen wie in Heppenheim im Oktober 1847 Vertreter des gemäßigten Liberalismus der süddeutschen Kammern und westdeutsche Liberale wie Hanse-

6. Deutschland vor der Revolution 1840-1848

mann und Mevissen sich trafen und den Gedanken eines deutschen Parlaments erörterten. Hier stößt man auf die ersten Anfänge der liberal-nationalen Partei, die nachher den Geist der Frankfurter Nationalversammlung bestimmen sollte. Sie hatte sich in diesem Jahre der Gärung ihr erstes bedeutendes politisches Organ geschaffen: die ›Deutsche Zeitung‹ in Heidelberg, in der sich der historisch denkende, nationale Liberalismus der Gelehrten und der praktische Sinn des Großbürgertums trafen.

So sehr diese bürgerlichen Kräfte den Fortschritt, die Bewegung wollten und förderten, so wenig kann man bei ihnen eigentlich von einem aktiven *Revolutionswillen* sprechen. »Auch die aufs beste ausgehende Revolution ist eine schwere Krise, die Gewissen verwirrend, die innere Sicherheit unterbrechend und nicht minder alle Staatsverträge gefährdend«, schrieb Dahlmann in seiner ›Politik‹, und so wie er dachten die meisten gemäßigten Liberalen. Sie wollten die nationale und liberale Reform ohne revolutionären Bruch, der Besitz und Bildung in Gefahr brachte, und sie schöpften jede Möglichkeit aus, um zu einer Vereinbarung mit den Fürsten und Regierungen zu kommen. Die Revolution wurde ihnen schließlich mehr durch den Zwang der Umstände als durch eigenen Entschluß aufgedrängt. Nachdem sich schon früher in einzelnen Landtagen, namentlich im badischen, ein radikaler Flügel der »Utopisten« von der gemäßigten Mehrheit gelöst hatte, kam es jetzt über die Frage der Revolution noch vor den Märztagen zu einem Konflikt zwischen diesen Richtungen besonders in Baden, wo sich noch vor der Heppenheimer Zusammenkunft der »Halben« die »Ganzen« um Gustav Struve und Friedrich Hecker in Offenburg versammelten. Ihr Radikalismus hatte schon sozialrevolutionäre Züge und wurde auch von außen, von Frankreich, dem Mutterlande revolutionärer Tradition, und der Schweiz mit ihren Flüchtlingsorganisationen, genährt. Über eine umfassende Vorstellung der Revolution gebot aber nur die kleine Gruppe der links-hegelianischen Intelligenz um die ›Hallischen Jahrbücher‹, die aus der philosophischen Emanzipation zur Idee der politischen und sozialen Revolution vorgestoßen war und die mangelnde politische und revolutionäre Erfahrung durch Radikalität des Denkens wettzumachen versuchte.

Das Bestreben, ein Stadium des Denkens zu überwinden, in dem die »Kritik« sich darauf beschränkte, Theorie zu sein, statt

6. Deutschland vor der Revolution 1840–1848

zur Praxis fortzuschreiten, zur »materiellen Gewalt« zu werden, teilten Ruge und die Hegelsche Linke auch mit *Karl Marx*, dem Manne, der für die revolutionäre Logik und das revolutionäre Pathos der folgenden Menschenalter mehr bedeutet als irgendein anderer Mensch in diesem Jahrhundert[21]. Die revolutionäre Theorie des Schöpfers des »wissenschaftlichen Sozialismus« gehört der Geistesgeschichte des deutschen Vormärz an und war eine Frucht der bürgerlichen Philosophie. Aber die Sache, von der sie sprach: Das Proletariat, die soziale und sozialistische Bewegung, existierte in Deutschland erst in Anfängen. So wurden die letzten Jahre des Vormärz seit 1840 nicht nur die Inkubationszeit vor dem Ausbruch der bürgerlichen Revolution, sondern auch die entscheidende Phase für das Heranreifen des Programms der proletarischen, kommunistischen Revolution.

Nichts kennzeichnet diese Lage deutlicher als die Tatsache, daß die *Anfänge der deutschen politischen Arbeiterbewegung* im Ausland, im Vereins- und Assoziationswesen der Deutschen in der Schweiz, in Paris und London liegen. Um 1832 entstand in Paris ein »Deutscher Volksverein« aus Kaufmannsgehilfen, Handwerksgesellen und emigrierten Intellektuellen. Aus ihm ist im Frühjahr 1834 ein Geheimbund, der »Bund der Geächteten«, hervorgegangen, der möglicherweise mit der Carbonaria Italiens in Verbindung stand und von dem sich später die radikalere Gruppe des »Bunds der Gerechten« trennte. An seiner Spitze erscheint Wilhelm Weitling (1808–1871), der den ersten gewichtigen deutschen Beitrag zur Geschichte der sozialistischen Ideen liefert[22]. Von ihm sagte Karl Marx, der ihn später in Acht und Bann tat, er zeige, daß »das deutsche Proletariat der Theoretiker des europäischen Proletariats ist«, ein Wort, das vielmehr für Marx selbst gilt. In der letzten der Filiationen aus den Geheimbünden, in denen sich emigrierte bürgerliche Intelligenz mit den Handwerksgesellen im Ausland traf, dem »Bund der Kommunisten«, war sein geistiger Einfluß schon dominierend.

Der geistige Entwicklungsgang von Karl Marx (1818–1883) vom Schüler der Hegelschen Philosophie zum Analytiker der sozialen Bewegung und Propheten der sozialen Revolution erfüllt die 40er Jahre bis unmittelbar an die Schwelle der liberalen Revolution. Auf diesem Wege tauchen auch manche Namen auf, von denen sich Marx bald mit Entschiedenheit trennte: Ludwig Feuerbach, Bruno Bauer, Moses Hess[23], aber entscheidend blieb seine Begegnung mit der Philosophie He-

6. Deutschland vor der Revolution 1840–1848

gels. Er übernahm von ihr das epochale Bewußtsein einer Endsituation und entwickelte daraus die Verheißung einer völligen Umwälzung der Welt; er übernahm die philosophische Dialektik und vollendete sie zu einer konkreten Geschichtsphilosophie. In den 40er Jahren hat er Schritt für Schritt sein System ausgebildet, das die revolutionäre Verheißung auf die wissenschaftliche Erkenntnis der Wirklichkeit gründen wollte: Die entscheidende Verknüpfung der Idee der Philosophie mit der aufs Ökonomisch-Soziale reduzierten Wirklichkeit wurde in den Pariser Manuskripten von 1844 vorgenommen (seit ihrer Entdeckung 1932 unter dem Namen ›Nationalökonomie und Philosophie‹ bekannt)[24]. Hier wird zuerst die Lehre von der Selbstentfremdung des Menschen im Kapitalismus, deren Inbegriff das Proletariat ist, und der Selbstverwirklichung des Menschen in der »klassenlosen« Gesellschaft vorgetragen.

Marx, der im Oktober 1842 die Redaktion der von bürgerlich-kaufmännischen Kreisen ins Leben gerufenen ›Rheinischen Zeitung‹ bis zu deren Verbot im Frühjahr 1843 geführt hatte, lebte von da an in der Emigration, in Paris, in Brüssel und schließlich in London. 1844 schloß er Freundschaft mit dem Elberfelder Fabrikantensohn *Friedrich Engels*, dem Verfasser des 1845 erschienenen Werkes über ›Die Lage der arbeitenden Klassen in England‹. Beide verfassen zusammen im Winter 1847/48 im Auftrag des »Bundes der Kommunisten« das ›*Kommunistische Manifest*‹[25], den Katechismus der neuen Lehre mit ihren Hauptgedanken von der Geschichte aller bisherigen Gesellschaft als der Geschichte von Klassenkämpfen, von der kommunistischen Revolution als dem Ende der Ausbeutung, des Privateigentums, der politischen Gewalt des Staates und dem Beginn der klassenlosen Gesellschaft. Das deterministische Pathos dieses Dokuments hat mit zu seinen unabsehbaren weltgeschichtlichen Wirkungen beigetragen, die allerdings bei der bürgerlichen Revolution von 1848 noch nicht voll zu spüren sind, sondern erst in den letzten Jahrzehnten des Jahrhunderts.

---

[1] Bevölkerungsploetz, Bd. 4, hg. v. W. KÖLLMANN (³1965), S. 21 f.

[2] Statistik des Preuß. Staates 1845, S. 196. Zur wirtschaftl. u. sozialen Entwicklung Preußens im Vormärz grundlegend R. KOSELLECK, Preußen zwischen Reform u. Revolution (1967).

[3] A. BERGENGRÜN, David Hansemann (1901). David Hansemann. Zur Erinnerung an einen Politiker und Unternehmer (1964). M. SCHWANN, L. Camphausen (3 Bde. 1915). W. KÖLLMANN, Fr. Harkort, Bd. 1, 1793–1838 (1964).

[4] Alex. v. Humboldt, Studien zu seiner universalen Geisteshaltung, hg. v. J. SCHULTZE (1959). H. BECK, A. v. Humboldt, 2. Bd.: Vom Reisewerk zum ›Kosmos‹ 1804–1859 (1961).

6. Deutschland vor der Revolution 1840–1848

[5] F. LÜTGE, Dt. Sozial- u. Wirtschaftsgesch. ([3]1966), S. 492 u. passim. H. WAGENBLASS, Der Eisenbahnbau u. das Wachstum d. dt. Eisen- u. Maschinenbauindustrie 1835–1860 (1973). W. WORTMANN, Eisenbahnbauer im Vormärz (1972).

[6] Bezogen auf das Reichsgebiet im Umfang von 1871 verfügte Dtld. 1840 über 500 km, 1845 über 2300 km, 1855 über 8290 km Eisenbahnstrecken.

[7] Darüber W. BAUER, Dt. Kultur von 1830–1870, Hdb. der Kulturgesch., 1. Abt. (1937), S. 118.

[8] W. CONZE, Vom »Pöbel« zum »Proletariat«, Sozialgeschichtl. Voraussetzungen f. d. Sozialismus in Dtld., VSWG 41 (1954). C. JANTKE u. D. HILGER, Die Eigentumslosen. Der dt. Pauperismus und die Emanzipationskrise in Darstellungen und Deutungen der zeitgenöss. Literatur (1965), mit wichtigen Texten, u. a. S. 286 ff. F. BAADER, Über das dermalige Mißverhältnis der Vermögenslosen oder Proletairs zu den Vermögen besitzenden Klassen der Sozietät usw. (1835).

[9] Vgl. LÜTGE, Dt. Sozial- u. Wirtschaftsgesch., S. 450. W. SCHIEDER, Anfänge der dt. Arbeiterbewegung. Die Auslandsvereine im Jahrzehnt nach der Julirevolution von 1830 (1963), S. 85 ff.

[10] R. STADELMANN, Soziale u. polit. Gesch. der Revolution von 1848 (1948), Ndr. 1970), S. 14. Als wichtige Regionalstudie J. BERGMANN, Das Berliner Handwerk in den Frühphasen der Industrialisierung (1973).

[11] R. STADELMANN, ebd., S. 9, nach H. SCHLÜTER, Neue Zeit, Bd. 3 (1885).

[12] F. LÜTGE, a. a. O., S. 486 f.

[13] Dazu außer dem klass. Werk von G. F. KNAPP, Die Bauernbefreiung und der Ursprung der Landarbeiter in den älteren Teilen Preußens (2 Tle. 1887), die Zusammenfassung bei F. LÜTGE, S. 439 ff.

[14] Eine befriedigende Biographie des Königs gibt es noch nicht. Alle biograph. Darstellungen Fr. W. IV.: RANKE (zuerst ADB 1878); H. v. PETERSDORF (1900); E. LEWALTER, Fr. W. IV. Das Schicksal eines Geistes (1938), sind Versuche, den Kg. vor geschichtl. Verkennung zu bewahren.

[15] TREITSCHKE, Dt. Gesch., Bd. 3, S. 15.

[16] Text des Patents und der drei dazugehörigen Verordnungen bei ALTMANN, Ausgew. Urk. zur br.-preuß. Verf.- u. Verwaltungsgesch., Bd. II 1, S. 283 ff.

[17] Vgl. SRBIK, Metternich, Bd. 2, S. 84 f.

[18] Über die wirtschaftl. Situation vor 1848 (s. u. Bd. 17, Kap. 7) und ihre Wirkung auf die Revolution zusammenfassend J. DROZ, Les Révolutions Allemandes de 1848, in: Publ. de la Faculté des Lettres de l'Université de Clermont, 2. Serie, Tl. 6 (1957), S. 105 ff. Über die soziale Bewegung ebd. S. 71 ff., u. R. STADELMANN, Soziale u. Polit. Gesch. d. Revolution von 1848 (1948), S. 1 ff. Manches Material enthält die ideologisch ausgerichtete Darstellung von J. KUCZYNSKI, Die Gesch. der Lage der Arbeiter in Dtld. von 1800 bis z. Gegenwart, Bd. 1 (1947). P. ROBERTSON, Revolutions of 1848. A Social History ([2]1968). Als Fallstudien neben KOSELLECK (Anm. 2) M. BULLICK, Staat u. Gesellschaft im hessischen Vormärz. Wahlrecht, Wahlen u. öffentliche Meinung in Kurhessen 1830–1848 (1972).

[19] TH. SCHIEDER, Die Theorie der Partei im älteren dt. Liberalismus, in: ders., Staat u. Gesellschaft im Wandel unserer Zeit ([3]1974), S. 110 ff. H. ROSENBERG, Polit. Denkströmungen im dt. Vormärz (1972).

[20] Vgl. R. H. THOMAS, Liberalism, Nationalism and the German Intellectuals 1822–1947. An Analysis of the Academic and Scientific Conferences of the Period (1951). A. v. BRANDT, Lübeck u. d. dt. Erhebung 1847/48 (1948). E. ANGERMANN, F. C. Dahlmann, NDB Bd. 3 (1957), S. 478 ff.; R. HANSEN, F. C. Dahlmann, in: H.-U. WEHLER (Hg.), Deutsche Historiker (1973), S. 513 ff.

[21] Aus der ungeheuer angewachsenen Marx-Literatur sei hier genannt: A. CORNU, K. M., L'homme et l'œuvre

(1948). Ders., K. M. et la pensée moderne (1948). Ders., K. M. u. F. E. Leben u. Werk (3 Bde. 1954 ff.). H. POPITZ, Der entfremdete Mensch. Zeitkritik und Geschichtsphilosophie des jungen Marx (1953). J. BERLIN, K. M., His Life and Environment ([3]1963, dt. 1959). P. STADLER, K. M., Ideologie und Politik (1966). A. KÜNZLI, K. M., Eine Psychographie (1966). S. AVINERI, The Social and Political Thought of K. M. (1968). Th. SCHIEDER, K. M. und seine Stellung in der europ. Geschichte, GWU 15 (1964). – Bibliograph. Zusammenfassung der älteren Literatur: E. DRAHN, Marx-Bibliographie (1923). Textgrundlage für die Frühschriften: Marx-Engels Gesamtausgabe (MEGA), hg. v. Marx-Engels-Institut in Moskau, 1. Abt., Bd. 1–7 (1927–1935). K. M.–Fr. E., Werke, hg. v. Institut für Marxismus und Leninismus beim ZK d. SED, Berlin, 39 Bde., 1 Erg.-Bd. (1956–1968).

[22] Über Weitling u. d. Gesch. d. verschiedenen Bünde: W. SCHIEDER (wie Anm. 9) passim. W. KOWALSKI, Vorgesch. u. Entstehung des Bundes der Gerechten (1962), orthodox marxistisch. E. SCHRAEPLER, Handwerkerbünde u. Arbeitervereine 1830–1853 (1972).

[23] E. SILBERNER, Moses Hess, Gesch. seines Lebens (1966).

[24] Gedruckt in: K. MARX, Die Frühschriften, hg. v. S. LANDSHUT, Kröners Tb. 209 (1954). K. M., Nationalökonomie und Philosophie, eingel. v. E. THIER (1950).

[25] Zur Entstehung des Komm. Manifests: G. MAYER, Fr. Engels, Bd. 1 ([2]1934, Ndr. 1971), S. 238 ff. A. WINKLER, Die Entstehung d. Komm. Manifests (1936, unhaltbare These von einer Abhängigkeit von Lorenz Stein). H. FÖRDER, Marx und Engels am Vorabend der Revolution (1960). Wichtige bibliograph. Zusammenstellung aller Ausgaben und Drucke des Komm. Manifests: B. ANDRÉAS, Le manifeste communiste de Marx et Engels, Histoire et bibliographie 1848–1918 (1963).

Kapitel 7
Die deutsche Revolution von 1848/49 und ihre Nachwirkungen

Der Ausbruch der deutschen Revolution in den Märztagen des Jahres 1848 folgte zeitlich unmittelbar auf die revolutionären Februar-Ereignisse in der Hauptstadt Frankreichs, die zur Abdankung des Königs Louis Philippe und zur Bildung einer provisorischen republikanischen Regierung geführt hatten. Es bleibt fraglich, ob ohne die von Paris ausgehende Erschütterung die in der deutschen Politik und Gesellschaft gärende Unruhe sich so rasch zum politischen Umsturz entwickelt hätte[1]. Auf jeden Fall haben anfangs die von außen kommenden Impulse manche Hemmungen im deutschen Bürgertum, das vor revolutionären Entscheidungen zurückschreckte, beseitigt. Auch objektive Hindernisse, wie der Mangel eines einheitlichen politischen Zentrums in Deutschland, gaben im entscheidenden Moment nicht den Ausschlag. Es fiel jetzt ins Gewicht, daß die politische Bewegung der 40er Jahre das Zusammenwachsen Deutschlands zu einem politischen Kraftfeld vorbereitet hatte:

7. Die deutsche Revolution von 1848/49

Rasch, fast widerstandslos und in überraschend ähnlichen Formen setzte sich die revolutionäre Bewegung in den meisten deutschen Ländern durch. Die alten Gewalten wurden nicht hinweggespült, sie gaben nur ihre Positionen preis und ließen es zu, daß liberale Männer an die Spitze der Regierungen traten. Von den regierenden Fürsten ist nur in Bayern König Ludwig I. unter dem Druck der Märzrevolution in einer besonderen Verkettung persönlicher und politischer Motive zurückgetreten (20. 3. 1848)[2]; der Thronwechsel in Österreich am 2. 12. 1848 von Kaiser Ferdinand zu Franz Joseph stand schon mehr im Zeichen der erstarkenden Gegenrevolution. Die Märzrevolution begann als eine Bewegung der Versammlungen, Petitionen und Demonstrationen, nicht in erster Linie des Bürgerkriegs und der Straßenkämpfe. Zu solchen kam es vor allem in den Großstädten Wien und Berlin, in einigen Momenten auch in Frankfurt; in Südwestdeutschland, vor allem in Baden, flammte im April ein von deutschen Flüchtlingen im Elsaß und in der Schweiz geschürter Aufstand auf; am Ende der revolutionären Entwicklung wiederholte sich hier und in der sächsischen Hauptstadt Dresden im Mai 1849 ein mit militärischen Mitteln niedergeworfener Aufruhr. Die Formen blutiger Auseinandersetzungen nahm die Revolution außerdem überall da an, wo in den Randgebieten Deutschlands nationale Konflikte ausgetragen wurden und wo die nationaldeutsche Bewegung oder deutsche Regierungen mit anderen nationalen Bewegungen zusammenstießen: so in den meisten Teilen Österreichs, in Posen, in Schleswig.

In *Südwestdeutschland* ist der Funke der Revolution zuerst aufgesprungen. Auf einer Volksversammlung im badischen Offenburg sind bereits am 27. 2. 1848 zum erstenmal die *Programmpunkte* aufgestellt worden, die man dann unter dem Begriff der Märzforderungen zusammenfaßte: u. a. Pressefreiheit, Schwurgerichte, konstitutionelle Verfassungen in den Einzelstaaten und Berufung eines deutschen Parlaments. Am nächsten Tag (28. 2. 1848) trat der Abgeordnete Heinrich von Gagern in der hessischen Kammer mit dem Antrag auf Berufung einer Nationalrepräsentation und »Erneuerung des Bundesoberhauptes« hervor. Der doppelte Charakter einer zugleich nationalen und liberal-demokratischen Revolution war vom ersten Tag an sichtbar. So wenig nun die Ereignisse in den einzelnen Ländern, der Anstoß durch tumultuarische Bewegungen massentümlichen Charakters und deren rasche Zurückdrängung durch

7. Die deutsche Revolution von 1848/49

liberal-bürgerliche Kräfte, die Berufung liberaler Männer (z. B. Heinrich von Gagerns in Hessen, Stüves in Hannover) in die »Märzministerien« im Gesamtbild dieser Märztage fehlen dürfen[3], so wurde doch das politische Schicksal der Revolution an drei Stellen entschieden: in den beiden deutschen Großstaaten Österreich und Preußen und in der Bewegung um eine deutsche Gesamtstaatsgewalt. Das Aufeinander- und Gegeneinanderwirken dieser *drei Aktionszentren* bleibt das beherrschende Problem bis zum Ende der Revolution und muß hier in großen Zügen verfolgt werden.

In *Österreich*[4] war der Druck der Metternichschen Polizei und Zensur in den 40er Jahren von der oppositionellen Intelligenz als immer lastender empfunden worden. In der Nähe noch besonders lebendiger feudaler Lebensformen spürte man die sozialen Mißstände der frühindustriellen Wirtschaft stärker als anderswo, so daß vor allem für die Vorstädte von Wien von »einem entwickelten Klassenbewußtsein«[5] der Arbeiter gesprochen werden konnte. Dadurch wurde die revolutionäre Situation ebenso verschärft wie durch den Durchbruch des Nationalismus der nichtdeutschen Völker, von denen die Tschechen, Ungarn und Italiener zum offenen Aufstand übergingen[6]. So steht am Eingang der Revolution in der Donaumonarchie die Rede des Ungarn Ludwig von Kossuth vom 3. 3., der eine konstitutionelle Verfassung für Ungarn forderte. Am 6. 3. folgten in Wien Petitionen und Entschließungen des niederösterreichischen Gewerbe-Vereins und des Juridisch-Politischen Lesevereins, zweier bürgerlicher Vereinigungen, die Metternich für ungefährlich gehalten und zugelassen hatte, am 12. 3. Kundgebungen der Studenten. Ihre Forderungen nach Aufhebung der Zensur, Öffentlichkeit des Gerichtsverfahrens, einer allgemeinen Volksvertretung wurden an die niederösterreichischen Stände weitergeleitet, die am 13. 3. zusammentraten. Gegen die in das Ständehaus eingedrungenen Demonstranten wurde Militär eingesetzt; in den Vorstädten Wiens arteten Demonstrationen mit sozialrevolutionären Parolen zu Ausschreitungen gegen Fabriken und Läden aus. Die aus den Reihen der revolutionären Studentenschaft organisierte Akademische Legion und der Demokratische Verein mit seinen Anhängern aus Kreisen bis in die Arbeiterschaft wurden zu Mittelpunkten der Bewegung[7]. Auf dem Hintergrund dieser Vorgänge vollzog sich dann am 13. 3. als das wichtigste politische Ereignis der *Rücktritt* des Staatskanzlers Fürst *Metter-*

7. Die deutsche Revolution von 1848/49

nich, des Trägers und Symbols des Systems während der letzten drei Jahrzehnte[8]. Der Mann, der das Europa der Restauration mit seiner sozialkonservativen Politik im Innern, seiner staatskonservativen Legitimitätspolitik nach außen repräsentierte, wurde von der Revolution im ersten Anlauf gestürzt. Sein Rücktritt schloß ein Zeitalter ab, aber er stellte zugleich die entscheidenden Probleme der nächsten und ferneren Zukunft für Österreich, für Deutschland und für Europa: vor allem das der nationalstaatlichen Revolution und ihrer Wirkungen auf den Zusammenhalt der Donaumonarchie, ihrer Bedeutung für die deutsche Frage und für die Sicherheit Mitteleuropas gegen Osten und Westen. Binnen kurzem ging es nicht mehr nur um einen Systemwechsel in der Donaumonarchie, sondern um deren Bestand. Während in Wien die revolutionäre Bewegung bis Mitte Mai auf immer radikalere Bahnen geriet, der Kaiser am 17. 5. seine Hauptstadt verlassen mußte und nach Innsbruck übersiedelte, standen in den Außengebieten des Reiches Nationen und *Nationalitäten gegen die Monarchie* und ihre Einheit auf: Ungarn[9] war auf dem Wege, sein eigenes nationales Staatswesen mit einer eigenen Regierung wiederherzustellen und die Verbindung mit der habsburgischen Monarchie auf eine Personalunion zu beschränken; in Prag[9a] drängte die revolutionäre tschechische Bewegung durch den böhmischen Nationalausschuß immer mehr auf eine nationale Regierung für Böhmen, am 12. 6. gingen die Radikalen zum offenen Aufstand über; in Italien war Karl Albert von Piemont-Sardinien in das sich erhebende lombardo-venezianische Königreich eingerückt. Hier und in Prag, das am 16. 6. vom Fürsten Windischgrätz militärisch bezwungen wurde, haben sich dann die auf die Armee gestützten monarchisch-konservativen Kräfte am ehesten wieder behauptet; in Böhmen ging die Führung der nationalen Bewegung an den konservativen Hochadel über. Im Juli schlug *Radetzky* die entscheidende Schlacht von Custozza gegen die Piemontesen; am 6. 8. zog der siegreiche General in Mailand ein. Gegen die Magyaren gewann die Monarchie in dem kroatischen General und »Banus« von Kroatien, Josef von Jellacic, einen wertvollen Verbündeten, der im September den Feldzug gegen das revolutionäre Ungarn eröffnete. Währenddessen war am 22. 7. in Wien von Erzherzog Johann ein *konstituierender österreichischer Reichstag* eröffnet worden und der Kaiser in die Hauptstadt zurückgekehrt. Aber bald erhob hier die revolutionäre Demokratie, vertreten durch eine radikale Intelligenz

7. Die deutsche Revolution von 1848/49

und zum Teil schon durch proletarische Massen, in einer zweiten Welle der Revolution erneut ihr Haupt und brachte Wien in ihre Hand. Erst am 31. 10. wurde diese extreme Phase der Revolution mit militärischer Macht von Windischgrätz, dem Sieger von Prag, und von Jellacic beendet. Damit entschied die Armee den Sieg der Monarchie über die demokratische und nationale Bewegung im Gesamtstaat.

Die Ereignisse im Vielvölkerstaat Österreich hatten ihre eigene Dramatik und Logik und wirkten nur mittelbar auf Gesamtdeutschland zurück. Ganz anders haben die Vorgänge, die sich zwischen dem 6. und 19. 3. in *Preußen* abspielten[10], direkt den Gang der deutschen Revolution bestimmt. Auch hier wuchs die Gärung seit den ersten Märztagen, zuerst in den Rheinlanden (Kölner Petition 3. 3. 1848); aber vor dem Tage des Rücktritts Metternichs (13. 3.) ist es zu keinen ernsthaften Unruhen gekommen. Am 6. 3. entließ der König den Ausschuß des Vereinigten Landtags und bewilligte gleichzeitig das Recht des Landtags auf periodische Berufung. Ein königliches Patent vom 18. 3.[11], das den zweiten Vereinigten Landtag zu der Aufgabe berief, bei einer Reorganisation der Bundesverfassung mitzuwirken, wurde bereits als Nachgeben gegenüber der herannahenden Revolution aufgefaßt und verfehlte daher seine entspannende Wirkung. Seit dem 14. 3. nahmen die Unruhen in der Hauptstadt ernsteren Charakter an und führten zu Zusammenstößen mit Militär, die schon Todesopfer forderten. Der entscheidende Tag wurde der 18. 3.: an ihm kam es zu Massenversammlungen vor dem Berliner Schloß. Offenbar wollte die Menge dem König Ovationen darbringen und ihm danken, nachdem Gerüchte von bevorstehenden Zugeständnissen an die liberale Bewegung bekanntgeworden waren; tatsächlich verfügte der König auch an diesem Tage die erneute Einberufung des Vereinigten Landtags und bewilligte die Einsetzung eines neuen Ministeriums und eine Verfassung. Die vor dem Schloß versammelte Menge nahm dann wohl an der Massierung der Truppen Anstoß und zeigte gegen diese eine drohende Haltung. Es mag sein, daß hinter dieser Bewegung revolutionskundige Elemente standen, die Erfahrungen im Vorantreiben unentschiedener Massen hatten; jedenfalls begann in diesem Augenblick der Bürgerkrieg. Bei der Räumung des Schloßplatzes durch preußische Truppen entluden sich einige Schüsse, die unter den demonstrierenden Massen den Eindruck erweckten, der König habe sie verraten. Damit trat

7. Die deutsche Revolution von 1848/49

die Revolution in das Stadium der *Straßen- und Barrikadenkämpfe*, in denen eine aus allen Bevölkerungsschichten zusammengesetzte, in ihren politischen Zielen keineswegs klare und einige revolutionäre Bewegung der von ihren Führern noch fest zusammengehaltenen preußischen Armee gegenüberstand. König Friedrich Wilhelm IV., vom Blutvergießen tief erschüttert und im Glauben, durch sein persönliches Eingreifen die Lage retten zu können, schrieb in der Nacht vom 18. zum 19. 3. die *Proklamation* ›An meine lieben Berliner‹[12] – »das Abschiedswort des alten Absolutismus« (E. Marcks). Er versprach den Abzug der Truppen, falls die Aufständischen sich ihrerseits von den Barrikaden zurückzögen. Der Ton dieser Erklärung wirkte wie eine halbe Kapitulation vor der militärisch schon schwer getroffenen, aber vom ganzen Elan der großen Stunde getragenen Revolution. In den folgenden Tagen führten die *Unsicherheit des Königs*, Unklarheiten der Befehle, Mißverständnisse und Versagen der verantwortlichen Kommandeure dazu, daß die Hauptstadt und in ihr der König und seine Residenz nach dem Rückzug der Truppen aus der Stadt schließlich fast militärisch schutzlos in »der Gewalt der Aufständischen« waren, wie es Royalisten vom Schlage des pommerschen Edelmanns Otto von Bismarck auffaßten[13]. Die vorbereitete Flucht Friedrich Wilhelms IV. nach Potsdam war noch nicht geglückt, da kam es zu der an Shakespeare gemahnenden Szene, die als Demütigung und Unterwerfung des Königs unter die Revolution aufgefaßt wurde: Friedrich Wilhelm mußte sich vor den in den Schloßhof gebrachten Leichen der gefallenen Revolutionskämpfer verneigen.

Anders als diese Szene im Schloßhof am 19. 3. wird man den Umritt des mit einer schwarz-rot-goldenen Binde angetanen und von seinen Ministern, Generälen und den königlichen Prinzen begleiteten Königs durch die Stadt am 21. 3. und seinen Aufruf ›An mein Volk und an die deutsche Nation‹[14] werten müssen: Es war weniger eine Unterwerfung unter die Revolution als ein Versuch, sich an ihre Spitze zu stellen, freilich mit unklaren Worten und letzter Unentschiedenheit. Der König wollte gleichsam aus der preußischen in die deutsche Revolution vorstoßen, jene durch diese überwinden. Aber hierfür hatte er durch sein schwankendes Handeln die Bahn eher versperrt als geöffnet: Erst mußten in Preußen selbst die Entscheidungen fallen. Am 29. 3. wurde ein *liberales Ministerium* mit den beiden Rheinländern Ludolf Camphausen als Ministerpräsiden-

7. Die deutsche Revolution von 1848/49

ten, David Hansemann als Finanzminister und dem Außenminister Heinrich von Arnim-Suckow gebildet; anstelle des Vereinigten Landtags mußte Friedrich Wilhelm IV. eine aus Wahlen nach allgemeinem und gleichem Wahlrecht hervorgegangene, »zur Vereinbarung der Verfassung berufene Versammlung« zulassen, die am 22. 5. zusammentrat. Die Auseinandersetzung zwischen den Kräften der bürgerlichen Revolution und dem altpreußischen Königsstaat war damit nicht abgeschlossen, sie brachte nur neue Faktoren ins Spiel: die sehr bald unter den Einfluß radikaler Tendenzen und Männer geratende preußische Nationalversammlung, deren Talente vor allem auf der demokratischen Linken saßen, wechselnde liberale Ministerien und den persönlichen Ratgeberkreis des Königs, das »ministère occulte«, die *Kamarilla* um den Generaladjutanten Leopold von Gerlach[14a].

So kam die innere Lage Preußens monatelang nicht ins Gleichgewicht: Die Nationalversammlung versuchte, das alte System der monarchischen Autorität durch immer schärfere Gesetze zu zerstören, während sich im Lande eine *konservative Gegenbewegung* aus junkerlich-interessenpolitischen und ideologischen Antrieben sammelte. Sie trat zuerst im August auf dem sogen. »Junkerparlament«, einer vom »Verein zur Wahrung der Interessen der Grundbesitzer und zur Förderung des Wohlstands aller Volksklassen« veranstalteten Versammlung hervor und bekam ein wirksames publizistisches Organ in der am 1. 7. 1848 gegründeten ›Neuen Preußischen Zeitung‹ *(Kreuzzeitung)*, in der Männer wie der junge Otto von Bismarck und Friedrich Julius Stahl schrieben. Die Kraft liberaler Ministerien verbrauchte sich in dem aussichtslosen Versuch, eine Basis der Verständigung zwischen dem sich radikalisierenden Parlament und der erstarkenden Reaktion zu schaffen. Nachdem im Oktober die Nationalversammlung mit der *Beratung* des von der Regierung schon im Mai vorgelegten und bis zum Juli in einer Parlamentskommission behandelten *Verfassungsentwurfs* begonnen und einen nach dem Modell der belgischen Constitution von 1831 gestalteten Regierungsentwurf im Sinne radikal-demokratischer Grundsätze modifiziert hatte, ernannte der König Anfang November unter dem Einfluß der Kamarilla ein konservatives Ministerium mit dem Grafen Brandenburg[15]; die Nationalversammlung wurde vertagt und aus der Hauptstadt nach Brandenburg verlegt. Am 5. 12. 1848 wurde sie ganz aufgelöst und vom König, offensichtlich um die Bewe-

7. Die deutsche Revolution von 1848/49

gung abzufangen, eine *Verfassung oktroyiert*[16]. Diese wollte nach dem Wort eines diplomatischen Beobachters »die neue Freiheit von 1848 mit der Autorität der Krone und des Gesetzes«[17] verbinden und überraschte durch ihr Entgegenkommen an die liberal-konstitutionellen Prinzipien. Manche ihrer Bestimmungen wie das Verbot von Fideikommissen (Art. 38), die Aufhebung der patrimonialen Gerichtsbarkeit und gutsherrlichen Polizei (Art. 40), der Verzicht auf eine rein feudale erste Kammer griffen das gesellschaftliche Fundament des preußischen Adels an. Preußens staatliche Existenz schien aber um den Preis liberaler Konzessionen für den Augenblick gerettet, durch einen königlichen Staatsstreich das alte und neue Preußen zusammengezwungen.

Neben den Einzelstaaten gab es nun noch einen dritten, *gesamtdeutschen Schauplatz der Revolution*, unter deren Zielen ja von Anfang an die *nationale Reform* vorangestanden hatte. Den Übergang von der alten zu der neuen Ordnung stellte noch der inzwischen mit Vertretern der Märzregierungen besetzte Bundestag her, indem er einen Ausschuß zur Revision der Bundesverfassung nach Frankfurt berief. Dieser sogen. 17er-Ausschuß, bestehend aus je einem Mitglied für jede Stimme des engeren Rats, arbeitete unter Friedrich Christoph Dahlmanns Führung den Entwurf einer bundesstaatlichen Verfassung aus[18], konnte sich aber infolge seiner Verbindung mit dem rettungslos diskreditierten Bundestag nicht durchsetzen. Die politische Autorität lag vielmehr bei dem unmittelbar aus der revolutionären Bewegung hervorgegangenen *Vorparlament in Frankfurt*, einer ohne direktes Mandat des Volkes gebildeten, sehr ungleichmäßig zusammengesetzten Versammlung von über 500 Mitgliedern, die vom 31. 3. bis 3. 4. tagte. Auf ihr entfaltete die zahlenmäßig schwache demokratische Linke eine rege Aktivität, scheiterte aber mit ihrer Absicht, das Vorparlament zu einer Art permanentem revolutionären Exekutivausschuß auszugestalten. Unter der Führung des hessischen Liberalen Heinrich von Gagern siegte vielmehr die Richtung, die die Wahl eines Nationalparlaments möglichst in Übereinstimmung mit den Regierungen anstrebte. Als einziges Ergebnis wurde im sogen. Fünfzigerausschuß ein Übergangsorgan geschaffen, das bis zum Zusammentritt der Nationalversammlung am 18. 5. tagte; seinen Beschlüssen hat der Bundestag sich widerstandslos gefügt.

Das Datum der Eröffnung der *Nationalversammlung in der Frankfurter Paulskirche* (18. 5. 1848) bezeichnet einen der größ-

7. Die deutsche Revolution von 1848/49

ten Momente der neuen deutschen Geschichte. Die Stunde einer von der deutschen Nation selbst geschaffenen Staats- und Reichsgründung schien gekommen, die Ideen nationaler Einheit und liberaler Freiheit schienen in einer nationalstaatlichen Verfassung ihre gemeinsame Erfüllung zu finden. Die Macht der Einzelstaaten, durch die Neuordnung von 1815 befestigt, war niemals so geschwächt wie im Frühjahr 1848; sie einer nationalen Gesamtstaatsgewalt unterzuordnen, konnte in diesem Augenblick als ein leichtes erscheinen. Alles hing davon ab, ob es der Nationalversammlung gelang, gleichzeitig diesen Nationalstaat zu schaffen und ihm eine Verfassung zu geben. Diese doppelte Aufgabe war ihr gestellt.

Wie war das deutsche Parlament von 1848 zusammengesetzt? Gewählt nach dem allgemeinen und gleichen Wahlrecht (Bundesbeschlüsse vom 30. 3. u. 7. 4. 1848) – dessen Einschränkung auf »selbständige Staatsangehörige« allerdings in den einzelnen Ländern sehr verschieden ausgelegt wurde[19] –, war sie weniger ein Spiegel der sozialen Gliederung der Nation als ihrer führenden Schichten, d. h. ein ausgesprochenes *Honoratiorenparlament*, in dem das akademische Bildungsbürgertum überwog[20]. Von den insgesamt gewählten 830 Abgeordneten und Stellvertretern (bei einer gesetzlichen Mitgliederzahl von 649 und einer tatsächlichen Zahl von 585 Mitgliedern des Parlaments[21]) waren rund 550 Akademiker, darunter 49 Universitätsprofessoren und Dozenten, 157 Richter und Staatsanwälte, 66 Rechtsanwälte. Ihnen standen nur 110 Vertreter wirtschaftlicher Berufe gegenüber, ein einziger Bauer, kein Arbeiter, nur wenige Handwerker. Vielfach waren nach lokalen Gesichtspunkten örtliche Honoratioren gewählt worden; ein über größere Bereiche sich erstreckendes Parteiwesen gab es noch nicht, wenn auch schon zahlreiche Politiker weithin in Deutschland bekannt und angesehen waren[22]. Im ganzen trat in Frankfurt eine Elite des gebildeten Bürgertums zusammen[23]; revolutionäre Machtmenschen, »Jakobiner«, waren weitaus in der Minderzahl gegenüber den mit Überzeugungskraft wirkenden, auf Ausgleich bedachten Naturen, deren Prototyp Heinrich von Gagern gewesen ist.

Der Parlamentsbetrieb und seine Geschäftsordnung machte vor allem anfangs noch den Eindruck des Unfertigen, wenn auch manche Einrichtungen ausländischer Parlamente sich rasch einbürgerten. Das gilt namentlich für die Ausschüsse, von denen der *Verfassungsausschuß* »das Herz des Frankfurter

7. Die deutsche Revolution von 1848/49

Parlaments« wurde[24]. Unfertig war auch die *Gruppierung der Abgeordneten* nach Fraktionen oder Klubs, die sich nach Frankfurter Gasthöfen benannten[25]. Sie waren noch keineswegs fest geschlossene Gebilde, wenn auch mehrere große politische Grundrichtungen von Anfang an zu erkennen waren und sie sich Programme und Statuten gaben. So gab es eine demokratische Linke (Donnersberg, Deutscher Hof mit den Absplitterungen Westendhall und Nürnberger Hof), ein liberales Zentrum mit einem rechten Flügel (Kasino) und einem linken (Württemberger Hof, mit den Absplitterungen Landsberg, Augsburger Hof, Pariser Hof) und eine gemäßigte konservative, teilweise auch konfessionell-katholisch bestimmte Rechte (Steinernes Haus, Café Milani). Der geistige Schwerpunkt des Hauses lag beim rechten Zentrum, der eigentlichen Verfassungspartei, der die norddeutschen Historiker und Publizisten Dahlmann, Droysen, Giesebrecht, Waitz, Max Duncker, rheinische Großkaufleute wie Beckerath und Mevissen, aber auch der Österreicher Schmerling angehörten. Hier war die bürgerliche Aristokratie von Besitz und Bildung versammelt, die den sozialen Hintergrund der nationalen und konstitutionellen Bewegung bildete.

Wenn der fluktuierende Charakter der Parteien und Fraktionen zum Wesen des repräsentativen Parlaments älteren Stils gehört, wie ihn die Paulskirche vertritt, so bedeutete das auch, daß es keine festen, auf Doktrinen beruhende Programme gibt. Ein zeitgenössischer Beobachter wie Rudolf Haym bemerkte in seinem Buche über die deutsche Nationalversammlung richtig, daß nicht die Programme, sondern die Tatsachen die Parteien formierten[26]. Darunter versteht er die sich aus dem Gang der politischen Ereignisse ergebenden politischen Grundfragen wie die nach der Volks- oder Nationalsouveränität als Grundlage der Nationalversammlung oder die nach der Zentralgewalt, schließlich vor allem die nach der Erbmonarchie. Diese Probleme waren es in der Tat, die die politische Gruppenbildung im Parlament bestimmten. Die Parteigruppierung großdeutsch–kleindeutsch tritt daher meist nicht unmittelbar in den großen Hauptrichtungen hervor, sondern geht mitten durch sie hindurch. Erst seit dem Spätherbst 1848, nachdem die eigentlichen Verfassungsberatungen in Gang gekommen waren, setzt sie sich immer deutlicher durch.

Anders als die französische Nationalversammlung von 1789 hatte das Paulskirchenparlament eine *Verfassung* und zugleich

7. Die deutsche Revolution von 1848/49

einen *nationalen Staat* zu schaffen, für den der Bund von 1815 nicht einmal in seiner Gebietsausdehnung den Rahmen abgeben konnte. Diese doppelte Aufgabe mochte für die konstitutionelle Theorie zusammenfallen, in der praktischen Politik warf sie die schwierigsten Fragen auf, die schon mit der Bestimmung der Grenzen Deutschlands begannen[27]. Diese mußten im Osten Preußens weit über die Grenzen des Deutschen Bundes vorgeschoben werden, um die von Deutschen bewohnten Gebiete zu umfassen; an anderen Stellen jedoch wie in Böhmen, in Triest war die Frage der Einbeziehung von Nichtdeutschen in den deutschen Nationalstaat gestellt. Wie die meisten Verfassungen des 19. Jh. ist auch die der Frankfurter Nationalversammlung ein Ergebnis langer Beratungen; für die Nationalstaatsschöpfung aber kam es mehr auf rasche Entscheidungen an, um die Gunst der Stunde, d. h. die Schwäche der Einzelstaaten zu nutzen.

Vor diesem Dilemma stand die Nationalversammlung. Wenn sie oft dafür getadelt worden ist, daß sie die unwiederbringliche Situation vom Frühjahr 1848 vorübergehen ließ, ohne feste Grundlagen für den Nationalstaat zu schaffen, so übersieht man die immanenten Schwierigkeiten ihres geschichtlichen Wirkens. In der Tat ließ sie wohl durch monatelange Beratung der Grundrechte (seit 3. 7., am 27. 12. 1848 besonderes Gesetz der »*Grundrechte des deutschen Volkes*«) kostbare Zeit verstreichen, aber diese Diskussion zeigte doch wiederum die Bedeutung, die der Liberalismus der Erfüllung gesellschafts- und rechtspolitischer Forderungen für die staatlich geeinte Nation zumaß[27a]. Überdies hat die Nationalversammlung sich schon seit Anfang Juni auch mit der Frage einer Reichsexekutive beschäftigt und schließlich die *provisorische Zentralgewalt* mit einem Reichsverweser und einem Reichsministerium aus eigener Vollmacht geschaffen (Rede Heinrich von Gagerns vom 24. 6.: »Ich tue einen kühnen Griff, und ich sage Ihnen: Wir müssen die provisorische Zentralgewalt selbst schaffen.« Reichsgesetz vom 28. 6.[28]). Es gelang ihr aber nicht, dieser Zentralgewalt, deren Errichtung auch das Bestehen des Bundestags beenden sollte (Art. 13), Macht und Autorität zu geben; führte doch schon die Personenwahl mitten hinein in die ungelösten Probleme des Verhältnisses von Nationalstaat und Einzelstaaten: die *Wahl des österreichischen Erzherzogs Johann zum Reichsverweser* sollte politisch den Weg nach Wien offenhalten. Dafür war im *Reichsministerium* der preußische Einfluß

7. Die deutsche Revolution von 1848/49

größer; seine Leitung übernahm, nachdem Ludolf Camphausen abgelehnt hatte, der Fürst Karl von Leiningen (am 9. 8.), ein Halbbruder der Königin Viktoria von England; seine stärkste Persönlichkeit wurde aber der Österreicher Anton von Schmerling als Innenminister.

Sehr früh, noch in der Phase relativer Schwäche der Einzelstaaten, zeigte sich, wie wenig diese gewillt waren, sich dem Frankfurter Reichsregiment unterzuordnen. So verweigerten die Großmächte und ein Teil der Königreiche die vom Reichskriegsminister am 16. 8. 1848 angeordnete Huldigung der einzelstaatlichen Truppen an den Reichsverweser[29]. Die völlige Ohnmacht der Frankfurter Nationalversammlung und Regierung stellte sich namentlich in der für den innen- und außenpolitischen Fortgang der Revolution bedeutungsvollen *Schleswig-Holstein-Frage* heraus[30]. Die Frühjahrsereignisse 1848 führten zu einer nationaldeutschen Erhebung gegen die »eiderdänischen« Pläne, Schleswig in Dänemark einzuverleiben, wie sie König Friedrich VII. am 24. 3. verkündete. Eine provisorische Regierung in Kiel wurde gebildet, die der Bundestag am 12. 4. 1848 anerkannte, ohne formell einen Beschluß über die Aufnahme Schleswigs in den Bund zu wagen, was auch die Nationalversammlung vermied. Der Bund und später die Nationalversammlungen kamen ihr mit preußischen Truppen unter General von Wrangel zu Hilfe, die bis Jütland vordrangen. Dagegen drohten scharfe Gegenwirkungen der europäischen Mächte: Rußland und England, beide besonders am »Bosporus der Ostsee« interessiert, zeigten Neigung, der deutschen Intervention entgegenzutreten. Der englische Außenminister Palmerston versuchte eine Vermittlung auf der Grundlage der Teilung Schleswigs und der Einverleibung des Südens in den Deutschen Bund, doch stieß sein Vorschlag in Kiel und in Kopenhagen auf Ablehnung. Aber die preußische Politik begann jetzt einzulenken, und König Friedrich Wilhelm IV. schloß, dem Druck der Mächte nachgebend, am 26. 8. 1848 in Malmö einen Waffenstillstand mit Dänemark, der die Räumung der Herzogtümer von Bundestruppen und die Ablösung der provisorischen Regierung in Kiel vorsah[31]. Die Frankfurter Nationalversammlung, vor vollendete Tatsachen gestellt, war in einer ausweglosen Lage: den als demütigend empfundenen Vertrag mit Dänemark wollte sie nicht anerkennen, aber um den Krieg ohne Preußen fortzusetzen, war ihr die Macht versagt. Leidenschaftlich plädierte Dahlmann am 5. 9. für die

7. Die deutsche Revolution von 1848/49

Sistierung des Vertrags, den die Reichsregierung anzunehmen bereit gewesen war. Sein Antrag wurde mit schwacher Mehrheit angenommen, das Ministerium Leiningen-Schmerling trat daraufhin zurück; eine Regierungsbildung durch Dahlmann scheiterte jedoch, da die Politik des Protestes keine realen Grundlagen hatte. Die Nationalversammlung mußte nachträglich doch den Waffenstillstand hinnehmen, und der Innenminister des gestürzten Kabinetts Anton von Schmerling wurde Reichsministerpräsident.

Diese *Krise* bedeutet die *Wende* in der Geschichte der Paulskirchenversammlung, die den Wettlauf mit der Wiederherstellung der Staatsmacht der deutschen Großstaaten zu verlieren begann. Im Inneren konnten sie sich des anbrandenden *demokratischen Radikalismus*, dessen Erhebung in Frankfurt das Parlament unmittelbar bedrohte und zur Ermordung der konservativen Abgeordneten Fürst Lichnowsky und General Hans von Auerswald führte, nur mit Hilfe österreichischer und preußischer Truppen aus Mainz erwehren (18. 9.). Wenige Tage später trug Gustav von Struve von der Schweiz aus erneut den Aufstand radikal-demokratischer Gruppen in die südbadischen Grenzgebiete, wo er bald zusammenbrach.

Dieses radikale Zwischenspiel drängte die Revolution insgesamt weiter auf die Bahn des Ausgleichs mit den alten Gewalten. Bis in den September hatten sich gleichzeitig in der Paulskirche die Beratungen über die Grundrechte hingezogen. Als dann die eigentliche Verfassungsberatung aufgenommen wurde, trieb die Entwicklung der beiden deutschen Hauptmächte einer Entscheidung zugunsten der alten Gewalten zu. In *Böhmen* und *Norditalien* war die Krise der habsburgischen Herrschaft schon im Sommer überwunden worden; nur in *Ungarn* spitzte sich im Herbst die Lage immer mehr zu, als Jellacic gegen die unter der Führung Ludwig v. Kossuths stehenden Revolutionäre militärisch vorzugehen begann. Diese Ereignisse wirkten unmittelbar auf die Hauptstadt der Monarchie zurück; als Anfang Oktober aus Wien Truppen zur Niederwerfung des ungarischen Aufstandes abgezogen werden sollten, erhoben sich am 6./7. 10. erneut die radikalen Elemente aus Studentenschaft, Bürgertum und Proletariat[31a] und brachten Wien vorübergehend unter ihre Herrschaft. Ihre Niederwerfung in den Tagen vom 26. bis 31. 10. durch Fürst Windischgrätz war ein militärischer Akt, aber entscheidend wurde, daß nun ein Mann von eisernem Willen für die politische Ret-

7. Die deutsche Revolution von 1848/49

tung der Monarchie eintrat: *Fürst Felix Schwarzenberg* (1800 bis 1852)[32] wurde am 21. 11. zum Ministerpräsidenten ernannt; mit ihm erschien der einzige österreichische Staatsmann auf der politischen Bühne, der das Habsburgerreich als Staat nach den kühlen Regeln der Staatsräson behandelte und weder in der universalistischen Tradition der Donaumonarchie noch nationaldeutsch dachte, sondern machtstaatlich-österreichisch. Sein Ziel wurde die Wiederherstellung des Kaiserstaats einschließlich Ungarns im zentralistisch-gesamtstaatlichen Sinne. Im gleichen Moment fast, in dem die Frankfurter Versammlung eine Auflösung Österreichs in seine deutschen und nichtdeutschen Bestandteile forderte, traf sie in Wien auf einen Staatsmann, der eben die Einheit des österreichischen Gesamtstaates auf seine Fahnen schrieb: *Großösterreich* als Führungsmacht eines österreichisch-deutsch bestimmten Mitteleuropa wollte er schaffen, nicht Großdeutschland. Eine grandiose Idee und ein grandioser Mann, aber doch eine Erscheinung gegen den Geist der Zeit, wenn er die Staatsidee ganz vom Nationalitätsprinzip lösen wollte. Während der im November nach Kremsier verlegte österreichische Reichstag versuchte, das Reich zu einer konstitutionellen Föderation gleichberechtigter Teile auszubauen mit einem Ausgleich zwischen einem ethnisch-nationalen und einem politisch-territorialen Föderalismus, zwischen »historischen Ländern« und der Autonomie der Nationalitäten in nationalen Kreisen innerhalb der national gemischten Kronländer[33], siegte im Zentrum des Reichs der bürokratische und militärische Absolutismus: Der Reichstag wurde aufgelöst (7. 3. 1849), eine (nie wirklich in Kraft getretene) *Verfassung* oktroyiert mit einem Gesamtparlament und einheitlicher österreichischer Staatsbürgerschaft auch für Ungarn (4. 3. 1849)[34]. Vorher wurde die Schwäche der dynastischen Spitze beseitigt durch die Erhebung des Erzherzogs *Franz Joseph zum Kaiser* an Stelle des geistig unfähigen Ferdinand (2. 12. 1848). Mit russischer militärischer Hilfe wurde schließlich die gefährlichste Erhebung, der ungarische Aufstand, der bis zur Unabhängigkeitserklärung des revolutionären Ungarn geführt hatte (14. 4. 1849), niedergeschlagen (Kapitulation von Villagos 13. 8. 1849). Österreich erneuerte sich nicht von unten, durch seine Völker, sondern es wurde von oben, durch seine Dynastie, seine Armee, seine Bürokratie und schließlich durch das politisch-militärische Zusammenspiel mit Rußland als der Vormacht der Gegenrevolution[35] wiederher-

7. Die deutsche Revolution von 1848/49

gestellt, eine Entscheidung, die bis zum Ende des Habsburgerreiches nachwirkte.

Diese Ereignisse in Wien haben in *Berlin* ihre Parallele; auch hier entwickelte sich die Revolution über eine radikale Phase zur Gegenrevolution: Die *Oktroyierung einer preußischen Verfassung* (5. 12. 1848)[36] fällt mit dem Regierungsantritt Kaiser Franz Josephs und mit der Wahl des Prinzen Louis Napoléon zum Präsidenten der französischen Republik (10. 12.) fast genau zusammen, was den gesamteuropäischen Rhythmus der Revolution erkennen läßt. Entscheidend wurde, daß im Spätjahr 1848 sowohl Preußen wie Österreich als Macht wiederhergestellt waren, so daß man nicht nur in Frankfurt beim Beginn der Verfassungsberatungen mit ihnen rechnen mußte, sondern die politischen Energien in Deutschland nun wieder neue staatliche Zentren erhielten. Frankfurt verfügte zwar noch immer über moralische Autorität als Gesamtvertretung der Nation, aber in Wien und Berlin wie auch in den Mittelstaaten hatten sich die Kräfte des monarchischen Systems wieder durchgesetzt. Im Bunde mit ihnen verstärkte sich wieder ein preußischer und österreichischer, bayerischer und württembergischer Staatsgeist neben dem gesamtdeutschen Nationalismus.

Die *Frage nach einer Verfassung*, die jetzt unter wesentlich verschlechterten Bedingungen gestellt wurde, war zuerst eine Frage nach dem *Umfang*, den *Grenzen des deutschen Nationalstaats*. Ihre Beantwortung richtete sich nach den Vorstellungen, die die 48er von Nation, Volk, Nationalstaat hatten[37]. Wenn das Nationalbewußtsein von 1813 am Widerstand gegen die Fremdherrschaft sich entzündet hatte, so lebte der Nationalgeist der Revolution von 1848 zuerst aus dem Willen zur Überwindung der inneren staatlichen Zersplitterung. Man kann ihn in diesem Sinne gesamtdeutsch nennen, aber er war nicht nur an Volkstum und Sprache, sondern auch an Geschichte und Tradition orientiert und schloß in seine Forderungen manche mit Deutschland und seinen Staaten geschichtlich verbundene, von Nichtdeutschen bewohnte Gebiete mit ein: so die tschechischen Teile von Böhmen, als deren Sprecher Palacky seinen berühmten Absagebrief an das Vorparlament geschrieben hatte, ebenso Triest und den italienischen Teil Südtirols; in Posen wurde freilich vergeblich versucht, eine Demarkationslinie zwischen einem deutschen, dem Nationalstaat zugehörigen und einem polnischen Teil des Landes zu ziehen. Es wird oft übersehen, daß die 48er-Nationalbewegung in erster Linie die *Staatsnation*

7. Die deutsche Revolution von 1848/49

verwirklichen wollte, sei es, daß man sie in einem expansiven territorialen, alle nichtdeutschen Bewohner Deutschlands einschließenden Sinne verstand[38], sei es, daß man wie die preußisch-protestantischen Vertreter der liberalen Mitte (Droysen, Dahlmann) den Nationalstaat auf die Macht und Reichweite der stärksten staatlichen Tradition, der preußischen, beschränken wollte. Die Jünger Hegels waren für den starken geschlossenen Nationalstaat und bereit, diesem Prinzip die Idee eines alle Deutschen einschließenden Gesamtstaates zu opfern, ja sie wollten ihm auch Preußen opfern, das (wie J. G. Droysen es einmal formulierte) in Deutschland aufgehen, das unmittelbare Reichsland bilden sollte[39]. Der Nationalstaatsgedanke der 48er hat schließlich bei einer Verfassungsschöpfung zwei Grenzen eingehalten: Er hat die staatliche Vielfalt Deutschlands nicht beseitigen, sondern in einem vom Modell der nordamerikanischen Verfassung angeregten Bundesstaat bewahren wollen[40]. Zum anderen wollte er die Idee der nationalen Einheit nicht zugunsten einer staatlichen Verbindung mit Nichtdeutschen erweichen. Damit wurde das Verhältnis des Völkerstaats Österreich zu einem nationaldeutschen Reich zum entscheidenden Problem. Vom 26. 9. bis 3. 10. wurden die *ersten Artikel der Verfassung* beraten; sie lauteten nach dem Vorschlag des Verfassungsausschusses:

§ 1: Das Deutsche Reich besteht aus dem Gebiet des bisherigen Deutschen Bundes. Die Verhältnisse des Herzogtums Schleswig und die Grenzbestimmungen im Großherzogtum Posen bleiben der definitiven Anordnung vorbehalten.
§ 2: Kein Teil des Deutschen Reiches darf mit nichtdeutschen Ländern zu einem Staat vereinigt sein.
§ 3: Hat ein deutsches Land mit einem nichtdeutschen Land dasselbe Staatsoberhaupt, so ist das Verhältnis zwischen beiden Ländern nach den Grundsätzen der reinen Personalunion zu ordnen.

Das hieß mit anderen Worten: Schließt sich Deutsch-Österreich dem engeren Deutschland an, dann soll es sein staatsrechtliches Band mit den übrigen Habsburgerländern lösen und seine Verbindung mit den nichtdeutschen Gebieten auf ein dynastisch-völkerrechtliches Verhältnis beschränken. Die Diskussion über diesen grundlegenden Antrag ließ zum erstenmal deutlich den Gegensatz zwischen den sogenannten »*Kleindeutschen*« und den »*Großdeutschen*« erkennen. Dahlmann zeigte in einer schonungslosen Analyse der Lage[41] die Alternative auf: entweder Auflösung Österreichs und Anschluß der deutsch-österreichischen Länder an Deutschland oder Erhaltung Gesamtösterreichs und Trennung aller seiner Bestandteile vom

7. Die deutsche Revolution von 1848/49

Deutschen Bundesstaat. Heinrich von Gagern warf am 26. 10. den Vermittlungsgedanken eines engeren und weiteren Bundes in die Debatte, aber schließlich wurden die §§ 2 und 3 in der vorgeschlagenen Fassung angenommen[42].

Dies hat sofort die *Gegenwehr Schwarzenbergs* hervorgerufen, der in seinem Regierungsprogramm vom 27. 11. die These aufstellte: »Österreichs Fortbestand in staatlicher Einheit ist ein deutsches wie ein europäisches Bedürfnis. Erst wenn das verjüngte Österreich und das verjüngte Deutschland zu neuen und festeren Formen gelangt sind, wird es möglich sein, ihre gegenseitigen Beziehungen staatlich zu bestimmen.« Hier erscheint eine neue Politik gegenüber Frankfurt: keine Auflösung Österreichs, sondern Erhaltung Großösterreichs neben Deutschland, beide durch ein Bundesverhältnis irgendwelcher Art verbunden[43]. Diese Politik kulminierte nachher in der oktroyierten Gesamtstaatsverfassung vom 4. 3. 1849 mit ihrer zentralistischen Tendenz[44]. Die österreichische Reaktion führte zu bedeutsamen Verschiebungen in der Frankfurter Politik: der Österreicher Schmerling tritt als Ministerpräsident zurück (15. 12. 1848), *Heinrich von Gagern* wird sein Nachfolger (18. 12. 1848), d. h. die Kleindeutschen führen jetzt in der Reichsregierung. Auf eine kleindeutsch-preußische Lösung drängt der Gang der Ereignisse immer mehr hin. Die neue Reichsregierung Gagerns suchte Verbindung mit Berlin; Ludolf von Camphausen, Preußens Bevollmächtigter in Frankfurt, spielte den Vermittler zwischen Gagern und dem Kreis um den preußischen König Friedrich Wilhelm IV., der aber von seinem Mißtrauen gegen die Politik der Nationalversammlung nicht abließ.

Am 12. 12. begannen die Verhandlungen der Nationalversammlung über das Reichsoberhaupt, in denen die Konzeptionen der verschiedenen Richtungen im Parlament (republikanische Präsidentschaft, Direktorium, Wahlkaisertum, Erbkaisertum) zur Debatte standen, tatsächlich sich aber die Entscheidung auf die Alternative Wahlkaisertum oder Erbkaisertum einschränkte. Dabei wurde es immer klarer, wenn auch zunächst verschleiert, daß die Entscheidung für ein erbliches Kaisertum eine Entscheidung für Preußen war. Der Widerstand dagegen nahm ab, seitdem die österreichische Regierung Anfang März 1849 ihre Forderungen an die Frankfurter Reichsregierung bekanntgegeben und das Verbleiben der ungeteilten Monarchie im deutschen Gesamtvaterland verlangt hatte[45].

7. Die deutsche Revolution von 1848/49

Allen nationalstaatlich-großdeutschen Lösungen war damit der Boden entzogen. Um den Preis des Zugeständnisses des allgemeinen Wahlrechts und eines nur suspensiven Vetos des Reichsoberhaupts gelang es den kleindeutschen Liberalen, einen Teil der Demokraten für die *Erblichkeit der Kaiserwürde* zu gewinnen (27. 3. 1849). Am folgenden Tag wurde die Reichsverfassung[46] verkündet und *Friedrich Wilhelm IV.* von Preußen mit 290 Stimmen bei 248 Enthaltungen zum *Reichsoberhaupt gewählt*. 32 Mitglieder der Frankfurter Nationalversammlung unter ihrem Präsidenten Eduard Simson überbrachten ihm das Angebot der Kaiserkrone. Der *König lehnte es ab*, kleidete aber die Ablehnung beim Empfang der Deputation am 3. 4. in die Formel, er könne ohne das freie Einverständnis der Fürsten und freien Städte Deutschlands keine Entschließung fassen. Wenige Wochen später, am 28. 4., formulierte er die endgültige Ablehnung, die mit einer Verwerfung der inzwischen von 28 Regierungen anerkannten Reichsverfassung verknüpft wurde.

Die Reichsverfassung vom 28. 3. 1849 nimmt unter den großen Verfassungsurkunden der neueren deutschen Geschichte insofern eine Sonderstellung ein, als sie politisches Programm geblieben ist und niemals ihre historische Bewährungsprobe abgelegt hat. Sie kann daher nicht als Norm für eine sich fortentwickelnde Verfassungswirklichkeit gewertet werden, aber sie behält ihren historischen Ort als theoretischer Entwurf, der sowohl Ausdruck einer bestimmten historischen Lage ist wie auch in einer Reihe seiner Grundgedanken einen Orientierungspunkt für spätere Verfassungen darstellt. In zweierlei Hinsicht kann man von einem *Kompromißcharakter der Frankfurter Verfassung* sprechen: sowohl wegen der Verbindung unitarischer und föderativer wie demokratischer und monarchischer Elemente. Die Funktionen der »Reichsgewalt« sind weit größer als etwa in der Bismarckschen Reichsverfassung. Während diese im Bundesrat ein föderatives Bundesorgan an die Spitze stellt, wird in der Verfassung von 1849 die Reichsgewalt als ein den Bundesgliedern übergeordnetes unitarisches Organ verstanden, dem die auswärtige Politik in vollem Umfang (§§ 6–10), die Militärgewalt über ein noch aus Länderkontingenten bestehendes Heer (§§ 11–19) und eine Fülle von Gesetzgebungskompetenzen zustehen soll. Während die Verfassung nirgends die Funktionen der Reichsregierung und ihrer Reichsminister zusammenhängend beschreibt,

7. Die deutsche Revolution von 1848/49

erscheint das Reichsoberhaupt mit dem Titel »Kaiser der Deutschen« als der eigentliche Träger der Reichsexekutive. Da die Kaiserwürde »einem der regierenden deutschen Fürsten übertragen« (Art. I § 68) und in dessen Dynastie erblich sein soll (§ 69) – nach Lage der Dinge konnte das nur das preußische Königshaus sein –, wird die Idee der allen Einzelstaaten übergeordneten Reichsgewalt, wie sie in der deutschen Bundesstaatslehre in Anlehnung an die amerikanische Verfassung entwickelt wurde, schließlich doch von dem hegemonialen Prinzip überschattet. Die föderativen Elemente der Verfassung treten deutlich nur bei dem legislativen Organ hervor, dem Reichstag, von dessen beiden Häusern das Staatenhaus als Repräsentanz der deutschen Staaten erscheint. Seine Mitglieder werden je zur Hälfte durch die Regierung und durch die Volksvertretung der betreffenden Staaten ernannt (§ 88). Das Staatenhaus ist als Bestandteil der parlamentarischen Legislative etwas qualitativ anderes als der Bundesrat des späteren Kaiserreichs und will vor allem alle Anklänge an den Bundestag des Deutschen Bundes vermeiden.

Das Volkshaus des Reichstags beruht auf der durch ein besonderes Gesetz[47] geregelten Wahl nach dem allgemeinen gleichen, öffentlichen und direkten Wahlrecht und nach dem Grundsatz der absoluten Mehrheit. Es verstärkt die unitarischen und demokratischen Elemente der Verfassung und stand hierin dem Reichstag des Kaiserreichs nahe, dem dann allerdings viel stärkere föderative und hegemonial-preußische Kräfte gegenüberstanden.

Der Reichstag mit seinen beiden Häusern verfügt ebensowenig wie der Reichstag des Kaiserreiches über eine unmittelbare parlamentarische Kontrolle über die Reichsregierung. Die Verfassung verzichtet überhaupt auf nähere Bestimmungen über die Beziehungen von Regierung und Parlament und gibt der »Reichsregierung« lediglich ein suspensives Vetorecht gegen Beschlüsse des Reichstags (§ 101). Gemessen an der Verfassung von 1867/71 ist die Reichsverfassung von 1849 demokratischer und unitarischer; das Verhältnis von Legislative und Exekutive wird nicht von vornherein zugunsten der monarchischen Exekutive bestimmt, sondern eher aus der Gegenüberstellung der beiden gleichgewichtigen Organe, wie es dem Verfassungsdenken des frühen 19. Jh. entspricht. Die föderativen Bestandteile sind deutlich von den unitarischen zurückgedrängt, und die nationalstaatliche Reichsgewalt bildet eindeutig

7. Die deutsche Revolution von 1848/49

die Verfassungsmitte. Im unitarischen Sinn wirkten auch die »Grundrechte des deutschen Volkes«, von denen ausdrücklich gesagt wird, daß sie den Verfassungen der deutschen Einzelstaaten zur Norm dienen und daß keine Verfassung oder Gesetzgebung eines deutschen Einzelstaates sie je aufheben oder beschränken könne (§ 130). Der Grundrechtskatalog umfaßt die individuellen Freiheitsrechte, wie sie seit 1789 zum Grundbestand jeder liberalen Verfassungsordnung zählten; er greift aber darüber hinaus und legt auch die Fundamente einer bürgerlich-liberalen Sozialordnung fest, in der der Adel und seine Vorrechte wie Patrimonialgerichtsbarkeit, Jagdgerechtsame, Familienfideikommisse abgeschafft (§§ 137, 167, 168, 169, 170), das Eigentum als unverletzlich erklärt wird. Nicht in der Verfassung des Kaiserreichs von 1871, aber in den Verfassungsordnungen einer deutschen liberalen Demokratie im 20. Jh. wirken die Grundrechte von 1849 fort.

Die Ablehnung der Kaiserkrone durch Friedrich Wilhelm IV. ist im Verlauf der nationalstaatlichen Revolution von 1848/49 das entscheidende Moment gewesen. Die Idee einer aus dem nationalen Liberalismus der Revolution geborenen, mit den bestehenden Gewalten vereinbarten bundesstaatlichen Einheit stieß mit der romantisch-legitimistischen, »christlich-germanischen« Nationalidee Friedrich Wilhelms IV. zusammen. Man hat des öfteren die Frage gestellt, ob das Nein des Königs nur das Nein des dogmatischen Legitimisten gewesen, ob es nur aus Abscheu vor der Revolution gesprochen wurde, oder ob er vor den außenpolitischen Konsequenzen zurückschreckte, die J. M. v. Radowitz mit dem Hinweis auf einen neuen »siebenjährigen Krieg« angedeutet hatte[48]. Aber wenn wohl die Beurteilung der außenpolitischen Lage Preußens für den König wenigstens unmittelbar nicht den Ausschlag gab, so ist doch kein Zweifel, daß er nicht der Mann gewesen wäre, den zu erwartenden heftigen Reaktionen, in erster Linie vom Österreich Schwarzenbergs, mit Energie und Entschlossenheit zu begegnen[49].

Dem *Scheitern der Frankfurter Verfassungspolitik* folgte ein doppelter Epilog: ein republikanisch-revolutionärer und ein monarchisch-konservativer. Das Parlament geriet nach dem Auszug der Österreicher und der Erbkaiserlichen völlig unter den Einfluß der Linken, die die revolutionäre Erhebung für die Reichsverfassung proklamierte und die *Rumpfversammlung* schließlich *nach Stuttgart* verlegte (30. 5. 1849), wo sie nach

7. Die deutsche Revolution von 1848/49

kurzer Zeit von württembergischem Militär gesprengt wurde[49a]. Gleichzeitig durchläuft die auf parlamentarischem Boden gescheiterte Revolution noch einmal ein Stadium des *Bürgerkriegs:* in *Sachsen* (3.–9. 5.), wo sich der russische Revolutionär Michail Bakunin hervortat und Richard Wagner beteiligt war; in der *Pfalz*, deren Loslösung von Bayern durch eine provisorische republikanische Regierung verkündet wurde (17. 5.); schließlich in *Baden*, wo sich nach dem Übergang des Militärs auf die Seite der Aufständischen ein revolutionärer Landesausschuß mit einem Exekutivkomitee bildete, der das ganze Land hinter sich brachte und von überall her, aus dem Elsaß, aus Frankreich und Polen Zulauf von radikal-republikanischen und sozialistischen Flüchtlingen erhielt, unter ihnen Männern wie Friedrich Engels, Gottfried Kinkel, Carl Schurz. Nationale, radikalrepublikanische, sozial-revolutionäre Strömungen durchdrangen sich in dieser Bewegung[50]. An allen drei Brennpunkten griffen preußische Truppen ein und warfen die Aufstände nieder. In der Pfalz und in Baden standen sie unter dem Kommando des Prinzen Wilhelm von Preußen.

Das andere Nachspiel steht im Zeichen der *konservativen Kräfte;* seine Hauptrolle spielte der Berater Friedrich Wilhelms IV., Freiherr Joseph Maria von Radowitz (1797–1853), Nachkomme eines aus Ungarn stammenden Geschlechts, Katholik, der dem christlich-germanischen Kreis beitrat, seit 1823 in preußischen Diensten, Freund des Kronprinzen und Königs, Verfasser einer Bundesreformdenkschrift vom November 1847, Abgeordneter der Rechten in Frankfurt[51]. Sein Ansatzpunkt lag darin, daß er dem König die nationale Reform mit den Kräften der legitimen Monarchie, ohne Bruch mit Österreich, anbot: Er griff den Gedanken des engeren und weiteren Bundes auf, eine »Deutsche Union« sollte neben das engere »Deutsche Reich« treten. Für die Verfassung dieses engeren Bundes bildete der Frankfurter Entwurf die Grundlage, nur sind die demokratisch-liberalen Elemente in ihr geschwächt: Absolutes Veto des Bundesoberhaupts, Wahl der Volkskammer nach dem Dreiklassenwahlrecht wurden vorgesehen. Für diesen *Unionsplan des Freiherrn von Radowitz* schien im Frühjahr 1849 noch nicht jede Chance verspielt: Österreich war noch durch den Aufstand in Ungarn beschäftigt, die süddeutschen Staaten von Preußen abhängig, dessen Truppen allein die demokratische Revolution niedergeworfen hatten. In dem Moment, in dem in Baden wie in Ungarn die Gegenrevolution

7. Die deutsche Revolution von 1848/49

endgültig Herr der Lage war, verstärkte sich der Widerstand in den Mittelstaaten (unter denen der bayerische König Maximilian II. für ein mehrköpfiges Direktorium eintrat[52]) ebenso wie in Österreich und unter den europäischen Mächten. Das *Dreikönigsbündnis* vom 26. 5. 1849[53] zwischen Preußen, Sachsen und Hannover bleibt ein Torso; Bayern und Württemberg, mißtrauisch gegen die preußische Hegemonie, sagen endgültig ab; im August erhebt auch Österreich Einspruch. Der Unionsreichstag in Erfurt (März/April 1850) steht mit der Annahme der »Unionsverfassung«[54] im luftleeren Raum; außer der Unterstützung der Erbkaiserlichen, der »Gothaer«, wie sie sich seit einer Zusammenkunft in Gotha nennen, verfügt er über keinen politischen Anhang. In Preußen selbst werden die altkonservativen Kräfte gegen den Fremdling Radowitz aktiv[55], die Abneigung der konservativen Prinzipienpolitiker gegen eine mögliche Kraftprobe mit dem habsburgischen Kaiserstaat wächst. Während die Position von Radowitz sich schwächte, wurde die Haltung Schwarzenbergs immer entschlossener: Er kehrte ganz auf den Boden des Bundesrechts zurück, lud den alten Bundestag unter österreichischem Präsidium nach Frankfurt und brachte Rußland ins Spiel. Rußlands Stellung war seit der Niederwerfung des ungarischen Aufstandes und der ungarischen Kapitulation von Villagos in Mitteleuropa beherrschend, auf russischen Druck mußte Preußen noch am 2. 7. 1850 endgültig Frieden mit Dänemark schließen. Was weder Frankreich noch England gelungen war: die Kontrolle über die Ereignisse in Mitteleuropa in die Hand zu bekommen, ist jetzt Nikolaus I. geglückt. Der Zar sah die Radowitzschen Pläne mit den Augen des Gegners als revolutionäre Experimente und lehnte sie entschieden ab. Wenn die preußische Politik nicht ihren Rückhalt an Rußland verlieren wollte, mußte sie zurückweichen. So wurde auch von der Außenpolitik her jede *Grundlage der Unionspolitik zerstört*. Friedrich Wilhelm IV. suchte einzulenken, aber Schwarzenberg zielte jetzt darauf ab, im Nachstoß die große Entscheidung gegen Preußen und seine hegemoniale Politik zu suchen. Zum erstenmal in diesem Jahrhundert erschien die Möglichkeit eines preußisch-österreichischen Führungskriegs; das Jahr 1850 deutete bereits auf das Jahr 1866.

Zum Anlaß der offenen Krise wurde die *kurhessische Frage*. Der Kurfürst von Hessen lebte im Krieg mit seinen Ständen und suchte, obwohl formelles Mitglied der Union, Hilfe bei

7. Die deutsche Revolution von 1848/49

dem von Schwarzenberg zusammengerufenen Bundestag, der zugunsten des Kurfürsten zu intervenieren beschloß. Damit drang der Rumpfbundestag vor in das Einflußgebiet der Union, er bedrohte die preußischen Etappenlinien nach dem Rheinland. In diesem Augenblick schien der Krieg unvermeidlich geworden: Der Bundestag beschloß die Bundesexekution, was Radowitz als Kriegserklärung bezeichnete; bayerische und preußische Truppen rückten gleichzeitig in Hessen ein und traten sich in dem Gefecht bei Bronzell schon gegenüber. Doch fiel die Entscheidung im letzten Moment für den Frieden: Dem Druck der altpreußischen Konservativen im Inneren und Rußlands von außen[56] mußte Radowitz weichen. Am 30. 11. 1850 schlossen Schwarzenberg und der preußische Vertreter, Otto v. Manteuffel, die *Olmützer Punktation*[57], den vielgeschmähten, aber auch oft verteidigten Vertrag[57a], der jedoch nicht nur eine strategische Niederlage, sondern auch ein taktischer Sieg der preußischen Politik gegenüber Schwarzenbergs Plänen war, aus der Abwehr der Unionspolitik zu einer Vollendung des von Österreich beherrschten »Siebzigmillionenreichs« zu kommen. Die Einigung über die Demobilisierung führte nicht zu einem Übereinkommen über die deutsche Verfassung, das auf freie Konferenzen verschoben wurde. Diese fanden dann in Dresden statt und brachten Preußen nicht einmal die Gleichberechtigung mit Österreich im Bunde ein, dessen Wiederherstellung beschlossen wurde. Da damit nicht einfach die Rückkehr zu dem friedlichen Dualismus von 1815 und dem System der preußisch-österreichischen Verständigung über die Bundespolitik gegeben war, sondern der *Antagonismus der deutschen Mächte* nur vorübergehend stillgelegt, nicht beseitigt werden konnte, trat die deutsche Politik in das Zeichen des offenen *politischen und militärischen Dualismus*. Dies ist der eigentliche Ertrag der Revolution und Gegenrevolution für die deutsche Frage gewesen.

Ähnlich wie bei den religiösen Bewegungen des 16./17. Jh. und wie bei der Französischen Revolution von 1789 steht damit auch bei der liberalen und nationalen Revolution von 1848/49 am Ende ein Problem der reinen *Mächtepolitik* im Vordergrund. Man hat daraus schließen wollen, daß die Revolution in ihrem ganzen Verlauf durch das Eingreifen der Mächte entscheidend bestimmt, daß vor allem ihr Scheitern dadurch verursacht worden sei[58]. Diese Auffassung übersieht, daß es zu direkten Interventionen dritter Mächte nur beim Dänischen

7. Die deutsche Revolution von 1848/49

Krieg (Waffenstillstand von Malmö), in Olmütz und mit mittelbaren Auswirkungen auf die deutsche Politik in Ungarn gekommen ist. Gegenüber der Gesamtpolitik der Nationalversammlung bedurfte es ihrer nicht, da ihr »der Willensfaktor, der zu Taten und damit zu Gegentaten führen könnte, fehlte« (E. Marcks). Immerhin bleibt aber die Bedeutung des außenpolitischen Feldes bei der europäischen Verzahnung der deutschen Frage und ihren Ausstrahlungen nach fast allen Nachbargebieten Deutschlands für die Revolution bestehen, ja sie war viel größer, als es den 48ern selbst bewußt war[59]. Sie haben die Wirkungen ihrer Entscheidungen auf die politische Umwelt Deutschlands im allgemeinen unterschätzt, namentlich in der Schleswig-Holstein-Politik, aber auch in den Grundfragen des deutschen Nationalstaats und seines Standorts im europäischen Mächtesystem. Hier dominierte doch bei den Nachbarn Deutschlands im ganzen die Ablehnung einer nationalstaatlichen Machtbildung in weiteren oder engeren Grenzen. Politische Solidaritäten zwischen den revolutionären Regierungen inner- und außerhalb Deutschlands setzten sich nicht durch, eher wurden die Mächte durch gemeinsame Interessen gegen einen deutschen Nationalstaat zusammengeführt[60]. Zu diesem Effekt hat weniger das nationalstaatliche Programm als vielmehr die Schleswig-Holstein-Politik beigetragen, mit der man sich vor allem die Sympathien Englands verscherzte[61]. Die Idee einer gemeinsamen Außenpolitik der revolutionären Regierungen, eines gemeinsamen Revolutionskrieges gegen Rußland zur Befreiung Polens, wie sie im März 1848 dem preußischen Außenminister Heinrich von Arnim vorschwebte, erwies sich schon sehr bald als Utopie. Ebensowenig kann man von einer Solidarität der Mächte der Gegenrevolution in allen Phasen der Revolution sprechen.

Die These, daß der mangelnde Sinn für Macht und Außenpolitik der gewichtigste Grund für das Scheitern der 48er gewesen sei, ist eine unzulässige Vereinfachung aus der Sicht der Bismarck-Zeit. Die Problematik der Revolution war doch eine viel tiefere[62]; so ist es ihr vor allem nicht gelungen, der gleichzeitigen Aufgabe einer *Staatsschöpfung und Verfassungsschöpfung*, die noch dazu mit einer gesellschaftspolitischen Umwälzung verbunden war, gerecht zu werden. Vor diesem Dilemma hätte nur die Neuschaffung eines revolutionären Staats oder der volle Anschluß der Revolution an einen bestehenden Staat – und das konnte nur Preußen sein – bewahrt. Das erste wollte die Mehr-

7. Die deutsche Revolution von 1848/49

heit nicht, das zweite konnte auch von den gemäßigten Liberalen nur mit vielen Vorbehalten aufgegriffen werden, solange sich Preußen dem versagte. Das gilt für König Friedrich Wilhelm IV. sowohl in den Anfängen wie am Ende der Revolution, es gilt für die politischen und militärischen Traditionen seines Staates, den Geist und die Interessen seiner führenden Schichten. Die Verschmelzung der preußischen Staatswirklichkeit mit der nationalen Staatsidee der Liberalen ließ sich unter Friedrich Wilhelm IV. nicht verwirklichen. Die andere Möglichkeit: die revolutionäre Beseitigung aller Einzelstaaten und Dynastien und die Schaffung einer nationalen Republik, war bei dem politischen Bewußtseinsstand des deutschen Bürgertums, seinem Zurückschrecken vor den sozialen und politischen Konsequenzen einer radikalen Revolution zu keiner Stunde tatsächlich gegeben. Auch in keinem anderen europäischen Land, weder in Frankreich noch in Italien, vermochte sich 1848/49 die demokratische Revolution auf die Dauer durchzusetzen. Es wurde für die 48er-Bewegung zum Schicksal, daß ihre führenden Kräfte – nicht zuletzt unter dem Eindruck des Ganges der französischen Ereignisse von 1848 – gegen den demokratischen Radikalismus und seine sozialrevolutionären Tendenzen, die auch schon proletarische Kräfte ins Spiel brachten[63], gerichtet waren und dadurch zum Anschluß an die herrschenden Gewalten gedrängt wurden. So wurde die Revolution nach dem Sieg der gegenrevolutionären Mächte in den Einzelstaaten zur nationalen Reformbewegung ohne breiten massentümlichen Untergrund.

Trotz ihres Scheiterns waren die *Wirkungen der Revolution* auf die folgende deutsche Geschichte groß und nachhaltig. Dies gilt vor allem in einem negativen Sinne: Der unglückliche Verlauf der Revolution, der Eindruck der Vergeblichkeit ihrer gewaltigen Anstrengungen, die Festigung des alten Systems als Ergebnis des Versuchs seiner revolutionären Umgestaltung – all dies mußte eine Stimmung tiefer Resignation erzeugen, Zweifel am Wert der bisher hochgehaltenen Ideale, wofür es in der Literatur der Nachrevolutionszeit manches erschütternde Zeugnis gibt (wie z. B. Alfred Rethels ›Totentanz‹ von 1849 mit den Versen von Robert Reinick). Auf die Dauer mußte es unabsehbare Folgen haben, daß das Bürgertum in Deutschland sich von seiner Niederlage nie wieder ganz erholt hat und seitdem das Vertrauen verlor, den Nationalstaat aus eigener Kraft schaffen zu können. So wurde der schon in den Revolutionstagen begonnene Weg der Vereinbarung mit den herrschenden Kräften der Dynastien und ihres Anhangs in den folgenden zwei Jahrzehnten seit 1850 mehr denn je als einziger Ausweg empfunden. Das Erlebnis der Katastrophe der Revolution schlug sich nieder in der geistigen *Auseinandersetzung über das Wesen des politischen Handelns:* Sie begann mit der Entthronung Hegels, wie sie in dem Buche von Rudolf Haym über ›Hegel und seine Zeit‹ (1857) vorgenommen wurde, und führte zur Prägung des Begriffs »*Realpolitik*«, die einer nur an Ideen orientierten und darum als erfolglos angesehenen Politik entgegengesetzt wurde. Es bildete sich ein neuer Realismus der Politik, der von der Anerkennung der bestehenden Machtverhältnisse ausging und dem Realismus der Hegelschen Linken entgegentrat, die als Wirklichkeit gerade die Anerkennung der revolutionären Veränderung der Welt und ihrer Gesetzmäßigkeiten verstanden hatte.

Ungeachtet der Verurteilung, die sie erfahren hat, bleibt der Revolution das Verdienst, die Möglichkeiten einer deutschen Politik im 19. Jh. durchaus realistisch, wenn auch nur in der Theorie, bestimmt zu haben. Hinter ihre grundsätzlichen Klärungen, etwa des deutsch-österreichischen Verhältnisses, der Bundesstaatsidee, konnte kein politisches Handeln mehr zurück. Etwas anders liegen die Dinge auf dem Gebiete der gesellschafts- und rechtspolitischen Entscheidungen, gegen die sich die Reaktionspolitik mit aller Wucht zu wenden begann. Trotz aller Rückschläge und Rückbildungen in der Revolutionsära ist aber der *gesellschaftliche Emanzipationsprozeß*, den zuerst die liberale Bürokratie, dann die unter dem Einfluß der Revolution stehenden Parlamente und Regierungen vorangetrieben haben, nach dem Scheitern der Revolution in der Hauptsache nur verlangsamt, aber nicht aufgehalten worden. Unleugbar allerdings ist der eigentliche Sieger der Gegenrevolution für die nächste Zeit und in mancher Hinsicht bis zum Ende der Monarchie die *staatliche Bürokratie* gewesen, die ihre liberalen Züge verlor und wie die Armee das Rückgrat des reaktionären Staats wurde[64]. Ihre Funktion und Stellung hat sich nach 1850 entscheidend gewandelt. Dies gilt auch gegenüber den Parlamenten, in die sie durch von oben gelenkte Wahlen immer mehr einzudringen beginnt. Die einzelstaatlichen Parlamente verlieren viele der ihnen in der Revolution zugeflossenen Rechte; ihr Wahlrecht wird überall zurückgebildet: So wird in *Preußen* schon durch die Verordnung vom

7. Die deutsche Revolution von 1848/49

30. 5. 1849 das *Dreiklassenwahlrecht* eingeführt[64a]. Aber ein dauerndes Ergebnis der Revolution ist es doch gewesen, daß der preußische Landtag erhalten blieb (Verfassung vom 31. 1. 1850); seit 1861 bestand auch in Österreich wieder ein gesamtstaatliches Parlament. In der preußischen und österreichischen Volksvertretung sind zuerst wieder große liberale Parteien hervorgetreten: die Fortschrittspartei in Preußen, die Verfassungspartei in Österreich.

Überhaupt kann man die *Entstehung politischer Parteien*, die zum Teil schon eine massentümliche Basis besitzen, als eines der wesentlichsten politischen Ergebnisse der 48er-Revolution bezeichnen. Die Wahlbewegung von 1848, die parlamentarischen Erfahrungen vor allem in Frankfurt und Berlin, aber auch in Wien und Kremsier, die lange dauernde politische Hochspannung der Revolutionsjahre, das Zusammentreffen von Politikern aus allen Teilen Deutschlands schufen die Voraussetzungen für politische Zusammenschlüsse, für die Entstehung parlamentarischer und außerparlamentarischer Organisationen. Das gilt für fast alle politischen Bewegungen[65]: Die Tendenz des *Liberalismus*, sich in verschiedene Richtungen aufzuspalten, ließ sich schon in Frankfurt erkennen und hat sich auch später fortgesetzt. Das Bündnis der konstitutionellen Liberalen mit einem Teil der Demokraten, das den Verfassungskompromiß von 1849 ermöglicht hatte, blieb die Grundlage nationalliberaler Politik seit der Bildung der Erbkaiserlichen Partei über die »Gothaer« vom Juni 1849 und den Nationalverein von 1859 bis zur Entstehung der Nationalliberalen Partei 1866/67. Die radikale demokratische Linke hatte sich in der Revolutionszeit zuerst in Organisationen wie im »Märzverein« vom November 1848 gesammelt, sie verlor ihre Bedeutung und selbständige Organisation nach dem Fehlschlag der zweiten Aufstandswelle im Frühjahr 1849. Als sie gegen das Dreiklassenwahlrecht mit Wahlenthaltung protestierte, schaltete sie sich politisch aus. Erst während des preußischen Verfassungskonflikts meldete sie sich wieder innerhalb der Fortschrittspartei zu Wort.

Die Anfänge der *konservativen* Partei liegen nicht unmittelbar in der Frankfurter Nationalversammlung, wo die entschiedenen Konservativen nicht vertreten waren, aber im preußischen Abgeordnetenhaus von 1849 und schon vorher im Sommer 1848 in den im Lande entstehenden konservativ-monarchistischen Organisationen, den »Preußenvereinen« und »Vater-

7. Die deutsche Revolution von 1848/49

landsvereinen« oder dem »Verein zum Schutz des Eigentums und zur Förderung des Wohlstands aller Klassen«[66]. In der Abwehr der Revolution entstanden, war der Konservativismus seither eine auch parlamentarisch formierte Macht. Einen für die deutsche Parteigeschichte charakteristischen Zug stellte der ständig wiederholte Versuch dar, eine politische Gruppenbildung auf katholisch-konfessioneller Grundlage zu schaffen. Dies ergab sich sowohl aus den Traditionen des konfessionellen Territorialitätsprinzips wie aus dem seit dem Kölner Kirchenstreit anhaltenden Bedürfnis, für die katholische Kirche im liberal-nationalen Staat Sicherungen herzustellen[67]. So entstand schon in der Paulskirche ein »Katholischer Klub« als interfraktionelle Vereinigung, dem später im Preußischen Abgeordnetenhaus seit 1852 die Katholische Fraktion des Zentrums folgte. Auch die für das spätere Zentrum wesentliche Verankerung in selbständigen massentümlich-demokratischen Organisationen besaß ihr Vorbild schon in den im Jahre 1848 begründeten »Pius-Vereinen für religiöse Freiheit«, die im Oktober 1848 den ersten deutschen Katholikentag in Mainz veranstalteten.

Schließlich reichen auch die Anfänge *politischer Organisationen des Sozialismus* in die Revolutionsära von 1848/49 zurück. Wenn auch am Eingang der Revolution das Kommunistische Manifest von Marx und Engels steht und damit die kommunistische Arbeiterbewegung im gleichen Jahre 1848, in dem die bürgerliche Revolution ausbricht, ihre erste Grundschrift erhält, so ist es doch nicht möglich, ihr und ihren Verfassern und mit ihnen dem Bund der Kommunisten einen entscheidenden Einfluß auf die deutsche Arbeiterbewegung in der Revolution zuzuschreiben[68]. Marx hatte gewiß als Redakteur der ›Neuen Rheinischen Zeitung‹ (1848–19. 5. 1849) erhebliche Bedeutung für die politische Meinungsbildung der radikalen Linken, so wie Engels als Teilnehmer am Frühjahrsaufstand von 1849 für die politische Aktion, aber die Arbeiterbewegung von 1848/49 stand im Zeichen anderer Männer und Organisationen, vor allem der »Allgemeinen deutschen Arbeiterverbrüderung« unter Stephan Born, die im August/September 1848 in Berlin gegründet wurde und es in ihren »Arbeitervereinen« zu einer beträchtlichen Mitgliederzahl brachte. In ihrer national-politischen Richtung stand sie den großdeutschen Demokraten nahe. So kann auch die deutsche Arbeiterbewegung ihre Anfänge bis ins Jahr 1848 zurückverfolgen, wenn auch die direkte organi-

7. Die deutsche Revolution von 1848/49

satorische Kontinuität zu den neuen Gruppen der 60er Jahre infolge des Verbots durch den Deutschen Bund (13. 7. 1854)[69] unterbrochen ist. Der ideologische Zusammenhang wird indessen durch die Schriften von Karl Marx hergestellt.

Allg. Lit.: *Bibliographie:* V. VALENTIN, Gesch. der dt. Revolution von 1848/49 (1930/31, Ndr. 1968), Bd. 1, S. 611 ff., Bd. 2, S. 687 ff. Wichtigste *Quellen* sind die Parlamentsberichte, unter ihnen in erster Linie: Stenograph. Ber. über die Verhandlungen d. dt. konstit. Nat.versammlung zu Frankfurt a. M., hg. v. F. WIGARD (9 Bde. 1848/49). Verhl. d. Vers. zur Vereinbarung d. preuß. Staatsverfassg., zus. gest. v. E. BLEICH (2 Bde. 1848/49). Verhl. d. öst. Reichstags nach d. stenogr. Aufnahme (5 Bde. 1848/49). Dazu die Protokolle der jeweiligen Verfassungsausschüsse: zur dt. Frankf. Nat.vers. (J. G. DROYSEN), Teil 1 (1849), Teil 2 in: Aktenstücke u. Aufzeichnungen zur Gesch. d. Frankfurter Nat.vers. aus dem Nachlaß von J. G. Droysen, hg. v. R. HÜBNER (1924, Ndr. 1967), für die preuß. Nat.vers. (K. G. RAUER 1849), für d. öst. Reichstag (A. SPRINGER 1885). Zur Flugschriftenliteratur: P. WENTZCKE, Kritische Bibliographie der Flugschriften zur dt. Verfassungsfrage 1848–1851 (1911). Flugblätter d. Revolution, hg. v. K. OBERMANN (1970), einseitige Auswahl. 1848. Augenzeugen d. Revolution. Briefe, Tagebücher, Reden, Berichte, hg. v. P. GOLDAMMER (1973).
Kein Ereignis des 19. Jh. ist so sehr von Mithandelnden durchleuchtet worden wie die Revolution von 1848. Doch ist für die dt. Rev. den entsprechenden franz. Werken etwa Proudhons und Tocquevilles nur wenig Gleichwertiges an die Seite zu setzen, in erster Linie: R. HAYM, Die dt. Nat.vers., ein Rechenschaftsbericht (^{3}1848–1850), von sozialist. Seite: FR. ENGELS, Rev. u. Konterrev. in Dtld., in: K. Marx – Fr. Engels, Werke (Berliner Ausgabe), Bd. 8 (1960). – Neue Quellenpublikation: Franz. u. sächs. Gesandtschaftsberichte aus Dresden u. Paris 1848/49, hg. v. H. KRETZSCHMAR u. H. SCHLECHTE (1956).
Unter den *Gesamtdarstellungen* ist die von V. VALENTIN, Gesch. d. dt. Revolution von 1848/49 immer noch die stofflich am meisten erschöpfende, sie stellt vor allem die populären Bewegungen in den Mittelpunkt. Das Säkularjahr 1948 rief Würdigungen der Revolution hervor, die allgemein ihre polit., soz. u. gesamteurop. Bedeutung betonen: R. STADELMANN, Soziale u. polit. Gesch. der Revolution von 1848 (1948, Ndr. 1970); W. MOMMSEN, Größe und Versagen des dt. Bürgertums. Ein Beitrag z. Gesch. d. Jahre 1848/49 (1949, ²1964); F. MEINECKE, 1848 – Eine Säkularbetrachtung (1948); H. ROTHFELS, 1848, One Hundred Years after, Journ. of Mod. Hist. 20 (1948, dt. 1972); O. VOSSLER, Die Revolution v. 1848 in Dtld. (^{3}1972). Von ausländischer Seite vgl. Actes du Congrès hist. du centennaire de la révolution de 1848 (1948, behandelt u. a. Baden, Österreich-Ungarn d. in Abschnitten über Ungarn, Italien, Tschechoslowakei). Atti e memorie del XXVII Congresso Nazionale dell'Istituto per la Storia del Risorgimento italiano (Milano 19.–21. marzo 1948). The Opening of an Aera: 1848, An Historical Symposium, hg. v. F. FETJÖ (1948, über Dtld. E. VERMEIL, An Historical Paradox). L. SALVATORELLI, La rivoluzione Europea 1848/49 (1949). Zeitschriften-Sondernummern über 1848: Archivio storivo Italiano (1948); Journ. of Central Europ. Affairs 8 (Juli 1948, behandelt Revolutionsereignisse im Donauraum u. in Osteuropa). Unabhängig vom Säkularjahr entstanden: P. WENTZCKE, 1848. Die unvollendte dt. Rev. (1938); L. B. NAMIER, 1848. The Revolution of the Intellectuals, Proceed. of the Brit. Acad. 1944, S. 161ff., sieht in den 48ern nationalistische Vorläufer Hitlers; J. DROZ, Les révolutions allemandes de 1848, Publ. de la Fac. des Lettres de l'univ. de Clermont, 2. Serie, Tl. 6 (1957), umfangreichste Darstellung seit Valentin, mit Verarbeitung der seitherigen, vor allem der sozialgesch. Lit.; TH. S. HAMEROW, History and the German

7. Die deutsche Revolution von 1848/49

Revolution 1848/49, AHR 60 (1954/55); P. ROBERTSON, Revolutions of 1848 (²1968); P. WENTZCKE, Ideale und Irrtümer des ersten dt. Parlaments (1848/49), in: Darstellungen u. Quellen z. Gesch. d. dt. Einheitsbewegung 3 (1959); TH. S. HAMEROW, Restoration, Revolution, Reaction. Economics and politics in Germany 1815–1871 (1958); F. EYCK, The Frankfurt Parliament 1848/49 (1968, dt. 1973).
Über einzelne Länder und Landschaften: R. KISSLING (Hg.), Die Rev. im Kaisertum Österreich 1848/49 (2 Bde. 1948); A. NOVOTNY, 1848, Österreichs Ringen um Freiheit u. Völkerfrieden vor 100 Jahren (1948); R. J. RATH, The Viennese Revolution of 1848 (1957); S. Z. PECH, The Czech Revolution of 1848 (1969); K. G. HUGELMANN, Die österr. Landtage i. J. 1848, AÖG 111 (1929), 114 (1938), 115 (1940); K. REPGEN, Märzbewegung u. Maiwahlen des Revolutionsjahres 1848 im Rheinland (1955); L. ZIMMERMANN, Die Einheits- und Freiheitsbewegung u. d. Rev. von 1848 in Franken (1951); H. ENTHOLT, Die bremische Rev. von 1848 (1951); W. BIEBUSCH, Revolution u. Staatsstreich. Verfassungskämpfe in Bremen von 1848–1854 (1973); D. BAVENDAMM, Von der Revolution zur Reform. Die Verfassungspolitik d. hamburgischen Senats 1849/50 (1969); A. v. BRANDT, Lübeck u. d. dt. Erhebung 1847/48 (1948); W. SCHULTE, Volk u. Staat, Westfalen im Vormärz u. in d. Revolution 1848/49 (1954); F. SCHNABEL, Das Land Baden u. die Revolution von 1848/49, in: Deutschland 1848–1948, hg. v. W. KEIL (1948); R. WEBER, Die Rev. in Sachsen 1848/49 (1970); A. DORPALEN, Die Revolutionen v. 1848, in: TH. SCHIEDER (Hg.), Revolution u. Gesellschaft (1973).

[1] Ganz entschieden haben MARX u. ENGELS die Meinung vertreten, daß die Rev. in Dtld. bestimmt gekommen wäre, auch wenn ihr Ausbruch nicht durch die franz. Februarrev. beschleunigt worden wäre (Rev. u. Konterrev. in Dtld.). Eine ähnliche Auffassung vertritt VALENTIN, Gesch. d. dt. Rev. Bd. 1, S. 338; anders STADELMANN,, Soz. u. pol. Gesch. d. Rev., S. 45.

[2] M. DOEBERL, Entwicklungsgesch. Bayerns, Bd. 3, hg. v. M. SPINDLER (1931), S. 110 ff. E. C. CONTE CORTI, Ludwig I. v. Bayern (1947). K. A. v. MÜLLER, Lola Montez u. ein Münchener Polizeidirektor, in: Am Rand d. Gesch. (1957), S. 89 ff. mit neuem Quellenmaterial.

[3] Von V. VALENTIN werden die Vorgänge in den Einzelstaaten, bes. die populären Bewegungen, breit dargestellt, dazu jetzt neuere Untersuchungen der Rev. in Einzelstaaten u. Landschaften (s. o.) mit stärkerem soziologisch-systematischem Einschlag, vgl. auch HUBER, Verfassungsgesch., Bd. 2, S. 503 ff.

[4] Über die Vorgesch. u. Gesch. d. Rev. in Österreich s. o. »Allgem. Lit.«. Zur Orientierung: K. u. M. UHLIRZ, Hdb. d. Gesch. Österreichs u. s. Nachbarländer Böhmen u. Ungarn, Bd. II 1/2 (1927). Für die Verfassungsgesch. grundl. J. REDLICH, Das österr. Staats- u. Reichsproblem (2 Bde. 1920–1926). Beste moderne Problemdarstellung: R. A. KANN, Das Nationalitätenproblem der Habsburgermonarchie. Geschichte u. Ideengehalt der nationalen Bestrebungen vom Vormärz bis zur Auflösung des Reiches i. J. 1918 (²1964, 1. Aufl. engl. 1950). H. HANTSCH, Die Nationalitätenfrage im alten Österreich (1953). C. A. MACARTNEY, The Habsburg Empire 1790–1918 (1968). Vom slavischen Standpunkt: F. ZWITTER, Les problèmes nationaux dans la Monarchie des Habsbourg (1960). Interessante Sonderstudie: P. BURIAN, Die Nationalitäten in Cisleithanien u. das Wahlrecht der Märzrevolution 1848/49 (1962).

[5] A. NOVOTNY, 1848 (1948), S. 35.

[6] H. RAUPACH, Der tschech. Frühnationalismus (1939).

[7] Über den Wiener Radikalismus vgl. H. MEYER, 1848, Studien zur Gesch. d. Dt. Rev. (1949).

[8] Die neuere Lit. zusammenfassend H. v. SRBIK, Metternich, Bd. 3, S. 178 ff.

[9] Zur ungarischen Revolution die Quellenveröffentlichung von F. WAL-

7. Die deutsche Revolution von 1848/49

TER, Magyarische Rebellenbriefe 1848 (1964).

[9a] Über Böhmen: F. PRINZ, Prag u. Wien 1848. Probleme d. nat. u. soz. Revolution im Spiegel der Wiener Ministerratsprotokolle (1968).

[10] Pointierte Analyse der Berliner Märzereignisse bei STADELMANN, Soziale u. politische Gesch. d. Revolution, S. 52 ff. F. RACHFAHL, Dtld., Kg. Friedr. Wilh. IV. u. die Berliner Märzrevolution (1901), hatte die These aufgestellt, daß die Haltung des preuß. Königs in den Märztagen in erster Linie von seiner dt. Politik her zu deuten sei. An der sich daran anknüpfenden Kontroverse beteiligten sich vor allem H. ONCKEN, HV 5 (1902), F. MEINECKE, HZ 89 (1902).

[11] Text: HUBER, Dokumente 1, S. 363 f., Nr. 140.

[12] Text ebd., S. 365, Nr. 141.

[13] G. A. REIN, Bismarcks gegenrevolutionäre Aktion in den Märztagen 1848, WaG 4 (1953). E. MARCKS, Bismarck u. d. dt. Revolution 1848–1851, hg. v. W. ANDREAS (1939), und in: Bismarck, Eine Biographie, 1815–1851 ([2]1951).

[14] Text: HUBER, Dokumente 1, S. 365 f., Nr. 142.

[14a] Zur Kamarilla: H. J. SCHOEPS, Das andere Preußen, Konservative Gestalten u. Probleme im Zeitalter Friedr. Wilh. IV. ([2]1957), vor allem S. 45 ff. mit ungedrucktem Material aus dem Nachlaß Ludwig v. Gerlachs. Wichtig: Von der Rev. zum Norddt. Bund. Politik u. Ideengut d. preuß. Hochkonservativen 1848–1866. Aus dem Nachlaß v. Ernst Ludwig v. Gerlach, hg. v. H. DIWALD (1970). Vgl. auch F. HARTUNG, Verantwortl. Regierung, Kabinette u. Nebenregierungen im konstitutionellen Preußen 1848–1918, FBPG 44 (1932).

[15] Bei SCHOEPS a.a.O. eine ungedruckte Äußerung Leopold v. Gerlachs vom 26. 11. 1848: »Die Macht der Camarilla sei zum großen Teil in der des Ministeriums aufgegangen.«

[16] Text: HUBER, Dokumente 1, S. 385 ff., Nr. 163.

[17] Äußerung des bayer. Gesandten Graf Lerchenfeld bei VALENTIN, Gesch. d. dt. Rev., Bd. 2, S. 29.

[18] Text: HUBER, Dokumente 1, S. 284 ff., Nr. 91.

[19] Darüber wie überhaupt über die Wahlrechtsprobleme der Revolution 1848/49: G. SCHILFERT, Sieg u. Niederlage des demokrat. Wahlrechts in der dt. Revolution 1848/49 (1952, materialreich, marxistisch), S. 86 ff., und die Frage, ob das Erfordernis der »Selbständigkeit« als Voraussetzung der Stimmberechtigung rechtmäßig in die Beschlüsse des Vorparlaments gekommen sei. Mit Analyse d. Wahlbeteiligung TH. S. HAMEROW, The Elections to the Frankfurt Parliament, Journ. of Mod. Hist. 33 (1961), dt. in: Mod. dt. Verfassungsgesch. (1815–1918), hg. v. E.-W. BÖCKENFÖRDE (1972). Text der Bundesbeschlüsse HUBER, Dokumente 1, S. 274 f., Nr. 79 u. 80.

[20] Dazu L. ROSENBAUM, Herkunft u. Beruf d. dt. Abgeordn. 1847 bis 1919 (1923); auch E. R. HUBER, Dt. Verfassungsgesch., Bd. 2, S. 610 ff.; EYCK, The Frankfurt Parliament, dt. Ausgabe, S. 77 ff.; B.-M. ROSENBERG, Die ostpreuß. Abgeordneten in Frankfurt 1848/49 (1970).

[21] Die Differenz ergibt sich daraus, daß in zahlreichen österreichischen Wahlbezirken mit nichtdt. Bevölkerung, in Böhmen, Mähren, Slowenien, keine Abgeordneten gewählt wurden.

[22] Für den Wahlvorgang fehlen noch Einzeluntersuchungen; vorbildlich K. REPGEN, Märzbewegung u. Maiwahlen d. Rev.jahres 1848 im Rheinland (1955). H. IBLER, Die Wahlen zur Frankfurter Nat.Vers. in Österreich 1848, MIÖG 48 (1934). HAMEROW (wie Anm. 19).

[23] Der intellektuell-theoretische Charakter des Frankfurter Parlaments ist oft überbetont worden, ohne daß etwa Vergleiche mit den franz. Parlamenten dieser Zeit gezogen wurden. In der Ära der »Realpolitik« wurde daraus das Versagen des Parlamentes hergeleitet. L. B. NAMIER, Proc. of the Brit. Acad. (1944), S. 161 ff., spricht vom »Verrat des Geistes an die Macht«.

7. Die deutsche Revolution von 1848/49

[24] VALENTIN, Gesch. d. dt. Rev., Bd. 2, S. 15 f.

[25] L. BERGSTRÄSSER, Gesch. d. pol. Parteien in Dtld. (³1957), S. 63 ff. E. R. HUBER, Dt. Verfassungsgesch., Bd. 2, S. 613 ff. H. KRAMER, Fraktionsbindungen in den dt. Volksvertretungen 1819–1849 (1968, über Paulskirche S. 74 ff.). W. BOLDT, Die Anfänge d. dt. Parteiwesens (1971, mit Quellenanhang). Ders., Konstitutionelle Monarchie od. parlament. Demokratie. Die Auseinandersetzungen um d. dt. Nationalvers. in d. Rev. v. 1848, HZ 216 (1973). H. KAACK, Gesch. u. Struktur d. dt. Parteiensystems (1971), S. 21 ff. Zu den nationalen Vereinen: W. BOLDT, Die württembergischen Volksvereine in d. Rev. v. 1848/49 (1970), u. H. GEBHARDT, Rev. u. lib. Bewegung. Die nat. Organisation d. konstitutionellen Partei in Dtld. 1848/49 (1974).

[26] R. HAYM, Die dt. Nationalversammlung bis zu den Septemberereignissen (1848), S. 38 ff.

[27] Die nicht zum Dt. Bund gehörenden preuß. Ostprovinzen wurden im April/Mai 1848 noch vom Bundestag in den Dt. Bund aufgenommen: Ost- u. Westpreußen am 11. 4., die dt. Teile Posens am 22. 4. und 2. 5.; vgl. B. WINKLER, Das Verhältnis d. preuß. Ostprovinzen, insb. Ostpreußens, zum Dt. Bund im 19. Jh., Zs. f. Ostforsch. 4/5 (1955/56). Über die Zugehörigkeit des Hgt. Limburg: J. CHR. BOOGMANN, Nederland en de Duitse Bond (1955). Über Triest u. Südtirol: G. KUNDE, Die dt. Rev. von 1848 u. die ital. Frage (Diss. Königsberg, Teildruck 1937); TH. SCHIEDER, Das Italienbild der dt. Einheitsbewegung, Studi Italiani 3 (1959), auch in: ders., Begegnungen mit der Geschichte (1962), S. 210 ff.; E. PORTNER, Die Einigung Italiens im Urteil liberaler dt. Zeitgenossen (1959). Über Böhmen: Absage Palackýs an den 50er-Ausschuß vom 11. 4. 1848, in: F. PALACKÝ, Gedenkblätter (1874), S. 149 ff. Die formelle Aufnahme Schleswigs hat sowohl der Bundestag wie die Nationalversammlung vermieden, dagegen hat die Nationalversammlung das Mandat der in Schleswig gewählten Abgeordneten angenommen.

[27a] Dazu H. SCHOLLER, Die Grundrechtsdiskussion in der Paulskirche. Eine Dokumentation (1973). Ders., Die soz. Grundrechte in der Paulskirche, Der Staat 13 (1974).

[28] Text: HUBER, Dokumente 1, S. 276 f., Nr. 82.

[29] Text ebd., S. 278 f., Nr. 85.

[30] H. HAGENAH, Revolution u. Legitimität in d. Gesch. d. Erhebung Schlesw.-Holsteins (1916). H. v. MOLTKE, Gesch. des Krieges gegen Dänemark 1848/49, in: Milit. Werke, Bd. 3, Abs. 1 (1893). W. CARR, Schlesw.-Holstein 1815 bis 1848 (1963).

[31] V. WEIMAR, Der Malmöer Waffenstillstand v. 1848 (1959).

[31a] Über das Zusammenwirken der radikalen Gruppen H. MEYER, 1848 (1949), S. 44 ff.

[32] E. HELLER, Fürst F. zu Schwarzenberg, Mitteleuropas Vorkämpfer (1933). R. KISSLING, Fürst F. zu Schwarzenberg. Der polit. Lehrmeister K. Franz Josephs (1952). B. SCHWARZENBERG, Prince F. zu Schwarzenberg. Prime Minister of Austria, 1848–1852 (1956).

[33] Als Quelle vor allem wichtig: Protokolle des Verfassungsausschusses im österr. Reichstag 1848/49, hg. u. eingel. v. A. SPRINGER (1885). Zur Problematik: P. GEIST-LANYI, Das Nationalitätenproblem auf dem Reichstag zu Kremsier (1920); R. KANN, Das Nationalitätenproblem der Habsburgermonarchie, Bd. 2 (1964), S. 29 ff.

[34] Text: E. BERNATZIK, Die österr. Verfassungsges. (³1911), S. 150.

[35] Aus heutiger ungar. Sicht mit neuen Quellen: E. ANDICS, Das Bündnis Habsburg-Romanow. Vorgesch. der zaristischen Intervention in Ungarn i. J. 1849 (1963).

[36] Text: HUBER, Dokumente 1, S. 385 ff., Nr. 163. Über die noch nicht völlig geklärte Entstehung der Oktroyierung F. MEINECKE, Weltbürgertum u. Nationalstaat (⁸1962), S. 349 ff. M. unterstreicht die Bedeutung der Oktroy-

ierung für die dt. Frage. Mit ihr sei »dem Frankfurter Verfassungswerk eine sehr schwere, vielleicht unheilbare Wunde geschlagen worden«. Die verfassungs- u. rechtspolitischen Probleme behandelt E. R. HUBER, Dt. Verf.gesch., Bd. 2, S. 751 ff.

[37] Dazu namentlich H. ROTHFELS in: Journ. of Mod. Hist. 20 (1948), S. 291 ff. Ders., Das erste Scheitern des Nationalstaats in Ost-Mitteleuropa 1848/49, in: Zeitgesch. Betrachtungen (1959). TH. SCHIEDER, Nationalstaat u. Nationalitätenproblem, Zs. f. Ostforsch. 1 (1952). Vgl. auch W. HOCK, Liberales Denken im Zeitalter der Paulskirche: Droysen u. d. Frankfurter Mitte (1957).

[38] Dazu vor allem die Rede des Abg. W. Jordan am 4. 7. 1848 (Sten. Ber. I, S. 737 f.): »Alle, welche Deutschland bewohnen, sind Deutsche, wenn sie auch nicht Deutsche von Geburt und Sprache sind. Wir dekretieren sie dazu, wir erheben das Wort Deutsche zu einer höheren Bedeutung, und das Wort Deutschland wird fortan ein politischer Begriff.«

[39] Über das preuß.-dt. Problem: F. MEINECKE, Weltbürgertum u. Nationalstaat ([8]1962). Das Droysen-Zitat S. 310 nach der Flugschrift ›Beiträge zur neusten dt. Gesch.‹ (1849).

[40] Die Vorgesch. des Bundesstaatsgedankens ist noch keineswegs völlig aufgehellt; Hinweise bei HOCK, Lib. Denken im Zeitalter der Paulskirche (1957), S. 131 ff. Über bundesstaatliche Vorbilder: E. G. FRANZ, Das Amerikabild u. d. Rev. 1848/49, Zum Problem der Übertragung gewachsener Verfassungsformen (1958); sowie neuerdings G. MOLTMANN, Atlantische Blockpolitik im 19. Jh. Die Vereinigten Staaten u. d. dt. Liberalismus während der Rev. v. 1848/49 (1973), S. 208 ff. E. ANGERMANN, Der dt. Frühkonstitutionalismus u. das amerikanische Vorbild, HZ 219 (1974). R. ULLNER, Die Idee des Föderalismus im Jahrzehnt der deutschen Einigungskriege (1965).

[41] Rede im »Kasino« im Okt. 1848, nach R. HAYM, Die dt. Nat.vers., 2.Teil, S. 63, zit. bei A. RAPP, Großdt.-Kleindt. (1922), S. 70 f.

[42] Der Text wurde durch die Abstimmung vom 27. 3. 1849 abgeschwächt, und zwar trat anstelle der §§ 2 u. 3 ein neuer § 2: »Hat ein Deutsches Land mit einem nichtdeutschen Land dasselbe Oberhaupt, so soll das Deutsche Land eine von dem nichtdeutschen Lande getrennte eigene Verfassung, Regierung und Verwaltung haben.«

[43] Die Deutung dieser Erklärung ist kontrovers: HUBER, Verf.gesch., Bd. 2, S. 711 ff., interpretiert sie als das Programm eines Doppelbundes; SRBIK, Deutsche Einheit 1, S. 390, sieht in ihr keinen österr. Verzicht auf Mitbestimmung des künftigen dt. Schicksals.

[44] Text: BERNATZIK, Die österr. Verfassungsgesetze, S. 150.

[45] Text des Erlasses der österr. Regierung an den österr. Bevollmächtigten bei der Frankfurter Zentralgewalt: HUBER, Dokumente 1, S. 301, Nr. 99.

[46] L. BERGSTRÄSSER, Die Verfassung d. Dt. Reiches von 1849, mit Vorentwürfen, Gegenvorschlägen u. Modifikationen bis z. Erfurter Parlament (1913). HUBER, Dokumente 1, S. 304 ff., Nr. 102. Eingehende Analyse bei E. R. HUBER, Dt. Verf.gesch., Bd. 2, S. 821 ff.

[47] Reichswahlgesetz vom 12. 4. 1849, Text: HUBER, Dokumente 1, S. 324 ff., Nr. 103.

[48] Nach den Motiven der Ablehnung Fr. Wilh. IV. fragten zuletzt P. RASSOW, Dtld. u. Europa 1848 und das Werk der Paulskirche (Kölner Universitätsreden 5, 1948, Ndr. in: ders., Die geschichtliche Einheit des Abendlandes, 1960), und A. SCHARFF, Kg. Fr. Wilh. IV., Dtld. u. Europa im Frühjahr 1849, in: Festschr. O. Becker (1954), S. 138 ff. Rassow sieht in den ideologischen Gründen nur »die öffentlich zuzugestehenden«, Scharff geht mehr auf verfassungspolit. Bedenken ein. Das Zitat von Radowitz bei F. MEINECKE, Radowitz u. d. dt. Rev. (1913), S. 220.

[49] Dazu sein eigener Ausspruch zum Abg. H. v. Beckerath, Friedrich d. Gr.

7. Die deutsche Revolution von 1848/49

»wäre Jhr Mann gewesen, ich bin kein großer Regent«, zit. bei SCHARFF, Kg. Fr. Wilh. IV., S. 145.

[49a] B. MANN, Das Ende d. dt. Nationalversammlung im Jahre 1849, HZ 214 (1972).

[50] Breite Darstellung bei VALENTIN, Gesch. d. dt. Rev., Bd. 2, S. 448 ff.; mit neuen Gesichtspunkten CHR. KLESSMANN, Zur Sozialgesch. d. Reichsverfassungskampagne v. 1848, HZ 218 (1974).

[51] Zu Radowitz: F. MEINECKE, Radowitz u. die dt. Revolution (1913); F. RACHFAHL, Deutschland, Kg. Friedr. Wilh. IV. u. die Berliner Märzrevolution (1901); E. RITTER, Radowitz, ein kathol. Staatsmann in Preußen (1948).

[52] M. DOEBERL, Bayern und das preußische Unionsprojekt (1926).

[53] Text: HUBER, Dokumente 1, S. 426 ff., Nr. 172.

[54] Text ebd., S. 435 ff., Nr. 177.

[55] Vgl. E. MARCKS, Bismarck (1951), S. 496 ff.

[56] J. HOFFMANN, Rußland u. die Olmützer Punktation, Forschungen zur osteurop. Gesch. 7 (1959), bestreitet den Anteil der russischen Politik am Olmützer Abkommen.

[57] Text: HUBER, Dokumente 1, S. 449 f., Nr. 182.

[57a] Über die positive Stellung der preuß. Konservativen zu Olmütz s. H. J. SCHOEPS, Das andere Preußen (²1957), S. 116 ff. H. v. SRBIK, Dt. Einheit, Bd. 2 (³1940), S. 56 ff. Zuletzt P. BURIAN, Die Olmützer Punktation v. 1850 u. d. dt. Frage, GWU 25 (1974). Zu den folg. Verhandlungen: H. J. SCHOEPS, Von Olmütz nach Dresden 1850/51. Ein Beitrag zur Gesch. d. Dt. Bundes (1972); W. MÖSSLE, Bayern auf den Dresdener Konferenzen 1850/51 (1972).

[58] Diese These zuerst bei E. MARCKS, Die europ. Mächte in der 48er Rev., HZ 142 (1930). Vgl. auch A. SCHARFF, Die europ. Großmächte u. d. dt. Rev. (1942). S. A. KAEHLER, Die dt. Rev. von 1848 u. die europ. Mächte, in: Vorurteile u. Tatsachen (1949). R. STADELMANN, Soz. u. pol. Gesch. d. Rev. v. 1848 (1948), S. 100 ff., über die mögliche englische Orientierung der Rev., vgl. dazu G. GILLESSEN, Lord Palmerston und die Einigung Deutschlands (1961). W. E. MOSSE, The European Powers and the German Question 1848–71 (1958). Zur amerikanischen Haltung: G. MOLTMANN, Atlantische Blockpolitik (1973).

[59] Dazu nicht voll befriedigend E. MEIER, Die außenpol. Ideen der Achtundvierziger (1938).

[60] So bes. etwas überbetont A. SCHARFF, Die europ. Großmächte und die dt. Rev. (1942); dagegen A. J. P. TAYLOR, The Struggle for Mastery in Europe 1848–1918 (1954), S. 157. Vgl. M. N. POKROWSKI, Hist. Aufsätze (1928), S. 95 ff., über franz.-russ. Verhandlungen von Ende März 1848.

[61] Darauf wurde zuerst von R. STADELMANN, Soziale und polit. Gesch. der Rev. von 1848, S. 105 ff., hingewiesen. Näher ausgeführt wurde diese These von G. GILLESSEN, Lord Palmerston u. die Einigung Deutschlands (1961).

[62] K. GRIEWANK, Ursachen und Folgen des Scheiterns der dt. Rev. von 1848, HZ 170 (1950).

[63] Über den Anteil sozialistisch-proletarischer Kräfte an der Rev. vgl. einige neuere Arbeiten, meist mit marxistischer Tendenz: K. OBERMANN, Die dt. Arbeiter in der Rev. von 1848 (1953); E. TODT u. H. RADANT, Zur Frühgesch. d. dt. Gewerkschaftsbewegung 1800–1849 (1950). Als neueste, nicht-ideologisch bestimmte Darstellungen mit vielem neuem Material wichtig F. BALSER, Sozialdemokratie 1848/49. Die erste dt. Arbeiterorganisation »Allgem. dt. Arbeiterverbrüderung« nach der Revolution (1962); P. H. NOYES, Organization and Revolution. Working-Class Associations in the German Revolution of 1848/49 (1966); E. SCHRAEPLER, Handwerkerbünde u. Arbeitervereine 1830 bis 1853 (1972). Über Marx: H. MEYER, K. M. u. die dt. Rev. von 1848, HZ 172 (1951); H. FÖRDER, Marx u. Engels am Vorabend der Revolution 1846–1848 (1960); G. BECKER, K. Marx u. Fr. En-

gels in Köln 1848/49. Zur Gesch. des Kölner Arbeitervereins (1963), mit starker Überschätzung der Rolle von K. M. u. Fr. E. Vgl. dazu W. SCHIEDER, Auf dem Wege zu einer neuen Marx-Legende. Neue Polit. Lit. 10 (1965). A. DORPALEN, Die Rev. v. 1848 in der Geschichtsschreibung der DDR, HZ 210 (1970).

[64] Vgl. die preuß. Notverordnung vom 11. 7. 1849 und das Gesetz betr. die Dienstvergehen der nicht-richterlichen Beamten vom 21. 7. 1852, mit dessen Hilfe die Regierung die Verwaltung von unzuverlässigen Elementen reinigte; dazu F. HARTUNG, Abh. Ak. Berlin 1945/46, phil.-hist. Kl. 8 (1948). Nicht voll befriedigend J. R. GILLIS, The Prussian Bureaucracy in Crisis 1840 to 1860 (1971).

[64a] Dazu J. DROZ, Liberale Anschauungen zur Wahlrechtsfrage u. das preuß. Dreiklassenwahlrecht, in: Mod. d. Verfassungsgeschichte, hg. v. E.-W. BÖKENFÖRDE (1972), S. 195 ff.

[65] Überblicke über die Parteiengesch.: L. BERGSTRÄSSER, Gesch. der polit. Parteien in Dtld., überarbeitet u. hg. v. W. MOMMSEN ([11]1965); W. TORMIN, Gesch. der dt. Parteien seit 1848 (1966); G. EISFELD, Die Entstehung d. lib. Parteien in Dtld. 1858–1870 (1969); H. KAACK, Gesch. u. Struktur d. dt. Parteiensystems (1971).

[66] Text des Programms: W. MOMMSEN, Dt. Parteienprogramme (1960), S. 39 f. Der Verein nannte sich zuerst »Verein zur Wahrung der Interessen des Grundbesitzes u. zur Aufrechterhaltung des Wohlstands aller Klassen des Volkes«.

[67] F. SCHNABEL, Der polit. Zusammenschluß des polit. Katholizismus in Dtld. 1848 (1910). Idee, Gestalt u. Gestalter des ersten dt. Katholikentages in Mainz 1848, hg. v. F. LENHART (1948).

[68] Gegen die übersteigerte Einschätzung dieses Einflusses, wie sie von einigen kommunist. Historikern vorgenommen wurde, sind mit Recht kritische Einwände erhoben worden. Vgl. W. SCHIEDER (wie Anm. 63). W. CONZE u. D. GROH, Die Arbeiterbewegung in der nationalen Bewegung. Die dt. Sozialdemokratie vor, während u. nach der Reichsgründung (1962), S. 32 ff.

[69] Text des Bundesbeschlusses: HUBER, Dokumente 2, S. 6 f., Nr. 4.

Kapitel 8
Deutsche Verhältnisse und europäische Politik in der »Reaktionszeit« (1850–1858)

Anders als nach der Epoche der Französischen Revolution und Napoleons ist nach den Ereignissen der Jahre 1848/49 keine neue Rechtsordnung gestiftet, sondern nur die alte wiederhergestellt worden; das gilt für die einzelstaatliche und gesamtdeutsche, ja auch für die europäische Politik[1].

Die Periode der *Reaktion* steht daher im Zeichen der Rückkehr zum vorrevolutionären Recht. In den meisten deutschen Staaten handelt es sich bei ihr um bürokratisch-staatliche Politik, an der feudale Kräfte in ganz verschiedenem Grade Anteil nahmen. Am stärksten wohl in *Preußen*[2], obwohl auch hier der bürokratische Grundzug des Reaktionssystems unver-

8. Deutsche Verhältnisse und europäische Politik

kennbar ist: An seiner Spitze steht seit November 1850 als Ministerpräsident Otto von Manteuffel (1805–1882), ein Vertreter des bürokratischen Prinzips durch und durch und als solcher den feudal-junkerlichen wie den doktrinär-ideologischen Konservativen verdächtig. Die ständische Romantik des Königs hat ihrem Widerstand gegen den »bürokratischen Bonapartismus« Manteuffels unter dem Einfluß der Kamarilla Vorschub geleistet und ist in dem »Widerstreit der beiden Konservatismen«[3] mehr auf der Seite des Adels gestanden, so daß es schrittweise zu einer Verstärkung des feudal-junkerlichen Einflusses kam. Dieser war in dem die Agrarreform abschließenden Regulierungsgesetz vom 2. 3. 1850, das alle Einschränkungen der Ablösung aufhob, noch nicht so deutlich zu spüren wie in der Wiederherstellung der meisten gutsherrlichen Rechte – mit Ausnahme der Patrimonialgerichtsbarkeit – und am offenkundigsten in der Verwandlung der Ersten Kammer in das vom Adel beherrschte *Herrenhaus* durch die Königliche Verordnung vom 12. 10. 1854[4] auf Grund des Gesetzes vom 7. 5. 1853. Die Gegensätzlichkeit bürokratisch-staatlicher und feudaler Tendenzen blieb allerdings fast nur mehr an der Spitze sichtbar; auf dem Lande hob sie sich durch den monopolartigen Einfluß des Adels auf die staatliche Ämterbesetzung großenteils auf.

Das Miteinander und Gegeneinander bürokratisch-staatlicher und aristokratisch-feudaler Tendenzen ist für die Reaktionspolitik auch der meisten anderen deutschen Staaten charakteristisch. Unter ihnen gibt es allerdings erhebliche Unterschiede; am wenigsten kann man in *Baden*, wo seit 1852 Friedrich I. zuerst als Regent und dann (1856) als Großherzog regierte, trotz aller Restriktionen nach den revolutionären Wirren von 1849 von einem ausgeprägten System der Reaktion sprechen. Dagegen schlug in einzelnen norddeutschen Ländern wie *Hannover* das Pendel am weitesten nach der Seite restriktiver Politik aus: Die Wiederherstellung der alten Verfassung, die Rückkehr zur Herrschaft der Bürokratie und Aristokratie wurde hier mit Unterstützung des Bundestags erzwungen (1854/55). In *Sachsen* zielte die Reaktionspolitik des Freiherrn von Beust (1809–1886) auf die Unabhängigkeit der Monarchie und des Landes, auf Hebung des wirtschaftlichen Wohlstandes bei manchen Konzessionen an die alten Stände, deren altständisches Wahlrecht sie wieder einführte[4a]. In *Bayern* setzte die Reaktionspolitik viel zögernder und später ein[5]. Das Ministe-

8. Deutsche Verhältnisse und europäische Politik

rium des Freiherrn Ludwig von der Pfordten (1811–1880) hatte noch im Zeichen der Fortführung der liberalen Reformen begonnen und war erst seit 1852/54 auf eine Politik der Restriktionen umgeschwenkt, die zu wachsenden Spannungen mit dem Landtag führten. Jedoch vermied König Max II. den offenen Konflikt; in seiner Kultur- und Wissenschaftspolitik versuchte er ohnedies liberalere Wege zu gehen. Von ganz besonderer Art war die Reaktionspolitik in *Österreich*[6], repräsentiert zuerst vom Fürsten Schwarzenberg bis zu dessen frühem Tode im April 1852, neben ihm vom Innenminister Alexander Bach, dem ehemaligen Demokraten, den die Revolution hochgetragen hatte, schließlich seit Schwarzenbergs Tod vom jungen Kaiser Franz Joseph selbst[7], in dem sich für über sechs Jahrzehnte der österreichische Staatsgeist, die Einheit der Monarchie über alle ihre Verwandlungen hinweg verkörpern sollte. Seit der Aufhebung der Verfassung von 1849 am Silvestertag 1851 stand die Innenpolitik Österreichs im Zeichen der Wiederherstellung der Einheit durch zusammengefaßte Macht, die auch Ungarn unbarmherzig in die bürokratische Neuordnung ohne Rücksicht auf seine Sonderstellung einbezog. Das bürokratisch-zentralistische System Schwarzenberg-Bach, dessen Wurzeln auch im Josefinismus lagen, wurde nicht vom hohen Adel gestützt, sondern vom deutschen Großbürgertum, dessen wirtschaftliche Entfaltung durch die Regierung gefördert wurde, wenn ihm auch über ein Jahrzehnt die parlamentarische Repräsentation durch das neo-absolutistische System versagt blieb. Josefinisch war auch die den Widerspruch der nicht-deutschen Völker aufreizende Bevorzugung des Deutschtums, der deutschen Sprache nicht aus nationaler, sondern aus gesamtstaatlich-zentralistischer Tendenz. Erschüttert wurde diese Ordnung zuerst von außen, durch den italienischen Krieg und die Niederlage von 1859; diese setzte den Anfang verfassungspolitischer Experimente, die sich, angefangen vom Oktoberdiplom 1860 bis zum »Ausgleich« von 1867, um die Kräftebalancierung zwischen gesamtstaatlicher Konstitution, den föderalistischen Elementen der historischen Länder und den nationalen der Völker der Monarchie bemühten. Die Ära der deutschbestimmten, absolutistischen Reaktion wird dann mit dem Februarpatent von 1861, das unter der Regie des Ministers v. Schmerling von Hans v. Perthaler entworfen worden war, durch eine wieder stärker liberale, deutschbestimmte Verfassungspolitik abgelöst.

8. Deutsche Verhältnisse und europäische Politik

Die Revolution hatte im Widerstand gegen ihre dem Sondergeist der Einzelstaaten entgegengesetzte Nationalidee den Machtwillen und das Machtbewußtsein der beiden Großstaaten, ja selbst den Souveränitätswillen der mittleren und kleineren Länder geweckt. Das konnte nicht ohne Rückwirkung auf die *Struktur des wiederhergestellten Deutschen Bundes*[8] sein. Beide Großmächte waren in ihn mit veränderten Absichten zurückgekehrt: Preußen rang vor seinem Wiedereintritt in den Bundestag auf den Dresdener Konferenzen (23. 12. 1850–Mai 1851) vergebens um die Parität mit Österreich, um den alternierenden Wechsel im Vorsitz der Bundesversammlung. Österreich hatte den Bund in der Abwehr preußischer Hegemonialpolitik reaktiviert und suchte diese Politik in Frankfurt fortzusetzen. Das Metternichsche Bundessystem, das praktisch auf der Kooperation der beiden Mächte beruht hatte, wurde abgelöst durch einen immer offenkundigeren *Dualismus*, der beim geringfügigsten Anlaß aufbrechen konnte, wie es dann bald in den Jahren der Bundestagsgesandtschaft Bismarcks zuerst in der *Zollvereinsfrage*, im Kampf um Österreichs Beitritt zum Zollverein[9], geschehen ist. Die deutsche Zollpolitik war schon im Vormärz in den Gründungsjahren des Zollvereins gerade auf seiten der preußischen Bürokratie von national*politischen* Motivierungen nicht frei gewesen; jetzt bei der Wiederherstellung des Bundes geriet sie ganz in das Schlepptau der großen politischen Auseinandersetzungen zwischen den beiden deutschen Großmächten. Die Konzeptionen der deutschen und mitteleuropäischen Politik spiegelten sich in den wirtschaftspolitischen Entwürfen und Aktionen, wie umgekehrt diese ihren Einfluß auf das politische Programm nicht verfehlten. Der österreichische Handelsminister Karl Ludwig Freiherr v. Bruck hatte in mehreren großen Denkschriften aus den Jahren 1849 und 1850 (26. 10. und 30. 12. 1849, 30. 5. und 29. 12. 1850) den Gedanken eines mitteleuropäischen wirtschaftlichen Großraums mit einer Zoll- und Wirtschaftsunion als Grundlage für die politischen Mitteleuropa-Pläne Schwarzenbergs vertreten. Dies wäre auf den Zusammenschluß des Deutschen Zollvereins mit Österreich hinausgelaufen, um den es dann in den Verhandlungen über die Erneuerung des Zollvereins in den Jahren 1851 bis 1853 ging. Beide Großmächte führten diese Verhandlungen im vollen Bewußtsein ihrer politischen Bedeutung bei erheblichen wirtschaftlichen Differenzen: Preußen setzte die süddeutschen Staaten unter Druck, die

8. Deutsche Verhältnisse und europäische Politik

zwischen Berlin und Wien zu lavieren versuchten, aber sich wirtschaftlich nicht mehr vom Norden zu lösen vermochten, und suchte den Anschluß der Mitglieder des »Steuervereins«, vor allem Hannovers, zu erreichen, was ihm zum 1. 1. 1854 gelang. Die weitgehenden Unionspläne der Österreicher machte Preußen zunichte und setzte zunächst ihren Aufschub bis 1860 durch, während vorerst am 19. 2. 1853 nur ein preußisch-österreichischer Handelsvertrag geschlossen wurde. Er proklamierte zwar im Prinzip das einheitliche Zollgebiet von Zollverein und Österreich, ließ seine Verwirklichung aber de facto noch offen. Preußen hatte sich damit seine wirtschaftliche Vormachtstellung in »Kleindeutschland« gesichert.

In dieser Atmosphäre wuchs die Bedeutung der mittleren und kleineren Bundesglieder gegenüber der Vorrevolutionszeit: Sie wurden von beiden Großmächten umworben; sie trieben die Politik einer dritten Kraft, der *deutschen* »Trias«, und sie traten für eine Stärkung des Bundes ein, der ihnen größere Sicherheit bieten konnte, während er den Großmächten Zügel anlegte (Konferenzen in Bamberg 1854 und Würzburg 1860).

Unter solchen Voraussetzungen war auf die Dauer auch eine reaktionäre Bundespolitik im Umfang und in den äußeren Formen der Karlsbader Beschlüsse von 1819 oder der Geheimen Beschlüsse von 1834 schwierig, wenn nicht unmöglich geworden. Zwar wurden noch anfangs (23. 8. 1851) auf Antrag Österreichs und Preußens die *Grundrechte formell aufgehoben* und ein politischer Ausschuß eingesetzt, der die Rückbildung der einzelstaatlichen Verfassungen fördern und überwachen sollte; aber die Ausführung weitergehender Beschlüsse über das Presse- und Vereinswesen (Bundes-Pressegesetz vom 6. 7. 1854, Bundes-Vereinsgesetz vom 13. 7. 1854)[10] kam nicht mehr in allen Bundesstaaten zustande. Nur in Kurhessen, das den Anstoß zur Krise von 1850 gegeben hatte, griff der Bund mit Entschiedenheit zugunsten der reaktionären Politik ein, hob die Verfassung von 1831 auf und zwang dem Lande eine neue Verfassung auf (27. 3. 1852).

Die wichtigsten Entscheidungen der Bundespolitik fielen aber im Zusammenhang mit der großen *europäischen Politik*. Auch für die Beziehungen der großen Mächte zueinander, für das europäische Staatensystem war durch das Ergebnis der Revolutionsära im allgemeinen keine rechtliche Neuordnung geschaffen worden. Die Internationalisierung der Meerengenfrage durch den Vertrag von 1841 hatte den Belastungen der

8. Deutsche Verhältnisse und europäische Politik

Krisenzeit trotz einiger Gefährdungen standgehalten; im Norden war dagegen durch die *Schleswig-Holstein-Frage* mittelbar ein anderes Meerengenproblem am Ausgang der Ostsee entstanden. Hier griffen die Mächte ein und brachten die Frage der Herzogtümer schon gleich nach dem preußisch-dänischen Frieden vom Juli 1850 durch das Erste Londoner Protokoll, dem von den Großmächten nur Preußen fernblieb, unter europäische Kontrolle[11]. Das Zweite Londoner Protokoll vom Mai 1852[12], das die fünf Großmächte, Schweden und Dänemark unterzeichneten, stellte den Grundsatz der Integrität der dänischen Monarchie als dauernd fest und erkannte das auf der weiblichen Linie beruhende Erbfolgerecht des Prinzen Christian von Glücksburg für Dänemark und seine Nebenländer an. Preußen und Österreich unterzeichneten diese Vereinbarungen erst, nachdem Dänemark Zusicherungen für die Sonderstellung der Herzogtümer gegeben hatte[13]. Dieser internationale Vertrag schuf ein Provisorium, das ständig gefährdet war durch die Dynamik der nationalen Bewegungen und die politische Empfindlichkeit eines Raumes, an dem die großen Mächte interessiert waren.

Trotz der Krise von 1850 war die *Grundstruktur der europäischen Staatengesellschaft* durch die Revolution nicht verändert worden; der Gegensatz der drei Ostmächte und der beiden Westmächte erwies sich immer noch als wirksam. Nur hatten sich die Gewichte um einiges verschoben: Das *Rußland* des Zaren Nikolaus I. hatte sich seit Villagos und Olmütz eine gebietende Stellung verschafft und fühlte sich als Schutzmacht der konservativ-monarchischen Ordnung in Europa überhaupt. Auf der Gegenseite war mit *Louis Napoléon*[14], dem Neffen des großen Napoleon, der vom Präsidenten der Republik für 10 Jahre (Staatsstreich vom 2. 12. 1851) zum *Kaiser der Franzosen* aufstieg (2. 12. 1852), ein neuer unberechenbarer persönlicher Faktor in die europäische Politik eingetreten. Sein cäsaristisches Kaisertum störte die ideologische Gemeinsamkeit der Westmächte, wie sie seit 1830–1832 bestanden hatte; aber das Frankreich Napoleons und das England Lord Palmerstons schienen sich in der Proklamation des Nationalitätsprinzips als außenpolitischer Ideologie zu begegnen. Jedoch blieb es zunächst kaum durchschaubar, welche Wege Napoleon III. gehen würde: die des Erben der Revolution, der die Nationalitätsidee zur Revolutionierung der Ordnung von 1815 benutzte, oder die Talleyrands und eines diplomatisch gestütz-

8. Deutsche Verhältnisse und europäische Politik

ten Hegemonialanspruchs im Stile überlieferter Kabinettspolitik, oder die einer geschickten Kombination beider, die vor allem auf die Zurückdrängung Österreichs aus Italien, auf die Wiederherstellung der polnischen Unabhängigkeit, auf die Steigerung seines Einflusses in Deutschland hinauslief. Dieser undurchsichtige Mann ist vielen zeitgenössischen Beobachtern und Mitspielern rätselhaft erschienen; die Ergründung seiner Absichten galt als schwierigste diplomatische Aufgabe, an der sich bald auch der preußische Gesandte Bismarck versuchen sollte.

Alle Mächte zeigen nach 1850 eine expansive Tendenz: Die in der Revolutionsära auf die Innenpolitik konzentrierten Energien wenden sich jetzt nach außen; die *Kräftigung des außenpolitischen Machtdenkens* ist eine Folge der inneren Stabilisierung, die noch keine Dauer verspricht. So vertreten die meisten Staatsmänner der Zeit ein Programm territorialer Veränderungen und Verschiebungen auf der Landkarte. Dies gilt für den Fürsten Schwarzenberg und seinen Plan des 70-Millionen-Reichs, für Napoleon III., für den Zaren Nikolaus I., für einflußreiche Männer und Kreise in Preußen wie den Bundestagsgesandten Otto von Bismarck. Das Jahrzehnt der Reaktion ist daher ein Jahrzehnt der großen Außenpolitik und der Versuche, Veränderungen des Gleichgewichts der Mächte herbeizuführen. Der Anstoß zu politischen und militärischen Verwicklungen[15] ging dabei von dem durch seine diplomatischen Erfolge seit 1849 immer anspruchsvoller auftretenden Rußland aus. Das Selbstgefühl des Zaren Nikolaus I. war seit der Niederwerfung des ungarischen Aufstands und der Schiedsrichterrolle im preußisch-österreichischen Konflikt von 1850 aufs stärkste gewachsen. Nachdem Preußen in russischen Augen zur abhängigen Macht herabgesunken war, Österreich durch die Hilfe der russischen Waffen in Ungarn verpflichtet schien, glaubte der Zar die Stunde gekommen, um die *russischen Ziele an den Meerengen* mit der Beherrschung Konstantinopels in irgendeiner Form zu vollenden. Als Vorwand wurde von ihm die Frage des russischen Protektorats über die orthodoxen Christen im Reich der Pforte genommen, das Nikolaus im April 1853 vom Sultan forderte. Als diese Forderung abgewiesen wurde, rückten russische Truppen in die Donaufürstentümer ein. So entzündete sich ein neuer *türkisch-russischer Krieg*, der dritte in diesem Jahrhundert, und an ihm ein Krieg der Großmächte, das erste militärische Ringen zwischen der Land-

8. Deutsche Verhältnisse und europäische Politik

macht Rußland und der Seemacht England[16], an dessen Seite das Frankreich Napoleons III. und das Piemont des Grafen Cavour traten. England und Frankreich kamen der bedrohten Türkei zu Hilfe, ihre Flotten liefen ins Schwarze Meer ein (Januar 1854). Damit begann der sogenannte *Krimkrieg*, der »erste Stellungskrieg der Weltgeschichte«[17], dessen militärische Ereignisse sich überwiegend auf die Belagerung der Festung Sewastopol auf der Halbinsel Krim beschränkten: der klassische Fall eines durch politische Kalkulationen »beschränkten«, nicht auf die Vernichtung des Kriegsgegners zielenden »absoluten« Krieges im Sinne der Clausewitzschen Kriegstheorie. Auf die populäre Bewegung der Revolution folgte noch einmal die Kabinettspolitik.

Voller Schwierigkeiten war inmitten dieses heraufziehenden Weltkonflikts der Flügelmächte die *Lage der deutschen Mächte*. Wohin wurden sie durch ihre Interessen, durch Neigungen und Stimmungen ihrer führenden Kreise gewiesen? Weit auseinander gingen die *Meinungen in Berlin:* Die Kamarilla war aus konservativer Prinzipienpolitik für den Anschluß an Rußland. Von ihr distanzierte sich die sogen. Wochenblatt Partei um Moritz August v. Bethmann Hollweg[18] und den Grafen Robert v. d. Goltz[19], künftigen Rivalen Bismarcks, Vertreter einer liberal-konservativen Gruppe, die mehr zu den Westmächten als zu dem reaktionären Rußland hinneigte, aber auch von einem starken preußischen Ehrgeiz beflügelt war. Im Dezember 1854 schloß der österreichische Außenminister Graf Buol einen Bündnisvertrag mit Frankreich und England[20], den er selbst als »eine Revolution in den außenpolitischen Beziehungen Österreichs« bezeichnet hat; seinen äußersten Konsequenzen, dem Kriegseintritt, widerstrebte aber vor allem der Kaiser. Der Krieg ging zu Ende, ohne daß der entschiedene Kriegswille der österreichischen Politik auf die Probe gestellt wurde; aber Buols Verhalten hatte Rußland tief verletzt, ohne die Westmächte befriedigen zu können. So hatte Österreich, als die Entscheidung nach dem Fall Sewastopols im September 1855 herannahte, mit großem Einsatz ohne einen Erfolg gespielt; nicht Wien, sondern Paris war es, das in der letzten Phase des Krieges die diplomatischen Fäden mit Rußland für den Frieden knüpfte.

Im ganzen Verlauf dieser Entwicklung suchte die österreichische Politik Rückhalt an Preußen zu gewinnen; schon am 20. 4. 1854 schien ihr dies gelungen zu sein: Damals schlos-

8. Deutsche Verhältnisse und europäische Politik

sen die *deutschen Mächte* ein *Schutz- und Trutzbündnis*[21], durch das sie sich zu gemeinschaftlicher Verteidigung gegen jeden auf irgendeinen Teil ihres Territoriums gerichteten Angriff verbündeten und in einem Zusatzartikel die Fortdauer der russischen Besetzung der türkischen Gebiete an der unteren Donau als eine Gefährdung des Deutschen Bundes und ihrer Staaten erklärten. Dieses Bündnis, von dem Bismarck urteilte, damit halte sich Preußen am Rockschoß Österreichs fest, und das tatsächlich auf die preußische Unterstützung für Österreichs Balkanpolitik hinauslief, war aber von der zögernden preußischen Politik nur mit halbem Herzen geschlossen worden. Rußland entzog ihm praktisch durch den Rückzug aus Rumänien den Boden. Auf ihren weiteren Wegen ist die preußische Regierung nicht mehr Buol gefolgt und dem österreichischen Bündnis mit den Westmächten nicht beigetreten. Am entschiedensten widerstrebte ihm der preußische Gesandte beim Bundestag, Otto v. *Bismarck*, der in Frankfurt gegen die österreichischen Absichten in die Schranken trat, den Bund und seine Gliedstaaten vor den Wagen der waghalsigen österreichischen Politik zu spannen. Als im Januar 1855 – wenige Wochen nach Österreichs Beitritt zum Bündnis der Westmächte – ein österreichischer Antrag auf Mobilmachung der halben Bundesstreitkräfte gestellt wurde, beschloß der Bundestag zwar am 8. 2. Kriegsbereitschaft, aber Bismarck hatte den Sinn des Antrags verkehrt: Österreich wollte den Bund gegen die Bedrohung durch Rußland einsetzen, der Bundestag beschloß die Kriegsbereitschaft zur »Abwehr drohender Gefahr in jeder Richtung«. Dies lief auf *bewaffnete Neutralität* hinaus und war ein »voller Triumph« der preußischen Politik[22], die seit langem zum erstenmal die Gefolgschaft der mittleren und kleineren Bundesstaaten durch ihre Enthaltsamkeit in der orientalischen Frage gewinnen konnte. Vor dem Forum der Frankfurter Bundesversammlung wurde jetzt jede Frage durch den mächtigen Willen des preußischen Gesandten zu einem Reibungspunkt im Führungskampfe der beiden Großmächte. Sein Wille strahlte auch ins Zentrum der preußischen Politik aus und trug mit dazu bei, daß Preußen den ihm angetragenen Beitritt zum westmächtlich-österreichischen Bündnis ausschlug.

Die Bedeutung des *Pariser Friedens* von 1856[23] für den Fortgang der deutschen Politik liegt in der grundlegenden Veränderung der Machtlage und der Mächtebeziehungen, die er herbeiführte. Rußlands Niederlage, die sich namentlich in den

8. Deutsche Verhältnisse und europäische Politik

Bestimmungen über die Entmilitarisierung des Schwarzen Meeres niederschlug (der sogen. Pontusklausel), minderte den seit 1849 steigenden Druck der russischen Politik auf Europa; darin lag, zusammen mit der Fortdauer guter Beziehungen Preußens zum Zarenreich, eine der Voraussetzungen der Bismarckschen Reichsgründung. Eine andere muß man in der Zerrüttung des österreichisch-russischen Verhältnisses sehen, wie sie durch die Wiener Haltung im Krimkrieg eingetreten ist. Österreich hatte sich damit für den heraufziehenden Endkampf um die deutsche Führung mit Preußen selber isoliert und die Heilige Allianz der Ostmächte zerstört. Es hatte außerdem nicht verhindern können, daß durch den Grafen Cavour auf dem Pariser Kongreß die italienische Frage als offenes Problem vor der Weltöffentlichkeit angemeldet wurde.

[1] Ältere, zusammenfassende Darstellung der Reaktionsperiode bei E. MARCKS, Der Aufstieg des Reiches, Bd. 1 (1936), S. 359ff. SRBIK, Dt. Einheit, Bd. 2, S. 145ff., 186ff.

[2] Die gesellschaftspolit. Bedeutung der Reaktionspolitik ist noch nicht genügend untersucht, vor allem nicht die eigentümliche Mischung polit. Restriktion und wirtschaftl. Entwicklung; vgl. H. HEFFTER, Die dt. Selbstverwaltung im 19. Jh. (1950), S. 322ff.

[3] Zitat nach E. MARCKS, Der Aufstieg d. Reiches, Bd. 1, S. 372.

[4] HUBER, Dokumente, Bd. 1, Nr. 170, S. 418ff.

[4a] H. RUMPLER, Die dt. Politik des Freiherrn v. Beust 1848–1850 (1973).

[5] M. DOEBERL, Entwicklungsgesch. Bayerns, Bd. 3 (1931), S. 280ff.

[6] J. REDLICH, Das österr. Staats- u. Reichsproblem (1920–1926), Bd. 1, S. 59ff. R. KANN, Das Nationalitätenproblem der Habsburger Monarchie, Bd. 2, S. 70ff. Ders., Die Restauration als Phänomen in der Geschichte (1974), S. 342ff. CHR. STÖLZL, Die Ära Bach in Böhmen. Sozialgesch. Studien zum Neoabsolutismus 1849–1859 (1971).

[7] J. REDLICH, K. Franz Joseph v. Österreich (1928). H. v. SRBIK, K. Franz Joseph I., in: Aus Österreichs Vergangenheit (1948). E. HELLER, K. Franz Joseph I., Ein Charakterbild (1934).

[8] E. E. KRAEHE, A History of the German Confederation 1850–1866 (Phil. Diss. Minneapolis 1948). A. O. MEYER, Bismarcks Kampf mit Österreich am Bundestag zu Frankfurt 1851–1859 (1927).

[9] Die Zollvereinspolitik gilt seit langem geradezu als der klass. Fall für den Nachweis der Verflechtung wirtschaftl. u. polit. Motive und ist auch in der älteren Literatur so gesehen worden, wenn auch oft mit zu einseitiger Überbewertung der polit. Tendenzen. Vgl. dazu die Werke von TREITSCHKE und in neuerer Zeit von SRBIK, Dt. Einheit. Neuestens hat H. BOEHME, Dtlds. Weg zur Großmacht, Studien z. Verhältnis von Wirtschaft u. Staat während der Reichsgründungszeit 1848–1881 (1966), den Einfluß wirtschaftl. Tendenzen besonders hervorgehoben, ohne das Wechselverhältnis polit. u. wirtschaftl. Tendenzen in Frage stellen zu können. Dazu auch TH. S. HAMEROW, The Social Foundations of German Unification 1858–1871 (2 Bde. 1969 u. 1972). Vgl. auch die ältere Arbeit von E. FRANZ, Der Entscheidungskampf um die wirtschaftspolit. Führung Dtlds. 1856–1867 (1933). W. O. HENDERSON, The Zollverein (1939, ³1968). Alle Gesichtspunkte abwägend: W. ZORN, Wirtschafts- u. sozialgeschichtl. Zusammenhänge der dt. Reichsgründungszeit (1856–1879), HZ 197 (1963),

u. ders., Sozialgesch. Probleme d. nat. Bewegung in Dtld., in: Sozialstruktur u. Organisation europ. Nationalbewegungen, hg. v. TH. SCHIEDER (1971), S. 97 ff.; ders., Die wirt. Integration Kleindtlds. in den 1860er Jahren u. die Reichsgründung, HZ 216 (1973). Texte: H. BÖHME, Vor 1866. Aktenstücke zur Wirtschaftspolitik der dt. Mittelstaaten (1966). Zum ganzen Problem vgl. Bd. 17 Kap. 5. Den Gegensatz der Stellung Preußens zum Bunde zeigt ein Vergleich der beiden wichtigsten preuß. Denkschriften zur Bundespolitik: W. v. Humboldts Denkschrift vom 30. 9. 1816 (vgl. Kap. 1) und Bismarcks Denkschrift über Preußens Stellung im Bunde von Ende März 1858, BISMARCK, Ges. Werke, Bd. 2, S. 302 ff.

[10] Text: HUBER, Dokumente, Bd. 2, Nr. 3 u. 4, S. 2 ff. u. 6 f.

[11] Text: HUBER, Dokumente, Bd. 1, Nr. 195, S. 465 f. H. HJELHOLT, Great Britain, the Danish-German Conflict and the Danish Succession 1850–1852 (1971).

[12] Text: GHILLANY, Diplomat. Hdb. 2, S. 170 f. Auszugsweise HUBER, Dokumente, Bd. 1, Nr. 202, S. 472 f.

[13] GHILLANY, Diplomat. Hdb. 2, S. 142 ff.

[14] Lit. zu Napoleon III. vgl. Kap. 12, Anm. 10.

[15] Lit. zum Krimkrieg: F. ECKHART, Die dt. Frage u. der Krimkrieg (1931); K. BORRIES, Preußen im Krimkrieg 1853–1856 (1930); V. DE GUICHEN, La guerre de Crimée 1853–1856 et l'attitude des puissances européennes (1936);

CHR. FRIESE, Rußld. u. Preußen vom Krimkrieg bis z. Poln. Aufstand (1931); S. A. KAEHLER, Realpolitik z. Z. des Krimkrieges, eine Säkularbetrachtung, HZ 174 (1952). Vgl. auch H. v. SRBIK, Dt. Einheit, Bd. 2 (³1940), S. 204 ff., in der Beurteilung der österr. Politik von KAEHLER abweichend. G. B. HENDERSON, The Diplomatic Revolution of 1854, AHR (1937). F. VALSECCHI, L'Europa e il Risorgimento. L'Alleanza di Crimea (1968).

[16] Über die Hintergründe der engl. Intervention und die lange überschätzte Rolle des engl. Botschafters in Konstantinopel Sir Stratford de Redcliffe: H. TEMPERLEY, Stratford de Redcliffe and the Origins of the Crimean War, EHR 48 (1933).

[17] E. DANIELS, in: H. DELBRÜCK, Gesch. d. Kriegskunst im Rahmen d. polit. Gesch., Bd. 5 (1928), S. 1 ff.

[18] F. FISCHER, M. A. v. Bethmann Hollweg u. der Protestantismus (1938). Nicht voll befriedigend M. BEHNEN, Das Preußische Wochenblatt 1851–1861 (1971).

[19] O. GF. z. STOLBERG-WERNIGERODE R. H. GF. v. d. Goltz (1941).

[20] Text: GHILLANY, Diplomat. Hdb. 2, S. 359 ff.

[21] Text: HUBER, Dokumente, Bd. 2, Nr. 8, S. 11 ff.

[22] A. O. MEYER, Bismarcks Kampf mit Österreich, S. 237.

[23] Neueste Darstellung auf breiter Quellengrundlage: W. BAUMGART, Der Friede von Paris 1856 (1972).

Kapitel 9
Innere Entwicklung 1852–1862: Belebung des Liberalismus, Neue Ära in Preußen, Verfassungspolitik in Österreich

Die Kultur der 50er Jahre erhält ihren Inhalt zum großen Teil durch die Tendenzen und Kräfte, die nach der gescheiterten Revolution das deutsche Leben bestimmten: Zu ihnen gehörten vor allem das gefestigte Machtgefühl der Monarchen und alten Gewalten und das gespaltene Selbstbewußtsein der bür-

123

9. Innere Entwicklung 1852–1862

gerlichen Bildungsschichten, das sich an neuen Werten zu orientieren beginnt. <u>Der restaurierte monarchische Staat verstärkt seinen Einfluß in der *Bildungs- und Schulpolitik*, die als ein Mittel zur Wiederaufrichtung der Autorität eingesetzt wird.</u> Der Bund von Antike und Christentum wird im »christlichen Gymnasium« erneuert. Indessen verhält sich die preußische Monarchie gegenüber den technisch-naturwissenschaftlichen Tendenzen der Zeit nicht einfach ablehnend, sondern gewährt ihnen in vorsichtiger Weise Raum. Die Realschulen und höheren Bürgerschulen erhalten im Jahre 1859 ein neues Statut[1], nach dem ihre Bedeutung als zweite Form allgemeinbildender Schulen faktisch anerkannt wird. Im Jahre 1863 wird die Rheinisch-Westfälische Polytechnische Schule als erste preußische technische Hochschule begründet[2]. In Wien unternimmt der erste österreichische Minister für Kultur und Unterricht Graf v. Thun eine umfassende Reform des Mittel- und Hochschulwesens, die in ihrer Wirkung der Humboldtschen Reform am Jahrhundertbeginn fast gleichkommt[2a]. Der bayerische König Maximilian II. erweist sich nicht nur als persönlicher Mäzen von Gelehrten, er gibt der bayerischen Hochschulpolitik Impulse durch die Berufung norddeutscher Reformer, unter ihnen des Historikers Heinrich von Sybel (1856), des Rechts- und Sozialhistorikers Wilhelm Heinrich Riehl (1854–1859). In Verbindung mit Leopold von Ranke, den der König vergeblich für München zu gewinnen sucht und den er im Herbst 1854 zu seinen berühmt gewordenen Vorträgen in Berchtesgaden empfängt[3], wird die Historische Kommission bei der Bayerischen Akademie der Wissenschaften als ein gesamtdeutsches geschichts-wissenschaftliches Unternehmen begründet (1858)[4]; auch bei der von Heinrich v. Sybel redigierten ›Historischen Zeitschrift‹ (gegr. 1859)[5] steht der König Pate.

Noch einmal erhalten große *Residenzen* durch den Willen dynastischer *Bauherren* ein neues Gesicht: Das gilt vor allem für Wien, wo seit 1858 nach der Schleifung der Befestigungen der Ausbau der Ringstraße mit ihren monumentalen Prachtbauten beginnt[5a]. Noch ist hier großartige Gestaltungskraft am Werk, aber nach der Erschöpfung des Klassizismus nicht mehr ein einheitlicher Stilwille. In München läßt Maximilian II. das Werk seines Vaters durch den Ausbau der Maximilianstraße fortsetzen, ohne daß neue künstlerische oder politische Elemente hervortreten. Berlin steht, nachdem es schon 1861 mit 528900 Einwohnern die Halbmillionengrenze überschritten hatte, im Zeichen der Entstehung der Industrie- und Verwaltungsgroßstadt, für die der Generalbebauungsplan von 1863 mit seiner Planung der Massenstadt die Linien vorzeichnet. Nicht mehr die Repräsentation, sondern die soziale Funktion hat jetzt den Vorrang vor allen anderen Problemen. Allmählich entstehen neben den Residenzstädten moderne *Industriestädte* vor allem an der Ruhr ohne Tradition, oft ohne Planung (1862 Oberhausen gegründet, Essen 1861: 7700 Einwohner, 1880: 177000); sie füllen sich auf mit den Zuwanderern, die schon zum Teil aus den östlichen Provinzen Preußens einzuströmen beginnen.

Das deutsche *Geistesleben* der 50er Jahre steht trotz der Belastungen durch die Reaktionspolitik nicht im Zeichen der Stagnation, sondern eher der Entfaltung lebendiger Kräfte. Manche seiner Tendenzen lassen sich auf die Enttäuschungen durch die gescheiterte Revolution zurückführen. So steckt selbst in der Hinwendung zu *Technik und Industrialisierung,* wie sie jetzt, verstärkt durch äußere Einwirkungen wie die Goldfunde in Kalifornien, in beschleunigtem Tempo einzusetzen beginnt, ein Stück freigesetzter Energie, die nicht mehr durch politische Aktivität gebunden ist. Sicher zeigt auch die *Literatur* manche Züge des Rückzugs in einen von der Welt abgekehrten Persönlichkeitskultus, wenn es auch gerade hier zu höchsten Leistungen wie Stifters ›Nachsommer‹ (1857) oder Eduard Mörikes ›Mozart auf der Reise nach Prag‹ (1856) gekommen ist. Daß auch die Kraft zur großen Form und zur monumentalen Gestaltung nicht erloschen ist, läßt sich am Werk *Richard Wagners* erkennen, der selbst als Teilnehmer an der Revolution vom Frühjahr 1849 einer der großen Enttäuschten ist. Im Jahre 1851 entwickelt er in seiner Schrift ›Oper und Drama‹ das theoretische Programm für das musikalische Gesamtkunstwerk, zwischen 1854 und 1859 entstehen die ersten Teile des ›Ringes des Nibelungen‹ und das gewaltige, in die Zukunft weisende Musikdrama ›Tristan und Isolde‹. Eigentümlich für das Jahrzehnt nach der Revolution ist die Anziehungskraft, die von den wiederhergestellten deutschen Großstaaten und ihrer geschichtlichen Überlieferung ausgeht: Adolf Menzel (1815–1905) malt in einer Art von historischem Naturalismus seine Bilder zur friderizianischen Geschichte. Theodor Fontane beginnt, nachdem ihn das Erlebnis der Revolution aus der Bahn gerissen hatte, im Jahre 1862 in seinen ›Wanderungen durch die Mark Brandenburg‹

9. Innere Entwicklung 1852–1862

die historisch-literarische Beschreibung der hohenzollernschen Kernlande, in der gleichen Zeit etwa, in der Franz Grillparzer in Wien die großen Momente der Habsburgischen Monarchie in seinen Dramen zu gestalten sucht.

Am kennzeichnendsten für die Zeit ist wohl die Wendung in die Geschichte, in den *Historismus*. Vor 1848 war das historische Denken im allgemeinen als die Grundlage einer konservativen oder restaurativen Politik erschienen wie in den Schriften des jungen Leopold Ranke. Das ursprünglich normative Denken des Liberalismus wurde erst langsam von diesem historischen Geist durchdrungen, am stärksten durch die Erfahrungen der Historiker, die jetzt von der parlamentarischen Rede und politischen Publizistik zur gelehrten historischen Forschung zurückkehrten und diese als Nationalerziehung in höherem Sinne auffaßten. So schrieb der Historiker und Politiker Max Duncker an J. G. Droysen, die Historiker sollten »den realen Idealismus der Historie an die Stelle des phantastischen Idealismus der Philosophie setzen, welcher vor 48 die Köpfe der Jugend erfüllte und verdrehte«[6]. *Realismus*, Wirklichkeit werden jetzt zentrale Begriffe – in der Literatur, in der Philosophie, in der Politik; die Auseinandersetzung über sie wird am Beispiel der Philosophie Hegels geführt, deren Stunde abzulaufen beginnt. Rudolf Haym, einer der 48er des rechten Zentrums, gab in seinem Hegel-Buch von 1857[7] das Stichwort von der Wandlung des Lebenslaufs des Absoluten in den Prozeß der lebendigen Geschichte. Lebendige Geschichte hieß aber nicht Verharren in der Kontemplation, sondern Erfüllung des deutschen Geistes im Realen, das meinte: im konkreten, erst noch zu schaffenden Staat, für den es vor allem andern Hand anzulegen galt. Seiner Vorbereitung sollten die im Jahre 1858 begründeten, zuerst von Rudolf Haym herausgegebenen ›Preußischen Jahrbücher‹ dienen. In den gleichen Zusammenhang gehört das Wort von der »*Realpolitik*«, das um dieselbe Zeit von A. L. v. Rochau geprägt wurde[7a] und in erster Linie den Primat des Handelns vor dem Denken meinte und sehr oft bei einer Glorifizierung der reinen Macht endete. Mit solchen Anschauungen zog die liberale Bildungsschicht das Fazit aus der gescheiterten Revolution: Sie entfernte sich noch mehr von jeder revolutionären Ideologie und fand in dem »realen Idealismus« die Basis, die das Zusammenwirken mit den Kräften der Tradition und der monarchischen Autorität innerlich ermöglichte.

9. Innere Entwicklung 1852–1862

Führt die darin liegende Kritik an Hegel in ihren Konsequenzen auf die Bismarcksche Reichsgründung hin, so wird jetzt gleichzeitig von der Hegel-Kritik der Linken die Grundlage der Theorie des Marxismus geschaffen. In den gleichen 50er[7] Jahren beginnt Karl Marx mit der Ausbildung der ökonomischen Theorie des »wissenschaftlichen Sozialismus« in seiner Schrift ›Zur Kritik der politischen Ökonomie‹ von 1859. Hier erscheint zuerst in geschlossener Form die Grundtheorie des »historischen Materialismus«, die Lehre von der Basis und dem ideologischen Überbau, von der Determinierung des Bewußtseins durch das gesellschaftliche Sein. Wenn Marx die Verwirklichung des Kommunismus und der klassenlosen Gesellschaft in den Prozeß der Geschichte verlegte, zeigte er sich gebunden an den historischen Geist dieser Zeit, der jetzt überall sich durchzusetzen begann. In die 50er Jahre fallen großenteils die nationalgeschichtlichen Monographien Leopold von Rankes, seine Französische (1852–1861) und seine ›Englische Geschichte‹ (1859–1868), die Anfänge von J. G. Droysens ›Geschichte der Preußischen Politik‹ (1855), Theodor Mommsens Monumentalwerk der ›Römischen Geschichte‹ in ihren ersten drei Bänden (1854–1856) und Heinrich von Sybels ›Geschichte der Revolutionszeit‹ (1853–1858). Bei dieser Fülle der historiographischen Werke handelte es sich nicht um eine zufällige Gleichzeitigkeit, sondern sie war der Ausdruck einer besonderen geistigen Konstellation.

Der größte Teil dieser Veröffentlichungen gehört in die Stillhaltezeit der 50er Jahre. Durch mehrere Ereignisse wurde diese dann beendet und kam wieder neue Bewegung in die liberalen Gruppen: zuerst durch den *Thronwechsel in Preußen*, dann durch das äußere und innere Hereinwirken der verwandten italienischen Nationalbewegung. Prinz Wilhelm trat zunächst als Stellvertreter des regierenden Monarchen (Oktober 1857), dann als Regent (Oktober 1858), schließlich als König (Januar 1861) die Nachfolge seines verlöschenden Bruders an. Dieser Thronwechsel ist kaum mit geringeren Erwartungen begrüßt worden als der von 1840, aber wieder tat sich eine verhängnisvolle Kluft auf zwischen dem politischen Willen des Herrschers und den Hoffnungen, die er erweckte. Der Prinzregent und spätere *König Wilhelm I.*[8], der »Kartätschenprinz« von 1849, verkörperte ein härteres, ungeistigeres Preußen als sein Bruder; zum Militär gebildet, sah er Staatsmacht allein auf militärische Macht gegründet; sein starker preußischer Macht-

9. Innere Entwicklung 1852–1862

ehrgeiz ließ ihn die »Schmach von Olmütz« bitter empfinden und nicht weniger die Rolle, die Preußen im Krimkrieg spielte. Zusammen mit seiner liberalen Neigungen zugänglicheren Gemahlin, der weimarischen Prinzessin Augusta, residierte er in Koblenz und rückte in dieser Zeit näher an die Männer der Wochenblattpartei heran. Dieser Mann, dessen weltgeschichtliche Rolle später darin bestehen sollte, daß er größere Helfer an seine Seite rief und gewähren ließ, schien mit seinem Regierungsantritt als Regent einen neuen Anfang zu setzen. Er wechselte die Regierung und setzte ein gemäßigt-liberales Ministerium ein. Die *Neue Ära* begann mit seiner Anrede an das neue Staatsministerium, an dessen Spitze der Fürst Karl Anton von Hohenzollern-Sigmaringen stand, vom 8. 11. 1858[9]. In ihr herrschte ein konservativer Grundton, es fiel aber auch schon das Wort von den »moralischen Eroberungen«, die Preußen in Deutschland machen müsse. Gleichzeitig gab der Regent das Stichwort von der *Reorganisation der Heeresverfassung* und sprach damit das aus, was ihn am meisten bewegte.

Der Beginn der Neuen Ära bedeutet einen Einschnitt in der preußischen und der deutschen Geschichte, dem noch andere Ereignisse an die Seite zu stellen sind wie der Regierungsantritt des Freiherrn Franz v. Roggenbach in Baden und seines liberalen Ministeriums ebenfalls der »Neuen Ära« am 2. 4. 1860 und der Sturz des Ministeriums v. d. Pfordten in Bayern im März 1859. Aber zu einem Umbruch der deutschen Politik kam es erst durch ein äußeres Ereignis: den *italienischen Krieg von 1859*. Bei seiner Entstehung wirkten verschiedene Kräfte zusammen: die italienische Nationalbewegung, die in dem piemontesischen Staatsmann Camillo *Cavour* einen souveränen Meister der diplomatischen Kunst erhielt; sodann die unruhige französische Machtpolitik Napoleons III., die nach dem Rückschlag Rußlands im Krimkrieg zum Gegenschlag ansetzte und das Nationalitätsprinzip zugleich als Programm verkündete wie als Instrument benutzte; und schließlich die Unsicherheit und Ungeschicktheit der österreichischen Gegenwehr, die auf politischem wie militärischem Gebiet schwere Schläge einstecken und am Ende die Lombardei räumen mußte. Die *Lage des Deutschen Bundes*, seiner Gliedstaaten, vor allem Preußens in diesem Kriege, hatte manche Verwandtschaft mit der im vorausgehenden Krimkrieg; in beiden Fällen handelte es sich bundesrechtlich um einen »die Verhältnisse und Verpflichtungen des Bundes nicht berührenden«, dem Bunde »ganz frem-

9. Innere Entwicklung 1852–1862

den« Krieg (Art. 46 der Wiener Schlußakte). Aber nicht nur war 1859 der Kriegsschauplatz dem Bundesgebiet unmittelbar nahegerückt; die kriegerische Verwicklung, in die die österreichische Monarchie mit dem zur Vormacht aufstrebenden westlichen Nachbarn Deutschlands geraten war, ließ die Politik abwartender Neutralität der Krimkriegsjahre strategisch wie auch stimmungsmäßig unwiederholbar erscheinen. Der Krieg von 1859[10] war nicht wie der Krimkrieg ein rein diplomatischer Krieg, sondern ein Nationalkrieg mit nationalrevolutionären Zügen, gezügelt lediglich durch eine virtuose Diplomatie, gehemmt auch durch die Einschaltung der Großmacht Frankreich und das politische Interesse Großbritanniens. Die *Rückwirkungen auf Deutschland* waren daher nicht nur militärisch-diplomatische, sondern auch national-psychologische. Zum erstenmal seit den Jahren der deutschen Revolution wurde eine große politische Frage von der ganzen Nation und einer Reihe ihrer Publizisten – Constantin Frantz, Julius Fröbel, Konstantin Rößler, Hermann Baumgarten, Ferdinand Lassalle, Friedrich Engels – leidenschaftlich diskutiert: Konnte Deutschland als Ganzes stillhalten, wenn Österreich von den Schlägen des französischen Kaiserreichs niedergeworfen wurde? Mußte sich die Gefahr am Rhein nicht verdoppeln, sobald Österreich aus der Verteidigung in Oberitalien ausgeschieden war und Frankreich die Po-Ebene beherrschte? Würde sich nicht die Lage von 1805/06 wiederholen? In der fast einhelligen *Frontstellung gegen Frankreich*, die von der öffentlichen Meinung in den Zeitungen und zahllosen Flugschriften eingenommen wurde, glich die Krise von 1859 eher der von 1840 als den Parteibildungen der Revolution. Die Trennung in eine großdeutsche und kleindeutsche Richtung schien aufgehoben: Preußische Konservative wie norddeutsche Nationalliberale traten für eine Hilfe an Österreich ein. Fast allgemein glaubte man dem Zweifrontendruck, den das mit Recht vermutete Einvernehmen zwischen Frankreich und Rußland erzeugte, nur durch den Zusammenschluß Gesamtdeutschlands begegnen zu können. Nur vereinzelte Stimmen wie Konstantin Rößler forderten schonungslose Ausnutzung der Lage zugunsten einer Stärkung der preußischen Macht – gegen Österreich. Nicht in der Öffentlichkeit, aber in leidenschaftlichen persönlichen Bekenntnissen hat auch Bismarck, der aus Frankfurt nach Petersburg verbannte Gesandte, preußische Interessen- und Ausdehnungspolitik äußerstenfalls bis zur Annexion Süddeutschlands verlangt.

9. Innere Entwicklung 1852–1862

Der preußische Regent und seine Regierung standen der Lage zwar entschlossener als Friedrich Wilhelm IV. gegenüber, aber letztlich in ihren Zielen nicht klarer. Wilhelm wollte Österreich nicht preisgeben, aber die preußische Hilfe nicht einfach verschenken; auch blickte er mißtrauisch auf Rußland, mit dem sich Napoleon vor Ausbruch des Krieges verständigt hatte. Der Prinzregent steuerte auf die Forderung nach dem Oberbefehl Preußens über alle Bundeskontingente zu, wenn diese gegen Frankreich marschieren sollten. Die österreichische Diplomatie versuchte noch nach den verlustreichen Niederlagen von Magenta und Solferino (4. und 24. 6. 1859) diplomatisch Preußen zum Eingreifen zu bringen: Anfang Juli weilte Fürst Windischgrätz zu Verhandlungen mit dem Prinzregenten und dem Außenminister v. Schleinitz in Berlin, und es schien, als ob es ihm gelingen sollte, die Zustimmung zu einer Zweiteilung des Oberbefehls – Preußen im Norden, Österreich im Süden – zu erreichen[11]. Die Verhandlungen waren noch im Gange, ihr Ausgang offen, da schlossen Franz Joseph und Napoleon III. *Waffenstillstand in Villafranca* (8. 7.) und anschließend einen Präliminarfrieden (11. 7.), durch den Österreich die Lombardei an Napoleon abtrat, der sie an Piemont weitergab, wogegen es Venetien behielt. Die Initiative zu diesem diplomatischen Überraschungsschlag war von Napoleon ausgegangen, den die *Sorge vor der preußischen Intervention* beunruhigte. Zum erstenmal zeigte sich der revolutionäre Beweger der Nationalitäten als kühler diplomatischer Rechner, mehr auf hinhaltendes Zögern eingestellt, als seine Gegner vermuteten. Hatte schon die um ihre Vorteile feilschende Taktik Preußens zu Beginn und auf dem Höhepunkt des Krieges Entrüstung in Österreich – und im übrigen Deutschland – hervorgerufen, so hinterließ das Ereignis von Villafranca in Wien das bittere Gefühl, von dem Bundespartner in Berlin verraten und darum zu einem Verzichtfrieden gezwungen worden zu sein. Der Fortgang der nationalen Revolution in Italien, die über alle ihr in Villafranca gesetzten Schranken hinwegbrandete und Mittelitalien, schließlich Süditalien für den italienischen Nationalstaat gewann, zeigte aber bald, daß Österreichs Stellung in Italien gegenüber der stärksten Nationalbewegung dieser Zeit nicht mehr zu halten war und Preußens Hilfe sie nicht mehr verhindert, dafür aber einen gesamteuropäischen Krieg unter ungünstigen Bedingungen und mangelnder militärischer Bereitschaft hervorgerufen hätte.

9. Innere Entwicklung 1852–1862

Der italienische Krieg hatte eine Reihe wesentlicher *Folgen für die deutsche Politik:* Zunächst hob er den seit 1849 immer wieder auflodernden Rivalitätskampf der beiden Mächte des Deutschen Bundes voll ins Bewußtsein. Er löste aber auch in einzelnen Ländern und in Gesamtdeutschland innere Bewegungen und Entwicklungen aus, von denen die deutschen Geschicke im nächsten Jahrzehnt bestimmt wurden. In der *habsburgischen Monarchie* wurde als unmittelbare Folge der Niederlage das System des Schwarzenberg-Bachschen Zentralismus abgeschafft und eine *Periode neuer Verfassungsexperimente*[12] begonnen. Sie faßten das österreichische Reichsproblem von verschiedener Seite her an: Das Oktoberdiplom von 1860[13] geht vom Autonomismus der »historisch-politischen Individualitäten« der Länder aus und stützt sich auf die deutsche und nicht-deutsche feudale Hocharistokratie; der Reichsrat als zentrale, zur Mitwirkung an der Gesetzgebung berufene Körperschaft sollte aus Vertretern der erneuerten ständischen Landtage gebildet werden. Als diese Ordnung von Magyaren und Deutschen aufs schärfste angegriffen wurde, vollzog Kaiser Franz Joseph einen energischen Kurswechsel und berief Anton v. Schmerling, den Abgeordneten und Minister der Frankfurter Nationalversammlung, zum Staatsminister. Schmerling repräsentierte das mit dem Oktoberdiplom unzufriedene deutschliberale Bürgertum und suchte einen Weg, die Einheit des Gesamtstaates nicht nur auf die Krone, sondern auf eine »Verfassung« und ein Reichsparlament zu gründen. So kam es unter Mitarbeit namentlich des deutsch-liberalen Juristen Hans Perthaler zum Februarpatent von 1861[14], das, als Vollendung des Oktoberdiploms bezeichnet, in Wahrheit doch eine neue Ordnung begründete. In ihrer Mitte stand als Zentrum des Reiches neben dem Kaiser der »Reichsrat«, aus zwei Kammern zusammengesetzt, von denen das »Abgeordnetenhaus« aus Vertretern der Landtage gebildet wurde. Ungarn war in dieses System miteinbezogen, doch sollten bei der Beratung nur-cisleithanischer Fragen die Abgeordneten Ungarns und seiner Nebenländer aus dem dann zum »engeren« Reichsrat verkleinerten Parlament ausscheiden. Trotz dieser Ungarns Sonderstellung unterstreichenden Regelung stieß die Februarverfassung bei allen Schichten und Richtungen der ungarischen Nation auf einen bis zur vollen Obstruktion gesteigerten Widerstand, den die Regierung mit den Mitteln des Polizei- und Militärstaats zu brechen suchte. Auch die slavischen Völker, die Polen, Tschechen und

9. Innere Entwicklung 1852–1862

Kroaten, übten gegen den Reichsrat Boykott, so daß dieser nur als Rumpfparlament tagte. In ihm dominierte das deutschliberale Bürgertum, vertreten durch die »Verfassungspartei«, in der der deutsche Führungsanspruch in der Monarchie sich mit gesamtdeutschen Tendenzen verband. In dem Augenblick, in dem in Preußen die Neue Ära durch den Verfassungskonflikt abgelöst wurde, beschritt Schmerlings liberale Verfassungspolitik den Weg moralischer Eroberungen in Gesamtdeutschland. Darin liegt die allgemein-deutsche Bedeutung der Ära Schmerling in Österreich, die ihrerseits eine Folge des italienischen Krieges von 1859 gewesen ist.

Der italienische Nationalkrieg von 1859 hat auch sonst tief auf die deutsche Politik eingewirkt. Nicht als ob die großdeutschen oder kleindeutschen Anhänger einer nationaldeutschen Politik unmittelbaren Anteil an den Erfolgen der italienischen Nationalbewegung selbst genommen hätten; eher litten die Deutschen in der Beurteilung der italienischen Ereignisse unter dem inneren Zwiespalt, daß sie zwar den italienischen Unabhängigkeitskampf innerlich bejahten, in ihm aber gleichzeitig eine gefährliche Bedrohung der europäischen Mitte und ein selbstsüchtig-imperialistisches Interesse des französischen Kaisers sahen, so daß ihnen Italien geradezu als mißbrauchtes Opfer einer hinterhältigen Diplomatie erschien[15]. Aber von den Methoden und Organisationen der italienischen Nationalpartei haben die deutschen Nationalen doch vieles gelernt: So wurde die italienische Società Nazionale von 1856 das unmittelbare Vorbild des im Januar/Herbst 1859 gegründeten *Deutschen Nationalvereins*[16]. Dieser war aus der Verbindung nord- und süddeutscher Liberaler und Demokraten hervorgegangen und knüpfte an die Politik der Erbkaiserlichen und »Gothaer« an. Trotz wachsender Mitgliederzahlen, die bis auf 25 000 anstiegen, war er keine auf breite Anhängerschaft gegründete Massenbewegung, eher eine vorsichtige, ihre eigentlichen Ziele verhüllende Honoratiorenvereinigung. Alles in ihr war auf Vermittlung und auf Lavieren gerichtet; selbst das Programm der preußischen Spitze konnte nicht uneingeschränkt offen bekannt werden. Je mehr sich Preußen von den Bahnen konstitutioneller Politik entfernte, desto prekärer wurde die Lage des Nationalvereins. Der ihm entgegengestellte *Deutsche Reformverein* (Oktober 1862)[17] wurde anfangs von dem Aufschwung großdeutsch-österreichischer Sympathien getragen und konnte die Unsicherheit des Nationalvereins für sich ausnützen. Seine

9. Innere Entwicklung 1852–1862

Anhängerschaft kam aus dem Großdeutschtum verschiedener Schattierungen und überwiegend aus den Mittelstaaten. Beide Vereinigungen waren aber nicht dazu bestimmt, selbst als geschichtliche Beweger aufzutreten; sie waren und blieben ein Symptom der Unruhe der sich auch in unpolitischen Formen regenden nationalen Kräfte (Schillerfeiern 1859, Sängerfest in Nürnberg 1861, Deutsches Schützen- und Turnfest in Koburg 1860).

Die Bewegung der folgenden Jahre ist an anderer Stelle ausgelöst worden. Während die Krise von 1859 in den meisten Staaten des Deutschen Bundes das Reaktionssystem aufweichte oder beendete, hat der Krieg in *Preußen* die alten militärstaatlichen Fundamente freigelegt, auf dem dieses Staatswesen ruhte. Wilhelm I. blieb es damals zwar erspart, das preußische Heer in einen Waffengang zu führen, aber allein schon die Mobilmachung der Armee hatte manche Schwächen der preußischen Heeresverfassung, vor allem einen empfindlichen Mangel ausgebildeter junger Reserven, zutage gebracht und ist dadurch der eigentliche Anstoß für den Regenten geworden, sein *Programm einer militärischen Reform* zu verwirklichen[18]. Die Schlagkraft der Armee lag dem militärischen Fachmann Wilhelm schon in dem Jahrzehnt von 1848 bis 1858 am meisten am Herzen: Sie war für ihn ein technisches Problem, aber noch mehr eine Aufgabe, von deren Erfüllung der Machtcharakter des preußischen Staates abhing. »Preußens Heer muß mächtig und angesehen sein«, hieß es in der Proklamation vom 8. 11. 1858, »um, wenn es gilt, ein schwerwiegendes politisches Gewicht in die Waagschale legen zu können.« Die militärtechnischen Forderungen waren also von vornherein im Zusammenhang mit der Gesamtpolitik Preußens, vor allem mit seiner außenpolitischen Stellung gesehen. In dieser Anschauung stimmte mit dem Prinzregenten der General *Albrecht v. Roon* überein, der ihm aus seiner Koblenzer Zeit nahestand und schon vor der Krise von 1859 einen großen Reorganisationsplan für die Armee ausgearbeitet hatte. Wilhelm und Roon sahen in der Armee in erster Linie den Garanten der Macht nach außen; aber nicht weniger dachten sie auch an die innere Machtsicherung der Monarchie. Mehr und mehr trat diese in den Vordergrund, und die nächste militärische Umgebung des Prinzregenten und Königs hat dies gefördert, ja den Kampf um die Armee in einen Kampf um das Königtum gegen die Revolution umgedeutet. Daran sind vor allem der Generaladju-

9. Innere Entwicklung 1852–1862

tant v. Alvensleben und der Chef des Militärkabinetts Edwin v. Manteuffel beteiligt, aber auch Roon selbst, der im Dezember 1859 als Kriegsminister in das noch wesentlich altliberale Ministerium eintrat.

Im Februar 1860 legte die Regierung das vom neuen Kriegsminister v. Roon vertretene »*Gesetz betreffend die Verpflichtung zum Kriegsdienst*« im Abgeordnetenhaus vor. Dieses Gesetz, eine Modifikation des Wehrgesetzes vom 3. 11. 1814, enthielt im Kern drei Gesichtspunkte: (1.) die Formationen des stehenden Heeres, der Linie und damit die Friedenspräsenzstärke, wurden erhöht. Diese Maßnahme war im wesentlichen schon im Anschluß an die Demobilmachung von 1859 durchgeführt worden: Die Armee wurde auf Friedensfuß gesetzt, die Kriegsformationen blieben jedoch bestehen, und »kombinierte Regimenter« und »Landwehrstammbataillone« als Grundstock für die neu aufzustellenden Linienregimenter wurden geschaffen. Die Regimenter wurden durch die Einberufung von Rekruten aufgefüllt, deren jährliches Kontingent von 40000 auf 63000 Mann erhöht wurde. Diese Aktion war im Frühjahr faktisch schon abgeschlossen. – (2.) Die im Wehrgesetz von 1814 festgelegte 3jährige Dienstzeit, die nach einer vorübergehenden Verkürzung seit 1856 wieder bestand, sollte erneut gesetzlich festgelegt werden. – (3.) Die Stellung der Landwehr, die in Boyens Wehrgesetz von 1814 neben der Linie und unabhängig von ihr bestanden hatte, wurde wesentlich geschwächt: Ihre drei jüngsten Jahrgänge wurden in die zur Linie gehörende Reserve übernommen. Ihre letzten vier Jahrgänge sollten, zusammen mit der Landwehr zweiten Aufgebots, nicht dem Feldheer zugeteilt sein, sondern im Etappen-, Festungs- und Garnisonsdienst Verwendung finden. Es handelte sich also deutlich um eine Zurückdrängung, auf der anderen Seite um die Absorbierung der Landwehr im früheren Sinne durch die Linie. Dies hatte nicht mehr nur militärtechnische Gründe, sondern war zugleich ein hochpolitischer Akt. Das Bürgerheer der Landwehr, das in Scharnhorsts und Boyens Wehrsystem einen besonderen Rang neben dem Königsheer der Linie besaß, sollte getroffen werden. Der Kompromiß der Heeresordnung von 1814, die die wehrpolitische Analogie zum konstitutionellen, monarchisch-parlamentarischen Staat darstellte, wurde angegriffen und die Wehrverfassung dem monarchisch-absoluten Staat angeglichen, in dem das Parlament seiner tragenden Funktionen beraubt und an die Seite geschoben war.

9. Innere Entwicklung 1852–1862

Nun schien es anfangs durchaus, als ob sich über die Heeresreform zwischen der Regierung und der altliberalen Mehrheit der Kammer, deren stärkste Gruppe die Fraktion Vincke darstellte, ein Übereinkommen würde finden lassen, zumal da auch ein Teil der Altliberalen das bisherige System der Landwehr als unbefriedigend und eine Verschmelzung von Linie und Landwehr gerade als Mittel zur Durchdringung der Armee mit der Nation ansah. Der eigentliche Konfliktspunkt wurde die *Forderung der dreijährigen Dienstzeit*, an der Wilhelm unnachgiebig festhielt, während die Kammermehrheit sie nachdrücklich verwarf. Eine Einigung kam schon in dieser ersten Phase nicht zustande; die Regierung zog den Entwurf zurück und forderte von der Kammer lediglich die Mehrkosten für die Reorganisation bis zum 1. 7. 1861. Dieses sogen. »*Provisorium*« ist am 15. 5. 1860 gegen nur zwei Stimmen vom Abgeordnetenhaus bewilligt worden; schon im Frühjahr 1861 fand sich noch einmal eine Mehrheit für eine Verlängerung. Damit schien die Heeresreform nur noch eine budgetrechtliche Frage zu sein. Die Kammer überließ die Entscheidung über die Verwendung der bewilligten Mittel der Regierung – ein schwerer taktischer Fehler; denn sehr bald stellte sich heraus, daß das, was das Parlament als provisorische Bewilligung auffaßte, vom König und seinen militärischen Beratern als endgültige Entscheidung verstanden wurde. Der Inhalt der Heeresreform wurde zum Ermessensbereich der Kommandogewalt des Königs gerechnet, der gar nicht der Regelung durch ein von den Organen der Verfassung zu bewilligendes Gesetz unterliegen sollte. Die Anerkennung eines Provisoriums würde, so erklärte Manteuffel, die Armee aus einer königlichen zu einer Parlamentsarmee machen[19]. Dieses zweifellos unzutreffende Wort zeigt, daß die Verschärfung nicht zuletzt von den militärischen Ratgebern des Königs ausging. In der Allerhöchsten Kabinettsorder vom 18. 1. 1861 schloß sich Wilhelm I. (seit 2. 1. 1861 König) dieser Auffassung an und machte seine Kommandogewalt ausdrücklich unabhängig von dem dem Parlament verantwortlichen Kriegsminister, dem nur die Gegenzeichnungsbefugnis für militärische Angelegenheiten blieb, soweit sie Etatfragen berührten.

Damit war die Auseinandersetzung zu den *Grundfragen der politischen und gesellschaftlichen Verfassung* vorgestoßen: Die altpreußische Militärmonarchie, nach den Wirren der Revolution wiederhergestellt und in ihrem Selbstbewußtsein gekräftigt,

9. Innere Entwicklung 1852-1862

suchte das Fundament ihrer Macht von den im Parlament repräsentierten Kräften des Bürgertums unabhängig zu halten; Staat und bürgerliche Gesellschaft, in der Reformzeit in engere Verbindung zueinander gebracht, traten einander gegenüber. Beide sahen über die Grenzen Preußens hinaus auf Deutschland: Für das militärische Altpreußentum war die Armee die Voraussetzung für die Erweiterung der preußischen Macht in und über Deutschland; für die Liberalen war das Ringen um den preußischen Verfassungsstaat ein Ringen um die moralische Autorität der deutschen Führungsmacht.

Seit dem Frühjahr 1861 und der zweiten Bewilligung des Provisoriums, die schon an die Forderung nach einem Gesetzentwurf über die Einführung der zweijährigen Dienstzeit gebunden wurde, verschärfte sich in steigendem Maße die innere Lage in Preußen. Von der altliberalen Mehrheit spaltete sich die einem weiteren Nachgeben offen sich widersetzende Fraktion »Junglitauen« ab, benannt nach ihren aus Ost- und Westpreußen stammenden Mitgliedern wie Freiherr v. Hoverbeck und Max v. Forckenbeck, aus der dann im Juni die liberale und demokratische Kräfte in sich vereinigende *Deutsche Fortschrittspartei* hervorging[20]. Ihre Begründung war das wichtigste parteipolitische Ereignis seit dem Ende der Revolution. Für die Kammerwahlen vom Dezember trat sie mit einem Programm hervor[21], dem ersten eigentlichen Parteiprogramm der deutschen Geschichte, in dem u. a. die Erhaltung der Landwehr und die zweijährige Dienstzeit gefordert wurde./Die Wahlen brachten einen eindeutigen Sieg der Fortschrittspartei, die mit 109 Abgeordneten die stärkste Gruppe des Parlaments wurde und zusammen mit dem linken Zentrum über die Mehrheit verfügte./Eine Vereinbarung mit dieser Kammer war für die Regierung unmöglich geworden; die den Konflikt schürenden Kräfte waren auf beiden Seiten im Vordringen. Als durch den von der Mehrheit angenommenen Antrag des Abgeordneten Karl Hagen vom 6. 3. 1861 die Kammer von der Regierung die Spezialisierung des Staatshaushalts verlangte und ihr damit die Möglichkeit nehmen wollte, die Mehrkosten der Heeresvermehrung aus anderen Etatstiteln zu decken, war die Stellung der liberalen Minister unhaltbar geworden; sie erhielten am 14. 3. 1862 den Abschied, wenige Tage nach der *Auflösung der Kammer*. Nur die konservativen Minister, unter ihnen vor allem Roon, blieben in der neuen konservativen Regierung des Fürsten Hohenlohe-Ingelfingen. Als die Neuwahlen des Landtags den Liberalen eine überwältigende Mehrheit brachten (230 von 352 Sitzen), war eine ausweglose Situation eingetreten, in der der König den Gedanken der Abdankung unmittelbar ins Auge faßte. In diesem Augenblick griff der Kriegsminister Albrecht v. Roon ein. Gegenüber der liberalen Taktik, durch den Sturz der Regierung ein parlamentarisches Ministerium erzwingen zu wollen, ging seine Arbeit dahin, die Bahn für ein konservatives Kabinett frei zu machen, das bereit war, den Kampf mit der Kammer aufzunehmen. Als »Kopf« dieser neuen Regierung hatte er längst Otto v. Bismarck in Aussicht genommen, der von Petersburg nach Paris versetzt, in der französischen Hauptstadt auf seine Stunde wartete. Sie kam erst, als für den König alle anderen Möglichkeiten erschöpft waren. Ein *letzter Versöhnungsversuch* einer gemäßigten Gruppe der Fortschrittspartei auf der Basis der zweijährigen Dienstzeit scheiterte an der kompromißlosen Unnachgiebigkeit des Königs. Der Etat für 1863 kam auf gesetzlichem Wege nicht zustande; die konservativen Parteigänger der Regierung lancierten in diesem Augenblick den Gedanken, bei einem Nichtzustandekommen des Etats habe die Regierung das Recht, die Verwaltung aufgrund des letzten gesetzlich festgestellten Etats weiterzuführen. Hieraus wurde die *Theorie von einer Lücke der Verfassung* entwickelt, die nichts darüber aussage, was zu geschehen habe, wenn die drei für die Gesetzgebung zuständigen Organe nicht übereinstimmten. Nach konservativer Anschauung trat dann das volle Königsrecht wieder in Kraft. Der König war in dieser Lage schwankend. Fand er kein Ministerium, das die Politik der »Lückentheorie« gegen das Parlament durchzuführen bereit war, wollte er zugunsten seines Sohnes abdanken. Dies war der Moment, in dem Roon seinem Freunde Bismarck in Paris telegraphierte: »Periculum in mora. Depêchez-vous.«

Quellen: Stenograph. Ber. über d. Verhl. d. preuß. Hauses d. Abg. (1849 ff.). Stenograph. Ber. über d. Verhl. d. preuß. Herrenhauses (1849 ff.). BISMARCK, Die Ges. Werke, Friedrichsruher Ausgabe, Bd. 2-4. Dt. Liberalismus im Zeitalter Bismarcks, eine polit. Briefsammlung, Bd. 1: 1859–1870, hg. v. J. HEYDERHOFF (1925, Ndr. 1967). A. ROSENBERG, Die nationalpolit. Publizistik Dtlds. vom Eintritt der Neuen Ära in Preußen bis zum Ausbruch des Dt. Krieges, Bd. 1 (1935). Stenograph. Protokolle über d. Sitzungen d. Hauses d. Abg. d. österr. Reichsrathes (1861 ff.). Stenograph. Protokolle über d. Sitzungen d. Herrenhauses d. österr. Reichsrathes (1861 ff.). Die Ministerratsprotokolle Österreichs u. d. Österr.-Ung. Mon. 1848–1918, Serie 1: Die Prot. d. österr. Ministerrats 1848–1867 (1970 ff., bisher 2 Bde.).

9. Innere Entwicklung 1852–1862

[1] Text: G. GIESE, Quellen zur dt. Schulgesch. seit 1800 (1961), S. 158 ff. Über Schulreformen in den 50er Jahren vgl. für Bayern die Schulordnung für die höheren Lehranstalten von 1854 und das Normativ für die Bildung der Volksschullehrer vom 15. 5. 1837; dazu M. DOEBERL, Entwicklungsgesch. Bayerns, Bd. 3 (1931), S. 305 ff.

[2] K. DÜWELL, Konstitution, Maschine und Schule. Zur preuß. Hochschulpolitik im Rheinland vor der Reichsgründung, in: Polit. Ideologie u. national-staatl. Ordnung, hg. v. K. KLUXEN u. W. J. MOMMSEN (1968), S. 273 ff.

[2a] H. LENTZE, Die Universitätsreform d. Gf. v. Thun-Hohenstein, SB Ak. Wien 239,2 (1962).

[3] Krit. Ausgabe der ›Epochen der neueren Geschichte‹ aufgrund der Stenogramme der Berchtesgadener Vorträge, hg. v. TH. SCHIEDER u. H. BERDING, in: L. v. Ranke, Aus Werk u. Nachlaß, Bd. 2 (1971).

[4] Die Hist. Kommission b. d. Bayer. Akademie der Wissenschaften (1958), hier namentlich F. SCHNABEL, S. 7 ff.

[5] TH. SCHIEDER, Die dt. Geschichtswissenschaft im Spiegel der Hist. Zeitschr., in: Hundert Jahre HZ (1959).

[5a] Die Wiener Ringstraße – Bild einer Epoche, Lg v.R . Wagner-Rieger, bisher 5 Bde (1969–74).

[6] J. G. DROYSEN, Briefw., hg. v. R. HÜBNER, Bd. 2, S. 200 f. Zum Grundsätzlichen: H. SEIER, Die Staatsidee H. v. Sybels in den Wandlungen der Reichsgründungszeit 1862–1871 (1961). W. BUSSMANN, Zur Gesch. des dt. Liberalismus im 19. Jh., HZ 186 (1958).

[7] R. HAYM, Hegel und seine Zeit (1857, Ndr. 1962). Zum Ganzen vgl. auch O. WESTPHAL, Welt- und Staatsauffassung des dt. Liberalismus (1919). H. ROSENBERG, R. Haym u. die Anfänge des klass. Liberalismus (1933).

[7a] L. A. v. ROCHAU, Grundsätze der Realpolitik angewandt auf die staatlichen Zustände Dtlds. (1853, ²1859, Neudr. 1972).

[8] E. MARCKS, Kaiser Wilhelm I. (⁸1918).

[9] Text: HUBER, Dokumente, Bd. 2, Nr. 35, S. 31 ff.

[10] K. BORRIES, Dtld. u. das Problem des Zweifrontendrucks in d. europ. Krise des ital. Freiheitskampfes 1859, in: Das Reich, Idee und Gestalt (Festschr. f. J. Haller 1940). E. SCHÜLE, Rußland u. Frankreich vom Ausgang des Krimkrieges bis z. ital. Krieg 1856 bis 1859 (1935). A. MITTELSTAEDT, Der Krieg von 1859. Bismarck u. die öffentl. Meinung in Dtld. (1904). R. BUCHNER, Die dt.-franz. Tragödie 1848–1864 (1965), S. 73 ff.

[11] Vgl. SRBIK, Dt. Einheit, Bd. 2, S. 333 ff.

[12] R. A. KANN, Das Nationalitätenproblem der Habsburger Monarchie, Bd. 2, S. 107 ff. UHLIRZ, Hdb. d. Gesch. Österreichs, Bd. II 2 (1941), S. 788 f. (mit Lit.).

[13] Text: BERNATZIK, Die österr. Verfassungsgesetze (²1911), S. 223 ff.

[14] Text ebd., S. 255 ff.

[15] TH. SCHIEDER, Das Italienbild der dt. Einheitsbewegung, in: ders., Begegn. m. d. Gesch. (1962). E. PORTNER, Die Einigung Italiens im Urteil lib. dt. Zeitgen. (1959).

[16] R. SCHWAB, Der dt. Nationalverein (1902). G. EISFELD, Die Entstehung d. lib. Parteien in Dtld. 1858–1870 (1969), S. 25 ff. Text der ersten Erklärung vom 14. 8. 1859 u. der Satzung vom 15./16. 9. 1859 bei HUBER, Dokumente, Bd. 2, Nr. 84 u. 85, S. 90 ff. Zur ital. Società Nazionale: R. GREW, A Sterner Plan for Italian Unity. The Italian National Society in the Risorgimento (1963).

[17] E. ZIMMERMANN, Der dt. Reformverein (Diss. Heidelberg 1929). W. REAL, Der dt. Reformverein. Großdt. Stimmen u. Kräfte zwischen Villafranca u. Königgrätz (1966). Text des Programms vom 28. 10. 1862 bei HUBER, Dokumente, Bd. 2, Nr. 89, S. 95.

[18] Über Heeres- u. Verfassungskonflikt: A. WAHL, Beiträge zur Gesch. der Konfliktszeit (1914). F. LÖWENTHAL,

Der preußische Verfassungsstreit 1862 bis 1866 (1914). L. Dehio, Die Taktik der Opposition während des Konflikts, HZ 140 (1929). E. R. Huber, Heer und Staat in der dt. Gesch. (1938). C. Schmitt, Staatsgefüge u. Zusammenbruch des zweiten Reiches (1934), beide Schriften mit zeitgebundenen Verschärfungen; beide sehen im Anspruch des Parlaments auf Mitbestimmung in der Heeresfrage eine destruktive Tendenz; ebenso K. Kaminski, Verfassung und Verfassungskonflikt in Preußen 1862 bis 1866 (1938). Darstellung und Beurteilung nach heutigem Stand: G. Ritter, Staatskunst u. Kriegshandwerk, Bd. 1: Die altpreuß. Tradition 1740–1890 (1954), S. 159 ff. G. C. Craig, The Politics of the Prussian Army 1640–1945 (1955), S. 136 ff. E. N. Anderson, The Social and Political Conflict in Prussia, 1858–1864 (1954), mit starker sozialgeschichtl. Unterbauung. Neueste Untersuchung: H. A. Winkler, Preuß. Liberalismus u. dt. Nationalstaat. Studien z. Gesch. der Dt. Fortschrittspartei 1861–1866 (1964). A. Hess, Das Parlament, das Bismarck widerstrebte (1964), mit wicht. Tabellen z. Partei- u. Wahlbewegung.

[19] Zitat bei G. Ritter (s. Anm. 18), S. 176.

[20] Letzte Darstellungen der Entstehungsgesch. bei H. A. Winkler (wie Anm. 18), S. 1 ff. u. G. Eisfeld (wie Anm. 16), S. 59 ff.

[21] Text: W. Mommsen, Dt. Parteiprogramme (1960), S. 132 ff. Huber, Dokumente, Bd. 2, Nr. 39, S. 36; hier auch alle anderen für den Verfassungskonflikt wichtigen Dokumente.

Kapitel 10
Die Anfänge Bismarcks

Es gehört zu den Aufgaben des Historikers, das Verhältnis der handelnden Persönlichkeiten und der überindividuellen Strukturen in der Geschichte in seinem jeweiligen Maß zu bestimmen. Die Geschichte kennt dafür keine absolute Regel, es sei denn, daß hier von einer wechselseitigen Verschränkung gesprochen werden kann, in der die individuellen und die überindividuellen Faktoren sich gegenseitig ihre Existenz ermöglichen. Einzelne historische Persönlichkeiten von großem Zuschnitt können mit bestimmender Kraft in die Geschichte eingreifen, sie können zerstörend, aufbauend und erhaltend wirken. Dies trifft im historischen Verlauf des 19. Jh. in Deutschland für keinen Augenblick mit größerer Sicherheit zu als für den Moment, in dem Otto v. Bismarck die Zügel der Politik in Preußen ergreift.

Otto von Bismarck stammte aus einem altmärkischen Geschlecht, das den allgemeinen Entwicklungsgang von der ständischen Fronde zum königstreuen Adel durchgemacht hatte, ohne mit überdurchschnittlichen Begabungen hervorgetreten zu sein. Durch Bismarcks Mutter Wilhelmine v. Bismarck aus

10. Die Anfänge Bismarcks

der bürgerlichen Gelehrten- und Beamtenfamilie Mencken kam ein anderes Element in diese Überlieferung, und wohl erst die Verbindung zweier Traditions- und Erbströme hat in dem Nachkommen von Junkern und Gelehrten geniale Begabung möglich gemacht, die herrischen Machtwillen, leidenschaftliche Willenskräfte mit immenser Geistigkeit und Phantasie vereinte. So entstand eine reiche, aber alles andere als harmonische Natur mit vielen Widersprüchen, der gegenüber jede vereinfachende Stilisierung zum Heros oder zum Dämon versagen muß.

Am 1. 4. 1815 in Schönhausen in der Altmark geboren, empfing Bismarck lebenslang tiefe persönliche Eindrücke vom Lande: In Kniephof bei Naugard in Pommern wächst er auf, und auf den Gütern Schönhausen, Varzin und Friedrichsruh verbringt er als Gutsherr Jahre seines Lebens. Aber die ländliche Welt mit ihrer junkerlich-feudalen Ordnung, so sehr er sich ihr zugehörig fühlte und in ihr verwurzelt blieb, befriedigte seinen titanischen Tatwillen nicht; er suchte ihn auf dem größeren Felde des Staates zu betätigen, zu dessen Machtnatur er ein spontanes, unreflektiertes Verhältnis hatte. Der Weg zu diesem Ziel verlief für den *jungen Bismarck* so wenig geradlinig, wie sein Bildungsgang überhaupt konventionellen Maßstäben genügte. Der Schüler der Plamannschen Anstalt und des Gymnasiums zum Grauen Kloster in Berlin ist vom nationaldeutschen und neu-humanistischen Geist dieser Schulen nicht nachhaltig berührt worden. Als Student der Rechte in Göttingen und Berlin (1832–1835) genoß er das ungebundene Leben eines jungen Herrn im Kreise seines Göttinger Corps, in der Berliner Gesellschaft, mit Freunden wie dem Balten Alexander Graf Keyserling und dem Amerikaner John Lothrop Motley. Das Bild seiner geistigen Entwicklung in diesen Jahren ist nicht deutlich genug, um sagen zu können, wieweit Bismarck sich mit den geistigen und philosophischen Ideenmächten der Zeit auseinandergesetzt hat. Doch jetzt schon war ihm mehr das dichterische Wort – Byrons und Shakespeares – zugänglich als jedes abstrakte philosophische System. Später, als Gutsherr in Kniephof, hat er Spinoza und Hegel gelesen und, wie er selbst berichtet, D. F. Strauß, Feuerbach, Bruno Bauer. Die dadurch bestärkte »Skepsis« gegen überlieferten Glauben verbindet ihn mit Altersgenossen wie Jacob Burckhardt oder Karl Marx, aber er blieb immer von diesen getrennt durch das mangelnde Bedürfnis danach, die Welt von der Theorie her zu

10. Die Anfänge Bismarcks

begreifen. Sein Weltbild war von Anfang an voluntaristisch; das Aufeinanderstoßen gewaltiger Willensmächte faszinierte ihn an der Musik Beethovens und an den Dramen Shakespeares. Dies alles wurde erst deutlich greifbar, nachdem Bismarck die *erste Krisis* in seiner Entwicklung erlebt hatte; sein Versuch, die diplomatische Karriere auf dem Wege der »Ochsentour« einzuschlagen, scheiterte an ihm selbst: Der Referendar in Aachen und Potsdam findet seine Tätigkeit »kleinlich und langweilig«; er durchbricht mehrfach alle Regel und Ordnung und verstärkt seine Abneigung gegen die Bürokratie und die kollegialen Formen ihrer Entscheidungen. Wenn er schließlich den *Abschied vom Staatsdienst* nahm, um als Landwirt auf das Familiengut Kniephof zurückzukehren, dann mag es manche äußeren Gründe für diese Entscheidung gegeben haben, im Grunde rebellierte mit diesem Entschluß der Unabhängigkeitstrieb des Landedelmannes, aber auch das Überlegenheitsbewußtsein einer genialen Natur gegen alle Reglementierung. Ein Brief vom August 1838 an eine Kusine gibt als Gründe seiner Entscheidung an: »Der preußische Beamte gleicht dem Einzelnen im Orchester; er mag die erste Violine oder den Triangel spielen: ohne Übersicht und Einfluß auf das Ganze, muß er sein Bruchstück abspielen, wie es ihm gesetzt ist, er mag es für gut oder schlecht halten. Ich will aber Musik machen, wie ich sie für gut erkenne, oder gar keine[1].« Die Rückkehr aufs Land vermochte aber die Krise nicht zu lösen; sie stürzte Bismarck in die Unrast eines unausgefüllten Daseins, die ihn in der Einsamkeit Hinterpommerns ein Kavaliersleben in sehr unkonventionellen Formen führen ließ und ihn zum »tollen Bismarck« stempelte. In dieser seelischen Verfassung kam er mit den Kreisen des seit 1820 sich ausbreitenden *pommerschen Pietismus*, namentlich mit Moritz v. Blanckenburg und dessen Braut und Gattin Marie v. Thadden, in Berührung, und dies blieb auf die Dauer nicht ohne tiefere Wirkungen. *Bismarcks »Bekehrung«*[2] von dem zwischen Deismus und Pantheismus schwankenden Skeptiker zum gläubigen Christen war ein entscheidendes Ereignis für sein Leben, in vieler Hinsicht auch für sein staatsmännisches Handeln, das sich zwar nie als bekennende und bekehrende »christliche Politik«, aber als den Dienst an den gottgewollten konkreten Lebensmächten, als Erspähen des verborgenen göttlichen Willens in den Ereignissen der Geschichte und im eigenen Gewissen verstand. Den inneren Vorgang selbst hat Bismarck in dem Werbebrief an den Vater seiner

Braut, Johanna v. Puttkamer, in allen seinen Phasen, bei allen diplomatischen Absichten dieses Schriftstücks doch mit letzter Aufrichtigkeit geschildert.

Als ständischer Parlamentarier ist dann Otto v. Bismarck in die Politik eingetreten: der Gutsherr von Schönhausen in der Altmark wird *Abgeordneter* der sächsischen Ritterschaft im *Vereinigten Landtag* (Mai 1847) und erscheint hier auf der äußersten Rechten als streitlustiger und redegewandter Verteidiger junkerlich-feudaler Rechte, als Royalist, als konservativer Parteimann. In den Revolutionswirren von 1848 sucht er die Gegenrevolution zu organisieren, die »königliche Revolution wider den König selbst« (E. Marcks), den er mit seinen Bauern aus der Hand der Revolutionäre in der Hauptstadt befreien und aus Berlin herausholen will. Von Februar 1849 bis Mai 1851 finden wir ihn als konservativen Abgeordneten des Preußischen Landtags und des *Erfurter Unionsparlaments* (März/April 1850), in dem er als Gegner der Unionspolitik des Freiherrn v. Radowitz hervortritt und schließlich deren Preisgabe durch den Olmützer Vertrag in der Kammer am 3. 12. 1850 verteidigt – mehr aus grundsätzlicher Ablehnung der Radowitzschen Pläne denn aus taktischen Gründen, wie er sie später in seinem Erinnerungswerk hervorhob. Die Olmütz-Rede, in der an vielen Stellen Bismarcks friderizianisch-preußisches Machtstaatsdenken durchbrach, war im ganzen eine sehr undoktrinär formulierte Parteirede, und als solche hat sie seinen politischen Aufstieg begründet. Als Anhänger konservativer Prinzipienpolitik wird Bismarck auf den Rat des Generaladjutanten Leopold v. Gerlach von dem widerstrebenden König zum preußischen *Bundestagsgesandten in Frankfurt* ernannt (Mai 1851). Hier wirkte er fast volle 8 Jahre bis zum Jahresanfang 1859 auf dem »augenblicklich wichtigsten Posten unserer Diplomatie«; hier warf er die letzten Schlacken des prinzipienfesten Konservativismus der Kamarilla ab und wollte die Beziehungen der Staaten auf die Wahrnehmung ihrer Interessen gestellt sein lassen. Im Krimkrieg vor allem bildet sich seine Anschauung von einem Mächteeuropa, in dem nicht Ideologien, sondern gleiche interessenpolitische Existenzbedingungen für alle Staaten das verbindende Element bildeten, wie er es vor allem in dem Briefwechsel mit Leopold v. Gerlach in diesen Jahren mit schneidender Schärfe formuliert hat[3]. So wollte er für die Berechnungen einer preußischen Außenpolitik das Bonapartistische Frankreich nicht einfach als revolutionäre

10. Die Anfänge Bismarcks

Macht außer Betracht lassen; andererseits durften für ihn keine anderen als interessenpolitische Gesichtspunkte im Verhältnis zu Österreich bestimmend sein. Bismarck erlebt in Frankfurt die Anfänge des offenen *Dualismus der beiden deutschen Großmächte,* deren Machtegoismus in der Gegenwehr gegen die Revolution entfesselt worden war, und er verkörpert selbst den preußischen Willen, sich dem »Netz der Bundesverfassung über dem Haupte des emporgekommenen preußischen Staates« zu entwinden. In der seine Frankfurter Erfahrungen zusammenfassenden großen Denkschrift vom März 1858[4] für den Prinzen von Preußen liegt der Nachdruck seiner Vorschläge schon nicht mehr auf der Forderung der Parität Preußens mit Österreich im Bunde, sondern auf einer vom Bunde und Österreich »unabhängigen preußischen Politik«.

Als Prinzregent Wilhelm und das Ministerium der Neuen Ära mit dem Außenminister v. Schleinitz ein besseres Verhältnis zu Österreich suchten, mußte der unbequeme Mahner in Frankfurt weichen: Er wurde zum *Gesandten am russischen Hofe* ernannt (23. 1. 1859), was er selbst als Kaltstellung empfand. Leidenschaftlich erregt, aber ohnmächtig, verfolgte er von hier aus die mitteleuropäische Krisis von 1859. Als der preußische König durch die Heeresreform in den Verfassungskonflikt hineingeriet, wurde ihm mehrfach, vor allem von dem Kriegsminister Albrecht v. Roon, Bismarck als geeigneter Minister vorgeschlagen, aber Wilhelm, unter dem Einfluß seiner Gemahlin Augusta, schreckte vor dieser Möglichkeit zurück: Bismarck erschien ihm zu unzuverlässig, zu »flatterhaft«. Im Frühjahr 1862 wurde Bismarck nach Berlin befohlen, und jetzt schien seine Ernennung bevorzustehen, doch scheiterte sie noch einmal, er wurde zum Gesandten am Hofe Napoleons III. ernannt, bis ihn dann der Ruf Roons im September 1862 erreichte.

Als Bismarck seinem König am 22. 9. in Babelsberg gegenübertrat[5], war dieser ernsthaft zur Abdankung entschlossen, da er keine Möglichkeit mehr sah, mit dem Parlament zu einer Einigung zu kommen, aber auch keine Regierung zu finden glaubte, die seine Politik gegen und ohne das Parlament durchzuführen bereit war. In dieser Lage hat ihn Bismarck durch seine bedingungslose Zusage für sich gewonnen, sich ihm als »Vasall, der seinen Lehensherrn in Gefahr sieht«, zur Verfügung zu stellen, »nicht als konstitutioneller Minister in der üblichen Bedeutung des Wortes«. Dieses Vorgehen war klug auf die

10. Die Anfänge Bismarcks

Mentalität Wilhelms berechnet; es gab dem neuen Minister auch die Möglichkeit, sich von vornherein keine Fesseln durch ein vom König entworfenes Programm auferlegen zu lassen; denn in dem *Bunde zwischen dem König und seinem Minister*, der nun über ein Vierteljahrhundert andauern sollte, ergriff Bismarck vom ersten Moment an die Zügel. Er trat in den Verfassungskonflikt ein und verschärfte ihn, aber er stellte ihn von vornherein in den Dienst viel höher gerichteter politischer Ziele, als sie die einfache Natur des Königs fassen konnte. Die Rettung und Erhöhung der preußischen Monarchie war kein Werk des Monarchen selbst, sondern eines großen Vasallen, der sich in seiner geschichtlichen Leistung am ehesten Richelieu vergleichen läßt.

Die *politische Taktik* des neuen Ministers in den ersten Monaten[6] schien denen recht zu geben, die in ihm bestenfalls einen frivolen Spieler, einen Mann ohne Grundsätze, aber von gefährlicher Gewalttätigkeit sehen wollten. Wenn Bismarck anfangs eine Annäherung an die Opposition nicht ganz auszuschließen schien, so deshalb, weil er den Konflikt »als ein wesentliches und schweres Hindernis unserer Geltung und unserer Aktion nach außen« erkannte. Auch das am 30. 9. 1862 in der Budgetkommission gefallene Wort: »Nicht durch Reden und Majoritätsbeschlüsse werden die großen Fragen der Zeit entschieden – das ist der große Fehler von 1848 und 1849 gewesen –, sondern durch Eisen und Blut«[7], appellierte mehr an die nationalen Stimmungen, als daß es die Abgeordneten brüskieren sollte; seine Wirkung war dann allerdings eine ungeheure, und es hat das Bild von dem Gewaltmenschen Bismarck begründet. Zum ersten Male mußte er um das Vertrauen des Königs ringen in jener Szene im Zuge von Jüterbog nach Berlin, die er in ›Gedanken und Erinnerungen‹ einprägsam geschildert hat. Hier sicherte er sich den Rückhalt in einer für ihn gefährlichen Situation und konnte den *Kampf gegen die Parlamentsmehrheit* nun mit rücksichtsloser Energie organisieren. Die erste Hälfte des Jahres 1863 war erfüllt von rigorosen Maßnahmen der Regierung gegen die Opposition und die liberale öffentliche Meinung, wohl mit dem Ziel, durch diese »terroristische Methode« (Zechlin) die Opposition mürbe zu machen. Das Abgeordnetenhaus wurde vorzeitig geschlossen und aufgelöst (2. 9.), durch die Preßordonnanz vom 1. 6. den Verwaltungsbehörden ein fast unbegrenztes Zensurrecht eingeräumt. Unzweifelhaft hat der Minister in jenen Monaten mit *Staats-*

10. Die Anfänge Bismarcks

streichgedanken gespielt: Die Beseitigung des Dreiklassenwahlrechts, das infolge der wirtschaftlichen Veränderungen seit der Revolution nicht mehr in erster Linie dem konservativen Adel, sondern dem liberalen Bürgertum zugute kam, und seine Ersetzung durch das allgemeine und gleiche Wahlrecht erschien als Waffe im Kampf gegen die liberale Opposition. Er scheute sich nicht, darüber in *Gespräche mit dem Sozialisten Ferdinand Lassalle* einzutreten[8]. Auch war er wohl nicht unbeeindruckt von dem plebiszitären Cäsarismus Napoleons III., dessen System er genauer kannte als die meisten seiner konservativen Freunde[9].

Diese Entwicklung im Innern war der Hintergrund einer gesteigerten *außenpolitischen Aktivität*, die man wohl schon jetzt als das Primäre in Bismarcks System ansehen muß. Österreich gegenüber spielte der Minister ein aus Drohung und Verlockung gemischtes Spiel; Napoleon III. umwarb er; im Bunde brachte er den österreichischen Reformplan einer deutschen Delegiertenversammlung aus Delegierten der Landtage zu Fall (22. 1. 1863). Mitten hinein in die große Politik führten ihn die Ereignisse des *polnischen Aufstands* seit dem Januar 1863[10]. Bismarck sah diese ausschließlich unter dem Gesichtspunkt der Machträson Preußens und witterte deshalb in ihnen große Gefahr; die Belebung polnischer Hoffnungen auf Wiederherstellung ihres Nationalstaats hielt er für unvereinbar mit dem preußischen Staatsinteresse, das vielmehr dazu nötige, »die Eröffnung der polnischen Frage nach Möglichkeiten hintanzuhalten«. Preußen werde stets ein natürlicher Gegner der autonomen nationalen Entwicklung des Königreichs Polen bleiben müssen[10a]. Aber bestand noch die alte Solidarität der Teilungsmächte gegenüber der polnischen Frage, auf der eine solche Politik notwendigerweise beruhen mußte? Bismarck hatte hier erhebliche Zweifel und glaubte in Rußland die traditionelle machtstaatliche Polenpolitik durch polonophile, westlich orientierte, verfassungsfreundliche Strömungen gefährdet, zu deren Exponenten er auch den russischen Reichskanzler Fürst Gortschakoff rechnete. Unter solchen Umständen konnte Polen, das einen wichtigen Trumpf in der nationalrevolutionären Politik Napoleons III. bildete, zu einem Bindeglied für eine russisch-französische Annäherung werden, der Napoleon wie Gortschakoff zustrebten. In dieser aber erkannte Bismarck von seinen ersten Anfängen an die bedrohlichste Kombination für eine preußisch-deutsche Politik. Auf zweierlei zielte er in den kritischen Wochen zu Beginn des Jahres 1863: auf die Abdichtung Preußens gegenüber der polnischen Aufstandsbewegung und in weiterem Verlauf auf die Störung der französisch-russischen Kombinationen. Mehr im Rahmen des Bemühens um das erste Ziel wurde Anfang Februar der Generaladjutant des Königs, General Gustav v. Alvensleben, nach Petersburg gesandt. Aus seiner Fühlungnahme mit dem Zaren und Gortschakoff erwuchs eine formelle, am 8. 2. unterzeichnete Konvention, die für den Notfall den gegenseitigen Grenzübertritt der eingesetzten Truppen vorsah »zur Verfolgung der Aufständischen, die von einem Land in das andere überwechselten«. Dieses an die Interventionspolitik der Restauration erinnernde Abkommen[11], obwohl von Gortschakoff selbst unterzeichnet, bedeutete nach Bismarcks späterem Urteil in ›Gedanken und Erinnerungen‹ einen gelungenen Schachzug, »der die Partie entschied, die innerhalb des russischen Kabinetts der antipolnische monarchische und der polonisierende panslavistische Einfluß gegeneinander spielten«. Diese Deutung hält auch kritischer Prüfung (neuerdings durch Eyck) wenigstens teilweise stand, wenn sie auch mehr die nachträglichen Ergebnisse zusammenfaßt: Bismarck gewann 1863 Rückhalt an den konservativen, dynastisch-höfischen Kreisen Rußlands und begann die für die Ära der Reichsgründung außenpolitisch entscheidende *preußisch-russische Freundschaft* zu konsolidieren, die ständig von den russisch-nationalistischen, panslavistischen Kräften gefährdet bleibt. Er verschärfte aber durch seinen Schritt das Verhältnis zum deutschen nationalen Liberalismus, der in ihm nur noch den Handlanger des russischen Absolutismus und den Mitschuldigen »an einer kolossalen, von ganz Europa mit sittlicher Empörung betrachteten Menschenjagd« sah (H. v. Sybel im Landtag 26. 2. 1863). Er geriet aber auch außenpolitisch in die Feuerlinie, als der französische Kaiser, durch die Konvention gehindert, mit Rußland zum Zuge zu kommen, die europäischen Mächte gegen den preußischen »Neutralitätsbruch« mobilisierte und England und Österreich zu identischen Noten aufstachelte. Bismarck wich diesem Stoß gewandt aus: er sagte sich jetzt von der Konvention los und schwächte dadurch den Aufmarsch, den Napoleon organisierte. Die diplomatische Intervention Englands und Österreichs richtete sich daraufhin gegen Rußland, das, von der französischen Aktivität verärgert, das politische Verhältnis zu Preußen beibehielt. So kann man tatsächlich sagen, daß im Ergebnis »der politische Inhalt der

10. Die Anfänge Bismarcks

Konvention auch gegen Gortschakoff gerettet« wurde (E. Marcks).

Diese Ereignisse fielen in eine Phase gesteigerter Unruhe in der deutschen Politik. Die Wiederbelebung der nationalen Bewegung seit 1859, der preußische Verfassungskonflikt und seine Verschärfung seit Bismarcks Regierungsantritt ließen das Bewußtsein von der *Unhaltbarkeit der deutschen Verfassungszustände* erneut wachsen; während sich aber Preußen durch seine antiliberale Politik endgültig um die Führungsrolle in Deutschland zu bringen schien, ging von dem Österreich der liberalen Verfassungspolitik Schmerlings eine steigende Anziehungskraft auf die wiedererwachenden großdeutschen Stimmungen aus, die im Deutschen Reformverein ein Zentrum gefunden hatten. In diesem Augenblick machte Österreich noch einmal den Versuch, eine Reform der deutschen Bundesverfassung zu unternehmen, die unter Wahrung des staatenbündisch-föderativen Charakters eine Stärkung der Bundesorgane und einen Ausgleich mit der nationalen Bewegung versuchte. Dies geschah mit dem großen *österreichischen Bundesreformprojekt*, dessen Schicksal sich auf dem *Frankfurter Fürstentag* vom August 1863 entschied[12]. In den Reformplan, die gewaltigste Anstrengung, die Österreich in der Bundesreformpolitik überhaupt gemacht hat, sind die verschiedenartigsten publizistischen, privaten und amtlichen Anregungen eingegangen: Am Eingang steht die stärkste publizistische Kraft des Reformvereins, der großdeutsche Publizist Julius Fröbel (Denkschrift vom Juni 1861), der als 48er Demokrat im Herbst 1848 beinahe das Schicksal Robert Blums in Wien geteilt hätte, und mittelbar auch Constantin Frantz, später der bedeutendste publizistische Gegner Bismarcks; den größten amtlichen Anteil hatte der deutsche Referent in der österreichischen Staatskanzlei, der hessische Großdeutsche Ludwig v. Biegeleben; halb aus patriarchalischem Reichsgefühl, halb aus materiellem Eigeninteresse beteiligte sich das Haus Thurn und Taxis, der Inhaber des alten Reichspostregals, dessen letzte Rechte auf dem Spiele standen. Sie alle standen Pate bei dem Entwurf, der die Exekutive des Staatenbundes durch die Einsetzung eines fünfköpfigen Fürstendirektoriums verstärken, daneben ein Delegiertenparlament aus 300 Abgeordneten einrichten wollte.

In diesen Plan mischten sich großdeutsch-universalistischer Reichspatriotismus und österreichisches Eigeninteresse, auf jeden Fall mußte ihn Preußen als eine Fortsetzung der Versuche

10. Die Anfänge Bismarcks

empfinden, den Bund zugunsten der Donaumonarchie und auf Kosten Preußens zu verstärken. Die österreichische Politik faßte daher von vornherein die Möglichkeit eines Fernbleibens Preußens ins Auge; fürs erste glaubte sie, durch Überrumpelung zum Ziel zu kommen: Am 3. 3. 1863 überreichte Kaiser Franz Joseph König Wilhelm den Reformplan[13] in Gastein und lud ihn zu einem Fürstenkongreß nach Frankfurt am 16. 8. Hier und später, als König Johann von Sachsen noch einmal die Einladung der in Frankfurt zusammengetretenen Fürsten in Baden-Baden persönlich überbrachte, widerstand Wilhelm, wiewohl sein dynastisches Solidaritätsgefühl sich nur schwer dem eiskalten Machtrealismus Bismarcks fügte. Mit der *Absage Preußens* war der Fürstentag politisch im Grunde bereits gescheitert. Schon in seinen Formen als Fürstenkongreß die Vergangenheit repräsentierend, – als Geburtstagsfeier mit weißgekleideten Fürsten hatte ihn Bismarck zynisch bezeichnet –, verwässerte er das österreichische Projekt noch mehr im Sinne der einzelstaatlichen Souveränität. Der Großherzog von Baden vertrat dagegen die kleindeutsche Opposition. Bismarck focht nach dem Siege über seinen schwankenden Herrn die Partie bis zum Ende: Er stellte drei »Präjudizialpunkte« als Bedingung zur Annahme des Frankfurter Entwurfs auf[14], die in Wahrheit dessen völlige Ablehnung bedeuteten: das Vetorecht der beiden Großmächte mindestens gegen Kriegserklärungen des Bundes; die Parität Preußens mit Österreich im Bundesvorsitz; schließlich eine »wahre, aus direkter Beteiligung der ganzen Nation nach dem Maßstab der Bevölkerung hervorgehende Nationalvertretung«. Während die beiden ersten Punkte auf der Linie der seit den Dresdener Konferenzen von 1850 verfolgten preußischen Politik lagen, war der letzte ein spezifisch Bismarckscher Gedanke, nur unglaubhaft für den Minister des Verfassungskonflikts und Gegner des preußischen Parlaments. Die Umrisse seiner aus konservativen, machtstaatlichen und national-plebiszitären Elementen gemischten Nationalpolitik zeichnen sich hier zum erstenmal ab. Ihr Erfolg war letztlich in der Tatsache begründet, daß sie die zwei aktivsten Triebkräfte der deutschen Politik: den *preußischen Staatsegoismus und die deutsche Nationalbewegung miteinander zu verbinden* vermochte. Darin lag ihre Überlegenheit über die reiche, mit geschichtlichem Erbe erfüllte und stärker die Vielfalt des deutschen politischen Lebens berücksichtigende österreichische Reformpolitik. Mit ihr suchte in Frankfurt

10. Die Anfänge Bismarcks

»noch einmal die deutsche Vergangenheit den Weg zur Zukunft und konnte ihn nicht finden« (Srbik).

Nachweis der Bismarck-Literatur im allgemeinen: Bismarck-Bibliographie, Quellen u. Literatur zur Gesch. Bismarcks u. seiner Zeit, hg. v. K. E. BORN, bearb. v. W. HERTEL (1966). Grundlegende *Quellenpublikationen:* OTTO FÜRST VON BISMARCK, Die gesammelten Werke (Friedrichsruher Ausgabe, 15 Bde. 1924–1935), darin Bd. 15: Erinnerung und Gedanke, krit. Neuausgabe, hg. v. G. RITTER u. R. STADELMANN. Daneben noch zu benutzen, weil vollständiger und z. T. weiteres Material enthaltend: Die polit. Reden des Fürsten Bismarck, Histor.-krit. Gesamtausgabe, besorgt v. H. KOHL (14 Bde. 1892–1905). Neue Ausgabe von B.s Werken: O. v. B., Werke in Auswahl, hg. v. W. SCHÜSSLER, E. SCHELER, A. MILATZ, R. BUCHNER (8 Bde., bisher erschienen Bd. 1–5, 1962–73). Bismarck-Briefe, ausgew. u. eingeleitet v. H. ROTHFELS ([2]1970). Beste Auswahl: Bismarck u. d. Staat, eingeleitet v. H. ROTHFELS ([5]1969). Die auswärtige Politik Preußens 1858–1871 (= APP), 9 Bde. erschienen (1933–1939, Lücken 1866, 1869–1871). Quellen zur dt. Politik Österreichs 1859–1866, hg. v. H. v. SRBIK (1934–1938, Ndr. 1967).

Biographien: A. O. MEYER, Bismarck. Der Mensch und der Staatsmann ([2]1949). E. EYCK, Bismarck, Leben u. Werk (3 Bde. 1941–1944). E. MARCKS, Bismarck. Eine Biographie, 1815–1851 ([21]1951). W. MOMMSEN, Bismarck. Ein polit. Lebensbild (1959). A. J. P. TAYLOR, Bismarck. The Man and the Statesman (1955, dt. 1962). Von den hier genannten neueren biographischen Versuchen über Bismarck ist der von E. MARCKS, der die nationalgeschichtl. Bismarck-Historiographie des 19. Jh. mit einer Vertiefung des Persönlichkeitsbilds B.s abschließt, nur bis zu den polit. Anfängen B.s gediehen. A. O. MEYER ist vorbehaltloser Bewunderer, E. EYCK strengster Kritiker vom Standpunkt liberaler Rechtsethik. TAYLOR hebt die feudal-junkerliche Prägung B.s hervor, urteilt aber im ganzen unvoreingenommener als Eyck. W. MOMMSEN lenkt in die Bahnen sachlicher, an den Quellen kritisch geprüfter Beurteilung zurück. Der amerikan. Historiker O. PFLANZE, B. and the Development of Germany. The Period of Unification 1815–1871 (1963) gibt keine eigentliche Biographie, sondern eine monograph. Untersuchung der innerpolit. Wirkungen von B.s Werk. – *Einzelne Probleme:* E. ZECHLIN, B. u. die Grundlegung der dt. Großmacht ([2]1960). G. A. REIN, Die Revolution in der Politik B.s (1957). O. BECKER, B.s Ringen um Deutschlands Gestaltung, hg. u. ergänzt v. A. SCHARFF (1958). E. NAUJOKS, B.s auswärtige Pressepolitik u. d. Reichsgründung 1865–1871 (1968). A. HILLGRUBER, Bismarcks Außenpolitik (1972). – *Darstellungen der Epoche B.s:* W. BUSSMANN, Das Zeitalter Bismarcks, Hdb. d. Dt. Gesch., Bd. 3, 2. Teil (1956). A. J. TAYLOR, The Struggle for Mastery in Europe 1848–1918 (1954). G. MANN, Deutsche Geschichte des 19. u. 20. Jh. (1966). Zum Bismarck-Problem in der Diskussion nach dem II. Weltkrieg: F. SCHNABEL, B. u. die Nationen, La Nouvelle Clio 1 u. 2 (1949/50). G. RITTER, Das B.-Problem, Merkur 4 (1950). H. v. SRBIK, Die B.-Kontroverse, Wort u. Wahrheit 5 (1950). TH. SCHIEDER, B. – gestern und heute, Aus Politik u. Zeitgeschichte, Bd. 13/65 (1965). L. GALL (Hg.), Das Bismarck-Problem in der Geschichtsschreibung nach 1945 (1971).

[1] GW 14, 1, S. 5.
[2] F. MEINECKE, Bismarcks Eintritt in den christlich-german. Kreis, HZ 90 (1903). O. BAUMGARTEN, Bismarcks Glaube (1915). M. LENZ, Bismarcks Religion, in: Kleine hist. Schriften 1 (1910). A. O. MEYER, B.s Glaube im Spiegel d. »Losungen u. Lehrtexte« (1933). S. A. KAEHLER, Zur Deutung von Bismarcks »Bekehrung«, in: Glauben und Gesch. (Festschrift f. F. Gogarten 1948). L. v. MURALT, B.s Verantwortlichkeit (1955).

10. Die Anfänge Bismarcks

Vgl. auch Eyck, Bismarck, Bd. 1, S. 38 ff. O. Vossler, B.s Ethos, HZ 171 (1951).

[3] S. A. Kaehler, Realpolitik zur Zeit des Krimkrieges, HZ 174 (1952). Th. Schieder, B. u. Europa, in: Begegnungen mit der Geschichte (1962), S. 236 ff. H. Holborn, B.s Realpolitik, Journ. of the History of Ideas 21 (1960). Zum Briefw. mit Leop. v. Gerlach: F. Meinecke, Gerlach u. Bismarck, HZ 72 (1893). H. Mombauer, B.s Realpolitik als Ausdruck seiner Weltanschauung (1936).

[4] Gedruckt: GW, Bd. 2, S. 302 ff.

[5] Eingehendste Darstellung von B.s Ernennung bei E. Zechlin, B. u. die Grundlegung d. dt. Großmacht (1930).

[6] O. Nirrnheim, Das erste Jahr des Ministeriums B. u. die öffentliche Meinung (1908).

[7] Text: GW, Bd. 10, S. 140.

[8] G. Mayer, B. u. Lassalle. Ihr Briefwechsel u. ihre Gespräche (1928). H. Oncken, Lassalle. Eine polit. Biographie (⁴1923, neubearb. u. hg. v. F. Hirsch, ⁵1966).

[9] Über B.s Verhältnis zum Bonapartismus: H. Gollwitzer, Der Cäsarismus Napoleons III. im Widerhall der öffentl. Meinung Dtlds., HZ 173 (1952). G. A. Rein, Die Revolution in d. Politik B.s (1957), vor allem Kap. 3: »War B. Bonapartist?«, S. 81 ff. H. Geuss, Bismarck u. Napoleon III. (1959), streift dieses Problem nur. Jetzt auch H.-U. Wehler, Bismarck und der Imperialismus (1969), S. 455 ff.

[10] R. H. Lord, Bismarck and Russia in 1863, AHR 29 (1923). Ch. Friese, Rußland u. Preußen vom Krimkrieg bis zum Poln. Aufstand (1931). H. Scheidt, Die Konvention Alvensleben u. d. Interventionspolitik der Mächte in d. poln. Frage (Diss. München 1936). G. Roloff, Napoleon u. d. poln. Aufstand 1863, HZ 164 (1941). G. Heinze, B. u. Rußland bis z. Reichsgründung (1939). Vgl. auch die zu sehr verschiedenen Ergebnissen kommenden Darstellungen von E. Marcks, Der Aufstieg des Reiches, S. 95 ff., u. E. Eyck, Bismarck, Bd. 1, S. 464 ff. Außerdem E. Zechlin (s. Anm. 5), S. 412 ff. Der Auffassung Eycks kommt Taylor, Struggle of Mastery, S. 134 ff., nahe. Neuere Lit.: G. Mühlpfordt, Die poln. Krise von 1863. Die Begründung der russ.-preuß.-dt. Entente der Jahre 1863 bis 1871 (1952). St. Bóbr-Tylingo, Napoléon III, l'Europa et la Pologne en 1863–1864, Institutum Historicum Polonicum Rom (1963).

[10a] B. an den preuß. Generalkonsul Rechenberg in Warschau am 15. 1. 1863, APP 3, Nr. 126.

[11] Text des Entwurfs mit Randbemerkungen Wilhelms I.: APP 3, Nr. 164. Endgültige Fassung gedruckt bei H. Scheidt (s. Anm. 10), S. 108.

[12] Die Vorgesch. des österr. Reformplans hat H. v. Srbik bis in alle Einzelheiten aufgedeckt: Dt. Einheit, Bd. 4, S. 1 ff.

[13] Text: APP 3, Nr. 617.

[14] Die preuß. Gegenvorschläge sind enthalten im Immediatbericht des preuß. Staatsministeriums vom 15. 9. 1863, gedruckt: APP 3, Nr. 692.

Kapitel 11
Die Schleswig-Holstein-Krise und der deutsch-dänische Krieg 1863/64

Das Londoner Protokoll von 1852 hatte keine endgültige Bereinigung des verwickelten Schleswig-Holstein-Problems gebracht. Die Internationalisierung der erbrechtlich-dynastischen Fragen genügte nicht, um die nationalistischen Tendenzen zu neutralisieren, die zuerst schon 1848 aufeinandergeprallt waren und die altständisch-monarchische Ordnung aus den Angeln gehoben hatten. Die Regelungen von 1850–1852: die Londoner Protokolle und die damit verbundenen Zusicherungen für Schleswig und Holstein als Grundlage für den Zusammenhalt der dänischen Gesamtmonarchie auch beim Aussterben des regierenden Königshauses und für die Sonderstellung der Herzogtümer, wurden seitdem von der *nationalen Bewegung auf beiden Seiten* bedroht. Nach der Revolution war seit 1855 der dänische Nationalismus im Gegenangriff, der das eiderdänische Programm: Einverleibung des teilweise dänischsprachigen Schleswig, zu verwirklichen suchte, ja auch auf Holstein übergriff und damit gegen die von Dänemark gemachten Zusagen verstieß, von denen einst Preußen und Österreich ihre Zustimmung zu der im zweiten Londoner Protokoll festgelegten weiblichen Erbfolge abhängig gemacht hatten. Zug um Zug verschärfte sich die Situation, ein Rechtsstreit zog sich durch ein volles Jahrzehnt hin, der auf beiden Seiten immer mehr die nationalen Leidenschaften aufstachelte: Dänische Ausgleichsversuche scheiterten am Widerstand des eiderdänischen Nationalismus, der eine Gesamtstaatsverfassung für die ganze Monarchie erzwang (2. 10. 1855). Auf der Gegenseite ergriff der Bundestag die Gelegenheit, seine sonst fehlende Aktivität in nationalen Fragen auf dem Felde der Schleswig-Holstein-Politik zu beweisen. Er focht die Gesamtstaatsverfassung an und drohte mit Bundesexekutive (12. 8. 1858). Die dänische Regierung, jetzt unter der Leitung des Führers der Eiderdänen Carl Christian Hall, wich dem aus, indem sie ihre Bestrebungen auf die Einverleibung Schleswigs, d. h. auf die volle Verwirklichung des eiderdänischen Programms, konzentrierte[1]. Im Frühjahr 1863 wurde vom dänischen König Friedrich VII. in aller Form die Rechtsverbindlichkeit der Zusage von 1852 bestritten (30. 3. 1863) und von der dänischen Regierung ein neues Gesamtstaatsgesetz dem

11. Die Schleswig-Holstein-Krise

annexation.

Reichstag vorgelegt (13. 11. 1863), das die tatsächliche Einverleibung Schleswigs bedeutete. Am 15. 11. starb König Friedrich VII., der letzte männliche Vertreter des regierenden Königshauses; ihm folgte nach dem Londoner Protokoll Christian IX. von Schleswig-Holstein-Sonderburg-Glücksburg, der das von seinem Vorgänger nicht mehr ausgefertigte Grundgesetz unterschrieb. Im gleichen Augenblick, in dem die Bestimmungen des Londoner Protokolls über die weibliche Erbfolge der Glücksburger in der Gesamtmonarchie in Kraft treten mußten, stellte Dänemark die politischen Voraussetzungen dieser Bestimmungen durch die Beseitigung der Sonderstellung Schleswigs und die Trennung des rechtlichhistorischen Bandes zwischen den Herzogtümern in Frage.

Durch dieses Zusammentreffen der Erbfolgefrage mit der Frage der Rechtsstellung der Herzogtümer in der dänischen Monarchie und durch die gleichzeitige politische Unruhe in Deutschland wurde die Krise ausgelöst. Die *deutsche Nationalbewegung*, seit 1859 aus der Lethargie erwachend, in die sie der Ausgang der Revolution gestürzt hatte, aber vor allem durch den preußischen Verfassungskonflikt mehr als je um ihren politischen Einfluß gebracht, griff mit leidenschaftlicher Erregung in die Schleswig-Holstein-Frage ein und sah die Stunde gekommen, sie im rein nationaldeutschen Sinne, d. h. durch völlige Trennung der Herzogtümer von Dänemark, lösen zu können, wobei die Problematik der dänischen Bevölkerung in Schleswig kaum beachtet wurde. Das Mittel dazu wurde ihr die *Erhebung des Erbprinzen Friedrich von Augustenburg* aus dem durch das Londoner Protokoll von der (weiblichen) Erbfolge ausgeschlossenen Hause zum Herzog von Schleswig-Holstein. Eine Landesversammlung der Schleswig-Holsteiner, unter denen der nicht im Lande lebende Augustenburger zuerst nur eine geringe Anhängerschaft besaß, leistete ihm als Herzog Friedrich III. den Treueid.

Zum erstenmal seit der Revolution von 1848/49 entwickelte sich jetzt die deutsche Nationalpartei wieder zu einer gesamtdeutschen populären Bewegung[2]. Diese löschte für Momente den Gegensatz zwischen kleindeutscher und großdeutscher Richtung aus und führte zu einem paradox anmutenden Zusammenwirken mit dem mittelstaatlichen Partikularismus, mit den Häuptern der mittelstaatlichen Politik in Bayern (Ludwig v. d. Pfordten), Sachsen (Frh. v. Beust) und Hessen (Frh. v. Dalwigk), die aus anderen Motiven – großdeutschen, bundes-

11. Die Schleswig-Holstein-Krise

rechtlichen und partikularstaatlichen – die Begründung eines deutschen Mittelstaats im Norden Preußens betrieben. Die *Schleswig-Holstein-Bewegung* von 1863/64 war ein spontaner Aufbruch von Vereinen, Versammlungen, Kundgebungen, ihrem Typus nach eine Agitationsbewegung mit einzelnen Schwerpunkten wie vor allem dem Erlanger Verein und mit einer Anhängerschaft aus dem Bildungsbürgertum der Mittelstaaten. In ihrer Forderung nach der Erbfolge des Augustenburgers in einem unabhängigen Schleswig-Holstein verbanden sich nationale und rechtsidealistische Ideen, wie es in der politischen Tradition des Liberalismus lag. Tatsächlich war aber die Aktivität der Bewegung in ihrer Beschränkung auf Resolutionen und Proteste ein Ausdruck für die ausweglose Lage, in die die Politik der nationaldeutschen Bewegung zwischen den beiden Großmächten geraten war. Je mehr sie die Kandidatur des Augustenburgers mit dem nationalen Interesse schlechthin identifizierte – so schon die Abgeordnetenversammlung in Frankfurt vom 21. 12. 1863 und der von ihr eingesetzte 36er-Ausschuß –, desto mehr verlor sie ihre Wendigkeit in dem komplizierten nationalen und internationalen Spiel um die Schleswig-Holstein-Frage.

Ihr Hauptgegner auch auf diesem Felde war Bismarck[3]. Er war von dem nationalen Idealismus der Augustenburger Partei meilenweit entfernt und ging vielmehr von der Rechtsbasis des Londoner Protokolls, also vom europäischen, nicht vom deutschen Recht aus, wogegen sich nachher der Protest des preußischen Abgeordnetenhauses richtete. Dieser das konservative Interesse am bestehenden Recht wahrende Standpunkt erleichterte es ihm, eine Intervention der Großmächte, besonders Großbritanniens und Rußlands, abzuwehren, und ermöglichte ihm andererseits, Österreich an die preußische Politik heranzuziehen. Die *Engagierung der Donaumonarchie im Streit mit Dänemark*, an der Seite der Macht, die eben der österreichischen Politik im Deutschen Bund eine schwere Niederlage bereitet hatte, hat von jeher als ein ebenso schwieriges wie waghalsiges Kunststück der Bismarckschen Diplomatie gegolten; man muß aber berücksichtigen, daß der preußische Minister dabei auf die gesamteuropäischen wie gesamtdeutschen Lebensinteressen Österreichs rechnen durfte und diese nur auf ein dem österreichischen Staatsinteresse im engeren Sinne fremdes Feld lockte. Europäisches Recht und Kampf gegen nationalrevolutionäre Bestrebungen waren Existenzbedingungen

11. Die Schleswig-Holstein-Krise

Österreichs; Bismarck aber benutzte beide nur, insoweit sie der preußischen Machterweiterung dienen konnten. Man wird Bismarcks eigener Aussage Glauben schenken müssen, daß er die Annexion der Herzogtümer für Preußen von Anfang an unverrückt im Auge hatte, dabei aber doch nicht andere Möglichkeiten ausschloß. Später sprach er von einer Klimax seiner Ziele, die darin bestand, »daß die Personalunion der Herzogtümer besser war als das, was existierte; daß ein selbständiges Fürstentum besser war als die Personalunion und daß die Vereinigung mit dem preußischen Staat besser war als ein selbständiges Fürstentum«, das er sich im übrigen nur in stärkster Bindung an Preußen vorstellen wollte. Diese Taktik wurde von Österreich und seinem Außenminister Graf v. Rechberg nicht durchschaut[4]. Österreich hatte seine europäische Stellung durch das Scheitern der Bundesreformakte erheblich geschwächt, es hatte zudem auch die Besorgnis der Mächte, namentlich Frankreichs, vor einer mitteleuropäischen Machtbildung geweckt. So wurde es durch seine außenpolitische Gesamtstellung Preußen in die Arme getrieben, stieß damit die mit der Augustenburger-Bewegung gehenden Mittelstaaten, seine alte Klientel im Bunde, von sich und lieferte sich einer Politik aus, die seine Position im Sinne seiner allgemeinen europäischen Grundsätze wie seiner besonderen politischen Interessen letzten Endes unterhöhlte.

Als Österreich einen *gemeinsamen Aktionsplan* mit Preußen beschloß (16. 1. 1864), aus dem Bismarck noch zuletzt eine Verpflichtung auf die »Stipulationen von 1851/52« getilgt hatte[5], war es ganz an die Berliner Politik gekettet. Es ließ es auch geschehen, daß Bismarck das Vorgehen gegen Dänemark vom Bundesrecht löste, nachdem noch im Dezember 1863 die vom Bunde beschlossene und durchgeführte Exekution in Holstein vor sich gegangen war, und daß er ein Recht des eigenen selbständigen Handelns der Großmächte »zur Geltendmachung der Rechte Deutschlands« in Anspruch nahm. Dabei ging es schon um den nächsten Schritt, das Vorgehen in Schleswig, das über die Grenze und das Recht des Bundes hinausführte. Am 16. 1. 1864 stellten die beiden Großmächte eigenmächtig ein *Ultimatum an Dänemark*, verlangten die Zurücknahme der Novemberverfassung und drohten, Schleswig in Pfand zu nehmen. Dänemark, in falscher Einschätzung der von anderen Mächten (England und Schweden) zu erwartenden Hilfe, lehnte ab; der *Krieg* begann. Bismarck gab mit

11. Die Schleswig-Holstein-Krise

ihm das erste Beispiel seiner jeweils alle politischen Aspekte im Auge behaltenden Kriegführung. Die Pfandbesetzung Schleswigs war für ihn nur der erste Zug in seiner revolutionären politischen Strategie, die die Umwälzung des status quo mit diplomatischen und militärischen Machtmitteln erstrebte, ohne den »großen Krieg« zu provozieren. Die nationale öffentliche Meinung in Deutschland sah darin nur die reaktionäre Tendenz zur Wiederherstellung eines überholten europäischen Rechts und den Verrat an einer »rein deutschen Sache«. So standen sich bei Beginn des Krieges drei Kräfte gegenüber: die nationaldeutsche Bewegung mit ihrem Willen zu einem selbständigen Schleswig-Holstein unter dem Augustenburger und als Teil Deutschlands, die preußische Machtpolitik mit ihrem Willen zur preußischen Machterweiterung im Norden und die österreichische Politik mit dem Willen zur Erhaltung der bisherigen europäischen Ordnung. Die beiden ersten kamen sich im Verlauf der Ereignisse immer näher, die letzte, Österreich, wurde der eigentliche politische Verlierer neben dem kleinen Dänemark, das einer der größten Katastrophen seiner Geschichte entgegenging.

Die *militärischen Ereignisse* des deutsch-dänischen Krieges (1. 2. bis 1. 8. 1864) zeigten alle Merkmale eines begrenzten Krieges; ihre strategischen Grundgedanken, die der Chef des Generalstabs Helmuth v. Moltke entworfen hatte[6], kamen in den Händen des wenig befähigten Oberbefehlshabers Generalfeldmarschall v. Wrangel nicht zur vollen Entwicklung: Die von Moltke geplante Umfassung der dänischen Hauptkräfte im Danewerk am Ausgang der Schlei gelang nicht. So mußten die Düppeler Schanzen in verlustreichem Ansturm genommen werden (18. 4.), was immerhin einen militärischen Erfolg einbrachte, der Preußens Stellung in der immer verwickelteren politischen Gesamtlage wesentlich stärkte.

Schon in den ersten Märztagen hatte Bismarck die zögernden Österreicher in einem neuen Abkommen[7] für die Fortsetzung des Krieges auf jütländischem Boden und für die Preisgabe der Rechtsordnung von 1850–1852 gewonnen. Schwieriger war es, der drohenden *Intervention europäischer Mächte* zu begegnen, als am 25. 4. in *London* auf englische Initiative eine *Konferenz* zusammentrat. Auf ihr wurden die verschiedensten Lösungen vorgeschlagen – reine Personalunion der Herzogtümer mit der dänischen Krone bei völliger politischer Unabhängigkeit, vollständige Trennung von Dänemark und Sou-

11. Die Schleswig-Holstein-Krise

veränität unter dem Prinzen von Augustenburg oder dem Großherzog von Oldenburg, Teilung Schleswigs nach Nationalitäten –, jedoch keine konnte sich durchsetzen. Die Augustenburgische Lösung, von dem sächsischen Außenminister Graf Beust als Vertreter des Deutschen Bundes befürwortet, wurde im letzten Stadium der Konferenz von Österreich aufgegriffen. Nach einer Unterredung zwischen Bismarck und dem Herzog am 1. 6., in der der Augustenburger die preußischen Forderungen an einen schleswig-holsteinischen Sonderstaat erfuhr, brachte Bismarck seine Kandidatur zu Fall. Das einzige, für Bismarck durchaus erwünschte Ergebnis der am 25. 6. ohne Erfolg auseinandergehenden Konferenz war es, daß das Londoner Protokoll von nun an als politische und rechtliche Basis ausschied. Die beiden kriegführenden Mächte waren der internationalen Bindungen ledig, für deren Erhaltung sie in den Krieg getreten waren. Dänemark war militärisch und politisch isoliert, nachdem es seit dem Ende der Londoner Konferenz mit einem Eingreifen Englands nicht mehr rechnen konnte.

Im militärischen Epilog des Krieges brachten die deutschen Mächte ganz Jütland und die Insel Alsen in ihre Hand. Die dänische Politik, die manche günstigere Chance durch ihre Hartnäckigkeit hatte vorübergehen lassen, mußte schließlich nach dem Sturz des eiderdänischen Ministeriums unter den ungünstigsten Bedingungen Frieden schließen: Im *Vorfrieden von Wien* vom 1. 8., dem am 30. 10. der endgültige Frieden folgte[8], entsagte Dänemark allen seinen Rechten auf die Herzogtümer Schleswig, Holstein und Lauenburg zugunsten des Kaisers von Österreich und Königs von Preußen und verpflichtete sich, die künftigen Entscheidungen der beiden Herrscher über die Herzogtümer anzuerkennen. Damit war durch Kabinettspolitik und Kabinettskrieg ein Erfolg erzielt, um den die nationale Bewegung zwischen 1848 und 1850 auf revolutionärem Wege vergeblich gerungen hatte: Die Verbindung der Elbherzogtümer mit dem dänischen Staat und der dänischen Krone war gelöst, ohne daß das um zwei Fünftel seines Staatsgebiets verkleinerte Dänemark für die Grenzziehung das nationale Selbstbestimmungsrecht, ja auch nur eine Schutzklausel für die dänische Nationalität durchsetzen konnte. Die Schleswig-Holstein-Frage war aus einem Problem der zwischenstaatlichen und europäischen nun zu einem Problem der deutschen Politik geworden; die Frage nach dem künftigen

11. Die Schleswig-Holstein-Krise

Status der Herzogtümer innerhalb Deutschlands wurde durch den Wiener Frieden nicht gelöst, sie begann jetzt die Beziehungen der beiden deutschen Hauptmächte zu beherrschen und wurde das Zeichen, unter dem der Führungskampf zwischen ihnen in sein entscheidendes Stadium eintrat.

Mit dem Ende des dänischen Krieges war der unmittelbare Zweck der preußisch-österreichischen Allianz entfallen. Konnte sie jetzt noch fortgesetzt werden? Stand ihr nicht Bismarcks offenkundiger Wille entgegen, das *Kondominium in Schleswig-Holstein* mit seinem provisorischen Charakter durch eine preußische Annexion zu beenden? Ja, widersprachen ihm nicht die letzten Ziele der deutschen Politik Bismarcks, die preußische Vorherrschaft in Deutschland mit allen Mitteln, auch denen eines Krieges gegen Österreich, zu vollenden? In den beiden Jahren, die zwischen dem Wiener Vorfrieden und der deutschen Krisis von 1866 liegen, bleibt die Schleswig-Holstein-Frage weiterhin als offenes Problem im Mittelpunkt, aber sie sinkt zum Mittel für größere Zwecke herab: Hinter ihr erhebt sich »das Problem von Bismarcks deutscher Politik«.

Die Schleswig-Holstein-Politik Bismarcks mit ihren sichtbaren Erfolgen blieb nicht ganz ohne *Wirkung auf die liberale Opposition* in Deutschland, vor allem in Preußen. Die preußischen Liberalen, die der Regierung bei Beginn des Krieges die Rüstungskredite verweigerten, hielten sich in der Augustenburger Bewegung sichtbar zurück. Wenn auch im allgemeinen von dem staatlichen Egoismus der preußischen Politik keine Brücke zu dem rechtsstaatlichen Ethos und dem nationalen Pathos führte, mit dem der Liberalismus die Sache des Augustenburgers vertrat, so begann sich doch seit dem Wiener Vorfrieden die innere Einheit der Nationalbewegung zu zersetzen; seit den letzten Monaten des Jahres 1864 breiteten sich sogar annexionistische Stimmungen im Norden aus. Das angesehenste Organ des Liberalismus, die ›Preußischen Jahrbücher‹, trat im Dezember 1864 offen auf den Boden des Annexionsprogramms, und Heinrich v. Treitschke[9], der beredteste Sprecher eines von liberalen und preußisch-staatlichen Wurzeln genährten Machtgedankens, begann die Annexion nicht nur als ein Mittel zur Lösung der Schleswig-Holstein-Frage, sondern zur deutschen Frage überhaupt zu fordern. So wurde auch die Nationalpartei von dem Problem der Herzogtümer zur Gesamtlösung der deutschen Frage geführt, wenn

12. Vorgeschichte und Verlauf des Deutschen Krieges

es auch Bismarck vorerst noch nicht gelang, den Strom der nationalen und liberalen Bewegung in seine Kanäle zu leiten.

O. Brandt, Gesch. Schleswig-Holsteins ([6]1966). N. Neergaard, Under Junigrundloven. En Fremstilling af det danske Folks politiske Historie fra 1848 til 1866 (2 Bde. 1892–1916). P. Munch, Danmark fra 1848 til 1864 (1909). L. D. Steefel, The Schleswig-Holstein Question, Harvard Historical Studies 32 (1932). A. Friis u. P. Bagge, Europa, Danmark og Nordslesvig 1864–1879 (3 Bde. 1939–1948). Der Dt.-Dänische Krieg, hg. v. Großen Generalstab (2 Bde. 1886/87). Den dansk-tyske Krig 1864, hg. v. Generalstaben (2 Bde. 1890–1892). – Quellen zur dt. Politik Österreichs, Bd. 3 u. 4. APP, Bd. 4 u. 5. Srbik, Dt. Einheit, Bd. 4.

[1] N. Neergaard, Under Junigrundloven (2 Bde. 1892–1916).

[2] Zusammenfassende Darstellung der dt. Schleswig-Holstein-Bewegung: H. J. Daebel, Die Schleswig-Holstein-Bewegung in Dtld. 1863/64 (Diss. Köln 1969). Über einzelne Gebiete: A. Rapp, Die Württemberger u. d. nationale Frage (1910), S. 59 ff. Th. Schieder, Die kleindt. Partei in Bayern in d. Kämpfen um d. nationale Einheit 1863 bis 1871 (1936), S. 41 ff. L. Konrad, Baden u. d. schlesw.-holst. Frage 1863 bis 1866 (1935), S. 44 ff. H. Hagenah, 1863. Die nat. Bewegung in Schlesw.-Holst., Zs. d. Ges. f. schlesw.-holst. Gesch. 56 (1926).

[3] A. O. Meyer, Die Zielsetzung in Bismarcks schlesw.-holst. Politik von 1855 bis 1864, Zs. d. Ges. f. schlesw.-holst. Gesch. 53 (1923). F. Frahm, Die Bismarcksche Lösung der schlesw.-holst. Frage, ebd. 59 (1930).

[4] Die österr. Schlesw.-Holst.-Politik wird am eingehendsten bei Srbik, Dt. Einheit, Bd. 4, S. 81 ff., dargestellt.

[5] Text: APP, Bd. 4, Nr. 332. Huber, Dokumente 2, Nr. 138, S. 165 ff.

[6] Über Moltkes Anteil und Stellung: E. Kessel, Moltke (1957), S. 379 ff.

[7] Text der Punktation vom 6. 3. 1864: APP, Bd. 4, Nr. 513. Huber, Dokumente 2, Nr. 143, S. 170 f.

[8] Text: Huber, Dokumente 2, Nr. 149, S. 177 (Auszug).

[9] H. Hjeholt, Treitschke u. Schleswig-Holstein (1929).

Kapitel 12
Vorgeschichte und Verlauf des Deutschen Krieges von 1866

Der Ausgang der Schleswig-Holstein-Politik, das Scheitern der liberalen Bewegung und der Sieg der alten Mächte, vor allem der Sieg Bismarcks haben es erreicht, daß die Schleswig-Holstein-Bewegung ein weiteres tragisches Erlebnis der national-bürgerlichen Einheitsbewegung nach der gescheiterten Revolution von 1848/49 geworden ist. Schien sie zuerst die Möglichkeit zu bieten, über alle Gegensätze in der deutschen Frage hinweg einen einheitlichen politischen Willen der beiden großen nationalen Richtungen zu schaffen, sie in einer begrenzten Aktion zusammenzuführen, so ist das Ergebnis schließlich eine unheilvolle Zersplitterung selbst innerhalb des

12. Vorgeschichte und Verlauf des Deutschen Krieges

Lagers der Kleindeutschen gewesen, die sich über das Verhältnis der Herzogtümer zu Preußen zu zerstreiten begannen und ihre innere Sicherheit verloren. Die Faszination des großen Sieges verfehlte nicht seine Wirkung auf manche, vor allem preußische Liberale; die Organe der Bewegung, namentlich der sog. 36er-Ausschuß, gerieten mehr und mehr in die Hände der mittelstaatlichen Liberalen, die preußischen Vertreter traten aus. Bismarck hatte damit also einen dreifachen Sieg errungen: Er hatte nicht nur die Kapitulation Dänemarks herbeigeführt, sondern es bereitete sich schon die Kapitulation seiner liberalen Gegner vor, die sich dann im Jahre 1866 vollenden sollte. In der Bundespolitik schließlich war die dominierende Rolle Preußens eindeutig geworden, was sich zunächst auf dem wichtigen Felde der Wirtschaftspolitik[1] zeigen sollte.

Hier erhielt seit der Mitte der 50er Jahre der militante Dualismus der beiden deutschen Großmächte eine geeignete Plattform, um die Vorentscheidungen für das politische Feld zu treffen. Preußen vollzog im Frühjahr 1862 durch den Abschluß eines Handelsvertrags mit dem Frankreich Napoleons III. einen folgenschweren Schritt; es näherte sich der freihändlerischen Gruppe der Westmächte, die seit 1860 durch den Cobdenvertrag verbunden waren, und es bezog damit Stellung gegen die mitteleuropäische Zollvereinspolitik, wie sie von Österreich aus durch den Freiherrn v. Bruck vorangetragen worden war. Österreich wollte diesem Zug mit dem Versuch begegnen, die Mittelstaaten gegen die preußische wirtschaftliche Vormacht zu mobilisieren und die Annahme des französischen Vertrags zu verhindern. Aber die wirtschaftlichen Interessen und zugleich die schwindende politische Machtstellung Österreichs gaben diesen Vorstößen keinen Erfolg: Am 28. 6. 1864, wenige Tage nach dem ergebnislosen Abbruch der Londoner Schleswig-Holstein-Konferenz, der ein preußischer Erfolg war, stimmte die Mehrheit der Mittelstaaten ohne die Süddeutschen der Verlängerung des Zollvereins und der Annahme des französischen Handelsvertrags zu; am 12. 10. folgten auch die süddeutschen Staaten. Am 11. 4. 1865 sah sich Österreich zur Annahme eines Handelsvertrags gezwungen, der die Zollunion endgültig vertagte. »Preußen hatte in Deutschland die unbestrittene Vorherrschaft errungen ... Mitteleuropa im Sinne v. Brucks als zollgeeinte Staatenverbindung von Antwerpen bis an die Adria war tot.« (H. Boehme)

12. Vorgeschichte und Verlauf des Deutschen Krieges

Welches waren nun aber die *politischen Ziele Bismarcks* seit dem Ende des deutsch-dänischen Krieges, aus dem er als der eigentliche Sieger hervorgegangen war? Trachtete er nun danach, sich möglichst bald von dem Kriegsverbündeten zu lösen und die als notwendig erkannte militärische Auseinandersetzung mit ihm um die Führung in Deutschland vorzubereiten, wie das lange als unumstößliche Auffassung galt? Oder war das Konzept des preußisch-kleindeutschen Nationalstaats nicht das einzige, das der vielgewandte, von Einfällen und Bildern bedrängte Staatsmann zur Richtschnur nahm? Wollte er etwa auch den Schnitt gegenüber der Machtsphäre des österreichischen Rivalen ohne gewaltsame Mittel und an anderer Stelle vollziehen, als es dann 1866 geschehen ist? Schon Heinrich v. Sybel widersprach in seinem Werk über die Reichsgründung der Vorstellung von dem unter allen Umständen kriegswilligen Bismarck und entwarf ein differenziertes Bild von den letzten Zielen des preußischen Staatsmanns[2]: »In voller Klarheit lagen die verschiedenen, in Krieg und Frieden denkbaren Systeme vor seinem unvergleichlich scharfen und weiten Blick: gemeinsame Beherrschung Deutschlands durch die beiden Großmächte oder Teilung Deutschlands unter dieselben nach der Mainlinie oder gänzlicher Ausschluß Österreichs aus Deutschland, und in diesem letzten Falle wieder die mehr föderative oder mehr unitarische Gestaltung des neuen Bundes, die engere oder weitere Kompetenz der von Preußen zu leitenden Reichsgewalt und der nationalen Volksvertretung. Ohne eine doktrinäre Vorliebe für irgendeines dieser Systeme wog er ihre Aussichten und Vorteile sowie ihre Kosten und Gefahren und vor allem ihre Erreichbarkeit trotz der Eifersucht der fremden Großmächte ab, stets bereit, je nach der Lage der Dinge das Verfahren oder auch das Ziel zu wechseln: nur unter dem unverbrüchlichen Gesetz, daß Preußen immer vorwärts schreite, niemals zurückweiche, niemals den gewonnenen Boden und niemals den eigenen Mut verliere.« Diese Anschauung eines nationalliberalen Mitkämpfers der Reichsgründung ist bemerkenswert, weil sie Bismarcks Unabhängigkeit von der nationalstaatlichen Ideologie und den spezifisch preußisch-machtstaatlichen Charakter seiner Politik herausarbeitet. Unter dem Eindruck späterer Aktenveröffentlichungen und der Herauslösung des Bismarck-Bildes aus nationalstaatlichen Klischeevorstellungen ist dann diese Auffassung von der grundsätzlichen Offenheit der deut-

12. Vorgeschichte und Verlauf des Deutschen Krieges

schen Politik Bismarcks weiter ausgestaltet worden. So ergab sich die These, Bismarck habe zwischen 1864 und 1866 die Möglichkeit des Zusammenwirkens mit Österreich »als einen großen für die Dauer gemeinten Versuch«, als eine wirkliche »dualistische« Alternative zu der Politik des Führungskrieges erwogen; in solchem Sinne sei auch sein politisches Handeln in diesen Jahren zu verstehen[3].

Nach dem Ende der Kriegsallianz des dänischen Krieges stand das *Verhältnis der beiden deutschen Großmächte* zum erstenmal bei den *Besprechungen* zur Diskussion, die Bismarck mit dem österreichischen Außenminister Graf Rechberg vom 20. bis 24. 8. 1864 in *Schloß Schönbrunn* führte[4]. In ihnen ging es zunächst um das weitere Schicksal der Elbherzogtümer, auf deren vollen Erwerb für Preußen Bismarck zusteuerte. Es ist wahrscheinlich, daß Bismarck in diesem Zusammenhang, um die Zustimmung Österreichs dafür zu erreichen, die Blicke seines Gesprächspartners nach Italien lenkte und dieser ihn beim Wort zu nehmen suchte, indem er ein großzügiges Kompensationsgeschäft in einem *Vertragsentwurf* fixierte. Dieser Entwurf wollte keine »übereilte Lösung« der Herzogtümerfrage, sondern erst eine gründliche Prüfung der verschiedenen in Betracht kommenden Rechtstitel vorsehen und auch dann noch den Bund einschalten. Die Unterstützung, die Preußen der Monarchie bei der Wiedervereinigung der Lombardei mit dem österreichischen Kaiserstaat gewähren sollte, war der dafür zugesagten Verzichtleistung Österreichs auf seinen Anteil in Schleswig-Holstein vorausgestellt. Kein Zweifel, daß die Bismarckschen Anregungen hier nur noch unter der Farbe durchschimmerten, die ihnen die Österreicher gegeben hatten, und daß der preußische Staatsmann mindestens eine andere Reihenfolge in der Verwirklichung dieser Ziele wünschen mußte. Doch kam das Projekt, ohne daß Bismarck aus der Reserve herauszutreten brauchte, durch den Widerstand König Wilhelms zu Fall. Ob sich auf der Basis einer Interessenabgrenzung im Sinne alter Kabinettspolitik angesichts der weit vorangeschrittenen nationalstaatlichen Entwicklung in Italien und des nationalen Bewußtseins in Deutschland eine Dauerordnung hätte schaffen lassen, muß bezweifelt werden; ein Entwurf »von gewaltiger Tragweite« (Srbik) ist das Schönbrunner Dokument jedoch sicher gewesen, wenn es auch nicht als ein festes Alternativprogramm zur militanten Hegemonialpolitik verstanden werden kann.

12. Vorgeschichte und Verlauf des Deutschen Krieges

Man kann Bismarcks Politik zwischen dem dänischen und dem österreichischen Krieg als den Versuch kennzeichnen, alle friedlichen Möglichkeiten einer Machtausdehnung Preußens auszuschöpfen, mit Österreich im Gespräch zu bleiben, aber einer militärischen Auseinandersetzung, wenn es sein mußte, nicht auszuweichen. Das Kampffeld der beiden Staaten blieben zunächst die im *Kondominium verwalteten Herzogtümer*: Gegen die immer unverhülltere annexionistische Tendenz der preußischen Politik machte Österreich Front, indem es die *Augustenburger Kandidatur* erneut aufgriff und sie im Bunde mit den Mittelstaaten und der liberalen öffentlichen Meinung zu realisieren vermochte. Bismarck, entschlossen, diese Aktion zu durchkreuzen, gab am 22. 2. 1865 die Bedingungen bekannt[5], unter denen Preußen der Errichtung eines Staates unter dem Augustenburger zustimmen wollte. Sie enthielten die fast vollständige Fesselung an Preußen auf außenpolitischem, militärischem, maritimem und wirtschaftlichem Gebiet, so daß das neue Staatswesen, aller von den übrigen Bundesstaaten zäh verteidigten Souveränitätsrechte beraubt, einen gefährlichen Präzedenzfall für die übrigen Bundesglieder dargestellt hätte. Bismarck wollte offensichtlich mit den Februarbedingungen nichts anderes als die Augustenburger Lösung praktisch unmöglich machen und damit der Annexion den Weg bereiten. Österreich reagierte darauf unter dem neuen, auf Rechberg folgenden Außenminister Graf Mensdorff mit äußerster Schärfe. Der *Konflikt der Bundesgenossen* von 1864 über die Kriegsbeute schien unvermeidlich geworden.

Am 29. 5. 1865 fand in Berlin ein Kronrat statt[6], dem vom König die Frage: Aufrechterhaltung der Februarbedingungen oder völlige Annexion der Herzogtümer? vorgelegt wurde. Während der König selbst für die Annexion eintrat und darin u. a. von Moltke unterstützt wurde, riet Bismarck überraschend zur Mäßigung und zur Milderung der Februarbedingungen, so daß der Kronrat ohne klares Ergebnis auseinanderging. Das preußisch-österreichische Verhältnis blieb dann den ganzen Frühsommer in einem unentschiedenen Schwebezustand: Reibungen und Spannungen, wie sie sich vor allem in Schleswig-Holstein selbst entwickelten, standen neben Einlenkungsversuchen, wachsende Kriegsgefahr neben diplomatischen Sondierungen nach allen Seiten, wobei die außenpolitische Grundlage sich zweifellos als für Preußen günstig erwies, besonders da Frankreich durch seine mexikanischen Verwick-

12. Vorgeschichte und Verlauf des Deutschen Krieges

lungen seit dem Ende des amerikanischen Bürgerkriegs stärker gebunden war. In diesem Augenblick schloß Bismarck mit dem aus Holstein stammenden österreichischen Unterhändler Graf Blome in Bad Gastein ein Abkommen, die *Gasteiner Konvention* vom 14. 8. 1865[7], die noch einmal die Kriegsgefahr bannte. Preußen und Österreich vereinbarten jetzt eine vorläufige Verwaltungsteilung der Herzogtümer, und zwar so, daß an Preußen Schleswig, Holstein an Österreich fiel, »unbeschadet der Fortdauer der gemeinsamen Rechte beider Mächte an der Gesamtheit der Herzogtümer«, wie Bismarck in den Text des Vertrages einzufügen verstand. Lauenburg fiel um den Kaufpreis von 2½ Millionen dänischer Taler an Preußen. Bismarck erreichte außerdem noch eine Reihe wichtiger preußischer Sondervorteile in Holstein, so die Einrichtung von preußischen Befestigungen und Marinestützpunkten, die Führung von zwei Etappenstraßen nach Schleswig. Österreich saß damit in Holstein buchstäblich in einer Falle: Es hatte sich in einer militärisch und politisch im Ernstfalle unhaltbaren Außenposition festgefahren, die von preußischem Gebiet umklammert und von preußischem Einfluß durchwirkt war. So war Bismarck unzweifelhaft der Sieger in dieser diplomatischen Verhandlung, die noch dazu Österreich in den Augen seiner Anhänger und Freunde durch die Preisgabe der Augustenburger Lösung kompromittierte. Er konnte die Dinge weiter für sich reifen lassen.

Die Bismarck-Forschung hat seit jeher mit gespanntem Interesse auf die Gasteiner Verhandlungen geblickt; sie scheinen ja in der Tat die letzte Wegstation einer Politik darzustellen, die den friedlichen Dualismus der beiden Großmächte noch bestehen ließ. Bei näherer Prüfung verstärkt sich der Eindruck, daß eine letzte Scheu Bismarck noch davor zurückschrecken ließ, den Angriff gegen Österreich zu eröffnen; ohne daß man von einem »gleichbleibenden Plan grundsätzlichen Ausgleichsstrebens« (Bussmann) wird sprechen können, erfüllte Bismarck doch das Bewußtsein, daß noch nicht alle Mittel friedlicher Verständigung erschöpft waren und noch nicht jene letzte Nötigung bestand, die er als Vorbedingung für den Kriegsentschluß ansah. Bismarck, für den der Krieg immer ein legitimes Mittel der Politik geblieben ist, hat doch schon in seinen politischen Anfängen in seiner Olmütz-Rede den Staatsmann verflucht, der sich in dieser Zeit nicht nach einem Grunde zum Krieg umsieht, der auch nach dem Krieg noch stichhaltig ist.

12. Vorgeschichte und Verlauf des Deutschen Krieges

Eine solche Lage hielt er jetzt für gekommen, aber die letzte Nötigung ließ sich nicht mehr durch die Schleswig-Holstein-Politik herbeizwingen, sondern sie bedurfte eines großen, auf das Ganze der aufzurufenden Kräfte gerichteten Kriegsziels. Hierzu mußte der preußische Staatsmann nach einem höheren Einsatz greifen: zur deutschen Frage, die für ihn immer eine Frage der preußischen Macht und Führung war. Indessen erwies sich auch ein dauernder Ausgleich in den Herzogtümern auf der Basis der Gasteiner Beschlüsse bald als unmöglich. Die Duldung der augustenburgischen Agitation in Holstein durch den österreichischen Statthalter v. Gablenz führte zu immer heftigeren Reibereien mit Preußen. Den letzten *Anstoß zum Bruch* gab schließlich eine Massenversammlung in Altona am 23. 1. 1866, auf der die Forderung gestellt wurde, eine schleswig-holsteinische Ständeversammlung einzuberufen. Bismarck deutete für den Fall des Fortschreitens Österreichs auf dieser Bahn Preußens Entschluß an, sich wieder volle Freiheit zu nehmen und das Abkommen mit Wien zu kündigen. Nachdem die Wiener Regierung sich daraufhin jede Einmischung Preußens in die Verwaltung Holsteins verbat, war »das Ende der Allianz Österreichs und Preußens« gekommen (Srbik).

Die Wende wurde deutlich auf dem preußischen Kronrat vom 28. 2. 1866, auf dem die Möglichkeiten einer Einigung vom König sowohl wie von seinem Leiter der Außenpolitik als erschöpft angesehen und diplomatische *Maßnahmen für den Kriegsfall* eingeleitet wurden)[8]. Es gehört zu den entscheidenden Voraussetzungen der deutschen Nationalkriege[9], daß sie sich in einer Phase abspielten, in der die großen Weltmächte England und Rußland den Schwerpunkt ihrer Politik aus Europa wegverlegt hatten und beide durch innenpolitische Entwicklungen gebunden waren: England durch seine inneren Reformen und den beginnenden Umbau seines Empire (1867 Dominion of Canada), Rußland durch die Auswirkungen seiner großen Agrarreformen (1861 Aufhebung der Leibeigenschaft) und seine Expansion in Zentralasien und im Fernen Osten. Die Einmischung Englands in einen europäischen Krieg, die auch schon 1864 unterblieben war, war 1866 nicht wahrscheinlicher geworden, schon deshalb, weil die britischen Staatsmänner kein ernsthaftes militärisches Übergewicht Preußens befürchteten. Rußland gegenüber galt es für Preußen, auf den 1863 gelegten Grundlagen weiterzubauen. Daß sich das Zarenreich noch einmal wie 1850 vor die österreichische Politik stellen würde, war

12. Vorgeschichte und Verlauf des Deutschen Krieges

jetzt nicht mehr zu erwarten. Bismarcks Augenmerk für den Fall einer Auseinandersetzung mit Österreich konzentrierte sich daher auf zwei Mächte: auf das Frankreich Napoleons III. und das junge, noch unfertige Königreich Italien, das Österreichs unversöhnlicher Gegner bleiben mußte, solange dieses Venetien in der Hand behielt. Das entscheidende außenpolitische Problem war, Napoleon von einem Eingreifen zugunsten Österreichs abzuhalten. Die *französische Neutralität* erreicht zu haben, ohne daß er sich dem französischen Kaiser gegenüber zu einer Gegenleistung verpflichtete, war ein diplomatisches Meisterstück Bismarcks, das ihm in langen, hinhaltenden Verhandlungen gelungen ist, angefangen bei seinen Reisen nach Biarritz im Oktober 1865 bis in die Tage der militärischen Entscheidung im Sommer 1866. Napoleons Haltung in diesem Spiel war der Phantasie und Folgerichtigkeit ihres Gegners weit unterlegen; auf territoriale Kompensationen für Frankreich bedacht, hat er diese doch nicht offen zu formulieren gewagt, da es ihm primär wohl um eine Gleichgewichtspolitik, d. h. um Festigung der französischen Position gegenüber den rivalisierenden deutschen Großmächten und erst in zweiter Linie um »Rheinpolitik« im Sinne ausgedehnter Gebietserwerbungen ging[10]. Andererseits ist nicht zu bezweifeln, daß er solche im Auge hatte, zumindest die »Grenzen von 1814« und den Gewinn des Saargebiets und Landaus, daneben in einer späteren Phase Luxemburg und vielleicht auch Belgien. Jedoch konnten solche Forderungen einen ganz anderen Sinn erhalten, als sie ihn unter den ursprünglichen militärischen und politischen Voraussetzungen gehabt hätten: Sie bedeuteten als »Kompensation« in einem großen politischen Tauschgeschäft, wie es der Kaiser einige Jahre zuvor mit Cavour betrieben hatte, höchstens noch eine kärgliche Abfindung für die Einbuße an Macht und Einfluß, die die Aufrichtung der preußischen Hegemonie in Deutschland darstellen mußte. Vorerst aber unterließ der Kaiser noch alles, was den preußischen Kriegswillen hätte lähmen können. Vielmehr legte er es darauf an, die beiden Mächte zu einem Waffengang zu ermuntern. Wenn sich Bismarck einem verbrieften Neutralitätsabkommen und einem festen Preis für eine Neutralitätszusage versagte, so holte sich der Kaiser nun das Vorenthaltene in Österreich: Am 12. 6. nötigte er die unsichere österreichische Diplomatie zu einem Neutralitätsvertrag[11], in dem Österreich auf Venetien Verzicht leistete, auch wenn es in Deutschland siegte. Bei einem österreichischen Sieg in Italien war eine Veränderung des Gebietsstandes an die Zustimmung Frankreichs gebunden. Tatsächlich war Venedig damit in jedem Falle aufgegeben, die Hoffnung auf die Wiedergewinnung der Lombardei zerschlagen. Noch einschneidender waren die Bindungen in der deutschen Frage, in der Frankreich eine territoriale Ausdehnung Österreichs in Deutschland nur insoweit zulassen wollte, als das Gleichgewicht Europas nicht durch eine Hegemonie Österreichs über Gesamtdeutschland gestört würde. Politisch gravierend war in diesem Zusammenhang eine Zusage Österreichs, gegen eine territoriale Umgestaltung keine Einwände zu erheben, »welche Sachsen, Württemberg und Baden auf Kosten mediatisierter Fürsten vergrößern und aus den Rheinprovinzen einen neuen deutschen« unabhängigen Staat machen würde«. Die Mitbestimmung in Deutschland, sein eigentliches Ziel, glaubte Napoleon damit über Österreich erreicht zu haben, auf der Seite der Macht, von der er mindestens keine militärische Unterlegenheit erwartete; und diese Mitbestimmung ließ als Ziel in Umrissen erkennen, daß sich hier alte Vorstellungen eines Trias-Deutschlands mit starkem französischen Einfluß am Rhein verbanden. Das Spekulative solcher Pläne liegt auf der Hand: Sie hatten in der fortgeschrittenen nationalstaatlich organisierten Welt der zweiten Hälfte des 19. Jh. keine reale Basis mehr; immerhin waren sie im Spiel und damit eine neue Form französischer Hegemonialpolitik in Europa.

Bismarck hatte inzwischen den Hebel gegen die Donaumonarchie an anderer Stelle angesetzt: Am 8. 4. war zwischen *Preußen und Italien* ein auf drei Monate befristetes *Offensiv- und Defensivbündnis* geschlossen worden[12]. In ihm machte sich Italien völlig von Preußens Kriegsentschluß gegen Österreich abhängig, indem es sich verpflichtete, Preußen innerhalb dreier Monate zu folgen; lediglich eine Garantieklausel gegen den Abschluß eines Sonderfriedens vor Erreichung der Kriegsziele setzte es durch. Mit diesem Vertrag hatte Bismarck den äußersten Punkt des Weges erreicht, der ihn immer weiter von der konservativen Ideologie und dem Zusammenwirken mit der konservativen österreichischen Monarchie entfernt und in die Nähe der nationalen Revolution gebracht hatte. Es steht damit im äußeren und inneren Zusammenhang, daß Preußen am Tage nach dem Abschluß des italienischen Bündnisses am Bundestag mit dem Antrage hervortrat, »eine aus direkten Wahlen und allgemeinem Stimmrecht der ganzen Nation her-

12. Vorgeschichte und Verlauf des Deutschen Krieges

vorgehende Versammlung ... einzuberufen, um die Vorlagen der deutschen Regierungen über eine Reform der Bundesverfassung entgegenzunehmen und zu beraten«[13]. Dieser *Rückgriff auf die Parlamentsidee* und das allgemeine Wahlrecht der Verfassung von 1849 knüpfte an Bismarcksche Ideen seit 1863 an; wahrscheinlich wirkte hier das Vorbild des plebiszitären Cäsarismus Napoleons III., wie Bismarck andererseits im konkreten politischen Zusammenhang einen Stoß gegen die einheitliche Staatspersönlichkeit Österreichs führen wollte, an dessen Lebensnerv die Idee eines nationalen Parlaments rühren mußte. Wenn aber Bismarcks Proklamation der nationalen Revolution von oben auch darauf berechnet war, den nationalen Liberalismus für Preußen zu gewinnen, so gelang dies bei dem aufs äußerste gesteigerten Mißtrauen gegen die Konfliktsminister nur teilweise[14], jedenfalls nicht wirksam genug, um die preußische Innenpolitik zu entlasten und die Mittelstaaten durch ihre liberale öffentliche Meinung zum Anschluß an Preußen zu zwingen. Die mittelstaatlichen Staatsmänner wie Beust in Sachsen, Dalwigk in Hessen, sahen durch das Vorgehen Preußens ihren antipreußischen Kurs bestätigt; nur v. d. Pfordten in Bayern machte den Versuch, einer dualistischen Machtverteilung zwischen Preußen und Österreich mit entsprechender bayerischer Beteiligung den Weg zu ebnen[15].

In die Phase gesteigerter Kriegsbereitschaft, in der das bedrängte Österreich seinem entschlossenen Gegner durch militärische Maßnahmen politisch in die Hände arbeitete, fiel der an der Ablehnung Österreichs gescheiterte *letzte Vermittlungsversuch* Anton v. Gablenz', eines Bruders des österreichischen Statthalters in Holstein[16]. Er brachte einen Vertragsentwurf nach Wien, dessen Kernpunkte die Einsetzung eines preußischen Prinzen in den Herzogtümern und die innere Umgestaltung Deutschlands durch eine dualistische Aufteilung der Bundeskontingente waren. Ein neuerdings bekanntgewordenes Promemoria des Referenten Bismarcks für deutsche Angelegenheiten, des Geheimrats Hepke vom 27. 4., in dem Grundsätze einer Bundesreform mit Fortbestand des Bundes, aber mit voller Parität Preußens und Österreichs und einer Nationalvertretung mit der Möglichkeit der »itio in partes« einzelner Staatengruppen für bestimmte Materien entwickelt wurden, ist damit in Zusammenhang gebracht und als ein Versuch gedeutet worden, Österreich die Möglichkeit des Verbleibens im Bunde zu geben und doch »den nationalen

Kristallisationsprozeß in Gang zu bringen« (O. Becker)[17]. Ohne diesen späten diplomatischen Unternehmungen eine überhöhte Bedeutung beizumessen, wird man sie immerhin als Ausdruck von Bismarcks Willen verstehen müssen, die letzte Entscheidung über Krieg und Frieden erst nach Durchspielen aller politischen Mittel zu treffen und auch in der zugespitztesten Lage politische Lösungen nicht zu verschmähen. Diese letzte Entscheidung fiel über die schleswig-holsteinische Frage, und sie fiel im Bundestag: Am 1. 6. kündigte die österreichische Regierung in Frankfurt an, sie wolle die Erbfolge in Holstein dem Urteil des Bundes unterwerfen[18]. Preußen protestierte dagegen unter Hinweis auf sein im Gasteiner Vertrag festgehaltenes Mitbestimmungsrecht und ließ preußische Truppen in Holstein einrücken. Österreich forderte am Bundestag gegen diesen Akt der durch Bundesrecht ausgeschlossenen Selbsthilfe (Art. 19 Wiener Schlußakte) »zum Schutze der inneren Sicherheit Deutschlands und der bedrohten Rechte seiner Bundesglieder« die Mobilisierung der sieben nichtpreußischen Korps der Bundesarmee (11. 6.). Am Tage zuvor hatte Preußen seinen Bundesreformplan für einen neuen Bund den deutschen Regierungen formell überreicht; er schloß die Kaiserlich-Österreichischen und die Königlich-Niederländischen Gebiete des bisherigen Bundes ausdrücklich aus und schlug eine Nationalvertretung auf der Grundlage des Reichswahlgesetzes von 1849 vor. Für die Beziehungen des neuen Bundes zu den deutschen Landesteilen des österreichischen Kaiserstaates waren besondere Verträge, eine Art weiterer Bund in Aussicht genommen (Art. X)[19]. Dieser Entwurf war sicher eine taktische Kampfmaßnahme gegen Österreich, aber er enthielt schon ein Konzept für die Zukunft. Am 14. 6. wurde der reduzierte Mobilmachungsantrag der Präsidialmacht mit 9 gegen 6 Stimmen angenommen. Darauf erklärte der preußische Vertreter, daß Preußen den »bisherigen *Bundesvertrag* für *gebrochen* und deshalb nicht mehr verbindlich ansieht, denselben vielmehr als erloschen betrachten und behandeln wird«. Damit war der *Deutsche Bund* von 1815 *gesprengt* nicht durch die nationale Bewegung, sondern durch den Antagonismus seiner beiden Hauptmächte. Nach den Worten des großdeutschen Publizisten Edmund Jörg war damit eine Zerstörung der politischen Basis und der eingewöhnten Lebensbedingungen der Deutschen eingetreten wie seit tausend Jahren nicht[20]. Das Bundesrecht hatte sich als zu schwach

12. Vorgeschichte und Verlauf des Deutschen Krieges

erwiesen, den Machtegoismus der Großstaaten zu bändigen, der das Ergebnis eines halben Jahrhunderts deutscher Bundespolitik gewesen ist.

Der *Krieg von 1866* nimmt in der deutschen Geschichte eine höchst eigenartige Stellung ein: Er ist einerseits rechtlich ein Akt der Bundesexekution gegen ein Glied des Deutschen Bundes[21], tatsächlich der letzte Krieg deutscher Territorialstaaten untereinander, andererseits eine Phase des deutschen Nationalkriegs, ein »Bruderkrieg«[22], nur daß die Nation an ihm innerlich kaum anders als mit wachsendem Entsetzen Anteil genommen hat. Moltke hat in späteren Jahren den Charakter des Krieges als Kabinettskrieg hervorgehoben, der nicht durch die öffentliche Meinung und die Stimmung des Volks hervorgerufen worden sei: »Es war ein im Kabinett als notwendig erkannter, längst beabsichtigter und ruhig vorbereiteter Kampf, nicht für Ländererwerb, Gebietserweiterung oder materiellen Gewinn, sondern für ein ideales Gut – Machtstellung.[23]« Nicht ein nationaler Volkskrieg, kein Revolutionskrieg, sondern ein konventioneller Staatenkrieg steht am Eingang der deutschen Nationalstaatspolitik – schon dies zeigt eine charakteristische Veränderung der politischen Verhältnisse seit 1848 an. Die liberale Nationalbewegung erlebte ihn im Gefühl völliger Ohnmacht und mit gespaltenem Bewußtsein, in Preußen nicht ohne Sympathien für die politische und militärische Kraftenthaltung des kleindeutschen Führungsstaates, in den Mittelstaaten in voller Ratlosigkeit, für die ein bayerischer Liberaler die Formel fand: »Jeder Sieg – eine Niederlage.«[24]

In dem nun ausbrechenden Kriege war Deutschland in zwei Lager geteilt: Dreizehn »bundestreuen« Staaten, unter ihnen außer Österreich die vier Königreiche Bayern, Hannover, Sachsen, Württemberg und die Großherzogtümer Baden und Hessen-Darmstadt, Kurhessen standen 18 »sezessionistische« Staaten gegenüber, außer Preußen im wesentlichen die Klein- und Mittelstaaten Norddeutschlands[25]. Tatsächlich aber zählten nur die beiden Großmächte als ins Gewicht fallende Kriegsgegner, zwischen denen auch militärisch die Entscheidung fiel. Als Oberkommandierende beider Seiten standen einander zwei Männer ungleicher Befähigung gegenüber: der Österreicher *Ludwig v. Benedek*, ein Mann nicht ohne Verdienste und Begabung, aber ohne Selbstvertrauen[26], und der Chef des preußischen Generalstabs *Helmuth v. Moltke*[27], neben Bismarck

12. Vorgeschichte und Verlauf des Deutschen Krieges

die zweite große, bedeutende Gestalt der deutschen Einigungsgeschichte. Moltke vertritt den neuartigen Typus des planenden Generalstäblers, der die Kriegspläne in ihren systematisch durchdachten Grundgedanken entwirft und ihre Durchführung von ferne steuert. Als Generalstabschef erhielt er erst am 2. 7. 1866 das Recht des unmittelbaren Vortrags beim König und damit unmittelbaren Einfluß auf die Operationsbefehle. Moltke denkt die Clausewitzsche Lehre vom absoluten Krieg mit seinem Ziel der Vernichtung der feindlichen Streitkräfte in radikaler Konsequenz zu Ende und gewinnt damit eine »sachliche« Anschauung vom Wesen des Krieges, die dem Bismarckschen Realismus des politischen Handelns und seiner Orientierung an der Macht nahe verwandt, ihm aber in ihren Auswirkungen mehrmals entgegengesetzt ist und zu einem Gegensatz von Politik und Kriegführung führt. Der kühle Rationalist Moltke war jedoch nicht frei von nationaler Leidenschaft, die in seinen Vernichtungsgedanken hineinwirkt und sich vor allem gegenüber Frankreich steigert. In die von Clausewitz formulierte Lehre von der Vernichtung durch Umfassung arbeitete er die technischen Fortschritte des Jahrhunderts ein, vor allem die neuen Möglichkeiten, die die Eisenbahnen für die rasche Beweglichkeit der modernen Massenheere boten. Unter seiner Leitung wurde das preußische Heer nach seiner Umorganisation seit 1860, ausgestattet mit dem Zündnadelgewehr, zu einer überlegenen technischen Waffe, die trotz der inneren Spannungen in Preußen nichts an ihrer Schlagkraft einbüßte.

Auf dieser Armee baute Moltke seinen *Kriegsplan* auf[28], nicht ohne große Widerstände überwinden zu müssen: bei der höheren Truppenführung vor allem, die z. T. noch in alten Vorstellungen lebte und wie Wrangel im Jahre 1864 das strategische Konzept verdarb, aber auch beim Hof, besonders beim König selbst. In den großen Linien setzte sich Moltke jedoch durch: Sein Grundgedanke war die Vernichtung der von Mähren nach Nordböhmen vorrückenden österreichischen Armee durch die konzentrisch in drei Säulen nach Böhmen eindringenden preußischen Heere. Im Elbbogen zwischen Iser und Elbe sollten sich die drei Teile des preußischen Heeres zur *Umfassung der Österreicher* vereinigen: die Elbarmee unter General Herwarth v. Bittenfeld, die von Dresden vorrückte; die I. Armee, über Reichenberg vorgehend, unter Prinz Friedrich Karl mit General Voigts-Rhetz als Generalstabschef; die

12. Vorgeschichte und Verlauf des Deutschen Krieges

II. Armee, von den östlichen böhmischen Randgebirgen ausgehend, unter dem Kronprinzen und seinem bedeutenden Generalstabschef Blumenthal, einem scharfen Kritiker der Moltkeschen Pläne. Als Treffpunkt war Gitschin vorgesehen, jedoch sollte nicht an einem starren Plan festgehalten werden. Benedek, der sich dem konzentrischen Aufmarsch der preußischen Armee gegenübersah, versuchte zuerst aus der inneren Linie heraus zu operieren, um die Elbarmee und die I. Armee einzeln vor ihrer Vereinigung zu schlagen. Dieser Plan wurde durch die von Moltke angestachelte Energie der preußischen Kriegführung zunichte gemacht: Die Herwarth und Friedrich Karl entgegengestellten österreichischen Korps wurden geschlagen; die Vereinigung der preußischen Armeen gelang im Raume der Festung Königgrätz, auf die sich Benedek stützte. Aus dieser Lage entwickelte sich am 3. 7. die weltgeschichtlich entscheidende *Schlacht von Königgrätz*, in der Benedek von der vereinten preußischen Armee geschlagen wurde. Zu einem vollen Umfassungs- und Vernichtungssieg reichte die Entscheidung allerdings nicht aus: Der Abzug der Masse der österreichischen Truppen nach Südosten über die Festung Königgrätz konnte nicht verhindert werden.

Gemessen an dieser Entscheidung treten die *anderen Kriegsereignisse* an Bedeutung zurück: In Italien errang der österreichische Erzherzog Albrecht bei Custozza am 24. 6. einen glänzenden Sieg, ebenso die österreichische Flotte unter Admiral Tegetthof bei Lissa. Die italienische Kriegführung war lahm; der preußischen Aufforderung, an der Kriegsentscheidung durch einen »Stoß ins Herz« des Feindes mitzuwirken, entzog sie sich hartnäckig und blieb allein auf Venetien gerichtet, das ihr im Grunde schon sicher war. – Auf dem west- und süddeutschen Kriegsschauplatz verhinderte der politische Egoismus der Mittelstaaten jede größere strategische Konzeption der mit Österreich verbündeten Staaten. Der bayerische Ministerpräsident v. d. Pfordten weigerte sich, die bayerischen Truppen für den böhmischen Hauptkriegsschauplatz zur Verfügung zu stellen; sie wurden an der bayerischen Nordgrenze in größeren Gefechten geschlagen. Der Versuch des hannoverschen Königs Georg, mit seinem Heer nach Süden durchzubrechen und die Verbindung mit der bayerischen Armee zu gewinnen, führte nach dem für ihn zunächst erfolgreichen Gefecht bei Langensalza (27. 6.) zur Einschließung der hannoveranischen Armee. Die Anwendung der Vernichtungsstrategie Napoleons und Clausewitz' auf die innerdeutsche militärische Auseinandersetzung stand in einem seltsamen Kontrast zum nationalen Gedanken der Zeit.

Was sind die unmittelbaren *Folgen des preußischen Siegs* in Böhmen gewesen? Zunächst wurde durch ihn die politische *Intervention Napoleons* ausgelöst mit allen ihren von Bismarck befürchteten Gefahren: Kompensationsansprüchen, Kriegsausweitung. Am 5. 7. bot der Kaiser auf Anruf Österreichs, das ihm Venedig abtrat, seine Dienste als Vermittler an. Prüft man seine Lage in diesem Augenblick genauer, so zeigt sie sich aber alles andere als glänzend; die günstigen Voraussetzungen einer französischen Intervention: der Sieg Österreichs oder ein unentschiedenes Ringen der beiden deutschen Mächte, bestanden nicht mehr. Napoleon sah sich vielmehr in schlechter militärischer und politischer Rüstung einem siegreichen und starken Preußen gegenüber, dessen Machterweiterung nicht mehr zu verhindern war. Ihm in den Weg zu treten, davor ist er trotz des Drängens seiner Umgebung, seines Außenministers Drouyn de L'Huys, trotz der Stimmungen in seiner Nation zurückgeschreckt. Auch mit der Forderung nach Kompensationen kam er nur vorsichtig heraus: Erst zu später Stunde (seit Ende Juli) läßt er nicht nur die Grenzen von 1814, sondern auch die bayerische Pfalz und das linksrheinische Hessen verlangen. Am 5. 8. schickte Benedetti Bismarck einen Vertragsentwurf mit fixierten Kompensationsverpflichtungen zu, von dem der Kaiser wenige Tage später wieder abrückte. In den folgenden Wochen versuchte die französische Politik, von Bismarck ermuntert, mit ihren Kompensationswünschen auf Luxemburg und Belgien auszuweichen[29].

Bismarck spielte in der Kompensationsfrage ein virtuoses, durchaus waghalsiges Spiel. Daß er ernsthaft bereit gewesen wäre, deutsche Gebiete abzutreten, muß nach der politischen Gesamtlage bezweifelt werden. Vielmehr sah er wohl bald den einzigen Preis, um ein französisches Eingreifen zu verhindern, in der vorläufigen Beschränkung der preußischen Macht auf Norddeutschland. Auf dieser Basis verliefen die Verhandlungen zwischen dem preußischen Hauptquartier in Böhmen und Paris, an denen vor allem neben Benedetti der preußische Botschafter in Frankreich, Graf Goltz[30], beteiligt war. Seinem Geschick gelang es am 13./14. 7., Napoleon die *preußischen Bedingungen an Österreich* als französische für die französische

12. Vorgeschichte und Verlauf des Deutschen Krieges

Friedensvermittlung in die Feder zu diktieren. Unter ihnen fanden sich folgende Punkte: Auflösung des alten Bundes und Einwilligung Österreichs in eine Neuordnung Deutschlands ohne österreichische Beteiligung; Errichtung eines Nordbundes unter preußischer Führung und Bildung eines Südbundes mit internationaler Unabhängigkeit und Regelung seiner Beziehungen zum Nordbund auf Grund freien Einvernehmens; Einverleibung der Herzogtümer in Preußen nach vorhergegangener Volksabstimmung in Nordschleswig. Dieses Programm enthielt nur eine von Bismarck in den Verhandlungen ausdrücklich aufgestellte Forderung noch nicht: die der Vollannexionen in Norddeutschland im Umfang von drei bis vier Millionen Einwohnern. Erst am 22. 7. wurde von Napoleon auch diese Forderung bewilligt.

Eben um diese Annexionen der norddeutschen Staaten, die an der Seite Österreichs gekämpft hatten – Hannovers, Kurhessens, Nassaus, der Stadt Frankfurt, dazu Schleswig-Holsteins – mußte *Bismarck in Nikolsburg* mit seinem König einen harten, bis in grundsätzliche Tiefen reichenden Kampf durchfechten[31]. Der König widerstrebte der aller Legitimität und allem konservativen Recht ins Gesicht schlagenden Beseitigung ganzer Dynastien und ihrer Staaten; er wünschte, den Sieg über Österreich und seine Bundesgenossen durch ein System von Teilabtretungen der Unterlegenen zu krönen. Gegen alles, was darüber hinausging, wie volle Annexion, und gegen alles, was darunter blieb, wie völlige Unversehrtheit, lehnte er sich auf. Dynastische, militärische und einem politischen Satisfaktionsdenken entstammende Argumente verwoben sich hier zu einem Denken, das dem des Leiters der preußischen Politik entgegengesetzt war; denn eben auf der Verbindung des Gedankens voller Annexion im Norden und voller Schonung im Süden beruhte dessen Friedensplan. Diesen ohne Verzögerung zu verwirklichen, war sein Ziel, um den militärischen und politischen Risiken einer Fortsetzung des Krieges zu entgehen. Er hat ihn mit Unterstützung des Kronprinzen in dramatischen Auseinandersetzungen in Nikolsburg durchgesetzt. Am 26. 7. wurde der *Präliminarfriede mit Österreich* abgeschlossen.

---

[1] Dazu zuerst E. FRANZ, Der Entscheidungskampf um die wirtschaftspolitische Führung Deutschlands 1856 bis 1867 (1933). H. BÖHME, Deutschlands Weg zur Großmacht (1966). Ders., Vor 1866. Aktenstücke zur Wirtschafts-

12. Vorgeschichte und Verlauf des Deutschen Krieges

politik der deutschen Mittelstaaten (1966). W. O. HENDERSON, The Zollverein ([3]1968).

[2] H. v. SYBEL, Die Begründung des Dt. Reiches durch Wilhelm I., Bd. 2 ([3]1913), S. 338 f.

[3] R. STADELMANN, Das Jahr 1865 u. das Problem von Bismarcks dt. Politik (1933), S. 17. Die Frage der dualistischen Politik B.s wird außerdem noch aufgeworfen von FR. THIMME, Vorwort zu Bd. 5 der Ges. Werke B.s (1927). O. BECKER, Der Sinn der dualistischen Verständigungsversuche B.s vor dem Kriege 1866, HZ 169 (1949); jetzt eingegangen in: O. BECKER, B.s Ringen um Dtlds. Gestaltung, hg. u. ergänzt von A. SCHARFF (1958).

[4] H. v. SRBIK, Die Schönbrunner Konferenzen vom August 1864, HZ 153 (1936), Sonderausgabe 1956 (enthält den von Srbik aufgefundenen Text des Entwurfs des Abkommens). Dieser auch gedruckt: SRBIK, Quellen zur deutschen Pol. Österreichs 1859–1866, Bd. 4, Nr. 1768. HUBER, Dokumente 2, S. 175, Nr. 147. Die ganze Frage kritisch untersuchend mit überzeugenden Ergebnissen: W. LIPGENS, B.s Österreich-Politik vor 1866. Die Urheberschaft des Schönbrunner Vertragsentwurfs vom August 1864, WaG 10 (1950).

[5] Text: Bism., GW 5, Nr. 62.

[6] A. O. MEYER, Der preuß. Kronrat vom 29. V. 1865, in: Gesamtdt. Vergangenheit (Festschr. f. H. v. Srbik 1938). Protokoll: APP, Bd. 6, Nr. 100.

[7] Text: HUBER, Dokumente 2, S. 181 ff., Nr. 153. – E. KESSEL, Gastein, HZ 176 (1953).

[8] Text: APP, Bd. 6, Nr. 499 (offizielles Protokoll), Nr. 500 (Niederschrift Moltkes).

[9] Über die außenpol. Voraussetzungen der Einigungskriege u. a.: V. VALENTIN, B.s Reichsgründung im Urteil englischer Diplomaten (1937). W. E. MOSSE, The European Powers and the German Question 1848–1871 (1958), bes. S. 190 ff. H. BURCKHARDT, Deutschland–England–Frankreich. Die politischen Beziehungen Deutschlands zu den beiden westeuropäischen Großmächten 1864–1866 (1970).

[10] Die Grundlagen für die Beurteilung Napoleons III. in der dt. Geschichtsschreibung legte H. ONCKEN, Die Rheinpolitik K. Napoleons III. 1863 bis 1870 und der Ursprung des Krieges von 1870/71 (3 Bde. 1926, Ndr. 1967), vgl. dazu A. PINGAUD, RH 156 (1927), u. M. LHÉRITIER, Revue d'hist. mod. 3 (1928). Eine entschiedene Revision der von O. vorgetragenen Auffassungen wurde von G. RITTER, B. u. die Rhein-Politik Napoleons III., Rhein. Vjbll. 15/16 (1950/51) eingeleitet. Seine Überlegungen werden von H. GEUSS, Bismarck u. Napoleon III. Ein Beitrag z. Gesch. d. preuß.-franz. Beziehungen 1851–1871 (1959) weitergeführt. Ganz vom Nationalitätsprinzip her wird Nap. III. gedeutet von F. VALSECCHI, Considerazioni sulla politica europea di Napoleone III., Riv. Stor. Ital. 62 (1950); neuerdings ders., Il secondo impero napoleonico e la sua politica europea (1959). Zuletzt: E. A. POTTINGER, Napoleon III and the German Crisis 1865/66 (1966).

[11] Text: ONCKEN, Rheinpolit. Kaiser Napol. III., Bd. 1, Nr. 147; Text eines Berichts des französ. Botschafters in Wien, Hg. von Gramont, an den Außenminister Drouyn de L'Huys vom 12. 6. 1866, in dem die österreichischen Zusagen enthalten sind: ONCKEN, Rheinpolitik, Bd. 1, Nr. 148. Zur Sache: H. v. SRBIK, Der Geheimvertrag Österreichs u. Frankreichs vom 12. VI. 1866, HJb 57 (1937), u. ders., Dt. Einheit, Bd. 4, S. 408 ff.

[12] Über die Problematik dieses Vertrags für die italienische Politik: A. LA MARMORA, Un po'piu di luce sugli eventi politici e militari dell'anno 1866 ([4]1873, dt. [2]1873).

[13] Text der Dokumente: HUBER, Dokumente 2, S. 191 ff., Nr. 158.

[14] Über die Stimmung im dt. Liberalismus z. B. W. MOMMSEN, Joh. Miquel, Bd. 1 (1928), S. 329 ff. TH. SCHIEDER, Die kleindt. Partei in Bayern 1863–1871 (1936), S. 93 ff. – Quellenzeugnisse in:

12. Vorgeschichte und Verlauf des Deutschen Krieges

Dt. Liberalismus im Zeitalter B.s, hg. v. J. Heyderhoff u. P. Wentzcke (2 Bde. 1925/26), vor allem Bd. 1, S. 269 ff., u. 2, S. 331 ff.

[15] E. Franz, L. Frhr. v. d. Pfordten (1938). Dazu W. Mommsen, HZ 162 (1940), von älterer Lit. bes. K. A. v. Müller, Bayern i. J. 1866 u. die Berufung d. Fürsten Hohenlohe (1909).

[16] Vgl. dazu die Darstellung bei Srbik, Dt. Einheit, Bd. 4, S. 376 ff., u. bei Clark, Franz Joseph and B., The Diplomacy of Austria before 1866 (1934), S. 414 ff.

[17] O. Becker, B.s Ringen um Dtlds. Gestaltung (1958), S. 126 ff.

[18] Text dieses u. der folgenden Dokumente: Huber, Dokumente 2, Nr. 162 a ff.

[19] Text ebd., Nr. 166 b.

[20] Darstellung des Endes des Dt. Bundes bei Srbik, Bd. 4, S. 424 ff. Das Zitat von Jörg in Historisch-Politische Blätter 58, Bd. 2 (1866), S. 314 ff.

[21] Über den Rechtscharakter des Krieges von 1866 und die damit verbundenen Fragen Huber, Verfassungsgeschichte, Bd. 3, S. 543 ff., in dem sehr eingehenden Kapitel ›Recht u. Macht im österr.-preuß. Konflikt‹. Huber bestreitet, daß der Krieg von 1866 ein Krieg im Rechtssinne gewesen sei, doch führt diese Definition nicht weiter.

[22] Zur Verwendung dieses Worts in zeitgenössischen Reden u. Schriften Srbik, Dt. Einheit, Bd. 4, S. 424 f.

[23] Zitat aus dem Aufsatz von H. v. Moltke, Über den angeblichen Kriegsrat in den Kriegen König Wilhelms I., in: Ges. Schriften u. Denkwürdigkeiten, Bd. 3 (1891), S. 415 ff.; dazu R. Stadelmann, Moltke u. d. Staat (1948), S. 713 ff.

[24] Karl Brater, zitiert nach Th. Schieder, Die kleindt. Partei in Bayern (1936), S. 119.

[25] Die Unterscheidung in »bundestreue« und »sezessionistische« Staaten nach Huber, Verfass.gesch., Bd. 3, S. 558.

[26] Über Benedek: außer älterer Lit. H. Friedjung, Benedeks nachgelassene Papiere (³1904). H. v. Srbik, L. v. Benedek, in: Aus Österreichs Vergangenheit (1949).

[27] Über Moltke das geistvoll analysierende Werk von R. Stadelmann, Moltke u. der Staat (1948), u. die eingehende Biographie von E. Kessel, Moltke (1957), mit ausführlicher Bibliographie. Werke: H. v. Moltke, Ges. Schriften u. Denkwürdigkeiten (8 Bde. 1891–1894); Militärische Werke (13 Bde. 1892–1912). Zum Grundsätzlichen: G. Ritter, Staatskunst u. Kriegshandwerk, Bd. 1 (1954), S. 238 ff. A. Klein-Wuttig, Politik u. Kriegführung i. d. dt. Einigungskriegen 1864, 1866 u. 1870/71 (1934).

[28] Außer der älteren amtl. Literatur des preuß. u. österr. Generalstabes vgl. Delbrück-Daniels, Gesch. der Kriegskunst, Bd. 5 (1928), und neuerdings die zum 100. Gedenkjahr erschienene Literatur, vor allem G. Craig, The Battle of Königgrätz. Prussia's Victory over Austria, 1866 (1964, dt. 1966). Militärgeschichtliche Beiträge enthalten auch die Sammelbände W. v. Groote u. U. v. Gerstorff, Entscheidung 1866 (1966), u. R. Dietrich, Europa u. der Norddt. Bund (1968). Vorwiegend politische Probleme behandelt A. Wandruszka, Schicksalsjahr 1866 (1966).

[29] Vgl. die Aktenstücke bei Oncken, Rheinpolitik 2, Nr. 245 (Konventionsentwurf Benedettis), 267, 297.

[30] O. Graf Stolberg-Wernigerode, R. H. Graf v. d. Goltz, Botschafter in Paris 1863–1869 (1941).

[31] H. Michaelis, Königgrätz, WaG 12 (1952). W. Schüssler, Königgrätz 1866 (1958).

Kapitel 13
Die Neuordnung Deutschlands nach dem Kriege von 1866

An die Stelle des Deutschen Bundes, der letzten politischen Zusammenfassung Mitteleuropas unter deutscher Führung, ist durch die Kriegsentscheidung von 1866 eine *Aufspaltung in drei politische Bereiche* getreten, deren Beziehung zueinander noch ungeklärt blieb. Sie erscheinen alle in dem zwischen Preußen und Österreich geschlossenen *Friedensvertrag von Prag* vom 23. 8. 1866[1]: das engere Bundesverhältnis, das Preußen nördlich der Mainlinie begründet, nachdem es erhebliche »Territorialveränderungen« zu seinen Gunsten vollzogen hat; die südlich des Mains gelegenen deutschen Staaten, die in einen Verein zusammentreten sollen, »dessen nationale Verbindung mit dem norddeutschen Bunde der näheren Verständigung zwischen beiden vorbehalten bleibt und der eine internationale unabhängige Existenz haben wird«; schließlich der österreichische Kaiserstaat, der nur Venetien abzutreten hat, sonst seinen territorialen Bestand wahrt, aber seine Zustimmung zu einer neuen Gestaltung Deutschlands ohne seine Beteiligung geben muß. Dieser politische Status zeigte alle Elemente des Provisorischen; der staatliche Verdichtungsprozeß, der von Preußen ausging und dem aus der Nationalstaatsidee immer stärkere Unterstützung zuteil wurde, beschränkte sich vorläufig auf den Norden und begann daher mit einer Teilung; die Stellung der süddeutschen Staaten, mit deren Verbindung der französische Kaiser alte Triasideen wiederaufnahm, drängte nach einer endgültigen Klärung. Auf den Kaiserstaat Österreich und seine politische Struktur hatte der Rückzug aus Deutschland einschneidende Wirkungen.

In *Norddeutschland* war Preußen zur absolut gebietenden und erdrückenden Macht aufgestiegen: *Die Annexionen von Hannover, Kurhessen, Nassau und Frankfurt*[2], an sich schon ein radikaler Eingriff in das durch Traditionen und Ideen geheiligte Recht, noch dazu nicht mit schonsamer Hand durchgeführt – am wenigsten in der gedemütigten und zu Kontributionen gezwungenen Stadt Frankfurt –, schlossen die letzte Lücke des zusammenhängenden preußischen Staatsterritoriums zwischen der Memel und dem Rhein, hinterließen aber große, zum Teil dauernde Erbitterung und veranlaßten eine erste innerdeutsche Emigration. Von den einst mit dem Hohenzollernstaat rivalisierenden Territorien bewahrte nur das Königreich

13. Die Neuordnung Deutschlands nach 1866

Sachsen mit Mühe und dank persönlicher Unterstützung durch den österreichischen Kaiser seine politische Existenz[3]. Die großen Annexionen von 1866, die dem Legitimitätsprinzip einen harten Schlag versetzten, mag man als einen Teil der nationalen Revolution von oben verstehen und mit der Beseitigung der Dynastien und Staaten im Zuge der italienischen Nationalrevolution vergleichen; doch waren sie weit mehr ein Instrument des preußischen Machtstaatswillens und für die nationale Einheitsidee eher ein Hemmnis. Bismarck hat sie nicht doktrinär vertreten und noch am 9. 7. gegenüber dem preußischen Botschafter v. d. Goltz in Paris durchblicken lassen, daß er ihretwillen nicht das Schicksal der Monarchie von neuem aufs Spiel setzen wolle und daß sich das preußische Bedürfnis »auf die Disposition über die Kräfte Norddeutschlands unter irgendeiner Form« beschränke. So ging er auch nicht den von Heinrich v. Treitschke vorgezeichneten Weg[4] nationaler Annexionspolitik weiter; er zog vielmehr die formale bundesstaatliche Lösung für Norddeutschland bei stärkstem hegemonialem Übergewicht Preußens vor und stellte neben das vergrößerte Preußen einen von diesem geführten Bundesstaat, den *Norddeutschen Bund,* der dereinst den ganzen kleindeutschen Nationalstaat in sich aufnehmen sollte. Die Verfassungsform dieses Bundesstaats, dessen Aufbau mit dem Bündnisvertrag zwischen Preußen und den norddeutschen Kleinstaaten vom 18. 8. begann[5], war wesentlich von den durch die nationale Bewegung bisher entwickelten Modellen unterschieden. Die klassische liberale Bundesstaatsidee, vor allem von Georg Waitz ausgebildet, hielt immer an einer auch dem stärksten Einzelstaat übergeordneten selbständigen Bundesgewalt mit eigener Exekutive und Legislative fest. Bismarck suchte dagegen jeden bundesstaatlichen Zentralismus zu vermeiden und das hegemoniale Prinzip, wie es durch Preußen verkörpert wurde, mit dem föderativen zu verbinden: Unter »Anlehnung an das Hergebrachte«, d. h. den alten Bundestag, wurde der *Bundesrat als »Zentralbehörde«* der Verfassung geschaffen, die faktisch die Funktionen eines Gesamtministeriums übernahm und für die preußische Hegemonie genügend Spielraum ließ. In ihm führte Preußen das Präsidium durch den vom preußischen König ernannten *Bundeskanzler* (Art. 15), der die Anordnungen und Verfügungen des Bundespräsidiums gegenzeichnete und dadurch die Verantwortlichkeit übernahm (Art. 17); die 17 Stimmen Preußens von 43 insgesamt sicherten

13. Die Neuordnung Deutschlands nach 1866

ihm ein Veto gegen eine von einer Zweidrittelmehrheit abhängigen Verfassungsänderung (Art. 78). Dem Präsidium des Bundes stand es außerdem zu, »den Bund völkerrechtlich zu vertreten, im Namen des Bundes Krieg zu erklären und Frieden zu schließen, Bündnisse und andere Verträge mit fremden Staaten einzugehen, Gesandte zu beglaubigen und zu empfangen« (Art. 11). Es berief, eröffnete, vertagte und schloß den Bundesrat und den Reichstag (Art. 12). Die gesamte Landmacht des Bundes unterstand in Krieg und Frieden dem König von Preußen als Bundesfeldherrn (Art. 63).

Der *Reichstag,* der aus allgemeinen und direkten Wahlen mit geheimer Abstimmung hervorging, war ein rein auf die Legislative beschränktes Organ, das zusammen mit dem Bundesrat die Bundesgesetzgebung ausübte (Art. 5). Dieser wurde ein weites Feld geöffnet (Art. 4), ihr unterstand u. a. das Freizügigkeits-, Heimat- und Niederlassungsrecht, die Zoll- und Handelsgesetzgebung, das Verkehrswesen, Post- und Telegraphenwesen, die gemeinsame Gesetzgebung über das Obligationsrecht, Strafrecht, Handels- und Wechselrecht. Für das Militärwesen, das Bismarck der parlamentarischen Kontrolle ganz entziehen wollte, wurde als Übergangsregelung bis zum 31. 12. 1871 die Friedenspräsenzstärke des Bundesheeres auf 1 Prozent der Bevölkerung von 1867 normiert und dafür eine Kopfquote festgelegt[6].

In dieser Form ist die *Verfassung des Norddeutschen Bundes* am 16. 4. 1867 im Norddeutschen Konstituierenden Reichstag, am 17. 4. durch die verbündeten Regierungen angenommen worden und am 1. 7. in Kraft getreten. An ihrer Entstehung haben sehr verschiedene Kräfte mitgewirkt und zum Teil wichtige Modifikationen herbeigeführt (O. Becker). Die Grundgedanken stammten von Bismarck selbst, der sie zuerst in den Putbuser Diktaten vom Oktober/November 1866[7] entwickelte und nach dem 1. 12. zu konkreten Verfassungsvorschlägen verdichtete. Es standen ihm dabei verschiedene Vorarbeiten und Ausarbeitungen von Mitarbeitern und Beratern zur Verfügung, so von Max Duncker, Hermann Wagener, Lothar Bucher und dem Vortragenden Rat im Außenministerium Hepke. Erwiesen ist, daß in diesem Stadium in erster Linie die überragende Stellung des Bundesrats festgelegt und die des Bundeskanzlers möglicherweise vorbereitet wurde. Am 15. 12. wurde der auf einer Kronratssitzung behandelte Bismarcksche Verfassungsentwurf[8] den Vertretern der nord-

13. Die Neuordnung Deutschlands nach 1866

deutschen Staaten vorgelegt, die ihn bis zum 7. 2. 1867 berieten. Bismarck stieß hier auf starke Widerstände und konnte zwar nicht volle Billigung, aber doch die Zustimmung dafür durchsetzen, den Entwurf vor den *Norddeutschen Konstituierenden Reichstag* zu bringen.

In ihm hatten sich schließlich seit dem 9. 3. 1867 die Bismarckschen Verfassungsideen mit denen des nationalen Liberalismus zu messen, der sich seit der Entscheidung vom Sommer 1866 in der *Nationalliberalen Partei* eine neue, die Bismarcksche deutsche Politik unterstützende Organisation gegeben hatte[9]. Freiheitsidee, Rechtsstaatslehre, Nationalitätsprinzip und Machtstaatsgedanke waren im liberalen Denken eine unauflösliche Einheit eingegangen; die Erfolge der Bismarckschen Politik sprachen die darin enthaltenen Elemente der Macht und der Nationalität stärker an, aber in den Diskussionen über den Verfassungsentwurf der Regierungen traten Bismarck noch einmal die Grundsätze des liberalen Verfassungsgedankens, freilich eingeschränkt, entgegen. Die Liberalen rangen namentlich um zwei Punkte: um die verantwortlichen Bundesminister und um das volle Budgetrecht des Reichstags auch in Militärfragen. Jene konnten sie gegen Bismarcks entschiedene Abwehr überhaupt nicht, dieses nur teilweise durchsetzen: Der Kompromiß über die vorläufige Festlegung des Heeresetats bis 31. 12. 1871 bedeutete nur einen Aufschub; an diesem Punkte ist die Kontinuität vom Preußen der Konfliktszeit bis zum konstitutionell-monarchischen Verfassungskompromiß des Kaiserreichs besonders deutlich. Beschränkte Kompetenzen des Parlaments bei einem weitgefaßten Wahlrecht, gegen das in der Debatte manche liberale Kritik laut wurde[10] – darin vor allem wird man die von Anfang an gegebene konstitutive Schwäche in dem 1867 geschaffenen Verfassungsgefüge sehen dürfen. Wenn der Konstituierende Reichstag hier keinen tieferen Einbruch in das Bismarcksche System erzielen konnte, so schien ihm dies nach bisheriger Auffassung an einem anderen Orte gelungen zu sein: bei der Fixierung der *Stellung des Bundeskanzlers*. Dieser sei, so meinte man lange, aus einem »dienenden Organ des preußischen Außenministers« durch einen Beschluß des Reichstags (Amendements Saenger und Bennigsen 26./27. 3.) zum »selbständigen, mit eigener Entscheidung ausgestatteten Träger der Bundesregierung« (Erich Marcks)[11] gemacht worden und damit zum zentralen, verantwortlichen Amt des Bundes,

13. Die Neuordnung Deutschlands nach 1866

für das nur Bismarck selbst in Frage kam. Durch Otto Becker wurde wahrscheinlich gemacht[12], daß diese Fortentwicklung des Bundeskanzleramtes in Bismarcks ursprünglichen Plänen selbst angelegt gewesen sein kann und nur aus taktischen Gründen nicht offen zutage trat. Immerhin brachte die neue Lösung eine Verschiebung der Gewichte von der hegemonialpreußischen auf die bundesstaatlich-nationale Seite, die der nationalen Partei näher lag als dem preußischen Minister. Die im Antrag Bennigsen enthaltene Ausdehnung der Verantwortlichkeit auf die »vom Präsidium ernannten Vorstände der einzelnen Verwaltungszweige«, d. h. die Minister, und die gesetzliche Regelung der Verantwortlichkeit, die dem parlamentarischen System nahegekommen wäre und gerade deshalb von Bismarck zu Fall gebracht wurde, hätte diese Tendenz noch verstärkt.

Wenn man nach den Gründen für das Verharren der preußisch-nationalstaatlichen Reform am Main fragt[13], so wird man sie sicher nicht mehr in einem Festhalten Bismarcks an dualistischen Lösungen suchen dürfen, für die seit Österreichs Ausscheiden aus der politischen Neugestaltung Deutschlands der Partner fehlte. Der Wille Bismarcks, die *Tür nach dem Süden offen zu lassen*, ist aus den Verfassungsberatungen des Norddeutschen Bundes mehrfach bezeugt und im letzten Artikel der Norddeutschen Bundesverfassung (Art. 79) selbst festgelegt. Die Beschränkung der politischen Neuorganisation auf den Norden war der außenpolitische Preis, der Napoleon III. neben der nie realisierten Forderung nach einem internationalen unabhängigen Südbund gezahlt werden mußte, wenn auch sonst für den Augenblick noch manche innerdeutsche Gründe dafür sprachen. Formal waren die *süddeutschen Länder* jetzt im Besitze einer durch keine Bindungen behinderten Souveränität, aber tatsächlich waren ihnen die Hände mehr als vorher gebunden: dem Großherzogtum Hessen durch den Beitritt seiner nordmainischen Gebiete zum Norddeutschen Bund; allen insgesamt durch die *geheimen Schutz- und Trutzbündnisse*, die sie gleichzeitig mit den Friedensverträgen unter dem Druck der von Bismarck geschickt ausgespielten französischen Gebietsforderungen hatten schließen müssen (Württemberg 13. 8., Baden 17. 8., Bayern 22. 8., Hessen 3. 9.)[14]. Sie wurden dadurch militärisch an Preußen gebunden und zu einer Anpassung ihrer Heeresverfassung an das preußische Vorbild genötigt (bayer. Wehrgesetz vom Januar 1868, württember-

13. Die Neuordnung Deutschlands nach 1866

gisches Kriegsdienstgesetz vom Januar 1868)[15]. War damit eine militärische Klammer vom Norden um den Süden gelegt und die Grenzlinie von 1866 tatsächlich bereits überschritten, so wurde diese Klammer noch enger gezogen durch die im Juni/Juli geschlossenen, gegen heftige Widerstände bäuerlich-ländlicher Wirtschaftskreise vor allem in Bayern angenommenen *neuen Zollvereinsverträge*, die die bisherige lockere Zollgemeinschaft durch politische Institutionen (Zollbundesrat, Zollparlament) verdichteten[16]. Das Wesentliche dieser neuen Ordnung bestand darin, daß das wirtschaftliche, nun auch die bisher fehlenden Mecklenburg, Schleswig-Holstein und Lübeck umschließende Kleindeutschland, dem früher keine analoge staatliche Organisation entsprach, jetzt ein Glied eines politisch-staatlichen Systems geworden war. Damit war der militär- und zollpolitische Anschluß der Südstaaten an den Nordbund vollzogen; der politische Zusammenschluß schien damit vorbereitet.

Doch darf man den Weg des Südens zum kleindeutsch-preußischen Nationalstaat nicht als einen eingleisigen, nur durch äußere Hindernisse blockierten Weg ansehen. Das *süddeutsche Staatsbewußtsein* hatte eine starke Kraft und einen reichen politischen und geschichtlichen Hintergrund, was Bismarck stärker als die meisten norddeutschen Liberalen erkannte; es konnte sich nicht gleich in einem System zurechtfinden, in dem das österreichische Gegengewicht gegen Preußen weggefallen war. So bemühten sich die süddeutschen Staatsmänner, vor allem dieses wiederherzustellen, nachdem die Orientierung nach Paris innerlich unmöglich geworden war und nur noch von dem Hessen Dalwigk versucht wurde[17]. Während das in seiner Rheingrenzlage am meisten gefährdete und von einer liberalen Bürokratie geführte Baden (Ministerien Mathy und Jolly) sich für den eindeutigen und baldigen Eintritt in den Norddeutschen Bund entschied[18], unternahm der am 31.12.1866 Pfordten folgende bayerische Ministerpräsident Fürst Chlodwig Hohenlohe[19] mehrere Versuche, die süddeutschen Staaten in einen weiteren Bund mit dem Nordbund zu bringen, der seinerseits ein Bündnis mit Österreich schließen sollte (Mission Tauffkirchen). Es waren die letzten Anläufe, nur noch einen Rest der alten mitteleuropäisch-universalen Ordnung in eine neue nationale Gestaltung zu retten. Sie wurden zerrieben zwischen der auf eindeutige Lösungen drängenden nationalstaatlichen Tendenz und einem neuerwachenden Partikularismus, dem in Bayern in der 1868/69 sich sammeln-

13. Die Neuordnung Deutschlands nach 1866

den Patriotenpartei, in Württemberg in der demokratischen Volkspartei starke populäre, bäuerliche, vom Klerus geführte Elemente zuströmten, was sich schon in den Zollparlamentswahlen vom Frühjahr 1868 (Februar/März) zeigen sollte, die eine schwere Niederlage der zum Norddeutschen Bund hin orientierten nationalen Liberalen brachte[19a]. In dieser Bewegung kam noch einmal ein starker Protest süddeutsch-landschaftlicher Kräfte mehr kleinbürgerlicher Art in Württemberg, bäuerlich-katholischer in Bayern gegen den von Norddeutschland her aufgebauten preußisch-protestantisch geführten Nationalstaat zu Wort, der allein schon durch sein Militärsystem die bestehenden Verhältnisse bis in die Tiefe umwälzte.

Das dritte Kraftfeld, das der Aufspaltungsprozeß von 1866 hinterließ, war der *österreichische Kaiserstaat*[20]. Bismarck, der ihm gegenüber lange gezögert hatte, die Lunte ans Pulverfaß zu legen, war nach der Entscheidung von Königgrätz sofort entschlossen, die Existenz Österreichs als Staat unangetastet zu lassen, so sehr er noch während der Krise auch die Waffe der Entfesselung der national-revolutionären Bewegung in Böhmen und Ungarn bereitgehalten hatte[21]. Der österreichische Staat blieb ihm ein »Stein im europäischen Schachbrett«; seine Auflösung könnte nur Bildungen »dauernd revolutionärer Natur« die Bahn freigeben. Indessen war Österreichs politische Existenz durch den Ausschluß aus Gesamtdeutschland doch weit mehr getroffen, als es dem preußischen Sieger von 1866 bewußt war. Der innere Weg Österreichs hatte in den Verfassungsexperimenten seit 1860 immer mehr den Rückhalt der Regierung auf das deutsch-liberale Bürgertum der »Verfassungspartei«[22] neben der deutsch-geführten Armee eingeschränkt. Der erzwungene Rückzug aus der deutschen Politik nahm den deutschen Liberalen einen guten Teil ihrer politischen und geistigen Kraftreserven; es erwies sich, in welchem Umfang das eigentümliche Gebilde Österreich seine Lebensmöglichkeit in der gesamtdeutschen Welt des Deutschen Bundes besaß, die für Österreich die richtige Mitte zwischen national-deutscher Verbindung und staatlich-österreichischer Selbständigkeit dargestellt hatte. Die Wendung von 1866 mußte daher notwendig zu einer *Strukturänderung des österreichischen Staates*, vor allem einem stärkeren Hervortreten der nicht-deutschen Elemente in ihm führen. Daß dies bis zum Ende der Monarchie in der Form einer Privilegierung der magyarischen Nation geschah, ist die Folge bestimmter geschichtlicher Umstände gewesen, wie sie

13. Die Neuordnung Deutschlands nach 1866

sich gerade um 1866 herausgebildet hatten. Der auf Schmerling im Jahre 1865 folgende katholisch-konservative Graf Belcredi sistierte im September 1865 die Verfassung des Februarpatents von 1861, das die nichtdeutschen Nationen boykottiert hatten. Die ungarische Mittelpartei unter Deák und Andrassy erstrebte nun von sich aus den Ausgleich und erklärte im Februar 1866 ihre Bereitschaft, über Vorschläge zu beraten, die sowohl der staatsrechtlichen Selbständigkeit Ungarns wie den Lebensbedingungen der Monarchie gerecht wurden. Da die Deutschen durch die Verfassungssistierung fürs erste tatsächlich ausgeschaltet waren, sind die Ungarn in der kritischen Zeit von 1865/66 die einzigen Verhandlungspartner der Krone in den Verhandlungen über den Umbau der Monarchie gewesen. Belcredis Nachfolger seit dem 30. 10. 1866, der ehemalige sächsische Ministerpräsident Frhr. v. Beust, führte dann diesen Umbau durch die Ausgleichsgesetze von 1867 zu Ende[23], die zunächst die Wiederherstellung des Königreichs Ungarn und erst dann Vereinbarungen zwischen dem Kaiser und Vertretern Ungarns über gemeinsame Institutionen der beiden Reichshälften brachten. Für beide durch die Dynastie verbundenen Reichshälften, von denen die ungarische in stärkerem Maße Staatscharakter besitzt als die »cisleithanische«, die keinen eigenen Namen führt, stehen die auswärtigen Angelegenheiten, das Kriegswesen und das Finanzwesen mit je eigenen Ministerien unter gemeinsamer Verwaltung. Ausschüsse der beiden Parlamente – des cisleithanischen Reichsrats und des ungarischen Reichstags –, die sogenannten Delegationen, nehmen die Gesetzgebungsrechte wahr. Die österreichisch-ungarische »Doppelmonarchie« muß in ihrer eigenartigen, jedem staatsrechtlichen Schematismus widerstrebenden Form neben den neuen norddeutschen Bundesstaat als Ergebnis der deutschen Krise von 1866 gestellt werden; während in diesem die zentrifugalen Kräfte von einer starken einheitlichen Staatsbildung aufgefangen wurden, haben sie dort auflösend und destruktiv gewirkt. Die Intensivierung der Staatsmacht im werdenden kleindeutschen Nationalstaat wurde um den Preis einer Auflockerung an der Peripherie erkauft. Der nationalstaatlichen Integration im Zentrum steht andererseits zunehmender Druck auf das Grenz- und Streudeutschtum gegenüber, so in den baltischen Gebieten seit den russischen Sprachgesetzen von 1867 und in Siebenbürgen seit der siebenbürgisch-ungarischen Union desselben Jahres.

13. Die Neuregelung Deutschlands nach 1866

Die Ereignisse von 1866 schaffen einen tiefen *Einschnitt im deutschen politischen Bewußtsein*. Unter den Kräften, die den geschichtlichen Prozeß vorantrieben, standen seit 1859 der preußische Staat und der deutsche Liberalismus nebeneinander, seit dem Verfassungskonflikt gegeneinander. Ihr Gegensatz, der jahrelang die nationale Bewegung gelähmt hatte, begann seit der erfolgreichen deutschen Politik Bismarcks seine Schärfe zu verlieren. Nachdem die Fortschrittspartei in den preußischen Landtagswahlen vom 3. 7. 1866 schwere Einbußen erlitten hatte, sonderte sich aus ihr seit dem Herbst 1866 eine Gruppe als »Neue Fraktion der nationalen Partei« ab, aus der die *Nationalliberale Partei* des Konstituierenden Norddeutschen Reichstags hervorging. In sie sind vor allem Männer und Gruppen aus den annektierten Provinzen wie die Hannoveraner Rudolf v. Bennigsen und Johannes Miquel eingetreten, die – von der Erinnerung an den Verfassungskonflikt weniger belastet – in den großen norddeutsch-preußischen Wirkungsraum drängten. So wird die Nationalliberale Partei die Partei des Auskommens mit Bismarck auf dem Felde der deutschen Politik, wozu der preußische Ministerpräsident durch das Indemnitätsgesetz vom 14. 9. 1866[24] für den ohne Etat verwalteten Staatshaushalt in den Jahren 1862 bis 1865 selbst die Hand reichte. Sie forderte, daß der deutsche Staat und die deutsche Freiheit gleichzeitig mit denselben Mitteln errungen werden müßten, aber sie war doch auf dem Wege, die Freiheitsforderungen zugunsten der von oben her geschaffenen Einheit zu vertagen und auf die Dauer preiszugeben. Es war die *Schicksalsstunde des deutschen Liberalismus*, als er den Verfassungskompromiß von 1867 annahm in der Meinung, die zurückgestellten liberalen Verfassungswünsche allmählich nachholen zu können. Gewiß haben Opportunismus und Anbetung des Erfolgs, ja eine Gesinnung, die man als politischen Darwinismus bezeichnen kann[25], bei manchen den erstaunlichen Stimmungsumschwung gegenüber Bismarcks deutscher Politik bestimmt, der sich seit dem Juli 1866 vollzog; aber es wäre verfehlt, im ganzen von einem späten und unerwarteten Gesinnungswechsel des Liberalismus vor der Macht sprechen zu wollen[26]. Vielmehr ist die Verbindung von nationaler Machtstaatsidee und liberalem Rechtsstaatsdenken schon im älteren, von Hegel kommenden Liberalismus seit dem Vormärz angelegt[27]. Freiheit für den einzelnen soll gerade durch die Freiheit des nationalen Staats geschaffen und in ihm durch

13. Die Neuordnung Deutschlands nach 1866

Selbstverwaltung verwirklicht werden. Das aufschlußreichste Dokument des Wandels von 1866 im liberalen Denken ist Hermann Baumgartens »Selbstkritik« des Liberalismus, die in den ›Preußischen Jahrbüchern‹ im Herbst 1866 erschien. Hier findet man alle Elemente beisammen, die den Anschluß der Liberalen an Bismarck herbeigeführt haben: die schon seit den 50er Jahren spürbare Abkehr von einer an normativen Ideen orientierten Politik zugunsten pragmatischen Handelns; ein starkes Staatsbewußtsein, das auf Regierungsfähigkeit des Liberalismus drängte, und der Glaube an die starke Persönlichkeit in der Politik: »Die Demokratie bedarf des Hauptes.« Auch in den süddeutschen Staaten wirkten sich die parteipolitischen Vorgänge nach der Entscheidung von 1866 aus: Überall orientierte sich eine liberale Linke an den Nationalliberalen im Norden, so die bayerische Fortschrittspartei, die Deutsche Partei in Württemberg, am nachdrücklichsten in Baden, wo sich die »Gothaer« in der liberalen Kammermehrheit durchgesetzt hatten. In Baden kam es zuerst zu einem Regierungswechsel; das durch die Kriegspolitik an der Seite Österreichs belastete Ministerium Frhr. v. Edelsheim trat schon Ende Juli 1866 zurück. In Bayern zog Ludwig v. d. Pfordten am Jahresende die Konsequenz aus seiner gescheiterten Politik; ihm folgte mit dem Ministerium des Fürsten Chlodwig von Hohenlohe ein liberalerer Kurs, wenn auch noch keine eindeutige Wendung nach Preußen.

Der *Konservativismus* nahm an der Neuordnung Deutschlands nicht anders als der Liberalismus nur mit einem Teil seiner Anhänger und unter erheblichen inneren Krisen teil. Die Repräsentanten eines starren Preußentums sowohl wie die der christlich-ständischen Idee innerhalb der Konservativen Partei wandten sich ab von der revolutionären, cäsaristischen Gewaltpolitik Bismarcks, seinem Mitspielen bei dem »Nationalitätsschwindel«, sie stimmten auch gegen die Indemnitätsvorlage. Die auf die Bismarcksche Linie einschwenkenden Konservativen sammelten sich in der *Freikonservativen Partei*, die sich seit Februar 1867 zu bilden begann. In ihr verbanden sich die großwirtschaftlich-industriell interessierten Magnaten, vor allem aus Schlesien, Diplomaten und hohe Beamte, eine relativ kleine, aber wirtschaftlich und politisch sehr einflußreiche Gruppe. Es lag in der Natur der Dinge, daß der Konservativismus in den annektierten Provinzen wie in Süddeutschland im Lager der Gegner Bismarcks stand; er hing

13. Die Neuordnung Deutschlands nach 1866

zum großen Teil noch dem Großdeutschtum an, so hoffnungslos dessen Positionen inzwischen geworden waren. Ohne Österreich führungslos geworden, hielt sich großdeutsche Politik vor allem noch in den Organisationen der kleinbürgerlichen Demokratie wie in der Sächsischen Volkspartei, zu der Wilhelm Liebknecht und August Bebel gehörten, oder der Deutschen Volkspartei in Württemberg. Schon gab es z. B. eine aus Hannover nach Wien geflüchtete Emigration (Gründung einer Welfenlegion), von der lange manche Wirkungen ausgingen und die über Männer vom geistigen Format des Historikers Onno Klopp (1822–1903) verfügte. Starke konservativ gesinnte Gruppen aus dem katholischen Lager fanden ihren Vereinigungspunkt in spezifisch konfessionellen Parteiformen; der Boden für eine *Partei der katholischen Minderheit* im neuen protestantisch-preußisch geführten Nationalstaat wurde in den Jahren des Norddeutschen Bundes gelegt (Bischof Ketteler, ›Deutschland nach dem Kriege von 1866‹).

Vom sozialen Hintergrund her gesehen stand das Bildungsbürgertum, überwiegend wenigstens das protestantische, in Nord und Süd hinter der nationalen Reform von 1866/67, ebenso die Kräfte der im andauernden, nur durch die Krisenjahre der Weltwirtschaft 1857–1861 unterbrochenen Aufschwung begriffenen Wirtschaft mit ihrem Drang nach großen Märkten. Dem freihändlerischen Interesse des Nordens stand allerdings eine massive, schutzzöllnerisch orientierte Opposition im Süden gegenüber, die sich dann bei den Zollparlamentswahlen von 1868 mit den partikularistischen, zum Teil noch großdeutschen Widerständen gegen die preußisch-kleindeutsche Politik verband. Die *Industriearbeiterschaft*, um die sich von liberaler Seite noch Männer wie Schulze-Delitzsch und Sonnemann bemüht hatten, blieb abseits, soweit sie sich nicht an der großdeutsch empfindenden demokratischen Bewegung beteiligte; sie schuf sich in eben jenen Jahren die Anfänge ihrer politischen Organisation auf der Grundlage der Lehren von Karl Marx gegen die Erben Ferdinand Lassalles, des Gründers des Allgemeinen Deutschen Arbeitervereins von 1863. 1869 wurde in Eisenach in der Auseinandersetzung mit der kleinbürgerlichen Demokratie, dem Sozialliberalismus von Schulze-Delitzsch und den Lassalleanern die *Sozialdemokratische Arbeiterpartei* begründet, die in ihr erstes Programm von Marx die Forderung nach der Internationalität des Kampfes der Arbeiter und die Zugehörigkeit zur internationalen Arbeiterassoziation der I. Internationale von 1864 aufnahm[28]. Hier wurde bereits der Widerspruch gegen den nationalen Staat vom Standpunkt des Internationalismus angemeldet; neben den konfessionellen Bruchlinien des sich bildenden kleindeutschen Nationalstaats traten die sozialen hervor, deren Bedeutung in der Zukunft alles andere in den Schatten stellen sollte.

Die politische Bewegung absorbierte den Geist der Nation in den Jahren zwischen den Einigungskriegen in so hohem Grade, daß sich die schöpferische Gedankenleistung dieser Zeit mit der in den 50er Jahren nicht messen läßt. Die politische Publizistik in der geistig hochstehenden Form, wie sie die ›Preußischen Jahrbücher‹ und auf dem anderen Flügel die ›Historisch-Politischen Blätter‹ (E. Jörg) vertraten, dominierte und drängte auch die Geschichtsschreibung zurück. Von großen, über die Zeit hinausweisenden Werken der politischen Literatur ist vor allem der 1. Band von *Marx*' ›*Kapital*‹ (1867) zu nennen, das in der Phase der fortgeschrittenen Nationalstaatsbewegung mit einem gewaltigen geistigen Aufwand den gleichen Gesamtangriff auf die bürgerliche Welt und ihr soziales und ökonomisches System eröffnete wie das Kommunistische Manifest am Vorabend der 48er Revolution und die gleichen weltgeschichtlichen Wirkungen hatte. Ein großartiger Ausdruck der Selbstbesinnung der bürgerlich-liberalen Bewegung ist die Rechtsgeschichte der deutschen Genossenschaft von Otto Gierke (1. Bd. 1868)[29], sie stellt mahnend neben den Einheitsgedanken, der, wenn er ausschließlich triumphierte, alles Geistesleben zum Erstarren brächte, die »in jeder zusammenfassenden Einheit fortbestehende Vielheit«, die Fülle der Korporationen, die erst den Gedanken der Freiheit verwirklichen lassen. Darin steckt eine andere »Selbstkritik des Liberalismus« und der Versuch, gegen die Konzentration aller Macht im Nationalstaat die Grundlagen korporativer Freiheit wiederherzustellen. Diese Kritik an der Staatsbezogenheit des nationalen Liberalismus wird außerhalb der Grenzen des politischen Deutschland, wo überhaupt die kulturellen Leistungen dieser Jahre bezeichnenderweise ihr Zentrum haben, noch deutlicher ausgesprochen: Man vernimmt sie in Adalbert Stifters Gedanken über die am Recht orientierte Gemeinschaft, die er in diesen Jahren vor allem im ›Witiko‹ (1865–1867) vorträgt. Man vernimmt sie aber namentlich in den Vorlesungen des Baslers Jacob Burckhardt zuerst aus dem Winter

13. Die Neuordnung Deutschlands nach 1866

1868/69 ›Über Studium der Geschichte‹, die später unter dem Namen ›Weltgeschichtliche Betrachtungen‹ in die Weltliteratur eingegangen sind. Hier wird ein neuer Ton in der Geschichtsschreibung hörbar: nicht mehr auf historisches Verstehen im Geiste Rankes, aber auch nicht mehr auf Geschichte als nationalpädagogische Aufgabe ist Burckhardts Absicht gerichtet, sondern auf Geschichtsschreibung, die die menschliche Existenz in ihre Mitte stellt. In der Geschichtslehre Burckhardts tritt die Potenz des Staats sichtbar hinter die der Kultur zurück – eine Warnung an den vom nationalen Staatsideal beherrschten Zeitgeist, die auch anderswo zu vernehmen ist. Richard Wagner sprach sie aus in seiner Schrift über ›Deutsche Kunst und deutsche Politik‹ von 1868 und ließ sie in der größten musikalischen Schöpfung dieser Jahre, den ›Meistersingern von Nürnberg‹ (1867) anklingen, wo die Lebenskraft und Lebensdauer der deutschen Kunst gegenüber dem Deutschen Reich verkündet wird. Neben Karl Marx war Richard Wagner sicher die historisch wirkungsreichste Persönlichkeit dieser Zeit. Der ehemalige Revolutionär von 1849 beanspruchte immer auch politische Geltung für die Kunst und den Künstler. Seit 1864 verband ihn Freundschaft mit dem jungen bayerischen König Ludwig II., der ihn nach München holte (Mai 1864). Aber der große Plan eines Festspielhauses mißlang dort, Wagner mußte aus München weichen, wo seine Musikdramen ›Tristan‹ (1865) und ›Die Meistersinger‹ (1868) ihre Uraufführung erlebten.

Als eine Leistung besonderer Art, die aus dem liberalen Geist der Zeit schöpfte und ihrerseits auf ihn und die gesellschaftliche Ordnung zurückwirkte, muß man die *gesetzgeberische und administrative Ausgestaltung* der neuen norddeutschen Staatsgründung hervorheben. Sie knüpfte an das Werk der liberalen Bürokratie Preußens in älterer Zeit an und vollzog im Geiste des Liberalismus einen weiteren Akt gesellschaftlicher und wirtschaftlicher Emanzipation, bei dem sich die Bürokratie unter dem ersten Präsidenten des Bundeskanzleramtes Rudolf von Delbrück[30] und die liberale Mehrheit des Reichstags zusammenfanden. Es war, wie es der Konservative Hermann Wagener formulierte, ein weiterer Schritt der Entwicklung Preußens »aus feudalistischen und bürokratischen Formen zu einer modernen Erwerbsgesellschaft«[31]. So wurde eine *Gewerbeordnung* mit allgemeiner Gewerbefreiheit für den Norddeutschen Bund geschaffen (21. 7. 1869); das am 31. 5.

13. Die Neuordnung Deutschlands nach 1866

1870 beschlossene, an das preußische Strafrecht von 1851 anknüpfende *Strafgesetzbuch* war durch den Einfluß liberaler Rechtsprinzipien bestimmt. Süddeutsche Länder wie Bayern[32], das am 30. 1. 1868 die Gewerbefreiheit einführte und eine neue, den zentralistischen Charakter des Montgelas'schen Staates durchbrechende Gemeindeordnung (10. 4. 1869) schuf, zogen in diesem Strome gegen weit größere Widerstände mit. Die liberale Reformgesetzgebung trug in Bayern im Sturm der Wahlkämpfe von 1869 nicht wenig zum Sturz Hohenlohes bei[33]. Baden war mit liberalen Reformen schon einige Jahre vorausgegangen[34] und hatte die Gewerbefreiheit im Juni 1862, eine Verwaltungsreform nach den Prinzipien von Dezentralisierung und Selbstverwaltung am 5. 10. 1863 unter einem liberalen Ministerium gesetzlich verankert. Auch hier kam es zur Auflehnung breiter ländlich-katholischer Bevölkerungskreise in kulturkämpferischen Formen.

Quellen: J. HEYDERHOFF u. P. WENTZCKE, Dt. Liberalismus im Zeitalter Bismarcks (1925/26), Bd. 1. H. ROSENBERG, Die national-politische Publizistik Dtlds. vom Eintritt der Neuen Ära in Preußen bis zum Ausbruch des Dt. Krieges (2 Bde. 1935). K.-G. FABER, Die nationalpolitische Publizistik Dtlds. von 1866 bis 1871 (2 Bde. 1963). BISMARCK, GW 6, Briefausgaben von J. G. DROYSEN, hg. v. R. HÜBNER (1928, Neudr. 1967). TREITSCHKE, hg. v. M. CORNICELIUS (1913–1920). – *Neuere Darstellungen:* O. BECKER, Bismarcks Ringen um Dtlds. Gestaltung (1958). L. BERGSTRÄSSER, Gesch. d. polit. Parteien Dtlds. ([11]1965). Zu den allgemeinen politischen Konsequenzen jetzt noch F. P. KAHLENBERG, Das Epochenjahr 1866 in der dt. Geschichte, in: M. STÜRMER (Hg.), Das kaiserliche Deutschland (1970), S. 51 ff. Entscheidungsjahr 1866. Schriftenreihe d. Bundeszentrale für politische Bildung, H. 70 (1966), darin u. a. TH. SCHIEDER, Das Jahr 1866 in d. dt. u. europ. Geschichte. A. WANDRUSZKA, Schicksalsjahr 1866 (1966).

[1] Text: HUBER, Dokumente 2, S. 217 ff., Nr. 182.
[2] Frankfurt: R. SCHWEMER, Gesch. d. freien Stadt Frankfurt (3 Bde. 1910 bis 1914); Hannover: E. BÜTTNER, 1866 und die Katastrophe Hannovers in neuerer Sichtweise, Neues Arch. f. Niedersachsen 19 (1950). Allgemein: H. HEFFTER, Die dt. Selbstverwaltung im 19. Jh. (1950), S. 474 ff.
[3] R. DIETRICH, Der preuß.-sächs. Friedensschluß vom 21. X. 1866, Jb. f. d. Gesch. Mittel- u. Ostdtlds. 4 (1958).
[4] W. BUSSMANN, Treitschke. Sein Welt- u. Geschichtsbild (1952).
[5] Text: HUBER, Dokumente 2, S. 223 f., Nr. 185.
[6] Text der Verfassung des Norddt. Bundes ebd., S. 227 ff., Nr. 187. Dazu: R. DIETRICH (Hg.), Europa u. der Norddeutsche Bund (1968).
[7] Teilweise veröffentlicht: BISMARCK, GW 6, S. 167, vollständiger bei KEUDELL, Fürst und Fürstin B. (1902), S. 318 ff. O. BECKER, B.s Ringen um Dtlds. Gestaltung, S. 236 ff., verwendet die Originalniederschriften aus dem Nachlaß Keudell.
[8] Gedruckt: BISMARCK, GW 6, S. 187 ff.
[9] M. SPAHN, Zur Entstehung der nationalliberalen Partei, Zs. f. Politik 1 (1908). Text des Gründungsprogramms vom Juni 1867, in: Deutsche Parteipro-

13. Die Neuordnung Deutschlands nach 1866

gramme, hg. v. W. MOMMSEN (²1960), S. 147 ff.

[10] Zur Wahlrechtsauffassung der Liberalen (speziell 1867): TH. SCHIEDER, Die Krise des bürgerlichen Liberalismus, in: Staat u. Gesellschaft im Wandel unserer Zeit (1958, ³1974), S. 58 ff. W. GAGEL, Die Wahlrechtsfrage in d. Gesch. d. dt. lib. Parteien 1848–1918 (1958), S. 51 ff.

[11] E. MARCKS, Aufstieg d. Reiches, Bd. 2, S. 285.

[12] O. BECKER, B.s Ringen um Dtlds. Gestaltung, S. 271 ff., S. 359 ff., S. 388 ff.

[13] Dazu u. a. O. SCHEEL, B.s Wille zu Dtld. in den Friedensschlüssen 1866 (1934).

[14] Text der gleichlautenden Verträge: HUBER, Dokumente 2, S. 214 f., Nr. 179.

[15] M. LEYH, Die bayer. Heeresreform unter Kg. Ludwig II. 1866–1870 (1923).

[16] E. FRANZ, Der Entscheidungskampf um die wirtschaftspolit. Führung Dtlds. 1856–1867 (1933). H. BÖHME, Deutschlands Weg zur Großmacht (1966), vor allem S. 213 ff. mit Einzelbelegen für die wirtschaftliche Verflechtung von Nord- und Süddeutschland.

[17] H. ONCKEN, R. v. Bennigsen (2 Bde. 1910).

[18] L. GALL, Der Liberalismus als regierende Partei. Das Großherzogtum Baden zwischen Restauration u. Reichsgründung (1968), S. 376 ff. G. ROLOFF, Bismarcks Friedensschlüsse mit d. Süddeutschen 1866, HZ 146 (1932).

[19] K. A. v. MÜLLER, Die Tauffkirchensche Mission nach Berlin u. Wien, in: Riezler-Festschr. (1913).

[19a] Von 85 gewählten Abgeordneten für das Zollparlament waren 50 Gegner des Zollvereins, 35 Anhänger. In Bayern: 21 Anhänger, 27 Gegner; in Württemberg 17 Gegner u. kein Anhänger, in Baden 6 Gegner u. 8 Anhänger, in Hessen-Darmstadt 6 Anhänger u. kein Gegner (nach HENDERSON, The Zollverein, S. 321); vgl. auch W. SCHÜBELIN, Das Zollparlament u. d. Politik von Baden, Bayern u. Württemberg 1866–1870 (1935).

[20] J. REDLICH, Das österr. Staats- u. Reichsproblem (2 Bde. 1920/26). W. SCHÜSSLER, Das Verfassungsproblem im Habsburgerreich (1918). H. HANTSCH, Die Nationalitätenfrage im alten Österreich (1953). R. A. KANN, Das Nationalitätenproblem der Habsburger Monarchie, Bd. 2 (1964).

[21] H. RAUPACH, B. u. die Tschechen i. J. 1866 (1936). A. v. REISWITZ, Belgrad-Berlin, Berlin-Belgrad 1866–1871 (1936). H. LADES, Die Tschechen u. die dt. Frage (1938). H. WENDEL, Bismarck u. Serbien i. J. 1866 (1927).

[22] G. FRANZ, Liberalismus. Die dt.-lib. Bewegung in der habsburgischen Monarchie (1955).

[23] Dazu die Sammelbände P. BERGER (Hg.), Der österr.-ungarische Ausgleich von 1867. Vorgeschichte u. Wirkungen (1967). Der österr.-ungarische Ausgleich von 1867. Seine Grundlagen u. Auswirkungen (1968).

[24] Text: HUBER, Dokumente 2, S. 88 f., Nr. 83. Siehe auch R. WAHL, Der preußische Verfassungskonflikt und das konstitutionelle System des Kaiserreichs, in: E. W. BÖCKENFÖRDE (Hg.), Moderne deutsche Verfassungsgeschichte 1815 bis 1918 (1972).

[25] Dazu der neue Quellen erschließende Aufsatz von K.-G. FABER, Realpolitik als Ideologie. Die Bedeutung des Jahres 1866 für das politische Denken in Deutschland, HZ 203 (1966).

[26] Zu dieser Auffassung neigt das Buch von F. C. SELL, Die Tragödie des dt. Liberalismus (1953). Abgewogen W. BUSSMANN, Zur Gesch. des dt. Liberalismus im 19. Jh., HZ 186 (1958).

[27] Am Beispiel Sybels dargestellt von H. SEIER, Die Staatsidee H. v. Sybels in d. Wandlungen der Reichsgründungszeit 1862–1871 (1960).

[28] Text des Eisenacher Programms: MOMMSEN, Dt. Parteiprogramme, S. 311 f. Zum ganzen: G. MAYER, Die Trennung d. proletarischen von der bürgerl. Demokratie in Deutschland 1863–1870 (1911), Ndr. in: ders., Radikalismus, Sozialismus u. bürgerl. Demokratie, hg. v. U. WEHLER (1969).

14. Preußen, Deutschland und die europäischen Mächte

W. Conze u. D. Groh, Die Arbeiterbewegung in d. nat. Bewegung (1966).
[29] Über Gierke: E. Wolf, Große Rechtsdenker der dt. Geistesgeschichte ([3]1951), S. 637 ff. H. Heffter, Die dt. Selbstverwaltung im 19.Jh. (1950), S. 525 ff.
[30] R. Morsey, Die oberste Reichsverwaltung unter Bismarck 1867–1890 (1957), vor allem S. 40 ff.
[31] W. Saile, H. Wagener und sein Verhältnis zu Bismarck (1958), S. 108.

[32] M. Doeberl, Entwicklungsgesch. Bayerns, Bd. 3, S. 466 ff.
[33] Th. Schieder, Die kleindeutsche Partei in Bayern (s. Kap. 11, Anm. 2), S. 193 ff.
[34] H. Heffter, Die dt. Selbstverwaltung, S. 415 ff. L. Gall, Der Liberalismus als regierende Partei (1968), S. 171 ff. Über die Reaktion gegen die liberale Gesetzgebung L. Gall, Die partei- u. sozialgeschichtliche Problematik des badischen Kulturkampfes, ZGORh 113 (1965).

Kapitel 14
Preußen, Deutschland und die europäischen Mächte 1867–1870.
Der Ausbruch des Deutsch-Französischen Krieges

Der Aufstieg der preußischen Macht, der Krieg der deutschen Staaten hatten sich bisher ohne aktive Einmischung der anderen Mächte, trotz ihrer empfindlichen Reaktionen, vollzogen. Das war ein Erfolg der souveränen Diplomatie des preußischen Ministers, der dabei aber mit einer günstigen *Gesamtkonstellation*[1] rechnen konnte: Englands mißtrauisches Interesse an europäischen Gleichgewichtsverschiebungen verdichtete sich in der Phase seiner neuen Weltreichspolitik nicht zu einem unmittelbaren Engagement auf dem Kontinent. Zudem konnte in dem aufsteigenden Preußen ein Gegengewicht gegen das Napoleonische Empire gesehen werden. Rußland hatte den Rückschlag im Krimkriege noch nicht überwunden und mußte seine europäische Politik darauf konzentrieren, seine Stellung am Schwarzen Meer wieder zu befestigen. Österreich war als militärisch und politisch geschlagene Macht aus eigenen Kräften noch nicht wieder imstande, gegen die Entscheidung von Königgrätz anzutreten. Die Berufung des Freiherrn v. Beust, der Bismarcks zäher Gegner in Sachsen gewesen war, zum österreichischen Reichskanzler (Februar 1867) wurde aber als Vorbereitung einer Revanchepolitik gedeutet, die von Militärs wie Erzherzog Albrecht befürwortet wurde[2].

Das entscheidende Problem für den neuen norddeutschen Bundesstaat blieb aber das *Verhältnis zu Frankreich*. Das Eingreifen des französischen Kaisers in erster Linie hatte den Übergangscharakter der Ordnung von 1867 bestimmt: Von den Bestimmungen des Prager Friedens trug die Forderung der »internationalen unabhängigen Existenz« für den Südbund (Art. IV) und die Klausel über eine freie Abstimmung in den »nördlichen Distrikten von Schleswig« über deren Zugehörigkeit zu Dänemark (Art. V) seine Handschrift. Gemessen an den Erwartungen, die die französische Politik und Öffentlichkeit gehegt hatten, war das Ergebnis der diplomatischen Intervention vom Sommer 1866 jedoch dürftig. Nicht nur für jeden weiteren Schritt, der über die 1866 gesetzten Grenzen hinaus getan wurde, sondern schon für ihre endgültige Anerkennung mußte Bismarck mit weiteren Forderungen des Kaisers rechnen. Seine Diplomatie in dieser Lage unterschied sich grundsätzlich von seiner späteren nach der Reichsgründung: Sie konnte, aus eigenem preußischem Machtinteresse und von der nationalen Bewegung gedrängt, die Zusage des Stillhaltens, der »Saturiertheit«, nicht machen, sie mußte die Dinge im Flusse halten, ohne die Sicherheit der unfertigen nationalen Staatsbildung zu gefährden. Dabei war seine Abhängigkeit von der nationalen Bewegung und öffentlichen Meinung weit größer geworden als während der beiden vorausgehenden Kriege. Aber anzunehmen, daß Bismarck den Zusammenstoß mit Frankreich für unausweichlich hielt, falls Preußen die Mainlinie überschritt, würde die Vielstimmigkeit, den Kombinationsreichtum seiner Diplomatie außer acht lassen. Ähnlich wie vor 1866 gegenüber Österreich war jetzt sein Verhalten gegenüber Frankreich auf vorsichtiges Abtasten aller politischen Möglichkeiten gestimmt.

Für den nächsten Schritt, den Napoleon III. tat, hatte ihm Bismarck auf der Höhe der Sommerkrise von 1866 selbst den Ball zugespielt, als er Belgien und Luxemburg als die Gebiete bezeichnete, bei denen der natürliche Machtzuwachs Frankreichs liege. Der Kaiser hatte daher guten Grund, auf das stillschweigende Einverständnis Bismarcks zu rechnen, als er Mitte März 1867 Verhandlungen mit dem niederländischen König Wilhelm III., dem Landesherrn des *Großherzogtums Luxemburg*, über einen Verkauf dieses Ländchens begann[3], das einst zum Deutschen Bund gehört hatte, jetzt aber nicht dem Norddeutschen Bund beitrat, jedoch in seiner Hauptstadt noch eine preußische Garnison stationiert sah. Es ist fraglich, ob Bismarck das Einlösen des Monate vorher ausgestellten Wechsels jetzt noch erwünscht war, auf jeden Fall wollte er sich bei dem Handel politisch heraushalten, Preußen

14. Preußen, Deutschland und die europäischen Mächte

»in jeder ostensiblen Beziehung ganz aus dem Spiele... lassen« und »vor dem Verdachte jeder directen oder indirecten Connivenz... bewahren«[4]. Nur so konnte er sich die Unabhängigkeit der Aktion von der öffentlichen Meinung erhalten, die jetzt als ein neues Element in seinen Berechnungen erscheint. Dieses Vorgehen wurde durch den holländischen König unmöglich gemacht, der seine Entscheidung an das Einverständnis Preußens band. Nun konnte die preußische Politik nicht mehr ausweichen, zumal da die deutsche Öffentlichkeit in eine in diesem Ausmaß unerwartete Erregung geriet und manche Kreise der Nationalbewegung, aber auch der preußische Generalstabschef Moltke den Augenblick für die von ihnen als unvermeidlich angesehene Auseinandersetzung mit Frankreich für gekommen erachteten. Bismarck griff diese Stimmungen auf, aber er riegelte sie gleichzeitig ab: Auf die von ihm veranlaßte Interpellation Bennigsens vom 1. 4. im Norddeutschen Reichstag antwortete er mit zurückhaltender Festigkeit; dem holländischen König gab er den dringenden Rat, von dem Vertrag mit Napoleon zurückzutreten. Das Entscheidende war aber, daß er den Anlaß nicht zum Kriege benutzte und ähnlich wie 1865 in Gastein einen vorläufigen Ausgleich suchte, wie er dann auf der Londoner Konferenz vom 7.–11. 5. in einer Kollektivgarantie der Mächte für Unabhängigkeit und Neutralität des Großherzogtums gefunden wurde (11. 5. 1867). Preußen gab im Zusammenhang damit sein Besatzungsrecht auf. Bismarck war dem Stoß ausgewichen; er benutzte nur die aufflammende nationale Erregung, um das Verfassungswerk in Norddeutschland zu beschleunigen. Es spricht alles dafür, daß ihn die ungefestigten politischen und militärischen Verhältnisse in Süddeutschland und die außenpolitische Ungesichertheit der norddeutschen Staatsgründung vor einem Kriege zurückschrecken ließen.

In der Geschichte der preußisch-französischen Beziehungen bildet die luxemburgische Krise zweifellos einen Einschnitt: Durch sie wird eine Phase beendet, in der *Napoleon III.* seinen Einfluß auf die deutsche Politik und seine territorialen Ziele in erster Linie durch Verhandlungen mit Preußen zu erreichen versucht hatte. Nun vollzog er eine Wendung und konzentrierte seine diplomatischen Bemühungen darauf, das geschlagene Österreich als Bundesgenossen zu gewinnen mit dem Ziele, mindestens die Aufrechterhaltung des durch den Prager Frieden geschaffenen status quo zu erzwingen, wenn nicht

14. Preußen, Deutschland und die europäischen Mächte

bestenfalls sogar mehr zu erreichen: eine Machtschwächung Preußens, verbunden mit französischen Landerwerbungen. Zu solchen Unternehmungen wurde der Kaiser getrieben durch den glücklosen Verlauf seiner Außenpolitik in Mexiko und Europa und die Rückwirkungen, die dies auf seine innenpolitische Stellung hatte. Er hatte von Anfang an zu hoch gespielt und sah sich jetzt ständig gezwungen, die Einsätze zu vergrößern. So verschob sich der Schwerpunkt seiner Diplomatie auf den Versuch, ein Bündnis zu zweien mit Österreich oder schließlich zu dreien mit Österreich und Italien zu schließen. Den ersten Anlauf dazu machte er schon auf dem Höhepunkt der luxemburgischen Krise[5], er wiederholte ihn bei einer Zusammenkunft mit Kaiser Franz Joseph in Salzburg (18.–22. 8. 1867) und steigerte ihn im Mai 1869 zu dem *Entwurf eines Dreibundes* zwischen Frankreich, Österreich und Italien[6], dessen Spitze *gegen Preußen* gerichtet sein sollte.

Wenn Napoleon die Absicht verfolgte, Preußen auf dem Felde der deutschen Politik unmittelbar entgegenzutreten, einem weiteren Ausbau seiner deutschen Stellung Halt zu gebieten und dafür die Hilfe Österreichs zu gewinnen, so wollte sein Wiener Gegenspieler Beust[7] gerade den offenen Konflikt mit Preußen und der ihm verbündeten deutschen Nationalbewegung vermeiden, höchstens die durch den Prager Frieden selbst gegebenen Möglichkeiten einer dauernden Trennung Süddeutschlands vom Norden ausschöpfen. Die habsburgische Monarchie war nach dem Ausgleich in erster Linie auf die Zustimmung der Deutschen und der Magyaren angewiesen; beide widerstrebten im ganzen einer gegen die deutsche Politik Preußens gerichteten Aktion, wenn es auch in der militärischen Oberschicht der Monarchie und im deutschen Büro der Staatskanzlei Zentren einer »Revanchepartei« gab. So glaubte der phantasiereiche österreichische Außenminister, der diplomatische Umwege liebte, die Grundlagen eines Bündnisses mit Frankreich auf einem anderen Boden suchen zu müssen: in einer gegen Rußland zielenden Balkanpolitik, »über Konstantinopel und Wien« wollte er »die Sammlung gegen Petersburg« (Erich Marcks)[8] und damit auch mittelbar gegen Berlin, dem in einem rein machtpolitischen Konflikt die Unterstützung der nationalen Bewegung versagt bleiben mußte. Spannungen und Krisen in Rumänien, in Griechenland und Kreta boten Anlaß, das Gewicht auf die orientalischen Fragen zu verlegen. In der deutschen Politik dagegen trat Beust kurz;

14. Preußen, Deutschland und die europäischen Mächte

er ließ es nicht zu festen Abmachungen kommen, weder in Salzburg im August 1867 noch zuletzt bei den entscheidenden Dreibundsverhandlungen im Jahre 1869. Sie führten nicht zur Unterzeichnung des im Mai entworfenen Vertrags, sondern lediglich zum Austausch von Monarchenbriefen mit nur »moralisch« verpflichtenden Beistandszusagen[9], wenn auch zuletzt noch von Erzherzog Albrecht in Paris über ein gemeinsames militärisches Vorgehen verhandelt wurde (Februar/ März 1870). Die gemeinsamen Interessen der verhandelnden Mächte gegenüber Preußen waren nicht stark genug, um ihre eigenen politischen Divergenzen, so namentlich die zwischen Italien und Österreich, aber auch die zwischen Italien und Frankreich (in der römischen Frage) zu überwinden.

Der diplomatische Aufmarsch gegen das die günstigste Stunde für den letzten Akt der preußisch-deutschen Nationalstaatsbildung abwartende Preußen war gescheitert, schon bevor das politische Ringen in ein militärisches übergegangen war. Und es war gescheitert, ohne daß der Gegenspieler in Berlin das ganze Spiel zu überschauen und es mit seinen Gegenzügen zu stören vermochte. Denn in der Tat waren Bismarck die Verhandlungen der drei Mächte nur sehr bruchstückhaft bekannt. Jedoch hatte er in einer Lage, in der alle außenpolitischen Beziehungen fließend und in gleichem Maße undurchsichtig waren, ständig die politische Gesamtkonstellation in seinen Berechnungen vor Augen und die Entscheidungen in der deutschen Politik danach getroffen. Mittelbar wirkte die Beustsche Aktivität in den orientalischen Fragen und sein Bestreben, die Westmächte in ihnen zu engagieren, auf dem Wege über die Reaktion Rußlands auf Preußen zurück: Im Februar/März 1868 trat Zar Alexander II. an König Wilhelm mit einem Bündnisvorschlag heran[10]; in ihm war von der Aufstellung einer Armee an der österreichischen Grenze die Rede, zu der sich beide Teile verpflichten sollten, »um Österreich lahmzulegen«, wenn einer von ihnen angegriffen werde. Bismarck wich schriftlichen Fixierungen dieser Art aus, da sie Preußen in einen österreichisch-russischen Konflikt verwickelt und Frankreich gegenüber geschwächt hätten. Er verglich die Scheu vor einer verfrühten Unterzeichnung eines bestimmt formulierten Bündnisses mit der Ängstlichkeit mancher Leute vor der Abfassung eines Testaments, mit der sie die vorgesehene Eventualität gewissermaßen herbeizuführen fürchteten[11]. Im *Zusammenhalten mit Rußland* sah er jedoch »eine politische

14. Preußen, Deutschland und die europäischen Mächte

Naturnotwendigkeit«[12] und baute darauf in der heranreifenden *Krise mit Frankreich*, in die er ohne eigentliche bündnispolitische Sicherheiten eintrat.

Die deutsche Politik befand sich in dieser Zeit in einem Zustand gelähmter Energien, der von den Anhängern der nationalstaatlichen Bewegung immer mehr als *Stagnation* empfunden wurde. Ereignisse wie der Sturz Hohenlohes in Bayern (Januar 1870) und der vorhergehende Wahlsieg der bayerischen Patrioten wurden als schwere Rückschläge der nationalen Politik empfunden. Für den leitenden Staatsmann des Norddeutschen Bundes, der persönlich an dem Zwiespalt der Meinungen und Hoffnungen teilzunehmen schien, reduzierten sich alle Fragen, die mit der Fortsetzung der 1866 eingeleiteten Politik zusammenhingen, auf das Verhältnis zu Frankreich. Einmal, wie bei dem Plan vom Frühjahr 1870, ein norddeutsches Kaisertum zu schaffen[13], sehen wir ihn – vielleicht nur in der Absicht, die Reaktionen der Mächte abzutasten – selbst aktiv; in anderen Fällen, wie bei dem Antrag des nationalliberalen Abgeordneten Lasker vom Februar, den Anschluß Badens an den Norddeutschen Bund zu unterstützen, aus außenpolitischen Rücksichten scharf abweisend. Es hat den Anschein, daß er gerade im Frühjahr 1870 mit längeren Fristen für den Abschluß der preußisch-deutschen Nationalpolitik zu rechnen begann. Doch lag er immer gleichsam auf der Lauer, um die stagnierende Bewegung wieder in Gang zu bringen. Unbezweifelbar ging von ihm auch weiterhin eine gewaltige politische Dynamik aus, doch bleibt offen, mit welchen Mitteln – diplomatischen oder militärischen – er sich den weiteren Fortgang dachte. Daß ihm der Krieg nur ein Mittel neben manchem anderen und keineswegs das einzige, unausweichliche schien, wird aus seinen Handlungen und Äußerungen in diesen kritischen Jahren deutlich. Möglicherweise bestimmte ihn zeitweise die Hoffnung auf eine Aufweichung des Bonapartistischen Regimes, dessen Übergang zu liberaleren Formen seit der Ministerpräsidentschaft Émile Olliviers (2. 1. 1870) den verstärkten Republikanismus abfangen sollte. Tatsächlich wurde der Kaiser aber durch seine schwindende Autorität im Innern auf einen schärferen außenpolitischen Kurs gedrängt, was sich zuletzt durch die Berufung des Herzogs von Gramont, des bisherigen Botschafters in Wien, zum Außenminister (15. 5.) anzeigte. Für den im Innern bedrängten Kaiser wurde die Eindämmung Preußens eine Forderung seiner Selbsterhaltung gegenüber der an nationalen

14. Preußen, Deutschland und die europäischen Mächte

Stimmungen sich nährenden Opposition. So trafen im Frühjahr 1870 zwei Bewegungskräfte aufeinander: die unsichere und schwankende Napoleonische Politik, die immer mehr dazu überging, das Machtgleichgewicht gegenüber Preußen mit allen, auch offensiven Mitteln wiederherzustellen, und die seit 1866 angestaute preußisch-deutsche Macht, die nach einem Ventil suchte, um ihre Kräfte nach dem Süden ausströmen zu lassen.

In dieser aufs äußerste angespannten Lage wurde die schon im Jahre 1869 erörterte und seit dem Frühjahr 1870 in den Vordergrund tretende *Kandidatur des Erbprinzen Leopold* aus der dem hohenzollernschen Hausverband angehörenden süddeutschen Linie Hohenzollern-Sigmaringen für den seit dem September 1866 verwaisten *spanischen Thron* immer mehr zu einer hochpolitischen Frage[14]. So locker die Beziehung der katholischen Sigmaringer zum preußischen Königshaus auch war, in Frankreich wurde die Aussicht einer Verbindung zwischen Madrid und Berlin sogleich als bedrohlich empfunden. Bismarck betrachtete die spanischen Wirren zuerst als willkommene Beunruhigung der Pariser Politik, aber es gibt bis heute keinerlei Anhaltspunkte dafür, daß er etwa selbst die Aufmerksamkeit der Spanier auf den Hohenzoller gelenkt hätte. Erst nachdem der spanische Marschall Prim im Februar 1870 König Wilhelm von dem amtlichen Schritt in Sigmaringen unterrichtet hatte, bezog Bismarck die spanische Kandidatur in seine Berechnungen und Überlegungen ein. Unzweifelhaft wurde sie sehr bald ein Mittel für ihn, um der französischen Politik in den Weg zu treten und die seit dem Besuch Erzherzog Albrechts in Paris offenkundigen österreichisch-französischen Verhandlungen empfindlich zu stören. Es gehört zu dieser Taktik, daß nach außen die spanische Frage als ein rein dynastisches Problem zu gelten hatte und »ohne Beteiligung oder Dazwischenkunft irgendeiner anderen Regierung«[15] ausschließlich mit dem Erbprinzen von Hohenzollern und dessen Vater verhandelt wurde. Tatsächlich war aber der norddeutsche Bundeskanzler die treibende Kraft: er überwand die Bedenken der Sigmaringer Familie und König Wilhelms I. (Immediatbericht vom 9. 3.[16], Kronrat vom 15. 3.) und brachte die Verhandlungen Anfang Juni wieder in Gang, als sie durch die Ablehnung in Sigmaringen bereits einmal abgebrochen waren. Seit dem Bekanntwerden der Kandidatur am 1. 7., seit dem Platzen der »spanischen Bombe« gingen Napoleon und seine Berater, die

14. Preußen, Deutschland und die europäischen Mächte

sich überrannt glaubten, zum Gegenschlag vor: Man glaubte jetzt, »die ersehnte Gelegenheit, Bismarck zu fassen ohne deutschnationale Deckung« (E. Marcks)[17], gefunden zu haben. Am 6. 7. sprach Gramont drohend in der Kammer, Frankreich sei nicht verpflichtet, zu dulden, »daß eine fremde Macht einen ihrer Prinzen auf den Thron Karls V. setze«, und erhielt die Zustimmung der Kammer und der immer erregteren Öffentlichkeit[18]. Seit dem 9. 7. bedrängte mehrere Tage lang der *Botschafter Benedetti* den preußischen König in *Bad Ems*. Inzwischen waren die Sigmaringer Hohenzollern von der Kandidatur zurückgetreten; Wilhelm hatte ihnen dazu geraten. Das Nachgeben auf deutscher Seite verleitete die Franzosen aber jetzt, durch eine Übersteigerung ihrer Forderungen den Konflikt zu verschärfen. Am 13. 7. verlangte Benedetti auf der Promenade in Ems von König Wilhelm ein bindendes Versprechen, für alle Zukunft eine Wiederaufnahme der Kandidatur nicht mehr zuzulassen. Wilhelm lehnte alle weiteren, über den Verzicht der Sigmaringer hinausgehenden Forderungen ab und ließ dem Botschafter am Nachmittag mitteilen, daß er »ihm nichts weiter zu sagen habe«. Bismarck, jetzt mit letzter Entschlossenheit auf den Krieg zusteuernd, sah von Pommern und dann von Berlin aus die Vorgänge in Ems und das Zurückweichen des Königs mit fiebernder Sorge. Sein Konzept, mit der spanischen Sache Frankreich diplomatisch, äußerstenfalls militärisch zu treffen, schien zerstört und ins Gegenteil einer schweren preußischen Niederlage verkehrt. Da kam der Bericht über die Vorgänge in Ems in Gestalt eines Telegramms des Vortragenden Rats Abeken mit der Frage, »ob nicht die neue Forderung Benedettis und ihre Zurückweisung sogleich sowohl unseren Gesandten als in der Presse mitgeteilt werden sollte«. Den Text dieser *Emser Depesche* hat Bismarck, in radikaler Form gekürzt, veröffentlicht und durch diese Kürzung den Kern der Emser Mitteilung über die unzumutbare neue Forderung Frankreichs in propagandistisch höchst wirksamer Form hervortreten lassen[19]. In letzter Minute, als der Krieg auf beiden Seiten für unvermeidbar gehalten wurde, ist durch diese Redaktion und ihre Veröffentlichung der französischen Politik der zuletzt errungene Vorteil entwunden und aus der dynastischen Frage der spanischen Thronkandidatur eine Frage der national-deutschen Politik gemacht worden. In ihrem Zeichen begann der deutsch-französische Krieg.

14. Preußen, Deutschland und die europäischen Mächte

Quellen: APP 8–10. H. ONCKEN, Rheinpolitik K. Napoleons III., Bd. 2 u. 3. BISMARCK, GW 6, 6a, 6b. Les origines diplomatiques de la guerre de 1870/71 (29 Bde. 1910–1932) vor allem Bd. 28 u. 29. Wichtig die Memoiren von CH. HOHENLOHE, BEUST, die Tagebücher von R. FRHR. V. DALWIGK.

[1] Vgl. Kap. 12, Anm. 7. H. MICHAEL, Bismarck, England und Europa (1930). E. HÖLZLE, Die Reichsgründung und der Aufstieg der Weltmächte, GWU 2 (1951). E. M. CORALL, Germany and the Great Powers, 1866–1914 (1938). W. E. MOSSE, The European Powers and the German Question 1848–1871 (1958). Zu Bismarcks Frankreichpolitik: L. A. PUNTILA, Bismarcks Frankreichpolitik (1971). A. MITCHELL, Bismarck and the French Nation 1848–1890 (1971).

[2] Über die Motive der Berufung Beusts gab es eine lebhafte Diskussion; vgl. dazu H. POTTHOFF (s. u. Anm. 7), S. 45 f. Zur Gesamtbeurteilung der österreichischen Politik nach 1866: H. LUTZ, Von Königgrätz zum Zweibund. Aspekte europäischer Entscheidung, HZ 217 (1973), mit weiteren Literaturangaben.

[3] Über die Luxemburger Krise: A. SCHIERENBERG, Die dt.-französ. Auseinandersetzung um die Luxemburger Frage, dargestellt vor allem an der Luxemb. Angelegenheit des Jahres 1867 (Diss. Marburg 1933). J. GARSOU, Le Grand-Duché de Luxembourg entre la Belgique, la France et la Prusse 1867–1871 (1936).

[4] Erlaß an Goltz vom 30. 3. 1867, GW 6, Nr. 726.

[5] Dazu ONCKEN, Rheinpolitik 2, Nr. 450.

[6] Text ebd. 3, Nr. 698. Vorstadien dieses Entwurfs in den Dokumenten Nr. 648 ff.

[7] Zu Beust: F. F. GRAF v. BEUST, Aus drei Viertel-Jh.en (2 Bde. 1887). F. HAUPTMANN, F. F. Graf v. B., in: Sächs. Lebensbilder 2 (1938). H. POTTHOFF, Die deutsche Politik Beusts 1866 bis 1870/71 (1968). Neuere Biographie fehlt. Zu einem interessanten Einzelaspekt: B. KREBS, Die westeuropäische Pressepolitik der Ära Beust, 1865–1871 (1970).

[8] E. MARCKS, Aufstieg d. Reiches, Bd. 2, S. 392. Von H. POTTHOFF (s. Anm. 7), S. 217 ff., wird diese These kritisch überprüft und mit Einschränkungen bestätigt (S. 259 f.).

[9] ONCKEN, Rheinpolitik 3, Nr. 719 ff., bes. Nr. 730 u. 733. Der Brief Franz Josephs an Napoleon III. von Mitte Sept. 1869 (vgl. Notiz dazu unter Nr. 728) lag Oncken noch nicht vor.

[10] APP 9, Nr. 650 u. 644.

[11] Ebd., Nr. 680.

[12] Ebd., Nr. 682.

[13] W. PLATZHOFF, England u. der Kaiserplan vom Frühjahr 1870, HZ 127 (1923). K. HAMPE, Wilhelm I., Kaiserfrage u. Kölner Dom (1936).

[14] Die ältere Lit. über die span. Thronkandidatur ist durch eine Reihe wichtiger Veröffentlichungen überholt, die den Anteil Bismarcks aufgrund neuer Akten klarstellen: J. DITTRICH, Bismarck, Frankreich und die Hohenzollernkandidatur (Diss. Freiburg 1948, veröff. 1961), Auszug in WaG 13 (1953). Nicht benutzt in der neuen Quellenedition: Bismarck and the Hohenzollern Candidature for the Spanish Throne, hg. v. G. BONNIN (1957); darüber R. MORSEY, Die Hohenzollersche Thronkandidatur in Spanien, HZ 186 (1958). Ders., Geschichtsschreibg. u. amtliche Zensur. Zum Problem d. Aktenveröffentlichung über die span. Thronkandidatur der Sigmaringer Hohenzollern, HZ 184 (1957). L. D. STEEFEL, Bism., the Hohenzollern Candidacy and the Origins of the Franco-German War of 1870 (1962). Jüngste umfassende Untersuchung von E. KOLB, Der Kriegsausbruch 1870 (1970). J. BECKER, Zum Problem der Bismarckschen Politik in der spanischen Thronfolge, HZ 212 (1971). R. KONETZKE, Spanien, die Vorgeschichte des Krieges von 1870 und die deutsche Reichsgründung, HZ 214 (1972).

[15] So die Erklärung Bismarcks vor dem Bundesrat am 16. 7. 1870.
[16] GW 6b, Nr. 1521.
[17] E. Marcks, Aufstieg d. Reiches, Bd. 2, S. 428.
[18] Über Benedettis Wirksamkeit in Berlin vgl. W. A. Fletcher, The Mission of Vincent Benedetti to Berlin 1864–1870 (1965).

[19] Zur Emser Depesche: Aktenstücke u. Regesten zur Geschichte der Hohenzollernschen Thronkandidatur in Spanien, hg. v. R. Fester, 2 Hefte (1913). R. H. Lord, The Origins of the War of 1870 (1924). Die Emser Depesche, bearb. von E. Walder, Quellen z. neueren Gesch. 27–29 (1959), sorgfältige Quellenveröffentlichung.

Kapitel 15
Der Deutsch-Französische Krieg von 1870/71
und die Gründung des Deutschen Reiches

Der Krieg von 1870/71, aus diplomatischem Anlaß entsprungen, wurde schon in seinen Anfängen zum *deutschen Nationalkrieg*, der von einer leidenschaftlich erregten Nationalbewegung begleitet war. Diese war zwar von der amtlichen deutschen Politik in eine untergeordnete Rolle verwiesen, gewann aber starken Einfluß auf die von der öffentlichen Meinung und ihren Organen proklamierten Kriegsziele. Sowohl an der Anerkennung des casus foederis durch die Südstaaten in der Julikrise 1870 wie an der Wahrung der Neutralität durch Österreich hat der Druck nationaldeutscher Stimmungen[1] mitgewirkt. Doch behielt auf deutscher Seite auch der Nationalkrieg den Charakter eines staatlich-politischen Krieges, während auf französischer Seite nach dem Sturze des Kaiserreichs Züge eines revolutionären Volkskriegs sichtbar wurden. Die Verschmelzung der preußischen machtstaatlich-militärischen Tradition mit den Kräften und Ideen der nationaldeutschen Bewegung, in der Publizistik und der Geschichtsschreibung des nationalen Liberalismus seit 1848 vorbereitet, ist ebenso ein folgenreiches inneres Ergebnis des Deutsch-Französischen Krieges wie die Prägung des Nationalbewußtseins durch den Gegensatz gegen einen auswärtigen Feind.

Bismarck führte den Deutsch-Französischen Krieg von 1870/71 politisch auf verschiedenen Ebenen: in der Auseinandersetzung mit Frankreich um einen friedenswilligen Partner; in den Verhandlungen mit den Südstaaten um die Lösung der deutschen Frage; schließlich auf der Ebene der internationalen Politik im diplomatischen Kampf gegen politische

15. Der Deutsch-Französische Krieg von 1870/71

und militärische Interventionen dritter Mächte. Der militärische Verlauf des Krieges hat alle diese politischen Auseinandersetzungen beeinflußt, er wird aber auch selbst durch diese in entscheidenden Momenten begrenzt: Die sich bis zur Belagerung von Paris steigernde *Spannung zwischen politischer und militärischer Führung*, zwischen Bismarck und Moltke, gibt dem Krieg das Gepräge.

Moltke[2] war noch uneingeschränkter als im Krieg von 1866 die dominierende Gestalt im militärischen Bereich. Er bestimmte gleich zu Anfang den offensiven Charakter der Kriegführung Preußens und seiner deutschen Verbündeten und erzwang mit der *Strategie der Umfassung und Vernichtung* neue gewaltige Siege durch Heere, die weniger waffentechnische Überlegenheit wie 1866 als einen Vorsprung an strategischer Führungsleistung besaßen; dieser wirkte sich schon bei der Mobilmachung und beim Aufmarsch gegenüber den französischen Armeen aus. Mit ihnen, die durch schwere organisatorische Mängel behindert und durch die latente politische Krise des Napoleonischen Kaiserreichs auch innerlich gelähmt waren, konnte der Plan einer militärischen Offensive in die Pfalz mit dem Ziel, den Norden und Süden Deutschlands militärisch zu trennen, nicht ausgeführt werden. Die französischen Armeen, zuerst in zwei Gruppen bei Metz unter Napoleon und Bazaine und bei Straßburg unter MacMahon gegliedert, überließen praktisch dem Gegner die Initiative vom ersten Tage an. Der *deutsche Aufmarsch* in drei Armeen unter dem sich Moltkes Plänen am wenigsten einfügenden General Steinmetz im Norden, Prinz Friedrich Karl in der Mitte und dem Kronprinzen von Preußen mit Blumenthal im Süden zielte auf möglichst rasche Umfassung des Gegners, was in den taktisch erfolgreichen Grenzschlachten der ersten Wochen (Weißenburg am 4. 8., Wörth am 6. 8. gegen MacMahon, Spichern am 6. 8. gegen Bazaine) nicht erreicht wurde. MacMahon setzte sich gegen Châlons ab, Bazaine ging auf Metz zurück, ohne daß seine letzten Absichten erkennbar wurden. Die I. und II. deutsche Armee setzten ihm nach und schnitten ihm den Weg nach Westen ab (Vionville–Mars la Tour und Gravelotte–St–Privat); Bazaine wurde von den mit dem Rücken gegen Frankreich kämpfenden deutschen Truppen in die Festung Metz zurückgeworfen, das erst Ende Oktober kapitulierte.

In diesem Moment hatte sich Moltke volle operative Freiheit

15. Der Deutsch-Französische Krieg von 1870/71

errungen und faßte den kühnen Entschluß, nach den Schlachten bei Metz den Vormarsch nach Paris einzustellen und die deutschen Armeen dem zum Entsatz von Metz hereilenden MacMahon nach Norden entgegenzuwerfen. MacMahon gerät bei Sedan in die Umklammerung der ihm den Durchbruch nach Metz und den Rückzug nach Westen abschneidenden deutschen Armeen und muß am 2. 9. kapitulieren. »Die Vernichtungsstrategie des 19. Jh., die einst von Frankreich ausgegangen war«, erreichte hier durch Moltke ihre Vollendung (E. Marcks). Der weltgeschichtliche *Sieg von Sedan* bedeutete das *Ende des Kaiserreichs:* Unter den Gefangenen von Sedan war der Kaiser selbst. Am 4. 9. bildete sich in Paris das *Gouvernement de la défense nationale*[3] unter General Trochu mit Jules Favre und Léon Gambetta.

Die Tage vor Sedan waren ein Wendepunkt des Krieges in vielfacher Hinsicht: Für Bismarck stellte sich zum erstenmal das Problem des Friedens, dem er bei den Kapitulationsverhandlungen von Sedan auf dem Wege über Napoleon nahezukommen hoffte. Er dachte an die Möglichkeit, die militärischen Operationen einzustellen, die besetzten Gebiete als Faustpfänder in der Hand zu behalten und abzuwarten, ob sich eine zum Frieden bereite Regierung in Frankreich finden würde. Zu diesen Zwecken formuliert er in den Runderlassen vom 13. und 16. 9.[4] die *deutschen Friedensbedingungen,* die die Forderung nach »materiellen Bürgschaften«, wie er sie in besseren Grenzen und der Besitzergreifung der Festungen sieht, »mit denen Frankreich uns bedroht« und die »als defensive Bollwerke in die Gewalt Deutschlands zu bringen« seien. Mit dieser Forderung greift Bismarck das Verlangen der Nationalbewegung auf, einen Nationalsieg durch eine sprachlich-völkische und historisch begründete Gebietserwerbung zu vollenden[5]. Für ihn sind allerdings andere Motive maßgebend, so auch das, damit einen »kabinettspolitischen Köder für die süddeutschen Höfe« auszuwerfen. Die Annexionsforderung läßt sich in der Presse schon in Anfängen seit etwa 18. 7., in vollem Chor seit Mitte August verfolgen. Bismarck hat diese Bewegung dann unterstützt, er hat »dem rennenden Pferd noch die Sporen gegeben« (J. Haller). Nur wenige Stimmen in der deutschen Öffentlichkeit haben die verhängnisvollen Konsequenzen dieser Entscheidung für die Sicherheit des Deutschen Reichs erkannt, unter ihnen in erster Linie der Publizist Julius von Eckhardt[5a]. Eine ausdrückliche Anerkennung der *Vollendung des deutschen*

15. Der Deutsch-Französische Krieg von 1870/71

Nationalstaats durch den Beitritt der süddeutschen Staaten verlangte Bismarck schon damals wie später im Friedensvertrag nicht. Er hat diese Frage als ein ausschließlich deutsches Problem behandelt und in den Wochen nach Sedan die ersten Vorbereitungen dafür getroffen: In seinem Auftrag arbeitete Rudolf Delbrück in Reims am 13. 9. eine Denkschrift über die künftige deutsche Verfassung aus[6] und lernte bei einem Besuch in München (22.–27. 9.) die sehr erheblichen, an den Grundlagen der norddeutschen Bundesverfassung rüttelnden bayerischen Wünsche kennen[7].

Wurde so durch Sedan der langwierige, in der Form zwischenstaatlicher Verhandlungen geführte Prozeß der deutschen Verfassungsbildung eingeleitet, so hatte die Niederlage Napoleons auch die größten Auswirkungen auf die *Haltung der neutralen Mächte* im Kriege[8]. Die Spekulationen auf den Dreibund Frankreich-Österreich-Italien wurden durch die deutschen Siege von Metz und Sedan endgültig zunichte, nachdem schon vorher ein russischer Truppenaufmarsch an der galizischen Grenze die Wiener Politik in Schach gehalten hatte. Italien kündigte nach dem Sturz des Kaiserreichs die mit Napoleon geschlossene Novemberkonvention über den Kirchenstaat und marschierte in Rom ein. Auch Rußland schickte sich an, die veränderte Machtlage zu nutzen, und arbeitete auf die Befreiung von der seine Souveränität im Schwarzen Meer einschränkenden Pontus-Klausel des Pariser Friedens von 1856 hin, die es dann am 31. 10. einseitig kündigte[9]. Indem Preußen diesen Schritt befürwortete und empfahl, zog es in den schwierigen Wochen des Herbstes 1870 Petersburg näher an sich heran und sicherte sich so ein weltpolitisches Gegengewicht gegen England, das im europäischen Konflikt vermitteln und diesen vor das Forum eines Kongresses bringen wollte. Solchen Versuchen trat Bismarck auch bei der vom Januar bis März 1871 in London tagenden Mächtekonferenz entgegen, die streng auf die Pontus-Frage beschränkt blieb und damit eher die Weltmächte von der deutschen Frage abzog.

Der diplomatische Hintergrund der *zweiten Phase des Krieges* zeigte eindringlich die großen Risiken einer Machtbildung in Mitteleuropa, mit der eine Verlagerung des Gleichgewichts verbunden sein mußte. Konnte Preußen-Deutschland bis zum Sturz Napoleons III. noch mit manchen Sympathien der liberalen öffentlichen Meinung in Westeuropa und in den neutralen Kleinstaaten rechnen, so veränderte sich jetzt das Bild seit

15. Der Deutsch-Französische Krieg von 1870/71

der *Ausrufung der französischen Republik* und dem Bekanntwerden der Gebietsforderungen, die das siegreiche Deutschland an diese stellte. Inzwischen war auch die militärische Lage schwieriger geworden: Unter Ausnutzung des großen Schwungs der Septembersiege waren die deutschen Armeen auf die französische Hauptstadt vorgedrungen; seit dem 19. 9. war *Paris eingeschlossen*. Vorübergehend schien die militärische Initiative an die *von Gambetta aufgebotenen Massenheere* überzugehen, die von verschiedenen Ausgangspunkten her, von der Loire, von Amiens zum Entsatz der Hauptstadt operierten. Moltke begegnete diesen Bewegungen, die an einigen Stellen wie an der Loire den Deutschen erhebliche Rückschläge brachten, in offensiver Abwehr: In rascher Folge zerschlug er seit Mitte Januar die französische Loire-Armee (bei Le Mans), die an der Somme operierenden französischen Truppen und die im kühnen Zug auf die Entsetzung Belforts und in den Rücken der deutschen Armeen zielende Armee Bourbakis, die sich in die Schweiz flüchtete. Das Wesen des Krieges begann sich bei den Franzosen in diesen Unternehmungen mit schnell zusammengeholten Heeren der levée en masse zum nationalen Volks- und Verteidigungskrieg zu verändern, der eher an den amerikanischen Sezessionskrieg als an die vorausgehenden europäischen Kabinettskriege erinnerte. Wenn auch schließlich »das Qualitätsheer über das Quantitätsheer« siegte, so deutete sich doch in der französischen Entwicklung eine nur von wenigen bemerkte Umwälzung für die Zukunft an[10].

Das strategische und zugleich politische Kernproblem des Krieges blieb in dieser zweiten Phase das *Schicksal von Paris*. Bismarck, von Sorgen vor Einmischung der Neutralen und Ausweitung des Krieges bedrückt, brauchte den raschen Fall der Festung, um den Krieg zu beenden; so trat er für die Beschießung der belagerten Stadt durch Artillerie ein, die die Militärs wegen waffentechnischer Schwierigkeiten ablehnten. Moltke, wohl nicht ein prinzipieller Gegner der Beschießung, wie man lange gemeint hat[11], glaubte den Fall der Hauptstadt eher durch Aushungerung erwarten zu können. Seinen wachsenden Gegensatz zu Bismarck als Träger der politischen Verantwortung darf man weniger aus einzelnen Problemen der Kriegführung als aus einem fundamentalen Unterschied ihrer Anschauungen über die Bedeutung und das Ziel des Krieges ableiten: Während der Feldherr nur in der militärischen Vernichtung des Feindes, in einem »Exterminationskrieg« die

15. Der Deutsch-Französische Krieg von 1870/71

Basis eines dauerhaften Friedens erkennen wollte, sah Bismarck militärische Entscheidungen wie die Kapitulation von Paris unter dem Gesichtspunkt ihrer politischen Wirkungen und Folgen inmitten einer Lage, die raschen Frieden forderte. Seit Mitte Januar steigerte sich der *Streit zwischen militärischer und politischer Kriegführung* aus Anlaß der Erörterung über die *Kapitulationsbedingungen für Paris* zu einem die letzten grundsätzlichen Tiefen erreichenden Konflikt, den der König schließlich zugunsten des Staatsmanns entschied (Kabinettsorder vom 25. 1. 1871)[12].

Bismarck war es dann auch, der die Verhandlungen über Krieg, Waffenstillstand und Frieden in ungeteilter Verantwortung, am Ende aber auch wieder im Zusammenwirken mit dem Generalstabschef entschied. Lange noch ließ er die Möglichkeit offen, mit Napoleon III. und seinen Anhängern zum Frieden zu kommen, trat dann aber doch mit den Vertretern der Republik, die »den Vorzug hatte, daß sie vorhanden war«, in Verhandlungen. Ihre friedenswilligen Kräfte, repräsentiert durch Jules Favre und den greisen Geschichtsschreiber Adolphe Thiers, setzten sich gegen den Organisator des Volkskrieges und Kriegsminister Léon Gambetta[13] durch und schlossen am 28. 1. 1871 einen *Waffenstillstand* für drei Wochen, in dem eine *Nationalversammlung* gewählt werden sollte. Am 13. 2. trat diese in Bordeaux zusammen und berief *Thiers zum Regierungschef*, der sich zusammen mit Jules Favre zu *Friedensverhandlungen* ins deutsche Hauptquartier nach Versailles begab (21.–26. 2.)[14].

Diese Verhandlungen wurden von Bismarck im Gefühl militärischer und politischer Überlegenheit, aber in ritterlichen Formen geführt; in Thiers stand ihm ein auch die letzte Chance ausnützender diplomatischer Gegner gegenüber, der zwar von der Notwendigkeit eines Friedensschlusses für Frankreich, unter Umständen um jeden Preis, überzeugt war, aber in Bismarcks Sorge vor dem Eingreifen dritter Mächte doch einen Vorteil erkannte. Thiers konzentrierte seine Bemühungen auf die Rettung von Metz, dann von Belfort, außerdem auf die Herabsetzung der von deutscher Seite geforderten 6 Milliarden Francs Kriegsentschädigung. Im Falle von Metz blieb Bismarck, diesmal in Übereinstimmung mit dem Generalstab, aber gegen eigene Bedenken, unnachgiebig; den Verzicht auf Belfort gestand er ebenso zu wie die Herabsetzung der Kriegsentschädigung auf 5 Milliarden. Auf dieser Grundlage wurde der Präliminarfriede am 26. 2. 1871 in Versailles geschlossen, gegen

15. Der Deutsch-Französische Krieg von 1870/71

den sich der Aufstand der Kommune in der belagerten Hauptstadt erhob (15. 3.–28. 4.); ihm folgte nach schleppenden Verhandlungen in Brüssel und Frankfurt am 10. 5. 1871 der endgültige *Friede von Frankfurt*[15]. War der historische Grund des Krieges für die Deutschen gewesen, den vermuteten französischen Widerstand gegen den Abschluß der nationalen Machtbildung zu zerschlagen, so enthielt der Friede jetzt darüber nichts; nur daß ihn auch die Vertreter Bayerns, Württembergs und Badens in einer Zusatzklausel unterzeichnet hatten. Der Kernpunkt des Vertrages war die Abtretung der Gebiete, die dann zum *Reichsland Elsaß-Lothringen* zusammengefaßt wurden. Im deutschen Bewußtsein war dies eine notwendige geschichtliche Korrektur an den Eroberungen Richelieus und Ludwigs XIV. und die als legitim empfundene Anwendung eines historisch und sprachlich-völkisch verstandenen Nationalitätsprinzips. Für die Franzosen ging es nicht nur um die Besiegelung einer als nationale Katastrophe empfundenen Niederlage, sondern um den Verlust eines Landes, das spätestens seit der großen Revolution ein Teil der französischen Nation und ihres Staates geworden war und nun zum Symbol der Niederlage und ihrer Überwindung wurde. In der elsässischen Frage traten sich zwei verschiedene Nationalideen gegenüber: Ihr Gegensatz war eine schlimme Mitgift, die dem Europa der vollendeten Nationalstaaten bis zum I. Weltkrieg mitgegeben war.

Dem Waffenstillstand und Frieden mit Frankreich war der Abschluß der Verhandlungen über »die *Gründung* eines Deutschen Bundes«, der den Namen *Deutsches Reich* erhielt, vorweggegangen. Dieser Bund war das geschichtliche Ergebnis der gemeinsamen deutschen Siege in Frankreich und der durch sie ausgelösten nationalen Stimmungen, in seinen Einzelheiten aber ging er auf ein zähes, im geheimen ablaufendes *diplomatisches Ringen* zwischen Bismarck und den nach Versailles geladenen Ministern der *süddeutschen Staaten* zurück (Oktober/November 1870)[16]. Der preußische Staatsmann zeigte sich in diesen Verhandlungen erneut als verschlagener Meister der Taktik, da es ihm gelang, mit den süddeutschen Delegierten getrennt zu verhandeln und damit vor allem die über das größte politische Gewicht und das stärkste historisch-staatliche Selbstbewußtsein verfügenden Bayern unter dem Außenminister Bray-Steinburg zu isolieren. Doch war der Kanzler im preußisch-norddeutschen Lager keineswegs der stärkste Gegner

15. Der Deutsch-Französische Krieg von 1870/71

eines Entgegenkommens an die süddeutschen Wünsche; von Pressionen und unmittelbarer Machterweiterung hielt er sich – anders als die Befürworter eines härteren Kurses wie der preußische Kronprinz – zurück; sein vom Staate herkommendes Denken war eher bereit, ein partikular-staatliches Bewußtsein bei anderen ernster zu nehmen, als es ein ausgeprägter nationaler Wille konnte. Jedoch wich Bismarck von der schon in der September-Denkschrift Delbrücks gezogenen Linie der Aufrechterhaltung der Norddeutschen Bundesverfassung in den Verhandlungen nicht ab, während die bayerische Delegation noch den Versuch unternahm, einen weiteren Bund neben dem engeren Norddeutschen auszuhandeln. Als dieser Anlauf vor allem am Verhalten der Württemberger scheiterte – mit Baden und Hessen war schon am 15. 11. ein Vertrag auf der Basis der unveränderten Annahme der Norddeutschen Bundesverfassung zustande gekommen –, blieb nur der Ausweg, für den Beitritt zum Norddeutschen Bunde einzelne *Sonderrechte* zu wahren. Diese Regelung ist die Grundlage der *Verträge mit Bayern* (23. 11.) und mit Württemberg (25. 11.) geworden[17], in denen sich Bayern u. a. die Militärhoheit im Frieden, eigene Post- und Eisenbahnverwaltung sicherte. In einzelnen Punkten wurde aber der föderative Grundzug der Verfassung von 1867 noch verstärkt: Der Art. 19 über die Bundesexekutive wurde gemildert und das Recht der Ausdehnung der Exekution bis zur Sequestration beseitigt[18]. Bei Verfassungsänderungen erhielten neben Preußen praktisch die drei anderen Königreiche mit ihren 14 Stimmen im Bundesrat ein Vetorecht (Art. 78). Das Recht zur Kriegserklärung wurde an die Zustimmung des Bundesrats gebunden, »es sei denn, daß ein Angriff auf das Bundesgebiet oder dessen Küsten erfolgt« (Art. 11). Ein von Bismarck vorgeschlagenes föderatives Verfassungsorgan sollte der unter dem Vorsitz Bayerns stehende Bundesratsausschuß für auswärtige Angelegenheiten werden[19], dessen Wirksamkeit aber die beim Reichskanzler selbst konzentrierte Machtfülle gerade in Fragen der äußeren Politik entgegenstand, so daß er keine wirkliche Bedeutung gewinnen konnte. In einer geheimen Absprache erlangte Bayern das Recht, bei Friedensverhandlungen besonders vertreten zu sein, als letzten Rest seines Anspruchs auf eigene Außenpolitik[20]. Wenn so die *föderativen Elemente im Verfassungsbau* gegenüber 1867 verstärkt wurden, so hat sich doch dadurch nichts an den Grundentscheidungen der Verfassungspolitik Bismarcks geändert. Dies gilt nicht nur

15. Der Deutsch-Französische Krieg von 1870/71

gegenüber den föderativ-partikularstaatlichen, sondern auch gegenüber den national-liberalen Kräften, welche die den nationalen Unitarismus enttäuschenden Verträge mit den Südstaaten im Norddeutschen Reichstag nur widerstrebend, von den kompromißbereiten süddeutschen Parteifreunden (Marquard Barth in Bayern)[21] gedrängt, annahmen. Was sie 1866/67 an liberal-konstitutionellen Verfassungselementen aufgeben mußten, glaubten sie jetzt an national-unitarischen zu verlieren.

Der Norddeutsche Bund von 1866/67 war ein nüchterner Zweckbau gewesen, über dessen Kahlheit das Bewußtsein seines provisorischen Charakters hinwegsehen ließ. Der Abschluß der nationalstaatlichen Politik verlangte nach eindrucksvolleren Symbolen und Werten. So sind die Begriffe *Kaiser und Reich*, die an die Stelle des »Neutrums« Präsidium und Bund traten, als Ausdruck eines historisch gestimmten Jahrhunderts und einer historisch gerichteten Nationalidee in die Verfassung des Nationalstaats gelangt, sowenig dieser die universalistische Erbschaft des alten Reiches antreten wollte[22]. Für den leitenden Staatsmann enthielten sie aber die Möglichkeit, seinem ausgewogenen verfassungspolitischen System ein neues Element einzufügen: »Preußische Autorität, innerhalb der Grenzen Bayerns ausgeübt, sei neu und werde die bayerische Empfindung verletzen, ein deutscher Kaiser aber sei nicht der im Stamme verschiedene Nachbar Bayerns, sondern der Landsmann, meines Erachtens könne der König Ludwig die von ihm der Autorität des Präsidiums bereits gemachten Konzessionen schicklicherweise nur einem deutschen Kaiser, nicht einem König von Preußen machen.« Nach Bismarck sollte also die Kaiserwürde die hegemoniale Stellung der preußischen Krone im Bewußtsein des zweitstärksten Bundesstaats und seines Monarchen verhüllen helfen, eine Erwartung, die sich durch die geschichtliche Entwicklung des Kaiserreichs nur teilweise erfüllt hat. – Wie Bismarck noch zuletzt das Kaisertum ins Werk gesetzt hat, das steht in scharfem Kontrast zu den nationalen Gefühlswerten, die damit verbunden waren. Nicht nur, daß er für den menschenscheuen König Ludwig von Bayern das von diesem ausgehende Angebot des Kaisertitels an Wilhelm I. selbst formulierte, er verband es offensichtlich mit einer durch den Oberstallmeister Grafen v. Holstein vermittelten Zusage finanzieller Zuwendungen an den Bayernkönig, die möglicherweise durch Ludwigs Forderung nach

Rückzahlung der Kriegskontribution von 1866 ausgelöst wurde[23].

Noch bis in den letzten Akt der Reichsgründung blieb die Kaiserfrage ein offenes Problem: Während der Kronprinz, unterstützt von liberalen Freunden, die Titelfassung »Kaiser der Deutschen« wünschte, hielt König Wilhelm noch am Vortage der Kaiserproklamation am »Kaiser von Deutschland« fest. Gerade in dieser Formulierung aber, die »einen landesherrlichen Anspruch auf die nichtpreußischen Gebiete involviere«[24], erkannte Bismarck eine Gefährdung seiner politischen Absichten; er wollte über die Formel »Deutscher Kaiser«, die schon im Kaiserbrief Ludwigs II. erschienen war, nicht hinausgehen. Als in der Zeremonie im Spiegelsaal des Schlosses zu Versailles am 18. 1. 1871 das neue Reich aus der Taufe gehoben wurde, brachte Großherzog Friedrich von Baden sein Hoch, die schwierige Titelfrage umgehend, auf »Kaiser Wilhelm« aus.

Die *Kaiserproklamation in Versailles* ist im Bewußtsein der Deutschen der eigentliche *Reichsgründungsakt* geblieben. Der Wille der Nation aber kam in dieser Zeremonie im besiegten Lande nur mittelbar zu Wort: Militärische und diplomatische Kräfte, Fürsten und Fürstendiener waren die Schöpfer des Reiches, wenn auch in ihm die Mehrheit der Nation eine Erfüllung ihrer nationalen Wünsche und zugleich der deutschen Geschichte überhaupt sah. Im Aufschwung der nationalen Gefühle sind die Bruchlinien des neuen Reichsbaus indessen verdeckt geblieben: Der Protest sowohl der nationalen Minderheiten, der Polen, Dänen und auf der anderen Seite der Elsässer, das konfessionelle Minoritätsgefühl der Katholiken, für die allerdings der Reichsgedanke nicht ohne werbende Kraft blieb, der revolutionäre Wille der sich sammelnden sozialistischen Arbeiterbewegung – alles das belastete die Zukunft des Kaiserreichs mehr als der Partikularismus der Einzelstaaten, für dessen Einfügung die Bismarcksche Reichsverfassung in erster Linie und mit Erfolg vorgesorgt hatte[25].

Quellen: BISMARCK, GW 6b. Wichtige neuere Quelle: BRONSART V. SCHELLENDORF, Geheimes Kriegstagebuch 1870/71, hg. v. P. RASSOW (1954); vgl. auch das Kriegstagebuch Kronprinz Friedrichs, hg. v. H. O. MEISSNER (1926). – *Neuere Darstellungen:* E. MARCKS, Der Aufstieg des Reiches, Bd. 2, Kap. 14 u. 15. O. BECKER, Bismarcks Ringen um Deutschlands Gestaltung (1958), Teil 8 u. 9 (der in Beckers Manuskript verlorene 9. Teil ist von A. SCHARFF verfaßt). G. A. REIN, Die Reichsgründung in Versailles (1958). M. HOWARD, The Franco-Prussian War (1961). W. v. GROOTE u. U. v. GERSDORFF (Hgg.), Entscheidung 1870. Der deutsch-französische Krieg (1970). E. KOLB, Der Kriegsausbruch 1870. Politische Entscheidungsprozesse u. Verant-

15. Der Deutsch-Französische Krieg von 1870/71

wortlichkeiten in d. Julikrise 1870 (1970). R. J. Giersberg, The Treaty of Frankfort (1966).

[1] Th. Schieder, Die Bismarcksche Reichsgründung von 1870/71 als gesamtdt. Ereignis, in: Stufen u. Wandlungen der dt. Einheit (Festschr. f. K. A. v. Müller 1943). J. Becker, Der Krieg mit Frankreich als Problem der kleindeutschen Einigungspolitik Bismarcks 1866–1870, in: M. Stürmer (Hg.), Das kaiserliche Deutschland (1970), S. 75 ff.

[2] Moltke-Lit. s. Kap. 12, Anm. 27.

[3] J. Desmarest, La Défense Nationale 1870/71 (1949); dazu als Quellenschrift: Gouvernement de la Défense Nationale 1870/71, Procès-verbaux des Séances du Conseil, hg. v. H. des Houx (1905).

[4] GW 6b, Nr. 1801 u. 1808.

[5] Die Diskussion über Bismarcks Anteil an der Aufstellung der Forderungen nach der Abtrennung des Elsaß und von Teilen Lothringens an den dt. Nationalstaat ist wieder in Gang gekommen: W. Lipgens, Bismarck, die öffentl. Meinung und die Annexion von Elsaß und Lothringen, HZ 199 (1964), bemißt Bismarcks Anteil an der Entstehung dieser Forderung sehr hoch und sieht die öffentliche Meinung von ihm unmittelbar beeinflußt: Ihre Motivation sei vor allem darin zu suchen, daß sie ein »kabinettspolitischer Köder für die süddt. Höfe und selbstverständlicher territorialer Siegespreis« gewesen sei. L. Gall, Zur Frage der Annexion von Elsaß und Lothringen 1870, HZ 206 (1968), u. R. Buchner, Die dt. patriotische Dichtung vom Kriegsbeginn 1870 über Frankreich u. die elsäss. Frage, ebd.; bringen Zeugnisse für zahlreiche spontane Äußerungen der öffentlichen Meinung und Presse. W. Lipgens, HZ 206 (1968), erwidert darauf. Neuerdings werden die Ergebnisse von Gall bestätigt von J. Becker, Bismarck, Baden u. die Annexion von Elsaß u. Lothringen, ZGORh 111 (1967). E. Kolb, Bismarck u. das Aufkommen der Annexionsforderung 1870, HZ 209 (1969). Die These, daß Bismarck der öffentlichen Meinung nur widerstrebend gefolgt sei, wird in dieser Diskussion von niemand mehr vertreten.

[5a] G. Kroeger, Julius Eckhardts Artikelreihe ›Für und wider das Elsaß-Projekt‹ August 1870, Zs. f. Ostforsch. 10 (1961).

[6] Gedruckt: Preuß. Jbb. 197 (1924). W. Stolze, in: Zur Gesch. d. Reichsgründung. J. 1870 (1912).

[7] Darüber der von A. Scharff verfaßte Abschnitt in: O. Becker, Bismarcks Ringen um Deutschlands Gestaltung (1958), S. 711 ff.

[8] K. Rheindorf, England und der dt.-französ. Krieg 1870/71 (1932). V. Valentin, Bismarcks Reichsgründung im Urteil der englischen Diplomaten (1937). E. Gullberg, Tyskland i svensk opinion 1856–1871 (1952). E. A. Picard, Die dt. Einigung im Lichte der schweizerischen Öffentlichkeit 1866 bis 1871 (Diss. Zürich 1940). J. Gazley, American Opinion on German Unification 1848–1871 (1926). R. H. Edleston, Italian Neutrality in the Franco-German War of 1870 (1935). H. W. von der Dunk, Die Niederlande und die Reichsgründung, in: W. Hofer (Hg.), Europa und die Einheit Deutschlands (1970), S. 83 ff. P. Stadler, Die Schweiz u. die dt. Reichsgründung, GWU 35 (1974).

[9] K. Rheindorf, Die Schwarze-Meer-(Pontus-)Frage vom Pariser Frieden von 1856 bis zum Abschluß der Londoner Konferenz von 1871 (1925).

[10] Dazu vor allem die Schrift von G. Frhr. v. d. Goltz, Gambetta u. seine Armee (1877).

[11] Neue Gesichtspunkte für Moltkes Haltung im Kriegstagebuch von Bronsart v. Schellendorf u. im Vorwort s. Herausgebers P. Rassow (s. o.). Über die Belagerung von Paris: M. Kranzberg, The Siege of Paris 1870/71. A Political and Social History (1950). G. Dureau, Le siège de Paris, Sept. 1870–Jan. 1871 (1934).

[12] Die Deutung des Gegensatzes zwischen Moltke und Bismarck ist vor

15. Der Deutsch-Französische Krieg von 1870/71

allem durch das Moltke-Buch R. STADELMANNS (1950) und G. RITTER, Staatskunst u. Kriegshandwerk, Bd. 1 (1954), Kap. 8, gefördert worden. E. KESSEL, Moltke (1957), vertritt wieder mehr die These, es habe sich nicht um einen sachlichen, sondern um einen persönlichen Konflikt gehandelt: »Nicht eigentlich der Politik, sondern Bismarck persönlich wollte er (Moltke) die Einwirkung auf die militärischen Maßnahmen verwehren«, S. 581 f. A. O. MEYER, Bismarck u. Moltke vor dem Fall von Paris u. beim Friedensschluß, in: Stufen u. Wandlungen der dt. Einheit (Festschr. f. K. A. v. Müller 1943), S. 329 ff., mit Text des Kapitulationsentwurfs Moltkes. E. Kolb, Der Pariser Kommune-Aufstand und die Beendigung des deutsch-französischen Krieges, HZ 215 (1972).

[13] J. P. T. BURY, Gambetta and the National Defence. A Republican Dictatorship in France (1936).

[14] H. GOLDSCHMIDT, Bismarck u. die Friedensunterhändler 1871 (1929). G. MAY, Le traité de Francfort (1909).

[15] Text des Vorfriedens bei H. GOLDSCHMIDT (s. Anm. 14), S. 12 ff. Text des Frankfurter Friedens: Die Große Politik der Europ. Kabinette 1871–1914, Bd. 1, S. 3 ff. Beide Verträge auch bei HUBER, Dokumente 2, S. 286 ff., Nr. 217a u. b.

[16] Außer zahlreicher älterer Lit. neuerdings die von A. SCHARFF ergänzte Darstellung von O. BECKER, Bismarcks Ringen um Dtlds. Gestaltung (1958), S. 722 ff.

[17] Gedruckt in Anlagen zu d. Sten. Berichten über d. Verhandlungen d. Reichstags des Nordd. Bundes, 1870, Teil 1; HUBER, Dokumente 2, Nr. 198 bis 205.

[18] A. SCHARFF kann in O. BECKER, Bismarcks Ringen, S. 754, nachweisen, daß die seit 1932 in die historische Literatur eingegangene Behauptung, Bayern habe sich in einem Geheimvertrag die Exemtion von Art. 19 über die Reichsexekution überhaupt erwirkt, der Grundlage entbehrt. Diese These beruht auf einer offenbar mißverstandenen Aussage des bayer. Vertreters im Prozeß zwischen Reich und Preußen vor dem Staatsgerichtshof in Leipzig i. J. 1932; dabei ist übersehen worden, daß es sich nicht um ein Vorrecht Bayerns, sondern um den allgemeinen, von Bayern angeregten und in den Verfassungstext eingegangenen Verzicht auf die Sequestration handelte, der die Exekution bestehen, aber ihre Ausdehnung bis zur Sequestration (Art. 19 der Verfassung des Norddeutschen Bundes) fallen ließ. Das zugrunde liegende Aktenstück (Protokoll Delbrücks über seine Besprechungen in München im September 1870) war schon von M. DOEBERL, Bayern u. d. Bismarcksche Reichsgründung (1925), veröffentlicht worden.

[19] E. DEUERLEIN, Der Bundesratsausschuß für auswärtige Angelegenheiten, 1870–1918 (1955). Außerdem HUBER, Dokumente 2, S. 270, Nr. 202.

[20] Faksimile-Druck dieser Verabredung bei O. BECKER, Bismarcks Ringen, S. 760 ff.

[21] Über seine Rolle TH. SCHIEDER, Die kleinst. Partei in Bayern (s. Kap. 11, Anm. 2), S. 264 ff.

[22] Darüber und über die allgemeine Problematik des Kaiser- u. Reichsgedankens: TH. SCHIEDER, Das dt. Kaiserreich von 1871 als Nationalstaat (1961). E. FEHRENBACH, Wandlungen d. dt. Kaisergedankens 1871–1918 (1969).

[23] Darüber A. SCHARFF in O. Becker, Bismarcks Ringen, S. 797 ff., u. W. SCHÜSSLER, Das Geheimnis des Kaiserbriefes Ludwigs II., in: Geschichtliche Kräfte u. Entscheidungen (Festschr. f. O. Becker 1954), S. 206 ff., s. Bespr. v. H. RALL, Zs. f. bayer. Landesgesch. 19 (1956). Zuletzt H. PHILIPPI, Zur Gesch. des Welfenfonds, Niedersächs. Jb. f. Landesgesch. (1959). J. E. E. DALBERG ACTON, The Causes of the Franco-Prussian War, in: Historical Essays and Studies (1907). Faksimile des »Kaiserbriefs« Ludwigs II., in: GOLDSCHMIDT-KAISER-THIMME, Ein Jh. dt. Gesch. (1929), mit Bismarcks Konzept.

[24] So der Wortlaut in ›Gedanken u. Erinnerungen‹. Dazu Bismarcks Imme-

15. Der Deutsch-Französische Krieg von 1870/71

diatbericht an den König vom 5. 1. 1871, GW 6b, Nr. 1996.

[25] Zur neueren Würdigung der Ereignisse von 1870/71 siehe das Sammelwerk: TH. SCHIEDER u. E. DEUERLEIN (Hgg.), Reichsgründung 1870/71 (1970). W. LIPGENS, Zum geschichtlichen Standort der Reichsgründung 1870/71, GWU 22 (1971), und von marxistisch-leninistischer Seite H. BARTEL u. E. ENGELBERG (Hgg.), Die großpreußisch-militaristische Reichsgründung 1871 (2 Bde. 1971).

Übersicht der Taschenbuchausgabe des GEBHARDT

Die erste Auflage des ›Handbuchs der deutschen Geschichte‹, herausgegeben von dem Berliner Realschullehrer Bruno Gebhardt (1858–1905), erschien 1891/92 in zwei Bänden. Von der zweiten bis zur siebenten Auflage wurde das Handbuch unter seinen Herausgebern Ferdinand Hirsch, Aloys Meister und Robert Holtzmann unter immer stärkerer Heranziehung von Universitätslehrern jeweils nach dem erreichten Forschungsstand überarbeitet und ergänzt und fand im wachsenden Maße bei Lehrenden und Lernenden an den Universitäten Verwendung. Nach dem Zweiten Weltkrieg nahm Herbert Grundmann mit neuen Autoren eine völlige Neugestaltung des ›Gebhardt‹ in Angriff, und auf diese 1954 bis 1960 in vier Bänden erschienene achte Auflage geht die nun vorliegende, wiederum überarbeitete und ergänzte, 1970 bis 1976 erschienene neunte Auflage zurück.

Um das bewährte Studien- und Nachschlagewerk vor allem den Studenten leichter zugänglich zu machen, haben sich der Originalverlag und der Deutsche Taschenbuch Verlag im Einvernehmen mit den Autoren zu dieser Taschenbuchausgabe entschlossen. Das Handbuch erscheint ungekürzt und, von kleinen Korrekturen abgesehen, unverändert in folgender Bandaufteilung:

1. Ernst Wahle: Ur- und Frühgeschichte im mitteleuropäischen Raum
2. Heinz Löwe: Deutschland im fränkischen Reich
3. Josef Fleckenstein und Marie Luise Bulst-Thiele: Begründung und Aufstieg des deutschen Reiches
4. Karl Jordan: Investiturstreit und frühe Stauferzeit (1056 bis 1197)
5. Herbert Grundmann: Wahlkönigtum, Territorialpolitik und Ostbewegung im 13. u. 14. Jahrhundert (1198–1378)
6. Friedrich Baethgen: Schisma und Konzilszeit, Reichsreform und Habsburgs Aufstieg
7. Karl Bosl: Staat, Gesellschaft, Wirtschaft im deutschen Mittelalter
8. Walther Peter Fuchs: Das Zeitalter der Reformation
9. Ernst Walter Zeeden: Das Zeitalter der Glaubenskämpfe (1555–1648)
10. Max Braubach: Vom Westfälischen Frieden bis zur Französischen Revolution
11. Gerhard Oestreich: Verfassungsgeschichte vom Ende des Mittelalters bis zum Ende des alten Reiches
12. Wilhelm Treue: Wirtschaft, Gesellschaft und Technik in Deutschland vom 16. bis zum 18. Jahrhundert
13. Friedrich Uhlhorn und Walter Schlesinger: Die deutschen Territorien
14. Max Braubach: Von der Französischen Revolution bis zum Wiener Kongreß
15. Theodor Schieder: Vom Deutschen Bund zum Deutschen Reich
16. Karl Erich Born: Von der Reichsgründung bis zum Ersten Weltkrieg
17. Wilhelm Treue: Gesellschaft, Wirtschaft und Technik Deutschlands im 19. Jahrhundert
18. Karl Dietrich Erdmann: Der Erste Weltkrieg
19. Karl Dietrich Erdmann: Die Weimarer Republik
20. Karl Dietrich Erdmann: Deutschland unter der Herrschaft des Nationalsozialismus 1933–1939
21. Karl Dietrich Erdmann: Der Zweite Weltkrieg
22. Karl Dietrich Erdmann: Das Ende des Reiches und die Entstehung der Republik Österreich, der Bundesrepublik Deutschland und der Deutschen Demokratischen Republik

Namen- und Sachregister

(Bei den weltlichen und geistlichen Fürsten sind neben den Regierungszeiten im allgemeinen auch die Lebensdaten angegeben; sonst bezeichnen die Zahlen in Klammern die Lebensdaten.)

Aachen 38, 141
- Konferenz u. Déclaration (1818) 38
Abeken, Heinrich (1809–1872), Geh. Legationsrat im preuß. Außenministerium 198
Abel, Karl v. (1788–1859), bayer. Staatsmann 73
Abgeordnetenhaus s. u. Österreichisch-ungarisches Abgeordnetenhaus; Preußisches Abgeordnetenhaus
Adria 159
Adrianopel, Friede (1829) 41, 63
Ägypten 62 f.
Akkon 62
Albrecht, Wilhelm Eduard (1800–1876), Jurist 54
- Friedrich Rudolf, Erzhg. v. Österreich (1817–1895) 171, 191, 195, 197
Alexander II., Zar v. Rußland (1855 bis 1881; geb. 1818) 146, 195
Algier 61 f.
Allgemeine deutsche Arbeiterverbrüderung 156
Allgemeiner Deutscher Arbeiterverein (1863–1875) 186
Allianz, Heilige (1815) 37, 39, 45, 55, 60, 122
Alsen (Insel) 156
Altenstein, Karl Frhr. v. Stein zum (1770 bis 1840), preuß. Minister 46
Altmark 140, 142
Altona, Massenversammlung (1866) 164
Altpreußentum 136
Alvensleben, Gustav v. (1803–1881), preuß. General 134, 146
Alvenslebensche Konvention (1863) 146
Amerikanischer Bürgerkrieg 163, 204
Amiens, Stadt 204
Andrassy, Gyula, Gf. (1823–1890), ungar. Deputierter, österr.-ungar. Außenminister (1871–1879) 183
Antwerpen 159
Arbeiterbewegung 76, 106, 209, s. a. Sozialdemokratie
Arbeiterverbrüderung s. u. Allgemeine deutsche Arbeiterverbrüderung

Arbeitervereine, Arbeiterauslandsvereine 106
Arndt, Ernst Moritz (1769–1860), politischer Schriftsteller u. Dichter 14, 27 f., 30, 71
Arnim, Achim v. (1781–1831), Dichter 33
- Alexander Heinrich, Frhr. v. (1798 bis 1861), preuß. Außenminister 102
- -Suckow, Heinrich v. (1798–1861), preuß. Außenminister 85
Asien 61, 164
Athanasius, Kampfschrift v. J. v. Görres (1838) 56
Auerswald, Hans Jakob v. (1757–1833), preuß. Staatsmann 91
Augusta, Prinzessin v. Sachsen-Weimar (1811–1890), Gemahlin Kg. Wilhelms I. v. Preußen 128, 143
Augustenburger, holsteinische Herzogslinie 162, s. a. Friedrich VIII., Hg. v. Schleswig-Holstein

Babelsberg (Schloß b. Potsdam) 143
Bach, Alexander Frhr. v. (1813–1893), österr. Staatsmann 115, 131
- Johann Sebastian (1685–1750), Komponist 32
Bad Ems s. u. Ems
Baden, Grhgt. 14 f., 21, 25, 27, 30, 47, 49, 52, 58, 73, 75, 80, 99, 107 f., 114, 128, 166, 169, 180 f., 185, 189 f., 196, 206 f.
Baden-Baden 148
Bakunin, Michail (1814–1876), russ. Anarchist 99
Balkan 121, 194
Baltische Gebiete (Baltikum) 183
Bamberg, Konferenz (1854) 117
Barth, Marquard (1809–1885), bayer. Abgeordneter 208
Bauer, Bruno (1809–1882), ev. Theologe 50, 76, 140
Bauernbefreiung 20
Baumgarten, Hermann (1825–1893), Historiker u. liberaler Politiker 129, 185

Namen- und Sachregister

Bayerische Fortschrittspartei 185
Bayern, Kftm., seit 1806 Kg.reich 13 ff., 21, 25 f., 30, 35, 47, 55, 58, 69, 99 f., 114, 128, 138, 152, 167, 169, 180 ff., 185, 189 ff., 196, 206 ff., 211
Bazaine, François Achille (1811–1888), franz. Marschall 201
Bebel, August (1840–1913), sozialdem. Politiker 186
Becker, Nikolaus (1809–1845), Dichter 64, 66
Beckerath, Hermann v. (1801–1870), liberaler Politiker 88, 111
Beethoven, Ludwig van (1770–1827), Komponist 32, 141
Beirut, Einnahme (1840) 63
Belcredi, Richard Gf. (1823–1902), österr. Staatsmann 183
Belfort, Schlacht (1871) 204 f.
Belgien 42, 44 f., 57, 61, 165, 172, 192
Benedek, Ludwig August v. (1804 bis 1881), österr. General 169, 171
Benedetti, Vincent Gf. (1817–1900), franz. Diplomat 172, 198, 200
Bennigsen, Rudolf v. (1824–1902), nationalliberaler Politiker 179 f., 184, 193
Benzenberg, Joh. Friedrich (1777–1846), Physiker u. Publizist 27
Berchtesgaden 124
Bergisches Land 67
Berlin 12, 23, 32, 34, 56, 67 ff., 72, 80, 83 f., 93, 95, 105 f., 117, 120, 124, 130, 140, 142 f., 162, 194 f., 197 f.
– Universität (1810) 34
– Verträge (1833) 61; (1834) 56
Berliner Politisches Wochenblatt 49, 58
Bethmann Hollweg, Moritz August v. (1795–1877), Jurist u. Politiker 120
Beust, Friedrich Ferdinand Frhr. v. (1809–1886), sächs. u. österr. Staatsmann 114, 152, 156, 167, 183, 191, 194, 199
Biarritz (franz. Stadt) 165
Biegeleben, Ludwig Maximilian, Frhr. v. (1812–1872), österr. Staatsmann 147
Bismarck, Otto Fst. v. (1815–1898), preuß. Ministerpräsident (1862–1890), dt. Reichskanzler (1871–1890) 71, 84 f., 102, 116, 119–123, 127, 129, 137–150, 153–170, 172 ff., 177–185, 192–212

– Wilhelmine Louise v., geb. Mencken (1789–1839) 139
Bittenfeld s. u. Herwarth v. Bittenfeld
Blanc, Louis (1811–1882), franz. Historiker u. Publizist 43
Blanckenburg, Moritz v. (1815–1888), konservat. Politiker 141
Blittersdorff, Friedrich Karl Landolin Frhr. v. (1792–1861), bad. Staatsmann 73
Blome, Gustav Gf. (1829–1906), österr. Diplomat 163
Blum, Robert (1804–1848), liberaler Politiker 147
Blumenthal, Leonhard Gf. v. (1810 bis 1900), preuß. General 171, 201
Böhmen 69, 82, 89, 91, 93, 108 ff., 170 ff., 182
Bonaparte, s. Napoleon
Bonn, Universität 35
Bordeaux 205
Born, Stephan (1824–1898), sozialist. Publizist u. Politiker 106
Börne, Ludwig (1786–1837), Schriftsteller 33, 50
Borsig, August (1804–1854), Industrieller 68
Bosporus 62, s. a. Meerengen
Bourbaki, Charles Denis Santer (1816 bis 1897), franz. General 204
Bourbonen, span. Linie 39
Boyen, Leopold Hermann v. (1771 bis 1848), preuß. General 21 f., 30, 71, 134
Brandenburg, Friedrich Wilhelm Gf. v. (1792–1850), preuß. Ministerpräsident (1848–1850) 85
– Stadt 85
Braunscheig, Hgt. 121
Bray-Steinburg, O. Camillus Hugo Gf. v. (1807–1899), bayer. Ministerpräsident (1848–1849, 1870–1871) u. Außenminister (1846–1847, 1870–1871) 206
Breslau 67
– Universität 35
Bronnzell (b. Fulda), Gefecht (1850) 150
Bruck, Karl Ludwig Frhr. v. (1798 bis 1860), Kaufmann, Politiker, österr. Staatsmann 116, 159
Brüssel 77, 206
Bucher, Lothar (1817–1892), preuß. Politiker und Publizist 178
Büchner, Georg (1813–1837), Dichter 50

215

Namen- und Sachregister

Bülow, Heinrich Frhr. v. (1791–1846), preuß. Staatsmann 44

Bund der Geächteten (gegr. 1834) 76
- der Gerechten (gegr. 1836) 76 s. a. Deutscher Volksverein
- der Kommunisten 76 f., 106

Bundes-Pressegesetz, Deutscher Bund (1854) 117

Bundesrat 96 f., 177 f., 200, 207

Bundes-Vereinsgesetz, Deutscher Bund (1854) 117

Bunsen, Karl Ferdinand Gf. v. (1797 bis 1865), österr. Ministerpräsident u. Außenminister (1852–1859) 165

Burckhardt, Jacob (1818–1897), Historiker 140, 187

Bürgerkrieg s. u. Amerikanischer Bürgerkrieg

Burschenschaft 27 ff., 36, 51

Byron, Noel Gordon, Lord (1788–1824), engl. Dichter 140

Camphausen, Ludolf (1803–1890), Kaufmann, liberaler Politiker, preuß. Ministerpräsident (1848) 67, 84, 90, 95

Canning, George (1770–1827), brit. Außenminister (1807–1809, 1822 bis 1827) u. Premierminister (1827) 39–42, 53, 60

Castlereagh, Henry Robert Stewart, Marquis von Londonderry (1769 bis 1822), brit. Außenminister (1807 bis 1809, 1812–1822) 39

Cavour, Gf. Camillo Benso di (1810 bis 1861), ital. Politiker, sardin. Ministerpräsident (1852–1859, 1860–1861), ital. Ministerpräsident (1861) 120, 122, 128, 165

Châlons-sur-Marne 201

Charte, franz. Verfassung (1814) 15, 43

Chaumont (a. d. Marne), Verträge (1840) 63

China 61

Christian IX., Hg. v. Schleswig-Holstein-Sonderburg-Glücksburg (1818 bis 1906), 1853 Erbprinz, 1863–1906 Kg. v. Dänemark 118, 152

Cisleithanien 131, 183

Clausewitz, Karl v. (1780–1831), preuß. General u. Kriegstheoretiker 57, 170, 172

Cobdenvertrag, engl.-franz. Handelsvertrag (1860) 159

Custozza (b. Verona), Schlacht (1866) 82, 171

Dahlmann, Friedrich Christoph (1785 bis 1860), Historiker u. Politiker 14, 50, 54, 58, 74 f., 86, 88, 91, 94

Dalwigk, Karl Friedrich Reinhard Frhr. v. (1802–1880), hess. Ministerpräsident (1850–1871) 152, 167, 181

Dampfmaschine 68

Dampfschiff 67

Dänemark 90, 100, 118, 151 f., 154 ff., 159 f., 192; s. a. Christian IX.

Danewerk, Grenzwall in Schleswig 155

Deák, Franz v. Kehida (1803–1876), ungar. Staatsmann 183

Delbrück, Hans (1848–1929), Historiker 207
- Rudof v. (1817–1903), preuß. Politiker, Präsident des Bundes- und Reichskanzleramtes (1867–1876) 188, 203, 211

Demagogenverfolgung (1819) 31

Demokratische Volkspartei (1863–1866) 182

Deutsch-Dänischer Krieg (1864) 151, 155, 158, 160 ff.

Deutsch-Französischer Krieg (1870/71) 191, 198, 200

Deutsche Fortschrittspartei (1861–1884) 105, 137, 184

Deutsche Partei (Nationalliberale Partei in Württemberg, gegr. 1866) 185, s. a. Nationalliberale Partei

Deutsche Nationalversammlung (1848/49, Paulskirche) 75, 85–96, 99, 102, 105, 109 f., 131

Deutsche Reichspartei (Reichstagsfraktion d. Freikonservativen Partei), s. Freikonservative Partei

Deutsche Zeitung (gegr. 1847) 74

Deutscher Bund 10–14, 22 f., 30 f., 37, 44 ff., 51 f., 57, 67, 89 f., 94 f., 97, 101, 107, 110, 116 f., 121, 123, 128, 131, 133, 145, 148, 154, 156, 162, 167 ff., 175, 182, 192

Deutscher Bund: Bundesheer 13

Deutscher Bund: Bundestag 12, 30, 45, 47 f., 51 f., 64, 86, 89, 97, 100 f., 110, 114, 116, 121, 151 f., 166, 177

Deutscher Krieg (1866) 158, 162, 169, 175, 201

Namen- und Sachregister

Deutscher Nationalverein (1859–1867) 105, 132

Deutscher Reformverein (1862–1866) 132, 145

Deutscher Volksverein (1832–1834), Paris 76, s. a. Bund der Gerechten

Deutscher Zollverein 12, 22, 25, 53, 116 f., 122, 159, 181, 190

De Wette, Wilhelm Martin Leberecht (1780–1849), ev. Theologe 30

Donau (Fluß) 121

Dreiklassenwahlrecht s. u. Wahlrecht (Preußen)

Dreikönigsbündnis (Preußen-Sachsen-Hannover 1849) 100

Dresden 68, 80, 101, 170

Dresdner Konferenzen (1850/51) 116, 148

Droste-Vischering, Clemens August Frhr. v. (1773–1845), Eb. v. Köln (1835–1845) 56

Drouyn de L'Huys, Edouard (1805 bis 1881), franz. Außenminister (1842 bis 1849, 1851, 1852–1854, 1862–1866) 172, 174

Droysen, Johann Gustav (1808–1884), Historiker 88, 94, 126 f.

Dufour, Guillaume Henri (1787–1875), schweizer. General 65

Dunin, Martin v. (1774–1842), Eb. v. Gnesen-Posen (1831–1842) 56

Dunker, Max (1811–1886), Historiker u. Publizist 88, 126, 178

Düppeler Schanzen (Eroberung 1864) 155

Eckhardt, Julius v. (1836–1908), Publizist u. Diplomat 202

Edelsheim, Ludwig Frhr. v. (1823 bis 1872), bad. Politiker u. Außenminister (1865–1866) 185

Eichendorff, Joseph Frhr. v. (1788–1857), Dichter 33

Eiderdänen 183, 186

Eisenach, Stadt 186

Eisenacher Programm der Sozialdemokratischen Arbeiterpartei von 1869 186, 190

Eisenbahn 67 ff., 72 f., 78, 170, 207

Elbarmee (Preuß. Elbarmee 1866) 170 f.

Elbe, Fluß 170

– -Herzogtümer (Schleswig, Holstein, Lauenburg) 151–164, 168, 173

Elsaß 80, 99, 210

– -Lothringen (Reichsland) 67, 206

Ems, Bad 198

Emser Depesche (1870) 198 ff.

Engels, Friedrich (1820–1895), Industrieller u. sozialist. Theoretiker 77, 99, 106, 112 f. 129

England 37, 39–42, 44, 47, 52 f., 60–63, 65, 68 f., 77, 90, 100, 102, 129, 146, 153 f., 156, 164, 191, 206

Entente cordiale (1833) 61

Erfurt, Unionsparlament (1850) 100, 142

Erlanger Verein 153

Ernst-August II., Kg. v. Hannover (1837–1851; geb. 1771, gest. 1851) 53

Erster Weltkrieg 206

Essen 125

Evangelische Kirche 55

– Kirchenzeitung (gegr. 1827) 74

Ewald, G. Heinrich (1803–1875), Orientalist 54

Favre, Jules (1809–1880), franz. Außenminister (1870, 1871) 202, 205

Ferdinand I., K. v. Österreich (1835 bis 1848), Erzhg. v. Österr. (1769–1824), als Ferdinand III. Grhg. v. Toskana (1790–1824), Kf. v. Salzburg (1802 bis 1805), Kf. u. Grhg. v. Würzburg (1805–1814) 80, 82, 92

Feuerbach, Ludwig Andreas (1804 bis 1872), Philosoph 50, 76, 140

Fichte, Johann Gottlieb (1762–1814), Philosoph 27

Flottwell, Eduard Heinrich v. (1786 bis 1865), preuß. Staatsmann 46, 57

Follen, Karl (1795–1840), Theologe u. Jurist, radikaler Burschenschafter 28, 36

Forckenbeck, Max v. (1821–1892), liberaler Politiker 136

Fortschrittspartei s. u. Bayerische Fortschrittspartei, Deutsche Fortschrittspartei

Franken, Hgt. 26

Frankfurt (Main) 12 f., 51, 67, 69, 80, 86, 90, 95 f., 100, 121, 129, 142 f., 153, 168, 173, 176, 189, 206

– Friede (1871) 206, 211

– Germanistentag (1846) 74

Namen- und Sachregister

Frankfurter Fürstentag (1863) 147 f.
Frankreich 28, 33, 37–45, 47, 52, 61–66, 75, 79, 99 f., 103, 118, 120, 129, 142, 154, 159, 162, 165 f., 170, 191–206
Frantz, Constantin (1817–1891), polit. Publizist 13, 129, 147
Franz II. (1768–1835), röm. K. (1792 bis 1806), als Franz I. K. v. Österreich (1804–1835) 16, 31
Franz Joseph I., K. v. Österreich (1848 bis 1916; geb. 1830) 80, 92, 115, 120, 130 f., 148, 156, 194, 199
Freiburg i. B., Universität 52
Freikonservative Partei (1866–1918; im Reichstag: Deutsche Reichspartei) 185
Friedrich I., Grhg. v. Baden (1856–1907; geb. 1826, 1852–1856 Regent) 114, 148, 209
– II., Kg. v. Preußen (1740–1786; geb. 1712) 111
– III., Dt. K. u. Kg. v. Preußen (1888), als Kronprinz Friedrich Wilhelm (1831–1888) 171, 173, 201, 207, 209
– VII., Kg. v. Dänemark (1848–1863; geb. 1808) 90, 151 f.
– VIII., Hg. v. Schleswig-Holstein (1863–1880), Erbprinz v. Augustenburg (geb. 1829) 152, 156, 162
– Karl, Prinz v. Preußen (1828–1885) 171, 201
Friedrich Wilhelm III., Kg. v. Preußen (1797–1840; geb. 1770) 17, 19, 22, 71
– IV., Kg. v. Preußen (1840–1861; geb. 1795) 49, 64, 71 f. 78, 83 ff., 90, 95 f., 98 ff., 103, 109, 111 f., 114, 130
– I., Kfst. v. Hessen (1831–1866; geb. 1802) 48, 100
Friedrichsruh 140
Fries, Jakob Friedrich (1773–1843), Philosoph 27
Fröbel, Julius (1805–1893), Politiker u. Publizist 129, 147
Fürth, Stadt 68

Gablenz, Anton (1810–1878), preuß. Politiker 167
– Ludwig Karl Wilhelm Frhr. v. (1814 bis 1874), österr. Feldzeugmeister, Statthalter v. Holstein (1864/65) 164
Gagern, Heinrich Frhr. v. (1799–1880), dt. Staatsmann 80 f., 86 f., 89, 95

Gambetta, Léon Michel (1838–1882), franz. Innenminister (1870), Kriegsminister (1870–1871) u. Ministerpräsident (1881–1882) 202, 204 f.
Gastein 148, 163
– Konvention (1865) 163 f., 168, 193
Gentz, Friedrich v. (1764–1832), Publizist u. Politiker 15, 31
Georg V., Kg. v. Hannover (1851–1866; geb. 1819, gest. 1878) 171
Gerlach, Ernst Ludwig v. (1796–1877), konservativer Politiker 109
– Leopold v. (1790–1861), preuß. General 85, 142, 150
Germanistentage (1846, 1847) 74
Gervinus, Georg Gottfried (1805–1871), Historiker u. Literaturhistoriker 54
Gesetz betreffend die Verpflichtung zum Kriegsdienst, Preußen (1860) 134
Gewerbefreiheit 21, 27, 69, 188 f.
Gewerbeordnung u. -gesetzgebung 188
Gewerbe-Verein (Niederösterreich) 81
Gierke, Otto v. (1841–1921), Jurist 187, 191
Giesebrecht, Wilhelm v. (1814–1889), Historiker 88
Gießen 28, 68
Gitschin (Böhmen) 171
Gneisenau, Gf. Neithardt v. (1760–1831), preuß. Feldmarschall 45
Gnesen-Posen, Ebt. 56
Goethe, Johann Wolfgang (1749–1832), Dichter 33, 42
Goltz, Robert Heinr. v. d. (1817–1869), preuß. Botschafter in Paris 120, 172, 175, 177
Gortschakoff, Alexander Michailowitsch, Fst. v. (1798–1883), russ. Außenminister (1856–1882) 145 f.
Görres, Joseph v. (1776–1848), Publizist 14, 27, 56
Gotha, Stadt 100
Gothaer, Abgeordnete der erbkaiserl. Partei 100, 105, 132
Göttingen 34, 49, 54, 56, 140
Göttinger Sieben 54, 59, 74
Gramont, Antoine Alfred Agénor, Hg. v. (1819–1880), franz. Außenminister (1870) 174, 196, 198
Gravelotte (b. Metz), Schlacht (1870) 201
Griechenland 32, 194

Namen- und Sachregister

Griechischer Unabhängigkeitskrieg 40
Grillparzer, Franz (1791–1872), Dichter 73, 126
Grimm, Jacob Ludwig Carl (1785–1863), Germanist 54
– Wilhelm Carl (1786–1859), Germanist 54
Großbritannien s. u. England
Großdeutsch – Kleindeutsch 88, 92, 96, 106, 129, 132 f., 148, 152, 160, 169, 183, 186 f.
Großgrundbesitz 19
Guizot, Guillaume (1787–1874), franz. Staatsmann 63, 65
Gymnasium zum Grauen Kloster, Berlin 140

Hagen, Adolf (1820–1894), Reichstags- u. preuß. Landtagsabgeordneter 136
Hall, Karl Christian, Führer der Eiderdänen 151
Halle 28, 34
Haller, Johannes (1865–1947), Historiker 202
– Karl Ludwig v. (1768–1854), Historiker u. Publizist 49, 54
Hallische Jahrbücher f. dt. Wissenschaft u. Kunst (1838–1843) 50, 75
Hambacher Fest (1832) 51, 58
Hamburg 67
Handelsgesetzbuch (Deutschland) 178
Handelsverträge s. u. Internationale Handelsverträge; Preußisch-österreichische Handelsverträge
Handwerk, Handwerker 69, 76, 87
Hannover, Kfsm., 1814–1866 Kgreich 15, 20, 25, 30, 49, 53, 81, 100, 114, 117, 169, 173, 176, 186, 189
– Grundgesetz (1833) 49, 54
Hansemann, Adolf v. (1827–1903), Bankier und Politiker 74 f.
– David J. Ludwig (1790–1864), Politiker 67, 74 f., 85
Hansestädte 67, s. a. Hamburg, Lübeck
Hardenberg, Karl August Fst. v. (1750 bis 1822), preuß. Außenminister (1807, 1814–1818), Staatskanzler (1810 bis 1822), Innenminister (1810–1814), Finanzminister (1810–1813), Schatzminister (1817–1822) u. Präsid. des Staatsrates (1817–1822) 17 ff., 24 f.

Harkort, Friedrich Wilhelm (1793–1880), Industrieller 68
Haym, Rudolf (1821–1901), Philosoph u. Historiker 88, 104, 126
Hecker, Friedrich Karl Franz (1811 bis 1881), bad. Politiker 75
Heeren, Arnold H. Ludwig (1760 bis 1842), Historiker 13
Heeresreform, Heeresverfassung (Preußen) 128, 133 ff., 143
Hegel, Georg Wilhelm Friedrich (1770 bis 1831), Philosoph 23, 26, 34, 74 bis 77, 94, 104, 126, 140, 184
Heidelberg 75
Heine, Heinrich (1797–1856), Dichter 33, 50
Hepke, Referent Bismarcks, Geheimrat im Auswärtigen Amt 167, 178
Heppenheim (Hessen) 75
Hermes, Georg (1775–1831), kath. Theologe 55
Herrenhaus s. u. Preußisches Herrenhaus
Herwarth v. Bittenfeld, Karl Eberhard (1796–1884), preuß General 170
Heß, Moses (1812–1875), Sozialphilosoph 76, 79
Hessen 152, 167, 173, 207
– (-Darmstadt, -Homburg, -Kassel, Kurhessen) 15, 21, 25, 48, 81, 100
– -Darmstadt 169, 180, 190
– Kurhessen 48, 117, 169, 173, 176
Hessischer Landbote, Zeitung 50
Hintze, Otto (1861–1940), Historiker 17
Historische Kommission bei der Bayerischen Akademie der Wissenschaften, München (gegr. 1858) 124
– Zeitschrift (gegr. 1859) 124
Historisch-Politische Blätter für das kath. Deutschland (gegr. 1838) 56, 74, 187
Historisch-Politische Zeitschrift (1832 bis 1836) 50
Historismus 126
Hitler, Adolf (1889–1945), Reichskanzler u. Führer der NSDAP 107
Hoffmann, Ernst Theodor Amadeus (E. T. A.) (1776–1822), Dichter 33
– v. Fallersleben, August Heinrich (1798 bis 1874), Dichter 66
Hohenlohe-Ingelfingen, Adolf Prinz zu (1797–1873), preuß. Ministerpräsident (1862) u. General 136

Namen- und Sachregister

Hohenlohe-Schillingsfürst, Chlodwig Fst. zu (1819–1901), bayer. Ministerpräsident (1866–1870), dt. Reichskanzler u. preuß. Ministerpräsident (1894–1900) 181, 185, 189, 196

Hohenzollern 197 f.

Holnstein, Gf. Max v. (1835–1895), Oberstallmeister 208

Holstein, Hgt. 151, 154 ff., 162 ff., 168 s. a. Friedrich VIII., Hg. v. Schleswig-Holstein

Hongkong 61

Hoverbeck, Leopold Frhr. v. (1822 bis 1875), preuß. Politiker 136

Humboldt, Alexander v. (1769–1859), Naturforscher 68
- Wilhelm v. (1767–1835), Gelehrter u. preuß. Staatsmann 12, 18, 22, 30, 35, 123 f.

Hunkiar-Iskelessi (Stadt am Bosporus), Vertrag (1833) 62

Ibell, Karl v. (1780–1834), nassauischer Staatsmann 29

Ibrahim Pascha (1789–1848), ägypt. Feldherr 63

Indien 62

Industrialisierung 53, 67, 125

Industriestädte 125

Innsbruck 82

Internationale Handelsverträge 159

Iser, Fluß 170

Italien 38, 76, 91, 103, 107, 119, 129 f., 132, 161, 165 f., 171, 194 f., 203

Jacoby, Johannes (1805–1877), preuß. Politiker 71

Jahn, Friedrich Ludwig (1778–1852), Turnvater 27, 29, 71

Jahrbücher s. Preußische Jahrbücher

Jellacic, Josef, Gf. v. (1801–1859), österr. General und Ban v. Kroatien 82 f., 91

Jena, Schlacht (1806) 17
- Universität 28

Johann, Erzhg. v. Österreich (1782 bis 1859), Reichsverweser (1848) 82, 89
- Kg. v. Sachsen (1854–1873, geb. 1801) 148

Jolly, Julius (1823–1891), bad. Innenminister (1866–1876) u. Ministerpräsident (1868–1876) 181

Jordan, Silvester (1792–1861), Jurist u. Politiker 48

Jörg, Joseph Edmund (1819–1901), bayer. Politiker 168, 187

Josephinismus 115

Junges Deutschland, national-demokrat. Bewegung (1834) 50 f.

Junglitauen 136

Juridisch-Politischer Leseverein (Österreich) 81

Jüterbog 143

Jütland 90, 155

Kalifornien 125

Kamarilla (Preußen) 85, 109, 114, 120, 142

Kanada 61, 164

Kant, Immanuel (1724–1804), Philosoph 27, 71

Kapitalismus 43, 69, 77

Karl II., Hg. v. Braunschweig (1823 bis 1830) 47 f.
- X. Philipp, Kg. v. Frankreich (1824 bis 1830; geb. 1757, gest. 1836) 43
- V., dt. K. (1519–1556; geb. 1500, gest. 1558) 198

Karl Albert, Kg. v. Sardinien (1831 bis 1849; geb. 1798) 82

Karl Anton, Fst. v. Hohenzollern-Sigmaringen (1811–1885), preuß. Ministerpräsident (1858–1862) 128

Karl August, Grhg. v. Sachsen-Weimar (1775–1828) 33

Karlsbader Konferenz u. Beschlüsse (1819) 15, 30 f., 34, 52, 117

Karlsruhe 32

Katholische Kirche 54 ff., 106

Kaukasien 61

Ketteler, Wilhelm Emanuel v. (1811 bis 1877), B. v. Mainz (seit 1850), Sozialpolitiker 186

Keyserling, Alexander Gf. (1815–1891) 140

Kiel 90

Kinkel, Gottfried (1815–1882), Dichter u. Kunsthistoriker 99

Kirche s. u. Evangelische Kirche; Katholische Kirche

Kirchenstaat 203

Kleindeutsche s. u. Großdeutsch-Kleindeutsch

Namen- und Sachregister

Klenze, Leo v. (1784–1864), Baumeister 32
Klopp, Onno (1822–1903), Historiker 186
Kniephof b. Stargard (Pommern) 140 f.
Koblenz 128
Kolberg, Festung 56
Köln 69
Kommunismus 127
Kommunistisches Manifest (1847/48) 77, 79, 106, 187
Königgrätz, Präliminarfriede (1866), 173, 191
– Schlacht (1866) 171, 182
Königsberg i. Pr. 71, 73
Konservative 74, 105 f., 112, 114, 129, 142, 185
s. a. Freikonservative Partei
Konstantinopel 119, 123, 194
Kopenhagen 90
Kosmos, Werk A. v. Humboldts (1845 bis 1858) 68
Kossuth, Ludwig v. (1802–1894), ungar. Politiker 81, 91
Kotzebue, August Friedrich v. (1761 bis 1819), Schriftsteller 18, 29
Krakau 65
Kremsier (Mähren), österr. Reichstag (1848) 92, 105
Kreta 41, 194
Kreuzzeitung (Neue Preußische Zeitung) 85
Krim, Halbinsel 120
Krimkrieg (1853–1856) 119 f., 122 f., 128 f., 142, 191
Kroaten 82
Kronrat (Preußen) (1865) 162, 164, (1870) 197
Krupp, Alfred (1812–1887), Industrieller 68

Laibach, Konferenz (1821) 39, 53
Lamartine, Alphonse de (1790–1869), franz. Dichter 66
Landarbeiter 70
Landau, Festung 165
Landsmannschaften (student. Vereinigungen) 28
Landwehr 22, 134
Langensalza, Gefecht (1866) 171
Lasker, Eduard (1829–1884), liberaler Politiker 196
Lassalle, Ferdinand (1825–1864), Sozialist 129, 145, 186

Lateinamerika 39 f., 42
Lauenburg (Niedersachsen), Hgt. 156, 163
Lega Italica 37
Leiningen, Karl Fst. zu (1804–1856), bayer. Standesherr, Präsident d. Reichsministeriums (1848) 90 f.
Leipzig 34, 68, 211
– Völkerschlacht (1813) 29
Le Mans (Frankreich) 204
Leopold, Erbprinz v. Hohenzollern-Sigmaringen (1835–1905) 197
Lerchenfeld, Hugo Gf. v. (1843–1925), bayer. Diplomat 109
Liberale 14, 64, 72–75, 96, 103, 105, 132, 135 f., 157, 159, 169, 179, 181, 185, 190
Liberalismus 14–17, 26 f., 29, 33–36, 46–50, 54, 64 f., 71, 74 f., 89, 98, 105, 123, 126, 146, 153, 157 f., 167, 174, 179, 184–190, 200
Liberal-Nationale Partei 75
Lichnowsky, Felix Fst. (1814–1848), konservativer Politiker 91
Liebenstein, Ludwig Frhr. v. (1781 bis 1824), bad. Staatsmann 27
Liebig, Justus v. (1803–1973), Chemiker 68
Liebknecht, Wilhelm (1826–1900), sozialdem. Politiker 186
Limburg, Hgt. 45, 110
Lissa (dalmat. Insel), Seeschlacht (1866) 171
List, Friedrich (1789–1846), Nationalökonom 68
Loire, Fluß 204
Lokomotivenbau 68
Lombardei 128, 130, 161, 166
Lombardo-venezianisches Kgr. 39, 64, 66, 82
London 62, 76 f.
– Konferenzen u. Verträge (1830) 44, (1840) 62, (1852, Londoner Protokoll) 118, 151 ff., 156, (1864) 155, 159, (1867) 193, (1871) 203
Louis-Napoleon s. u. Napoleon III.
– Philippe, Hg. v. Orleans, franz. Kg. (1830–1848, geb. 1773, gest. 1850) 43 f., 79
Lübeck, Hansestadt 74
– Germanistentag, Sängerfest (1847) 74
Luden, Heinrich (1780–1847), Historiker 27

221

Namen- und Sachregister

Ludwig I., Kg. v. Bayern (1825–1848, geb. 1786, gest. 1868) 32, 47, 73, 80
- II., Kg. v. Bayern (1864–1886, geb. 1845) 188, 208
- XIV., Kg. v. Frankreich (1643–1715, geb. 1638) 206
- XVIII., Kg. v. Frankreich (1814/15 bis 1824, geb. 1755) 43

Luther, Martin (1483–1546), Reformator 29
Lützower Freischar 28
Luxemburg, Grhgt. 45, 165, 172, 192 ff., 199
Luzern 65

MacMahon, Patrice Maurice, Hg. v. Magenta (1808–1893), franz. Marschall 201 f.
Madrid 197
Magenta (b. Mailand), Schlacht (1859) 130
Mähren 109, 170
Mailand 82
Main 160, 176, 180, 192
Mainz, Stadt 30, 91, 106
Maistre, Joseph Marie, Gf. von (1753 bis 1821), franz. Staatsphilosoph 54
Malmö, Waffenstillstand (1848) 90, 102
Mannheim 29
Manteuffel, Edwin Hans Karl Frhr. v. (1809–1885), preuß. Generalfeldmarschall 134 f.
- -Karl Otto Frhr. v. (1806–1879), preuß. Außenminister u. Ministerpräsident (1850–1858) 101, 114
Marcks, Erich (1861–1938), Historiker 84, 102, 142, 179, 190, 194, 198, 202
Mars la Tour (westl. v. Metz), Schlacht (1870) 201
Marx, Karl (1818–1883), sozialist. Theoretiker 50, 76 ff., 106 ff., 112 f., 127, 140, 186 ff.
Marxismus 127
Materialismus 127
Mathy, Karl (1807–1868), bad. Finanzminister (1862–1866) 181
Maximilian I. Joseph, Kg. v. Bayern (1806–1825; geb. 1756, Pfgf. v. Zweibrücken 1795) 15
- II. Joseph, Kg. v. Bayern (1848 bis 1864; geb. 1811) 100, 115, 124
Mazzini, Giuseppe (1805–1872), ital. Politiker 51

Mecklenburg-Schwerin und Mecklenburg-Strelitz, GrHgt. 21, 30
Meerengen (Dardanellen, Bosporus) 40, 63 f., 119
Memel, Fluß 176
Mendelssohn-Bartholdy, Felix (1809 bis 1847), Komponist 32
Mensdorff-Pouilly, Alexander Gf. (1813 bis 1871), österr. Offizier u. Außenminister (1864–1865) 162
Menzel, Adolf (1815–1905), Maler 168
Merckel, Friedrich Theodor v. (1775 bis 1846), preuß. Staatsmann 125
Metternich, Clemens Lothar Wenzel Fst. v. (1773–1859), österr. Außenminister (1809) u. Staatskanzler (1821–1848) 14, 16, 18, 24, 27, 29 ff., 37–42, 45, 47, 51, 53, 60, 62, 65, 71, 73, 81, 83
Metz 201 ff., 205
Mevissen, Gustav v. (1815–1899), Kaufmann u. Politiker 67, 75, 88
Mexiko 194
Minden 56
Miquel, Johannes v. (1828–1901), Oberbürgermeister v. Frankfurt/Main, preuß. Finanzminister (1890–1901) 184
Mohamed Ali (auch Mehemed A.; 1769 bis 1849), Statthalter u. Vizekg. v. Ägypten (1805–1848) 62 f.
Mohl, Robert v. (1799–1875), Jurist 50
Moltke, Helmuth Karl Bernhard Gf. v. (1800–1891), preuß. Generalfeldmarschall, Chef des Generalstabes (1858 bis 1888) 68, 155, 158, 162, 169 ff., 175, 201 f., 204, 210 f.
Monroe-Doktrin 40, 42
Montez, Lola (1820–1861), span. Tänzerin 73
Montgelas, Maximilian Joseph (1759 bis 1838), bayer. Ministerpräsident (1799 bis 1817) 15, 26
Mörike, Eduard (1804–1875), Dichter 125
Motley, John Lothrop (1814–1877), amerik. Historiker 140
Müffling, Karl Frhr. v. (1775–1851), preuß. Generalfeldmarschall 41
München 32, 35, 56, 67, 69, 124, 188, 203, 211
München-Grätz (Böhmen) 61

Napoleon I. Bonaparte (1769–1821), Erster Konsul (1799), Kaiser der

Namen- und Sachregister

Franzosen (1804–1815) 26, 37, 113, 118, 172
– III., Prinz Louis Napoleon (1808 bis 1873), Präsident (1848) u. Kaiser der Franzosen (1852–1870) 93, 118 ff., 123, 128, 130, 132, 143, 145 f., 159, 165 ff., 172 ff., 176, 180, 191–194, 196 f., 199, 201 ff., 205
Nassau, Hgt. 14, 30, 173, 176
Nationalliberale Partei (gegr. 1867) 105, 129, 179, 184
  s. a. Deutsche Partei
Nationalpartei 152 f., 157
Nationalverein
  s. u. Deutscher Nationalverein
Nationalversammlung 1848/49
  s. u. Deutsche Nationalversammlung
Naugard (Pommern) 140
Neapel, Kgreich beider Sizilien 38
Neue Ära, Preußen (1858 ff.) 123, 128, 132
– Fraktion der nationalen Partei (1866) 184 s. a. Nationalliberale Partei
– Preußische Zeitung
  s. u. Kreuzzeitung
– Rheinische Zeitung (1848/49) 106
Neustadt a. d. Haardt 51
Niebuhr, Barthold Georg (1776–1831), Historiker u. Diplomat 42
Niederlande 45
  s. a. Holland
Niederrhein 69
Nikolaus I., Zar (1826–1855, geb. 1796) 60 ff., 100, 118 f.
Nikolsburg (Mähren), Präliminarfriede (1866) 173
Nil 62
Nisib (Syrien), Schlacht (1839) 62
Norddeutscher Bund (1867–1870) 176 bis 190, 192, 196, 203, 207 f., 211
Nürnberg 68 f.

Oberhausen 125
Oberrhein 27
Oberschlesien 73
Offenburg 75, 80
Oktoberdiplom (1860) 115, 131
Oldenburg, Grhgt. 156
Ollivier, Emile (1825–1913), franz. Ministerpräsident (1870) 196
Olmütz (Mähren), Punktation (1850) 101, 112, 118, 142, 163

Oncken, Hermann (1869–1945), Historiker 12, 199
Orient 42, 62, 64, 122, 194 f.
  s. a. Vorderer Orient
Osmanisches Reich s. u. Türkei
Osnabrück, Bt. 26
Österreich(-Ungarn) 12 f., 16, 18, 21, 27, 30, 37–40, 60–65, 80–83, 91–95, 98 bis 101, 107 ff., 115–123, 128–132, 143, 145–148, 151, 153–176, 180–183, 185 f., 191–195, 200, 203
Österreichisch-Schlesien 38
Österreichisch-ungarisches Abgeordnetenhaus 131
Österreichischer Reichsrat 131 f.
Ostpreußen 9, 17, 27, 71, 110, 136
Ostsee 118

Palacky, Franz (1798–1876), tschech. Historiker u. Politiker 93
Palmerston, Henry John Temple, Viscount (1784–1865), brit. Kriegsminister (1812–1828), Außenminister (1830 bis 1834, 1835–1841, 1846–1851), Innenminister (1852–1855) u. Premierminister (1855–1858, 1859–1865) 52 f., 60–64, 90, 118
Paris 38, 43, 50, 63 f., 76 f., 79, 120 f., 137, 172, 181, 195, 197, 201–205, 210
Pariser Frieden (1856) 121, 203
– Kongreß (1856) 122
Parteien 87 f., 105
Partikularismus 15, 35, 47, 152, 181, 209
Patrimonialgerichtsbarkeit 98, 114
Patriotenpartei, bayr. 182, 196
Perthaler, Hans (1816–1862), österr. Jurist u. Politiker 115, 131
Petersburg 129, 137, 146, 194, 203
Pfalz 99, 172, 201
Pfizer, Paul (1801–1867), Publizist 52
Pfordten, Ludwig Karl Heinr. Frhr. v. d. (1811–1880), bayer. Außenminister u. Ministerpräsident (1849–1859, 1864 bis 1866) 115, 128, 152, 167, 171, 181, 185
Philhellenismus 40
Piemont 38, 120, 130
Pietismus 54, 141
Pius-Vereine für religiöse Freiheit (gegr. 1848) 106
Plamannsche Anstalt, Berlin (gegr. 1803) 140

Namen- und Sachregister

Polen 42, 44 ff., 51, 57, 61, 99, 102, 154
Politisches Wochenblatt (gegr. 1831) 74
Pommern 17, 141, 198
Pontusklausel (1856) 122, 203, s. a. Schwarzes Meer
Portugal 38, 61
Posen 20, 45 f., 80, 93 f., 110
Potsdam 68, 84, 141
Prag 82 f.
- Friede (1866) 176, 192 f.
Preßordonnanz 143
Preußen, Kgreich 12 f., 17–27, 29 ff., 35 ff., 41, 44–47, 53, 55, 62 f., 67, 69 bis 72, 81, 83–86, 89–105, 113, 116 bis 124, 127–130, 132 f., 136, 139, 142 f., 145–148, 151–164, 166–173, 176 ff., 181, 188, 191–195, 197, 201, 203, 207–210
Preußenvereine 105
Preußisch-Italienisches Offensiv- u. Defensivbündnis (1866) 166
- -österreichische Handelsverträge (1853) 117
Preußische Jahrbücher (gegr. 1858) 126, 157, 185
Preußisches Abgeordnetenhaus 105, 134 f., 144, 153
- Zollgesetz (1818) 22
Prim, Juan, Gf. v. Reus, Marques de los Castillejos (1814–1870), span. Marschall 197
Proletariat 76, 91
Protestantismus s. u. Evangelische Kirche
Putbuser Diktate Bismarcks (1866) 178
Puttkamer, Johanna v. (1824–1894), Gemahlin Bismarcks 142

Quadrupelallianz (1815) 37
- (1834) 61
Quinet, Edgar (1803–1875), franz. Schriftsteller 63

Radetzky, Joh. Joseph Wenzel Gf. (1766 bis 1858), österr. Feldmarschall 82
Radowitz, Joseph Maria Frhr. v. (1797 bis 1853), preuß. General u. Außenminister (1850) 98 ff., 111 f., 142

Radziwill, Anton Heinrich Fst. v. (1775 bis 1833), preuß. Statthalter im Grhgt. Posen 46
Ranke, Leopold v. (1795–1886), Historiker 50, 60, 124, 126 f., 188
Rastatt 64
Realismus 126
Realpolitik 104, 109, 126
Realschulen 124
Rechberg, Joh. Bernhard Gf. v. (1806 bis 1899), österr. Außenminister (1859 bis 1864) u. leitender Minister (1859 bis 1861) 154, 161 f.
Reformation 29, 50
Reformverein s. u. Deutscher Reformverein
Regulierungsedikt, Preußen (1811) 20, 70
Reichenberg 170
Reichspostregal 147
Reichsrat 131 f., s. a. Österreichischer Reichsrat
Reichsstädte 26
Reichstag im Norddeutschen Bund 178 f., 184, 188, 193, 207
- (nach 1871) 97
Reichsverfassung (1849) 88, 92–98, 111, 167
- (1871–1918) 96 ff., 207–211
Reichsverweser 89, s. a. Johann, Erzhg.
Reims 203
Reinick, Robert (1805–1852), Maler u. Dichter 103
Rethel, Alfred (1816–1859), Maler 103
Rhein 63 f., 70, 129, 165, 176, 181
Rheinbund (1806–1813) 12
Rheinisch-Westfälische Polytechnische Schule (gegr. 1863) 124
Rheinische Zeitung (1842–1843) 74, 77
Rhein-Main-Gebiet 69
Rheinprovinz 17, 20 f., 27, 55 f., 58, 67, 83, 101, 166
Richelieu, Armand Jean du Plessis, Hg. v. (1585–1642), franz. leitender Minister (1624–1642) 144, 206
Riehl, Wilhelm Heinrich (1823–1897), Schriftsteller u. Soziologe 124
Rochau, August Ludwig v. (1810–1873), Historiker 126
Roggenbach, Franz Frhr. v. (1825 bis 1907), bad. Außenminister (1861 bis 1865) 128

Namen- und Sachregister

Rom 203, s. a. Kirchenstaat
Romantik 26, 33, 54, 114
Roon, Albrecht Theodor Gf. v. (1803 bis 1879), preuß. Feldmarschall 22, 133 f., 136 f., 143
Rößler, Konstantin (182–1896), Publizist 129
Rotteck, Karl v. (1775–1840), Historiker u. Politiker 14, 27, 47 f., 50 ff.
Rudhart, Ignaz v. (1790–1838), bayer. Ministerpräsident (1837) 27
Ruge, Arnold (1802–1880), Schriftsteller 50, 74, 76
Ruhr, Fluß 125
Ruhrgebiet 67
Rumänien 121, 194
Rußland 37, 40 f., 44 f., 61 ff., 65, 90, 92, 100 ff., 118–123, 128 f., 145 f., 153, 164, 191, 194 f., 203

Saargebiet 165
Sachsen, Kfstm., ab 1806 Kgreich 14, 21, 25, 30, 48, 58, 67 f., 99 f., 114, 152, 166 f., 169, 177, 191
Sächsische Volkspartei 186
Sack, Johann August v. (1764–1831), preuß. Verwaltungsbeamter 17
Saenger, Carl v. (1810–1871), Rittergutsbesitzer, Reichstagsabgeordneter (1867–1871) 179
Saint-Privat (Lothr.), Schlacht (1870) 201
Säkularisation 54
Salzburg, Stadt 194
Sand, Karl Ludwig (1795–1820), Student 18, 29, 36
Scharnhorst, Gerhard Joh. David v. (1756–1813), preuß. General 134
Schenk, Eduard v. (1788–1841), bayer. Innenminister (1828–1831) 47
Schinkel, Karl Friedrich (1781–1841), Baumeister u. Maler 32
Schlei, Fluß 155
Schleiermacher, Friedrich (1768–1834), ev. Theologe 30, 55
Schleinitz, Alexander Gf. v. (1807 bis 1885), preuß. Außenminister (1848, 1849–1850, 1858–1861) 130, 143
Schlesien 17, 46, 185
Schleswig, Hgt. 80, 90, 94, 151–158, 163, 173, 192
– -Holstein 90, 102, 118, 151–159, 161 f., 164, 168, 173, s. a. Holstein, Hgt.

Schmerling, Anton, Ritter v. (1805 bis 1893), Ministerpräsident der Reichsregierung (1848), österr. Justizminister (1849–1851) u. Staatsminister (1861–1865) 88, 90 f., 95, 115, 131 f., 147, 183
Schneckenburger, Max (1819–1849), Dichter 64
Schön, Heinrich Theodor v. (1773 bis 1856), preuß. Staatsmann 17, 27, 71
Schönbrunn (Schloß in Wien) 161
Schönhausen 140, 142
Schubert, Franz (1797–1828), Komponist 32
Schulze-Delitzsch, Hermann (1808 bis 1883), Sozialpolitiker 186
Schumann, Robert (1810–1856), Komponist 32
Schurz, Carl (1829–1906), dt. u. amerikan. Staatsmann 99
Schwarzenberg, Felix Fst. zu (1800 bis 1852), österr. Ministerpräsident u. Außenminister (1848–1852), 92, 95, 98, 100 f., 115, 119, 131
Schwarzes Meer 120, 122, 191, 203, s. a. Pontus-Klausel
Schweden 118, 154
Schweiz 44, 51, 65 f., 76, 80, 91, 204
Sedan, Schlacht (1870) 202
Seine, Fluß 63
Sewastopol 120
Shakespeare, William (1564–1616), engl. Dichter 84, 140
Siebenbürgen 183
Siebenpfeiffer, Philipp Jacob (1789 bis 1845), polit. Schriftsteller 51
Sigmaringen 197 f.
Simson, Eduard (1810–1899), Jurist u. liberaler Politiker 96
Slowenien 109
Società Nazionale, Italien (1856) 132, 138
Solferino (Prov. Mantua), Schlacht (1859) 130
Somme, Fluß 204
Sonderbundskrieg (1847) 65 f.
Sonnemann, Leopold (1831–1909), Publizist 186
Sozialdemokratie 186
Sozialdemokratische Arbeiterpartei (1869–1875) 186
Sozialismus 106, 127
Spanien 32, 38 f., 61

Namen- und Sachregister

Spichern (Lothringen), Schlacht (1870) 201

Spiegel, Ferdinand August Gf. zum Desenberg, Eb. v. Köln (1824–1835) 56

Spinoza, Baruch (1632–1677), Philosoph 140

Srbik, Heinrich, Ritter v. (1878–1951), Historiker 149, 161, 164

Staatslexikon (Rotteck, Welcker; seit 1834) 50, 58

Städteordnung, Preußen (1808) 20 f.

Staël, Alma Louise Germaine Baronin v. (1766–1817), franz. Schriftstellerin 64

Stahl, Friedrich Julius (1802–1855), Rechtsphilosoph u. Politiker 85

Steffens, Henrik (1773–1845), Philosoph u. Naturforscher 27

Stein, Heinrich Friedrich Karl Frhr. vom und zum (1757–1831), Staatsmann 14, 18, 20, 71

Steinmetz, Karl Friedrich v. (1796 bis 1877), preuß. General 201

Steuerverein (1835) 117

Stifter, Adalbert (1806–1868), Dichter 125, 187

Strafgesetzbuch, Dt. Reich (1870/74) 189

Strafrecht, Preußen (1851) 189

Straßburg 201

Stratford de Redcliffe, Stratford Canning Viscount (1786–1880), engl. Diplomat 123

Strauß, David Friedrich (1808–1874), Theologe u. Historiker 140

Struve, Gustav v. (1805–1870), republikan. Politiker 75, 91

Stüve, Carl Bertram (1798–1872), hann. Staatsmann 49, 58, 81

Südafrika 61

Südamerika s. u. Lateinamerika

Südtirol 93, 110

Sybel, Heinrich v. (1817–1895), Historiker u. liberaler Politiker 124, 127, 146, 160, 190

Talleyrand (-Périgord), Charles Maurice Prinz v. T., Fst. v. Benevent (1754 bis 1838), franz. Staatsmann 61, 118

Tauffkirchen (Mission) 181

Tegetthoff, Wilhelm Frhr. v. (1827 bis 1871), österr. Admiral 171

Teplitz (Böhmen), Punktation (1819) 18, 30

Thadden, Marie v. (1822–1846), Pietistin 141

Thessalien 41

Thiers, Louis Adolphe (1797–1877), franz. Staatsmann und Historiker 63, 205

Thun, Leo Gf. v. (1811–1888), österr. Kultusminister (1849–1852) 124

Thurn und Taxis, Fst.en v., Inhaber des Reichspostregals 147

Tilsit, Friede (1807) 17

Tocqueville, Alexis de (1805–1859), franz. Historiker u. Staatsmann 107

Treitschke, Heinrich v. (1834–1896), Historiker 26, 31, 47, 54, 71, 74, 157 f., 177

Trienter Konzil 55

Triest 89, 93, 110

Trochu, Louis Jules (1815–1896), franz. General 202

Troppau, Konferenz (1820) 38, 53

Tschechen 81, 131

Tschechoslowakei 107

Türkei 40 f., 62 f., 120

Ulm 64

Ungarn 81 f., 91 f., 99 f., 102, 107, 115, 119, 182 f.

Union der reformierten und lutherischen Kirchen in Preußen (gegr. 1817) 55

Varzin (Reg.bez. Köslin), Rittergut 140

Vaterlandsvereine 105 f.

Venedig 166, 172

Venetien 130, 165, 171, 176

Vereinigte Staaten von Amerika (USA) 40 ff.

Vereiniger preuß. Landtag 68, 72 f., 83, 85, 142

Verfassungskonflikt (Preußen) 105, 132, 139, 143 f., 147 f., 152, 184

Verfassungspartei (Österreich) 105, 132, 182

Verkehr(-swesen) 67 f., 178, s. a. Eisenbahn

Verona, Kongreß (1822) 39 f., 42

Versailles, Friedensverhandlungen und Kaiserproklamation (1871) 205, 209

Viktoria, Kgn. v. Großbritannien u. Irland (1837–1901), ab 1876 K.in von Indien 53, 90

Namen- und Sachregister

Villafranca, Waffenstillstand (1859) 130
Villagos, ungar. Kapitulation (1849) 92, 100, 118
Vincke, Ludwig Friedrich Frhr. v. (1774 bis 1844), preuß. Staatsmann 17
Vionville (b. Metz), Schlacht (1870) 201
Voigts-Rhetz, Konstantin Bernhard v. (1809–1877), preuß. General 170
Vorderer Orient 62
Vorfrieden von Wien 156

Wagener, Hermann (1815–1889), konservat. Politiker 178, 188
Wagner, Richard (1813–1883), Komponist 99, 125, 188
Wahlrecht 87, 96, 167 f., 179
– Baden 15
– Preußen 43, 99, 104 f., 145
– Sachsen 161
Waitz, Georg (1813–1886), Historiker 88, 177
Warschau 150
Wartburgfest (1817) 29
Weber, Carl Maria v. (1786–1826), Komponist 32
– Wilhelm Eduard (1804–1891), Physiker 54
Weberaufstände 69, 73
Wehrpflicht, allgemeine 22, s. a. Gesetz betreffend die Verpflichtung zum Kriegsdienst
Weinbrenner, Friedrich (1766–1826), Baumeister 32
Weißenburg (Elsaß), Schlacht (1870) 201
Weitling, Wilhelm (1808–1871), Sozialist 76, 79
Welcker, Karl Theodor (1790–1869), Jurist und Publizist, Herausgeber des Staatslexikons 47, 50, 52
Welfenlegion 185
Weltkrieg s. u. Erster Weltkrieg
Westfalen 17, 20
Westpreußen 17, 46, 71, 110, 136
Wien 12, 53, 64, 67, 80 f., 83, 89, 91, 93, 105, 117, 120, 122, 124, 126, 130, 147, 156, 164, 167, 174, 186, 194, 196, 203
Wiener Friede (1864) 157, s. a. Vorfrieden von Wien
– Konferenzen (1834) 53
Wiener Kongreß (1814/15) 11 f., 42, 44, 46, 64
– Schlußakte (1820) 12 ff., 31, 52, 129, 168
Wilhelm, Hg. v. Braunschweig-Öls (1831–1884) 48
– II., Kfst. v. Kurhessen (1821–1847, geb. 1777) 48
– IV., Kg. v. England, Kg. v. Hannover (1803–1837) 49, 53
– I., Kg. der Niederlande (1815–1840; geb. 1772) 45
– III., Kg. der Niederlande (1849–1890) 192
– I. (1797–1888), Prinz v. Preußen (1840), Kg. v. Preußen (seit 1858/1861) u. Dt. Kaiser (seit 1871) 99, 127 f., 130, 133, 135, 137, 142 ff., 150, 161 f., 164, 170, 174, 195, 197 f., 205, 208 f.
Windischgrätz, Alfred Fst. zu (1787 bis 1862), österr. Feldmarschall 82 f., 91, 130
Wirth, Joh. Georg August (1798–1848), polit. Schriftsteller 51
Wochenblattspartei, Preußen (seit 1852) 120, 128
Wörth (Elsaß), Schlacht (1870) 201
Wrangel, Friedrich Gf. v. (1784–1877), preuß. Generalfeldmarschall 90, 155, 170
Wunsiedel 29
Württemberg, Hgt., 1802 Kfstm., 1806 Kg.reich 21, 25, 30, 99 f., 166, 169, 180, 182, 185 f., 190, 206 f.
Würzburg 117

Zeitschrift für die gesamte Staatswissenschaft (gegr. 1844) 74
Zentner, Georg Friedrich Frhr. v. (1752 bis 1835), Jurist u. bayer. Staatsminister 15
Zentrum (Partei) 106, 136
Zollgesetz
s. u. Preußisches Zollgesetz
Zollverein s. u. Deutscher Zollverein

HANDBUCH DER EUROPÄISCHEN WIRTSCHAFTS- UND SOZIALGESCHICHTE

Herausgegeben von Wolfram Fischer, Jan A. van Houtte, Hermann Kellenbenz, Ilja Mieck, Friedrich Vittinghoff

Band 1: Europäische Wirtschafts- und Sozialgeschichte in der Römischen Kaiserzeit. Hg. von F. Vittinghoff. 1990. 805 Seiten, Leinen.

Band 2: Europäische Wirtschafts- und Sozialgeschichte im Mittelalter. Hg. von Jan A. van Houtte. 1980. 830 Seiten, Leinen.

Band 3: Europäische Wirtschafts- und Sozialgeschichte vom ausgehenden Mittelalter bis zur Mitte des 17. Jahrhunderts. Hg. von H. Kellenbenz. 1986. 1326 Seiten, Leinen.

Band 4: Europäische Wirtschafts- und Sozialgeschichte von der Mitte des 17. Jahrhunderts bis zur Mitte des 19. Jahrhunderts. Hg. von I. Mieck. Erscheint im Dezember 1991. Ca. 1000 Seiten, Leinen.

Band 5: Europäische Wirtschafts- und Sozialgeschichte von der Mitte des 19. Jahrhunderts bis zum Ersten Weltkrieg. Hg. von W. Fischer. 1985. 814 Seiten, Leinen.

Band 6: Europäische Wirtschafts- und Sozialgeschichte vom Ersten Weltkrieg bis zur Gegenwart. Hg. von W. Fischer. 1136 Seiten, Leinen.

Klett-Cotta